科学出版社“十四五”普通高等教育本科规划教材
“十三五”江苏省高等学校重点教材
农林高校金融学系列特色教材

现代农业保险学

主　编　林乐芬

副主编　汤颖梅　刘荣茂

　　　　王翌秋　刘晓玲

U0786619

科学出版社

北　京

内 容 简 介

财政部等四部门联合发布的《关于加快农业保险高质量发展的指导意见》明确指出按照适应世贸组织规则、保护农民利益、支持农业发展和“扩面、增品、提标”的要求，进一步完善农业保险政策，提高农业保险服务能力，优化农业保险运行机制，推动农业保险高质量发展，更好地满足“三农”领域日益增长的风险保障需求。本书是科学出版社“十四五”普通高等教育本科规划教材、“十三五”江苏省高等学校重点教材，本书共分为四篇十七章，按照总—分—总的基本框架，系统阐述农业保险基本原理，按农业细分行业全面介绍不同种类的农业保险，在此基础上比较具体介绍了近年来各地探索实践的新型农业保险产品，最后阐述了农业保险市场与监管理论。

本书可作为金融学专业本科学生全面系统学习和了解现代农业保险知识的教材，也可作为金融学专业研究生及金融机构从业人员了解农业保险理论的参考书。

图书在版编目（CIP）数据

现代农业保险学 / 林乐芬主编. —北京：科学出版社，2022.3

科学出版社“十四五”普通高等教育本科规划教材

“十三五”江苏省高等学校重点教材

农林高校金融学系列特色教材

ISBN 978-7-03-067804-1

Ⅰ. ①现… Ⅱ. ①林… Ⅲ. ①农业保险-中国-高等学校-教材 Ⅳ. ① F842.66

中国版本图书馆CIP数据核字（2020）第 264824 号

责任编辑：王京苏/ 责任校对：宁辉彩

责任印制：张　伟/ 封面设计：蓝正设计

科学出版社 出版

北京东黄城根北街 16 号

邮政编码：100717

http://www.sciencep.com

北京九州迅驰传媒文化有限公司印刷

科学出版社发行　各地新华书店经销

*

2022 年 3 月第　一　版　开本：787×1092　1/16

2025 年 1 月第四次印刷　印张：23 1/4

字数：541 000

定价：78.00 元

（如有印装质量问题，我社负责调换）

序　言

林乐芬教授主编的《现代农业保险学》一书即将出版，这是农业保险研究和教学领域一件值得高兴的事。这部有 50 多万字的作品，倾注了南京农业大学金融学院林乐芬教授领衔的农业保险研究团队好几年的心血。这个有实力的团队近些年活跃在农业保险的研究田园，有诸多农业保险领域的优秀成果。这部教材在介绍农业保险的基本知识时，也融入了他们的研究心得和成果。有幸提前阅读和学习这部教材，我感到非常欣慰和欢喜。

这部书取名《现代农业保险学》，既有历史感更有时代感。现代农业保险区别于传统农业保险的概念和范畴。传统的农业保险起源于欧洲，最早的农业保险组织是德国农民自己建立的雹灾合作社。但是在 1939 年以前，传统商业性农业保险，除了雹灾和火灾保险之外，以产量损失为触发点的“一切险”保险没有成功的案例记载，所以消失了很长一段时间。现代农业保险始于 1938 年的美国，那一年，美国颁布了《联邦农作物保险法》，开启了区别于传统商业性保险的由政府支持、主导和参与的现代农业保险，就是我们称为政策性保险的农业保险。此后，日本、加拿大、菲律宾、法国、巴西、智利、印度等国家，也先后通过立法逐渐加入试验和全面推行现代农业保险的行列，在联合国粮食及农业组织和世界银行等国际组织的倡导和推动下，数十个国家加入了现代农业保险的行列。迄今，现代农业保险已经有 80 多年的历史了。

在我国，现代农业保险，也就是我们的政策性农业保险，是从 2007 年才开始起步的。不过十几年时间，我们的政策性农业保险已取得了举世瞩目的成就。就保费规模而论，2020 年中国已经取代美国，成为世界第一。这一年，我们以农业保险保费收入计算的市场规模，达到 814.93 亿元，而美国同年市场规模约为 117 亿美元（按照 2020 年人民币平均汇率 1 美元兑 6.897 4 元人民币，约合 807 亿元）。这是了不起的成就，值得我们高兴和自豪。当然，这只是数量上的比较，如果从农业保险的发展质量上来看，如保险的规范性、保险深度、保险密度、保障水平、经营和管理水平等方面相比，我们的现代农业保险还处在发展的初级阶段，与发达国家相比还有相当大的差距。现在的我国，只能说是一个发展现代农业保险的大国，还不能算是现代农业保险的强国。

我们正在努力实现国家提出的高质量发展农业保险的要求，为国家乡村振兴战略的实现做出更多更好的贡献。在这个从农业保险大国走向农业保险强国的过程中，需要做很多努力，有很多工作要做，既包括相关法律、制度和政策的优化，经营环境的改善，经营方式和技术的创新和提高，也包括农业保险教育的加强。从某种意义上说，现代农业保险知识的普及，是法律、制度和政策的完善，经营环境的改善，经营方式、技术和效率的改进和提高，是由农业保险大国走向农业保险强国的条件和前提。根据我自己的调研和观察，目前农业保险发展过程中出现的宏观和微观层面的问题，虽然有多方面的原因，但是大多也与投保人、协保员、相关政府人员、基层经营人员缺乏对农业保险基本知识和政策、操作规范的了解和把握有关。特别是农业保险活动中的重要参与者的一些地方政府，因为缺乏对现代农业保险知识的学习和了解，可能会产生违法违规问题。因此无论从哪个视角来看，推进中国农业保险的健康、可持续和高质量发展，不仅需要培养更多的对农业保险专业知识有系统了解的农业保险专门人才，同时，要使更多与农业保险相关的干部、农业生产者和从事保险经营的员工、协保员等，更多、更准确地了解农业保险专业知识，懂得农业保险的政策和法律规范。也就是说，除了农业保险的正规教育，很有必要通过各种方式和途径，对相关人员进行农业保险知识培训。这部《现代农业保险学》就是为这些保险专业学生和农业保险相关人员提供的关于现代农业保险专业知识培训的优秀教材之一。

这部《现代农业保险学》是一部概论或者通论型教材，它系统全面地归纳和介绍了现代农业保险的理论、制度、政策、经营管理和主要保险种类的业务知识，并对农业保险的一些最新的发展和研究成果都做了简明扼要的介绍。这部教材的体系完整，内容丰富，详略得当，现代农业保险专业知识的主要方面和内容都得到反映。文字表述既不失理论和学术性，也比较通俗易懂，可以适应不同层面读者的需要。

祝贺《现代农业保险学》的出版，并向林乐芬教授及其团队的出色贡献表示衷心的感谢。

庹国柱

2021 年 5 月 28 日于北京

前　　言

2021 年中央一号文件《中共中央 国务院关于全面推进乡村振兴加快农业农村现代化的意见》明确指出，“新时代脱贫攻坚目标任务如期完成，现行标准下农村贫困人口全部脱贫，贫困县全部摘帽，易地扶贫搬迁任务全面完成，消除了绝对贫困和区域性整体贫困，创造了人类减贫史上的奇迹”“‘十四五’时期，是乘势而上开启全面建设社会主义现代化国家新征程、向第二个百年奋斗目标进军的第一个五年。民族要复兴，乡村必振兴。全面建设社会主义现代化国家，实现中华民族伟大复兴，最艰巨最繁重的任务依然在农村，最广泛最深厚的基础依然在农村。解决好发展不平衡不充分问题，重点难点在‘三农’”“要坚持把解决好‘三农’问题作为全党工作重中之重，把全面推进乡村振兴作为实现中华民族伟大复兴的一项重大任务，举全党全社会之力加快农业农村现代化，让广大农民过上更加美好的生活”。《中华人民共和国国民经济和社会发展第十四个五年规划和 2035 年远景目标纲要》中明确强调要“发展农业保险”。农业保险作为分散农业生产经营风险的重要手段，对推进现代农业发展、促进乡村产业振兴、改进农村社会治理、保障农民收益等具有重要作用。中国农业保险业务规模稳居亚洲第一，正在向世界第一迈进，保费收入大幅度增长，到 2020 年底已经超过 700 亿元①，提供的风险保障从 2007 年的 1 126 亿元增加到 2019 年的 3.6 万亿元②。农业保险是分散农业生产经营风险的重要手段，在我国现代农业发展进程中，农业保险在保障农民收入、支持农业生产、稳定农村社会及促进乡村振兴和农业农村现代化等方面发挥了非常重要的作用。为加快农业保险高质量发展，2019 年 10 月 9 日，财政部、农业农村部、中国银行保险监督管理委员会（以下简称银保监会）、国家林业和草原局（以下简称林草局）联合印发《关于加快农业保险高质量发展的指导意见》，鼓励探索开展“农业保险+”，推进农业保险与信贷、担保、期货（权）等金融工具联动，扩大“保险+期货”试点，探索“订单农业+保险+期货（权）”试点。主要目标：①到 2022 年，基本建成功能完善、运行规范、基础完备，与农业农村现代化发展阶段相适应、与农户风险保障需求相契合、中央与地方分工负责的多层次农业保险体系。②稻谷、小麦、玉米 3 大主粮作物农业保险覆盖率达到 70%以上，收入保险成为我国农业保险的重要险种，农

---

①我国将面临继续发展完善农业保险体系的任务. http://big5.ocn.com.cn/touzi/chanye/202103/qsrjw29104343.shtml，2021-03-29.

② 2019 年我国农业保险共提供 3.6 万亿元风险保障. https://baijiahao.baidu.com/s?id=1655508781188406355&wfr=spider&for=pc，2020-01-12.

业保险深度（保费/第一产业增加值）达到 1%，农业保险密度（保费/农业从业人口）达到 500 元/人。2021 年中央一号文件再次强调“扩大稻谷、小麦、玉米三大粮食作物完全成本保险和收入保险试点范围，支持有条件的省份降低产粮大县三大粮食作物农业保险保费县级补贴比例”。与“三农”需求相比，农业保险这个保障网仍须进一步织密、织实。做好“农业+保险”工作，需要不断提高农业保险的广度和深度，引导更多农户积极参与到农业保险中，让农业保险真正为农业农村现代化和乡村振兴保驾护航，为此迫切需要培养更多的了解和掌握现代农业保险知识和技能的专业性人才。

本书是“十三五”江苏省高等学校重点教材，在 2021 年，也被列入科学出版社“十四五”普通高等教育本科规划教材。本书第一篇农业保险基本原理，分五章介绍，分别介绍了农业风险管理与农业保险概述、农业保险基本原则、农业保险合同、国外农业保险制度和中国农业保险制度。第二篇是农业细分行业保险，分五章内容，分别介绍了种植业保险、畜牧业保险、森林保险、渔业保险的概念、分类、特点、发展历程等，以及农业风险区划与农业保险费率精算。第三篇是新型农业保险产品，分六章内容，分别介绍了区域产量保险、指数保险、收入保险、其他新型农业保险、农业再保险、大灾保险等不同种类新型农业保险产品的概念、特点、设计、运作机制、可行性和难点，还介绍了各类新型农业保险产品在国外发展及当前国内试点情况。第四篇是农业保险市场与监管，分别介绍了供给方、需求方和监管方三大利益主体，分析了影响农业保险市场供给和需求的主要因素及农业保险监管的目标，还介绍了国外典型的农业保险监管机制和我国现阶段的农业保险监管机制。

全书的写作分工如下：刘荣茂教授编写第一章至第三章，王翌秋教授编写第四、五、十四章，汤颖梅教授编写第六、七、八章，刘晓玲副教授编写第十一、十二、十三章，林乐芬教授编写第九、十、十五、十六、十七章，林乐芬教授作为主编还承担了课题立项申请、教材框架设计、统稿和修订等工作，汤颖梅教授进行了校对。

本书的最大特点是努力做到理论联系实际，部分章节安排了案例和拓展阅读等相关知识延伸，并配有本章小结和思考题，便于广大学生复习每章的重点知识点。参与编写的五位教授长期从事农业保险教学和科研，发表和出版了大量的学术论文和专著，部分研究成果展示在本书部分章节后面的拓展阅读部分。

编　者

2021 年 12 月

目　　录

第一篇　农业保险基本原理

第二篇　农业细分行业保险

第三篇　新型农业保险产品

第四篇　农业保险市场与监管

第一篇

农业保险基本原理

第一章

农业风险管理与农业保险概述

第一节　风险与农业风险

一、风险

不同的学者由于研究对象、目标和分析角度不同，对风险的定义也各不相同；但学者们普遍认为，风险是指某种事情发生的不确定性，这种不确定性可能给决策者造成收益的损失。

风险具有以下特征。

一是客观性。风险的存在是由客观环境决定的，不以人的意志为转移，独立于人的意志之外，如台风、地震、洪水、战争、意外事故等。也就是说，虽然我们可以改变风险存在和发生的条件以降低风险发生的概率，但是风险是无法完全消除的，这造就了保险存在的必要性。

二是普遍性。风险是普遍存在的，自然界和社会领域都存在着各种各样的风险。例如，个人面临着疾病、意外等风险；企业面临着自然风险、政治风险、市场风险等；国家也可能面临着对外贸易风险、战争风险等。此外，风险会根据外界因素的变化而不断变化，人们在发展的过程中也同样创造和发展了风险。总而言之，风险无处不在、无时不有，这也决定了保险存在和发展的必要性。

三是不确定性。从风险的定义可以看出，风险存在的前提是不确定性的存在，其主要表现如下：是否发生、何时发生和损失的不确定性，这些都是无法预知的。如果某种事件的未来结果是已知的或者是确定的，就不存在风险。

四是可测性。虽然就个体风险而言，其是否发生和产生结果是不确定的，存在偶然性；但通过对大量风险事件的观察，我们发现风险发生存在一定的规律性。我们认为人们对于某种事件所有可能发生的结果是已知的，并且通过一定的方法可以比较准确地得到各种可能的结果发生的概率及损失程度。

五是主体性。风险是有主体的，风险的不确定性是针对具体的主体而言的，并不是对一切主体来说都是不确定的；对不同的主体风险造成的损益也是不同的，有时甚至是相反的；风险的发生对某个主体来说是造成了损失，但同时可能给另一个主体带来收益。

二、农业自然灾害

我国疆土辽阔，人口众多，地理环境相差悬殊，气候复杂。自然灾害主要包括旱灾、洪灾、冷冻灾、风灾、虫害等。在各类灾害中，发生频率高、覆盖面大的是旱涝和冷冻灾。

（一）主要的农业自然灾害

1. 旱灾

旱灾一直是我国农业生产的主要灾害，在北方地区发生得更为频繁。1997年，旱灾在四个季节均有发生，其中，夏、秋两季发生的干旱最为严重，表现为干旱范围最广、持续时间最长、危害也最为严重。当年因旱受灾面积50 271万亩（1亩≈0.067公顷），成灾30 015万亩，绝收5 937万亩，因旱减收粮食476亿公斤[①]。

2. 洪灾

洪灾是仅次于旱灾的第二大自然灾害，全球每年因洪灾造成的损失平均可达200多亿美元。1990年之后，我国洪灾发生的频率逐年增加，受灾范围也越来越大。2019年，我国多省洪涝灾害严重，多地的暴雨天气导致广西、广东、江西、浙江、福建、湖南等地遭受洪涝、冰雹、滑坡、泥石流等灾害，造成上述6省（区）45市（自治州）249县（市、区）577.8万人受灾，直接经济损失231.8亿元[②]。

3. 冷冻灾

在季风的影响下，我国冬季的风势强劲，受冷空气影响的时间长、范围广。受到低温冻害影响的地区不仅包括北方温带，还包括南方的亚热带地区。2018年4月，全国共出现3次冷空气过程。此次寒潮天气过程造成北京、河北、山西、陕西、甘肃、宁夏、安徽、山东等8省（区、市）遭受较为严重的低温冻害，共计806万人受灾，农作物受灾面积85.1万公顷，其中绝收23.3万公顷，直接经济损失超过150亿元，甘肃、山西受灾最为严重[③]。

① 资料来源：国家防汛抗旱总指挥部办公室. 1997年全国旱情. 防汛与抗旱，1998，（1）：54-56.

② 资料来源：应急管理部公布2019年全国十大自然灾害，https://www.mem.gov.cn/xw/bndt/202001/t20200112_343410.shtml。

③ 资料来源：2018年4月全国主要天气气候事件回顾，http://www.cma.gov.cn/2011xwzx/2011xqxxw/2011xqxyw/201805/t20180503_467587.html。

4. 风灾

我国的风灾主要是指沿海地区夏季台风和西北部地区风沙造成的损害。1992 年，浙江、福建等东部沿海地区遭受台风危害，仅浙江、福建、山东三省就有 1400 多万亩农作物受灾，20 多万间房屋倒塌、损坏，180 多人死亡，直接经济损失达 60 多亿元。2019 年超强台风“利奇马”登陆中国，造成浙江、山东、江苏、安徽、辽宁、上海、福建、河北、吉林 9 省（市）64 市 403 个县（市、区）1 402.4 万人受灾，因灾死亡 66 人，农作物受灾面积 113.7 万公顷，其中绝收 9.35 万公顷；直接经济损失高达 515.3 亿元①。

5. 虫害

虫害是导致粮食和农作物减产甚至绝收的一大灾难，如蝗灾，具有来势汹汹、影响范围极广、破坏性极强的特点，让人措手不及、无法应对，给农业生产造成极大的损失。

（二）我国农业自然灾害的特点

1. 种类繁多

我国的农业生产不仅面临着洪灾、旱灾、风灾、冷冻灾等各种气象灾害，也面临着病虫害等各种生物灾害，还面临着地震、泥石流等各种地质灾害和海水入侵等的海洋灾害，每年各类灾害都会给农业生产造成极大损失。

2. 灾种集中

对我国农业生产造成影响的各类灾害中，旱灾和洪灾所造成的危害占所有农业受灾面积的 80%以上②。

3. 频率高，范围广

我国幅员辽阔，灾害在全国范围内时有发生，夏秋北方多伏旱；南方多雷电暴雨天气，容易引发洪涝灾害风险；而冬季全国各地多寒潮、冷冻灾害威胁。

4. 影响具有连锁性

农业是国民经济的基础，其基础性地位决定了农业对其他产业的关联影响性极大。如果灾年造成农作物大幅度减产和歉收，会直接影响那些以农副产品为原材料的工业和餐饮服务业及其他相关的产业。可见，灾害造成的连锁反应在与农业经济相关的领域表现得尤为明显。

① 资料来源：应急管理部公布 2019 年全国十大自然灾害，https://www.mem.gov.cn/xw/bndt/202001/t20200112_343410.shtml。

② 资料来源：《中国统计年鉴》。

2012~2016 年全国自然灾害损失情况如表 1-1 所示。旱灾作为影响受灾面积最大的灾害之一，在 2013~2016 年有逐步下降的趋势，受灾面积由 14 100.4 千公顷下降至 9 872.7 千公顷；洪涝、泥石流、山体滑坡和台风导致的受灾面积在 2013 年达到 11 426.9 千公顷之后下降，于 2016 年再次增加至 10 554.9 千公顷；而风雹灾害、低温冷冻和雪灾导致的受灾面积及绝收面积整体上呈现下降趋势（低温冷冻和雪灾导致的受灾面积和绝收面积在 2016 年出现上升外）。

表 1-1 2012~2016 年全国自然灾害损失情况 单位：千公顷

年份	旱灾		洪涝、泥石流、山体滑坡和台风		风雹灾害		低温冷冻和雪灾	
	受灾面积	绝收面积	受灾面积	绝收面积	受灾面积	绝收面积	受灾面积	绝收面积
2012	9 339.8	374.0	11 220.4	1 095.3	2 780.8	213.4	1 617.8	142.9
2013	14 100.4	1 416.1	11 426.9	1 828.9	3 387.3	412.4	2 320.1	180.7
2014	12 271.7	1 484.7	7 222.0	976.9	3 225.4	457.7	2 132.5	168.2
2015	10 609.7	1 046.1	7 341.3	841.0	2 918.0	309.1	900.3	36.5
2016	9 872.7	1 018.3	10 554.9	1 442.4	2 908.0	268.8	2 885.2	172.7

资料来源：2012~2016 年《中国统计年鉴》

三、农业风险

农业是国民经济中一个重要的产业部门。农业可以分为广义农业和狭义农业。广义农业是指种植业、畜牧业、林业、渔业、副业五种产业形式；而狭义农业仅指种植业（中国大百科全书总编辑委员会《农业》编辑委员会和中国大百科全书出版社编辑部，1990a，1990b）。农业由于自身特性，在农业生产的各个环节存在许多风险，是一个高风险的行业。因而研究农业风险，建立健全农业风险保护机制，是保障我国农业顺利发展的必由之路。

（一）农业风险的定义

狭义的农业风险是指种植业和养殖业生产过程中遭受的各种灾害损失的不确定性，如农作物或家畜在生长期和收获期因各种灾害事故造成的损毁；广义的农业风险还包括涉农财产风险和涉农人身风险，即农业服务业、农村、农民在生产或生活过程中所面对的各种灾害损失的不确定性。

关于农业风险，龙文军（2009）将其定义为农业生产或经营过程中灾害损失发生的可能性；而丁少群（2015）则定义为人们在农业生产经营过程中由于遭受灾害使实际结果低于预期价值而导致经济损失的不确定性。对农业生产经营者来说，在农业生产经营过程中不仅可能会有带来经济损失的风险，也可能会有造成人身伤害的风险。但需要强调的是，本书所探讨的农业风险主要是关于农业生产经营者在生产过程中获取经济收入的不确定性，对于其他方面的损失不深入探究。因此本书主要使用后一种定义。

（二）农业风险的构成要素

从实际损失角度来看，对于一项特定的农业风险，可以认为其是由以下两种要素构成的，即可能性和预期损失。

可能性，即灾害事故发生的概率，可以通过长期统计资料计算或根据经验估计得到。

预期损失，即灾害事故发生后可能造成的损失大小。可以根据经验估计、统计调查等方法得到。

用公式表示特定农业风险的大小：某项农业风险的大小=预期损失×概率。

（三）我国农业风险的特征

相较于其他行业，农业生产具有特殊性。随着我国农业结构的优化和农业生产的发展，农业承受的风险种类变多，风险的危害性不断强化和升级，这就需要我们对不同的农业风险采取不同的管理办法。因此，我们首先需要了解农业风险的特征。

1. 从农业自然风险角度

第一，农业风险种类多、范围大、程度深。就全国而言，农业风险贯穿于农业生产经营的各个环节，影响农户生活的各个方面。同时，我国农业自然灾害发生频繁、经济损失和社会影响都较大，决定了我国农业风险具有以上特点。

第二，我国农业风险具有区域性和季节性。我国土地面积辽阔，地理条件十分复杂，同一时间不同地方面临的农业风险往往不同，即农业风险具有区域性。此外，气象灾害种类繁多，发生频率较高，季节性比较突出。

第三，时滞性。农业生产周期与一般企业相比较长，并且动植物生产周期具有自我修复能力，农业生产风险从风险事件发生到损失的发生具有较长的时滞，风险事件所造成的损失无法马上确定，需要等到完全收获时节。

第四，风险单位较大，具有系统性。我国常常发生大规模的自然灾害，往往会造成较大的灾害损失；在同一受灾地区对不同的农业生产经营者的生产对象而言，灾害的影响往往是相同的，同一种类型的生产风险在同一区域不同的农业生产经营者身上同时发生，即具有系统性。

2. 从农业社会风险角度

第一，风险的相对集中性。农业生产方式决定了农业风险的相对集中。多数农民必须要参与到农业生产经营的全过程中，在以家庭经营为主的农业生产经营模式中更为明显。

第二，风险承担者的弱小性与分散性。我国农业生产经营模式是以家庭经营为主。在这种模式下，农业风险的承担者往往是单独的一户农户或者是规模不大的农民集体，与集中的城镇人口和有规模的生产经营组织相比，凸显风险承担者的弱小性和分散性。

第三，风险损失的相对严重性。农业风险的相对集中性是导致风险损失的相对严重性的重要原因之一。此外，因为农业风险是从主观上对客观损失的一种度量，所以度量农业风险损失更多取决于承担者的承受能力。目前我国农业风险的主要承担者仍然是以个体的农民为主，还包括经济实力不强的农村合作经济组织及个体承包户等，这些风险承担者的承担能力不强，因而农业风险损失也具有相对严重性。

（四）农业风险的分类

农业风险常见的分类方式主要有以下三种：按风险来源分类、按风险相关性分类及按风险损失程度分类。（曾玉珍和穆月英，2011）

1. 按风险来源分类

按风险来源对农业风险进行分类，可以全面反映农业风险的表现形式，还有助于农业部门及时采取有效的防范措施，对症下药，是目前最流行的一种分类方式。

1）自然风险

自然风险是指自然力的不规则变化，导致农业生产的灾害性因素出现，进而导致农作物产量或者品质达不到预期，以及农业专用性资产发生损失的一种可能性。自然灾害带来的风险，主要是来源于不确定、不规则的自然力变化。众所周知，农业生产对自然气候的依赖性较大，具有较强的地域性、季节性等，农产品和农副产品的加工、运输、储藏等对气候等自然环境因素的依赖程度较高，并且在农业生产的过程中，不时会遭受旱、水、风、虫等自然灾害或者是受到运输、储藏条件等的约束，农作物会减产和歉收。自然风险给农业带来的损失主要体现在两个方面：一是自然灾害导致农作物的产量或品质下降，这是农业生产活动的固有风险，不受人力控制。对于这一类灾害，只能进行规避和预防，尽可能地降低此类风险发生的可能性。二是自然灾害会导致农业专用性资产的性质发生改变，甚至会损毁或灭失。随着农业机械化、精准化的不断推广，农业生产部门形成了大量的农业专用性资产，如果这些资产遭受损失，对现代化农业生产将是非常不利的。

2）市场风险

市场风险也称经济风险，是指在农业生产和销售过程中，由于农产品市场受价格波动、农产品供求关系发生变化、国际农产品市场行情波动等因素的影响，或者是由于农业生产者自身管理不善导致农产品品质下降、市场存在信息不对称等因素给农户带来经济损失的风险。价格波动是影响农业生产的重要因素，这种影响一方面可能会带来农产品价格的下降，另一方面会带来农业生产所需的生产资料价格上涨，还可能会导致生产资料的价格上涨幅度高于农产品价格上涨的幅度。农业生产的周期性较长，存在时滞性，因而农产品的价格可能会偏离市场价格的波动。在计划经济期间，我国实行统销统购政策，市场风险并不明显。但随着我国市场化进程的加快，我国农业与国际农产品市场接轨，同时，我国也逐步放开了对农产品的价格管制，变革了农产品的流通体制，农业的市场风险在市场经济下表现得更加明显。

3）科技风险

科技风险是指在农业科技成果推广和运用过程中，因其自身的局限性而导致农户预期产量或收益无法实现的可能性。农业科技成果具有高投入、高产出、高收益的特点，同时也具有高难度的特点。在市场经济下的现代农业中，农业科技也受到市场因素和自然因素的制约，可能会导致农业生产经营者收入的不确定性及打乱原有的农业生产秩序，同时引发多方面的农业风险。现阶段，我国的农业生产经营者的风险承担能力较弱，风险防范意识较差，一旦新农业科技应用失败，会导致农作物产量大幅度减产或者歉收，将严重影响农户家庭生活。农业是一个经济再生产与自然再生产相互交织的特殊产业，不仅生产周期长，还具有时滞性。新的农业科学技术的推广与应用又具有区域适用性，这一点极大地提高了农业科技给农户带来损失的概率。同时，大多数的农业科学技术都具有公共品的属性，即没有排他性和竞争性。伴随着成熟的农业科学技术的广泛应用，农作物的产量或品质会得到大幅度的提升，从而导致“谷贱伤农”，即农产品的供给大于需求。农产品大多数缺乏弹性，从而导致农产品价格大幅度下降，农户收入减少。随着农业科技的推广和应用，农业的科技风险将呈现上升趋势。

4）政策与体制风险

政策风险是指与农业相关的国家政策调整带来的风险，如农业补贴政策、农产品收购政策等会给农业生产经营者带来收益的不确定性。由于农业地位特殊，且具有准公共品的性质，政府往往会采取各种各样的措施对农业进行干预和指导，对农产品价格进行管理，加剧了农业风险的不确定性。

农业产业中还有体制风险，即由于农业生产的经营管理体制不能适应农业生产发展需求而产生的风险。农业的经营管理体制属于上层建筑和生产关系的范畴，而农业生产发展则属于经济基础和生产力。如果农业管理体制不能适应农业生产力的发展情况，无论是落后于农业生产力还是超过农业生产力发展水平，都将制约农业生产，从而产生不利影响（李苏，2001）。如果不能进行及时的体制调整，长期下去必然会引起体制风险。

5）社会风险

社会风险是指由于个人或团体的社会行为给农业生产经营者造成损失的风险。从农户经营主体来看，由于我国农业生产周期长、季节性强、生产和需求弹性不大，再加上小规模分散经营导致市场信息流通不灵，难以对市场需求的变化及时做出反应，因此出现因经营管理不善或决策失误而造成风险的可能性较大。此外，还可能出现农业经营合作对象突然毁约或者合作冲突可能导致生产经营的中断。

6）信贷风险

在农业现代化和市场化的过程中，伴随着农业专业化程度的提高、农业生产经营规模的扩大、新农业科学技术的应用，必要的农业信贷支持显得尤为重要。随着农业信贷资金规模的不断扩大，农业的信贷风险也在不断提高。由于农业生产不时遭受自然灾害，农业生产的成本在不断增加，与此同时带来产量下降，从而直接影响农业信贷资金的回收。由于农业信贷一般缺乏抵押物，一般的涉农金融机构只能以信用贷款或联保贷款的形式来发放农业信贷。但是农业信贷的担保主体与贷款主体的情况类似，风险同质，因而风险分担的作用有限。此外，在农村地区由于文化层次较低和社会信用体系的欠缺，乡镇企业和农户的风险防范意识较差，守信意识较为薄弱。同时，在广大的农村地区尚未建立有效的个人与企业信用数据库，因而存在信息不对称，涉农金融机构难以获取贷款主体的真实情况。农业生产经营的预期成本很难准确预测，在农业的信贷活动中，难以准确预测贷款未来的利率变动，无法准确把握信贷资金的成本，因此信贷风险难以避免。同时，对于农业生产经营活动的收益也很难准确预测。因而，随着农业生产经营规模的扩大，农业的信贷风险也在不断增加。

2. 按风险相关性分类

根据风险的相关性，风险可划分为独立性风险和系统性风险。经济合作与发展组织（Organization for Economic Co-operation and Development，OECD）对此进行了进一步的划分，将农业生产经营者面临的风险分为微观风险、中观风险和宏观风险；对应的风险特性分别为个体性、相关性和系统性。因此，结合农业风险的实际情况，农业风险可分为独立风险、系统风险和中间风险。

独立风险，也称为可分散风险，是指某种事件的发生仅影响到单个个体，使其遭受损失；在农业生产经营过程中，独立风险是指风险单位独立、风险发生偶然及风险损失不确定的风险，如范围很小的冰雹灾害等。该种风险发生频率较高、风险相关性较弱，风险损失较低，属于经典保险理论中的“独立随机风险”，一般性的商业保险就可以对该种风险进行分散和转移。

系统风险，也称为不可分散风险。系统风险是指风险事件的发生影响了大范围的参与者的收益，导致了较大的损失。在农业生产经营过程中，自然灾害造成很大区域内所有农业经营者的损失即系统性风险，这种风险是无法避免的，具有很强的相关性、同因性和连片性。

中间风险，介于独立风险和系统风险之间，风险具有一定的影响区域，且超过了小区域范围，但并没有达到影响所有市场主体的程度。在现实生活中，大部分自然灾害造成的风险属于中间风险。Miranda 和 Glauber（1997）在研究中指出，农业的中间风险给保险公司带来的赔付风险是传统商业保险赔付风险的 10 倍，超过了传统商业风险的承受程度，也导致传统的商业性保险在农业领域行不通。

3. 按风险损失程度分类

由于在现实生活中，风险损失程度一般来说是人们最关心的因素，它可能直接影响经营主体对风险管理的重视程度，并采取相应的管理模式和方法。

在农业生产经营领域中，按照风险等级风险可以分为常规风险和巨灾风险。常规风险，即那些经常面临的、损失程度一般、发生概率较高的风险；巨灾风险，即因重大自然灾害、恐怖袭击、疾病传播或重大人为事故造成巨大损失的风险。巨灾风险发生概率较低，一旦发生则损失巨大，同时会有长期的影响。一次大地震、大洪水、大的森林火灾可能造成数百亿甚至上千亿美元的损失。但事实上，巨灾风险与常规风险是相对性的概念，两者之间很难进行明确的区分。目前对巨灾风险并没有一个统一明确的定义。有的将地震、飓风等具有广泛系统性并导致严重损失的风险当作巨灾风险，有的将单次灾害一次性经济损失总额超过当年国内生产总值的 0.01%的灾害定性为巨灾风险。此外，常规风险和巨灾风险与地域有着密切的关系，具有空间相对性。例如，冰雹导致了一个区域的农作物几乎全部死亡，对于这个区域来说为巨灾风险；但放在全国范围来看，又只是常规风险，并非巨灾风险。

需要强调的是，巨灾风险与系统风险并不相同。系统风险往往会导致巨灾风险，这是由于农业生产的特点，自然灾害的影响往往波及范围很大，这种系统风险很容易引发巨灾风险；但是巨灾风险并不一定是系统风险。从巨灾风险的发生根源来看，农业巨灾风险可以分为两类：一种是风险损失程度不大，但是影响的范围很广，不同区域之间的高度相关性和积累性产生了农业巨灾风险；另一种是由发生概率很低的自然灾害事件导致的，这种风险一旦发生，损失程度特别大。

（五）防范农业风险的对策建议

1. 建立农业风险监测预警系统

我国在农业风险监测预警方面的发展还较为落后。目前我国的自然灾害预警系统包括天气预报系统、地质灾害监测系统等，这些技术都较为成熟，而这些系统则分别隶属于不同的机构，虽然每个单项的预警系统较为出色，但是整体在农业风险监测预警方面则有所不足。因而，我国迫切需要建立一套完整、科学、系统的农业风险监测预警系统，整合各个预警系统的资源，高效协同各个相关部门，从而全面反映农业风险的相关信息。这个系统不仅包括农业自然风险预警系统，还包括农产品市场风险预警系统。通过对农业风险信息进行收集、整理、加工，建立起农业信息网和农业信息数据库，并通过农业农村部向农民发出农业风险预警。同时该系统也要求各级政府部门应该加强宣传力度，提高农民的风险防范意识。

2. 增加财政对农业的投入，增强抗御自然风险的能力

针对农业生产面临的自然风险，可以根据自然风险的不同成因采取相应的对策。目前我国农业生产经营面临的最大自然风险是洪灾和旱灾。因而，我国的农业农村部、水利部、财政部应该加大对“三农”的财政投入，增强农业抵御自然风险的能力，如兴修水利工程、加强城乡和农田水利基础设施建设，积极应对可能发生的旱灾，如定期疏通河道、完善田间排水系统等，应对未来极端天气可能造成的洪灾。同时加强财政资金对台风、暴雨、干旱等极端灾害性气候预报的投入，加大对农业科研的投入，加强对病虫害、疫情的检验与监测工作。尽最大能力将自然风险控制在萌芽状态。政府的应急管理部门应该针对各种可能发生的农业自然风险做出风险预案，一旦灾害发生，在第一时间控制灾情，从而将自然灾害造成的损失降到最低。在抵御农业自然风险方面，如果仅依靠农民自身的力量远远不够，各级政府主管部门应该积极行动，合理利用财政资金和行政手段，来切实增强农户抵御农业自然风险的能力。

3. 建立有效的农产品价格保护机制

农业是国民经济的基础，重农固本是安民之基。正是由于农业的特殊地位，决定了政府部门必须要对农产品市场进行适度、合理的调控。一方面要建立起农产品收购价格保护机制，在农业大幅度增产时，这个机制能够很好地避免“谷贱伤农”的现象，从而保障农民收入稳定。另一方面要建立更加完善的农产品储备制度，在市场价格低于保护价格时增加对农产品的储备，在市场价格高于保护价格时则在市场上出售农产品储备，平衡农产品市场的供需力量，降低农产品价格的波动，从而有效降低农业的市场风险。考虑到农业生产的周期较长，信息具有滞后性，政府的调控重点应该在农产品市场价格低迷时。建立有效的农产品价格保护机制对于防范农业风险，尤其是农业的市场风险具有重要意义。

4. 建立农业信贷新机制，减少信贷风险的危害

在农业和金融都在逐步市场化和国际化的情形下，我国的农业发展遭受信贷风险是难以避免的。在这种情况下，如果要降低农业的信贷风险，就必须探索和建立农业信贷的新机制。在新机制下：一是要对涉农金融机构进行改革，尤其是对农村信用合作社等，在相关政策上给予倾斜，鼓励其加大对农业发展的资金支持力度；二是要大力发展形式多样的农业保险，减少灾害给农业生产带来的损失，在一定程度上降低农业的信贷风险；三是要积极发展农业发展基金，援助因信贷风险而发展困难的农业项目。此外，通过进一步鼓励工商业企业和外资企业积极进行农业投资，对原有的农业投资机制进行改革。进一步鼓励与支持农业生产经营者进行规模化、产业化经营，延长农业生产的产业链，提高农业产出的平均利润率。

5. 加快农业保险产品创新和服务创新

农业生产经营者在面对农业风险时表现出来的脆弱性对农业发展的规模化、专业化、市场化和产业化带来了极大的挑战。对于新型农业经营主体而言，如果保险标的仅是单一的直接物化成本，不但无法保障其成本，更难以促进其生产的恢复。因此，农业保险需要加快险种的产品创新和服务创新，并且结合我国不同农业主产区的地域特色和现代化农业发展的总体布局，不断丰富、完善、保护农业现代化的保险体系。一是要根据特色农产品和地域特色积极开发特色险种；二是加快开发农业保险新险种，一方面鼓励保险公司开发价格指数保险、产量保险等新型农业保险产品并进行试点推广，另一方面鼓励保险公司针对农业生产大户、龙头企业、家庭农场等研发特色的保险产品，推进农业规模化生产。同时，推动发展涉农信贷保证保险以降低农业的信贷风险，发展农村小额人身保险、农房保险等普惠保险业务。以农业保险为基础，鼓励和支持保险机构提供保费低廉、保障适度、保单通俗的“三农”保险产品。

6. 完善农业巨灾风险分散机制

由于我国尚未建立完善的农业巨灾风险分散机制，农业生产在受到洪水、地震等农

业巨灾影响之后往往会遭受巨大损失。目前我国应对这种损失主要采取政府救济、社会捐助和农业保险等传统方式。政府救济和社会捐助属于灾后管理，是一种被动的风险管理方式。由承保能力有限的农业保险来理赔巨额的农业损失，承保公司往往会入不敷出、资不抵债。保险公司作为一个营利的经济组织，为了弥补较高的成本和获得更大的营利空间，又不得不抑制农业保险需求，从而农业保险对巨灾造成的农业损失的赔偿能力有限。为了应对未来可能出现的巨灾给农业生产带来的损失，我国应该完善农业巨灾风险分散机制，更多地完善灾前管理，支持现有保险公司承保农业保险，针对赔付成本较高的问题，政府应成立专业化的农业再保险公司进行分担，从而提高保险公司承保的积极性。

第二节　农业风险管理

一、农业风险管理的概念

农业风险管理是指运用适当的手段对各种风险源进行有效的控制，以减少农业的波动，并力图以最小的代价使农民获得最大的安全保障的一系列经济管理活动（熊存开，1997）。

农业风险管理内容可以分为灾害损失控制和受灾补偿。灾害损失控制也可以称为风险控制，如通过建设农田基本设施、推进机械化作业、开展农业技术攻关等，降低灾害和疫情发生的可能性。受灾补偿是指在灾害发生后，政府和社会各界对受灾对象给予一定的补偿，农业保险机构对投保的农户给予必要的保险赔付。

二、农业风险管理过程

不同的农业风险管理主体的目标肯定是不同的，要根据不同的管理主体的需求制定相应的目标，采取相应的管理策略和行动；该目标要与组织或个人的整体目标相一致，需要考虑到管理主体对风险损失的接受程度。从个体层面，农业生产经营者的最终目标一般是实现自身福利最大化，重点强调收益与风险之间的平衡；而从宏观层面，政府进行风险管理时更多考虑的是农业生产发展稳定，农业收入稳定增长，如受灾后可以在最短时间内恢复受灾地区的农业生产，及时救济受灾的农民，维护受灾地区的社会稳定。

农业风险识别是对农业生产经营过程中面临的及潜在的风险因素的判断，并对不同的风险性质进行归类整理，明确不利事件的致损环境和过程。在这个过程中需要用到多种手段进行识别，可以通过感性认识和经历、客观事件记录来判断。风险识别对有效的风险管理来说是关键，是风险管理工作的开始。

风险评估是风险管理的核心，与风险管理主体的特性和目标相关。通过收集的资料，利用概率分析，衡量农业风险发生的频率和强度，对农业收益波动进行计量，明确农业风险的分布特征，衡量最有可能发生的风险及可能造成的最大损失，为采取有效的管理措施提供科学的依据。

农业风险管理的决策者事先根据风险评估中可能出现的风险发生情况，运用多种方法和手段，制定多套风险管理策略，基本选择如下：避险、损失控制（防损和减损）及损失融资（转移和自留）。对于事先制定的每一种风险管理策略，要充分评价和讨论策略的可实施性，评价基本成本、对损失强度的影响及风险的特征。

农业风险管理主体从实现风险管理目标出发，根据农业风险识别和评估情况，选择合适的风险管理策略和方案，制订风险管理计划；可以根据现实中农业风险发生的具体情况对风险管理策略进行相应的调整以达到更好的效果。在实施过程中，一定要落实到具体情况，贯彻实施决策和计划。

此外，还需对实施效果进行检查和评价，要求我们重返第一步，重新评价农业风险管理过程中的每一个因素。由于农业生产经营的特性，农业风险管理是一个动态的过程，风险不断地变化，原有的风险消失，新的风险出现，原先的管理策略可能并不适合现在的情况；此外，有的农业风险管理策略可能存在错误，通过及时检查可以发现错误，避免造成更大的损失。

三、农业风险管理模式

农业风险管理模式是在深入识别、分析和评估农业风险的基础上，提出的应对农业风险的基本原理和方法。这里将从不同的角度介绍不同的风险管理模式。

（一）基于时间分类的风险管理模式

农业风险管理体系必须要建立在整个农业产业链中，从生产前到生产中，再到生产后，不同环节的主要风险和风险的作用机制都存在差异，因而需要剖析各个不同环节的主要风险及其作用机制，探求具有针对性的管理方式，合理组合各种风险管理方法，从而有效地管理农业风险（栾敬东和程杰，2007）。

1. 生产前

农业生产链的产前环节是指农业生产前的准备和投入阶段。该环节的主要风险是资产风险和市场风险。可以采用生产资料补贴、供应链体系和信息服务管理产前风险。生产资料补贴能降低生产资料价格波动的冲击，稳定农户的购买力，提升农户的农业保险需求；供应链体系保证了生产资料的供应渠道，能够降低交易成本，提高补贴效率，同时带动农业科技的推广；信息服务与供应链体系结合则能协调不同风险管理方法。

2. 生产中

农业生产链的产中环节是指农业基本产品的生产过程，这个过程包括自然作用、农业技术投入等。该环节的主要风险是自然风险和技术风险。可以采用农业保险、风险基金和技术推广服务体系来管理产中风险。农业保险与风险基金结合可以有效抵御自然风险；技术推广服务体系可以缓解技术风险冲击，稳定农业科技供给。此外，风险基金能协调农业保险的政策性问题，配合新农业科技的推广；而农业科技的推广又能带动农业保险的险种创新，提升保险需求，同时为订单农业提供基础条件；农业保险也为产后环节套期保值的实施提供了条件。

3. 生产后

农业产业链的产后环节是指农业基本产品的销售、流通、加工和产业链延伸过程。该环节的主要风险是市场风险和制度风险。农业企业作为生产主体也面临潜在风险。可以采用期货市场和基金、订单农业、价格支持体系管理产后风险。利用农产品期货市场转移市场风险，利用期货基金来解决中小型农业生产者利用期货市场的困难，进而稳定农户的收入，降低农业保险的道德风险；订单农业能够保障农业企业套期保值的实施，套期保值锁定价格，降低订单农业的违约风险，便于农户间接使用期货市场，同时又能引导供应链体系不断完善；价格支持体系的建设，一方面完善了农业支持政策，保障了订单农业的顺利运行，另一方面又与下个周期的生产资料补贴相协调。三种风险管理方式不仅有效解决了产后环节的主要风险，还实现了农业生产链全过程风险管理方式的紧密联结。

（二）基于风险分类的风险管理模式

农业风险，一般可以划分为自然类风险与市场类风险两大类。针对不同的风险，可以采取不同的风险管理模式。

1. 自然类风险管理模式

（1）农作物保险。农作物保险的基本原理是分担风险、分摊损失，即由处于同等风险下的多数未遭受损失的投保农户分摊少数遭受损失农户的损失。实际上，农作物保险是通过交纳保险费，使风险在农民之间分散和转移，为农民提供有偿的风险保障。农作物保险可分为单一险和多重险。单一险只补偿如冰雹、火灾等特定灾害造成的损失。多重险可对一切不可抗拒的自然灾害造成的损失进行保险。一般来说，大型商业化农场的农业保险需求旺盛，而以家庭劳动力为主的小农式生产的商业化程度低、规模小且较为分散，因而对农业保险的需求较弱。这是因为农民的保险需求与保费的预期收益率正相关。目前农业保险在许多国家是采取强制参保的方式。

（2）农业救济。农业救济也称农业灾害救济，与农业保险同属于农业风险管理的重要举措。但两者之间的性质明显不同，农业保险更多侧重于提供有偿的风险管理，属于事前管理；而农业救济是事后管理，更多是免费发放。此外，农业救济采用的救济形式也更广，包括直接提供救济款、发放实物和给予优惠贷款等多种形式，更多体现的是政府对遭受损失的农业经营者的一种道义补救，具有无偿性的特征。但在目前实行自愿原则参加农业保险的情况下，农业救济对农业保险的发展产生了一定的负面效果。

2. 市场类风险管理模式

（1）农产品价格保护制度。农产品价格保护是政府降低农业生产者因价格波动导致收入减少风险的一种重要的市场风险管理手段。各国政府在制定农产品保护价格时需要协调好国家、生产者、消费者之间的利益，保障农业生产者免受市场风险的损失。由于各国国情不同，各国制定保护价格的具体目标也不尽相同。一般来说，各国政府实施农产品价格保护制度通常要实现的基本目标是保障农民的收入不受损失，防止农产品市场价格异常波动，维持市场供需平衡。

规定一个适宜的最低保护价格水平是实施农产品价格保护制度的核心。一般制定保护价格有三种方法：①前3~5年市场平均价格。该方法的优点在于有助于市场机制在引导农业资源配置中发挥作用，缺点是不能反映农民生产成本未来的变化。②生产成本适当加利润。该方法可以补偿农户的生产成本，但可能会造成农产品市场供求关系和市场价格之间的偏离，从而扭曲市场信号，也会使农产品的成本核算更加烦琐。③复合标准。它综合了以上两种标准，并综合考虑包括国际价格水平、通货膨胀率等在内的多项标准，根据农产品市场发展情况进行适时调整。

农产品价格保护制度在稳定农产品价格、降低农民价格风险和稳定政府治理方面发挥了积极作用。但农产品价格保护制度在近年来也遭到了质疑和批评，尤其是在发达国家，主要是因为农产品的保护价格人为地扭曲了市场价格信号，破坏了市场均衡，不利于发挥市场机制在农业资源配置过程中的作用；政府的农产品价格补贴虽然稳定了农民收入，但加重了政府的财政负担，抬高了消费者价格，实际上是将农业损失风险转嫁给消费者和纳税人，这引起了很多纳税人的不满。

（2）期货市场和期权市场。开办期货市场和期权市场转移农产品市场风险是政府的一项重要举措（史清华和姚建民，1994）。期货市场具有价格发现和转移风险的职能，因而利用期货市场能够有效地降低农产品的价格波动风险。从市场经济的角度来看，通过将农产品以期权或期货形式出售，将市场风险转移给合约持有者，这一举措不仅对农业生产有促进作用，还能极大减轻政府财政的负担，同时农民可以根据农产品期权和期货市场提供的价格信息安排生产，避免因盲目生产而造成损失的风险。

（3）订单农业。订单农业也称合同农业，是农户根据其本身或者所在的农业生产组织与农产品购买者签订的订单，来组织生产农产品的一种新型农业产销模式。这种产销模式较好地适应了市场需求，有效地对接了农产品供需市场。它一方面降低了农户因盲目生产而造成损失的风险；另一方面降低了买卖双方的价格风险，有效控制了以农产品为原料的产业的原料来源风险，进而促进了农业和相关产业协调发展。就订单农业的发展趋势来看，其将不断增强服务农业现代化的需要，并成为以管理农业社会风险和市场风险为主的风险管理工具（何嗣江和滕添，2007）。

（4）信息服务。信息匮乏在很多情况下会引发农业风险，如农业气象的长期综合预报、市场价格的波动等，因而加强信息服务应该是政府管理农业风险，特别是管理非自然风险的一项重要工作。开展农业信息服务，一方面能够增强农民在生产经营过程中决策的科学性，另一方面能够有效降低信息匮乏所引发的生产不确定性，降低农业风险。

四、我国农业风险管理所面临的问题

（一）农业风险管理方式的孤立性

在农业产业链中，不同类型的农业风险存在复杂的关联性，如自然风险会导致农作物的产量下降，影响农产品市场的供给，加大农产品价格波动，加剧市场风险；与之相反的是，风险管理方式之间缺乏一定的关联性和协调性，处于相互孤立的状态。如果仅处理一种农业风险，相应的风险管理方式可能会奏效，但由于风险间存在复杂的相互作用，可能会放大其他风险，从而采用单一的风险管理方式可能作用效果较差。此外，由于农业风险管理方式本身存在风险，极易引发另一种风险甚至会放大某些风险对农业的冲击。总而言之，农业风险管理方式的孤立性和农业风险种类的关联性是造成我国农业管理困境的根本原因。

（二）目前主要使用的农业风险管理方式难以适应需求

1982 年我国即恢复了农业保险，但时至今日我国自然风险管理仍主要依靠传统的灾害救济方式，然而这种方式已经不适合以数量增长为主转向高质量发展的中国农业产业。首先，灾害救济事后补偿的性质跟不上我国农村经济迅速发展的步伐，这种情况急需改善；其次，灾害救济的无偿性加剧了政府的财政负担；最后，灾害救济的资金量有限，只能弥补小部分的损失，且救灾资金容易被挪用，难以到达真正的灾民手中。因此作为事先风险防范措施的农业保险需要成为我国农业风险管理的主流工具。

（三）期货市场难以实现套期保值转移价格风险的功能

我国的期货市场各方面较之发达国家还不够完善，缺乏完善健全的交易和监管法规。部分地区在条件尚不成熟的情况下，盲目发展期货市场，导致期货市场的发展远不及预期。除此之外，目前我国大多数的农业生产经营者的文化知识水平较低，不了解如何利用农产品期货市场进行套期保值。此外，期货市场上的投机交易色彩过重，也是难以实现农业风险管理所要求的套期保值转移价格风险功能的重要原因之一。

五、农业风险综合管理

随着近年来农业的不断发展，农业风险的来源、传导机制和影响也在发生变化。不同的农业风险、管理工具和管理主体之间的相互关系在农业风险管理中起到了重要的作用。农业风险综合管理从整个产业链的角度出发，以农业生产经营的整体价值目标为基础，通过识别、评估和统筹考虑农业生产经营过程中涉及的众多风险因素，来协调政府、市场和农户等不同的风险管理主体，整合运用各种风险管理方法和工具，从而综合管理各类风险（张峭等，2016）。

农业风险综合管理注重农业风险管理的各要素内部和各要素之间的联系性，利用这种联系性进行风险管理，而不是孤立地分析和管理特定风险。

在农业风险综合管理理论中，第一，不同类型的农业风险是有关联的，不能只对某类风险进行管理而忽略了关联性，要对农业风险进行综合考虑。第二，农业风险管理涉及多个行为主体，主体之间的利益可能是相互冲突的，因而农业风险管理应协调相关行为主体的利益，加强相关主体之间配合与合作。第三，农业风险管理有多种可能的风险管理策略，这些策略的选择受到行为主体、管理工具和风险环境的影响。第四，要对各种类型的风险管理工具进行组合运用，根据实际情况可选择多种相应的工具配合使用。

农业风险综合管理具有以下三个特征。

第一，综合性。农业风险综合管理强调把风险管理的所有因素纳入一个体系进行分析：①风险管理要素内的综合性，如综合考虑来源不同、类型不同的农业风险，综合使用功能不同的风险管理工具，而不是单纯地只研究某一种类型的风险；②风险管理要素间的综合性，将不同的风险要素进行整合考虑，考虑各要素之间的相互作用和影响；③风险管理对象的综合性，农业风险综合管理强调不仅要关注农业生产经营者本身，还要考虑到生产链上下游的主体。

第二，交互性。农业风险综合管理十分注重各风险要素之间的交互性，这种交互性包括不同类型农业风险之间的交互性、农业风险与农业风险管理工具之间的交互性、不同风险管理工具之间的交互性及风险管理主体之间的交互性。对于这几种要素，任何一种要素的变化都会对农业生产经营者所面临的环境产生影响，从而影响风险管理的效果，因此需要重视交互性。

第三，协调性。除了对农业风险的各要素进行综合考虑外，还要考虑各要素之间的协调性。这种协调性表现如下：风险管理的成本和收益要协调、风险管理的主体要协调。风险管理不是越多越好，因为它是有成本的，需要权衡成本与收益，找到两者之间的平衡，协调好各要素之间的相互作用；农业风险管理涉及许多主体，各个主体之间存在利益并不一致的情况，要协调好不同主体之间的利益，让不同主体相互配合，达到风险管理的最好效果。

第三节　农业保险的基础理论

一、农业保险的概念

如果需要更深层次地理解农业保险的含义，首先必须明确农业的概念。关于农业，有两种划分方式：狭义与广义。同样地，农业保险也有广义和狭义两种定义模式，其区别的基础主要是承保标志。农业保险的狭义方面仅仅是指农作物种植保险和水产养殖保险。在狭义农业保险所提到的内容之外，从广义的方面来说，农业保险还包括以广泛农业生产为生的劳动者，并且包括其家庭成员的人身保险，以及农场中的其他物质财产保险。

早在一百多年前，马克思在《资本论》中对农业概念有三种论述：①狭义的农业，或称真正的农业，是指植物性产品的生产。在这里实际上是指种植业，它包括粮食生产和多种经济作物的生产，是构成狭义农业的最基本的部门。②广义的农业，除了种植业之外，包括单纯采集、狩猎、捕鱼、畜牧等劳动，制作相应的工具，而织和纺等当初是农业中的副业。可见马克思阐述的广义农业的概念，已基本上包括了农、林、牧、副、渔五业在内，相当于现在的“大农业”的概念。③最广义的农业概念，是指一切食物的生产，在这种生产中使用的劳动，即经济学上最广义的农业劳动（中共中央马克思恩格斯列宁斯大林著作编译局，1972）。《资本论》发表一百多年来，随着科技的进步，农业生产专业化、社会化、商品化的发展，农业的范围有越来越大的趋势。其实，不论农业生产怎样发展，农、林、牧始终是农业生产的基本部门。农业各生产部门之间存在着错综复杂的关系，但主要的和最本质的关系体现在农、林、牧关系上。因为农业当中各式各样的不同部门中有机物质的合成部门是种植业。伴随着种植业的蓬勃发展壮大，农业其他部门和畜牧业也将在未来发展。畜牧业是农业部门中必不可少的最为关键的核心环节部分。畜牧业可以把人类不能直接使用的有机物质部分转化为具有更强大经济价值的畜产品，如毛皮、肉、奶等。至于牲畜的排泄物及其他不能利用的部分，可以被成功转化为优质肥料，返还土壤，并用于牧草的培养和发展，为种植业的可持续性发展创造绝佳条件。林产品本身不仅包括林业在农牧业中的作用，林木植物群落在其生命活动过程中也会引起许多环境因素的变化。植物群落作用繁多，如防止水土流失、调整控制大气温度、降低风速等，这些为农牧业发展提供了优质的生态环境基础。

目前，中国的学术界和实践界普遍更倾向采用狭义农业保险的概念界限。因此接下来的分析着重针对狭义农业保险。这种农业保险作为一种财产保险，其在当事人之间的基本法律关系和运行原则与一般财产保险大致相同。基于这一点，其可以定义为一种风险管理方式：保险人提供经济补偿给从事种植业和养殖业的农业生产者（投保人）在农产品的自然生产和农产品初加工过程中遇到自然灾害或事故造成的财产损失。

与一般财产保险相比，农业保险具有以下特点：首先，保险标的的特殊性。农业保险标的主要是处在生长发育过程中的活的动植物或微生物。其次，农业保险收益的预期性。保险利益又叫作“可保利益”，指的是保险标的上关于投保人和被保险人的法律认可权益，即发生保险事故时，可能造成的损失或失去的利益。最后，农业保险可保风险的特殊性。主要表现是种类繁多、范围广泛、程度较深、区域性和季节性，较大的风险单位（即由风险事故造成的一系列区域损失范围）及风险承担者的繁复多样、风险相对集中和相对严重的风险损失。

二、农业保险的基本要素

1. 保险人

保险人是指在保险市场上为他人他物提供各种类型的保险产品，并且承担、分散和转移他人风险的各类保险人。他们作为保险组织形式出现在各种类型的保险市场上。在一般情况下，它们是由国家有关部门审查通过并被批准专门从事保险业务的组织，如国有保险人、私营保险人、合资保险人等。在中华人民共和国领土范围内有效的保险公司，有中国人寿保险（集团）公司、中国太平洋保险（集团）股份有限公司（以下简称太平洋保险）和中国人民保险集团股份有限公司（以下简称中国人民保险公司）等。专门从事农业保险的农业保险机构或政府规定的代理机构指的是农业保险公司。

2. 投保人

投保人指的是在保险标的产业方向具有直接经济利益的农业生产自然人或农业法人。投保人的种类包括农户、专业户和农场主。

3. 保险标的

保险标的是指农业作物，它通常被分为常规农副产品和特种农副产品。常规农副产品的内容广泛，是针对农、林、牧副产品中粮、甘蔗、猪、牛、鸡、鸭等常见的传统农副产品，这些农业类产品价值很低，但是技术成熟且产量很大。部分农产品属于国家战略储备。特种农副产品是指附加值极高、价值也很高的按照特殊需求养种的产品。如今这种商业产品在市场上的运作已然成熟。

4. 风险因素

风险因素这个专业名词专指农作物在特有的生产及收获的过程中，可能因为自然灾害所造成的经济损失。

5. 保险费率

保险费率是指保险人为了承担保险责任，而专门向农民按规定收取的费用的比率。

总而言之，农业保险和商业保险的基本要素没有明显的区别，但是农业保险标的、受益人和受保目的的特殊性决定了它与商业保险差异显著。

三、农业保险的性质及特点

（一）农业保险的性质

在国际上，保险按其经营性质分为以营利为目的的商业保险，以及为了实现政府政策目标的政策性保险（丁少群和姚淑琼，2012）。按照自由平等的投保方式建立保险法律关系是商业保险的基础。但是国家往往通过强制性立法（或颁布法规）来采取相应的政策性保险，将珍稀生物规划进法律调整的范围之内。不可以以投保人个人意愿为指标，标的物必须遵循规定向有关保险部门投保，并且保险部门不能以任何理由拒绝承保。对此，社会各界有多种多样的看法。温世扬和姚赛（2012）认为，我国的农业保险就是商业保险的一种，原因是农业保险一直受《中华人民共和国保险法》的规范和调整，自然而然应属商业保险的一种。庹国柱（2012）认为，我国的农业保险应当是政策性保险，原因在于农业是弱质产业，受自然灾害的影响极其严重，经营农业保险有着极大的风险，农业保险的高赔付率导致很多公司不愿意经营农业险，因此农业保险要发展，离不开政府的财政补贴支持。根据《农业保险条例》第三条第一款“国家支持发展多种形式的农业保险，健全政策性农业保险制度”的规定，可以看出我国正在发展政策性农业保险，这主要是由以下几方面决定的：第一，农业保险缺乏购买者和供给者，政府的干预和引导可改变其市场化不足的状态；第二，政府的抗风险能力强于市场，农业保险经营具有特殊的风险和技术壁垒，这些没有政府的支持是无法解决的；第三，政府作为市场经济活动中“有形的手”，具有再分配功能，可以更好地实现平等与效率（丁少群和姚淑琼，2012）。

（二）农业保险的特点

在世界保险业中，农业保险一直被视为是最前沿的，可以说是发展最缓慢的一种保险。在西方资本主义国家，由于农业生产在很大程度上受到各种自然地理因素的影响，一般保险公司不愿意经营这种高风险、无固定收益的保险。与一般的商业保险相较，农业保险有其自身的特点。

1. 地域性

由于土壤、气候、温度、湿度等自然界条件的影响，以及地区之间社会生产技术和经济条件的差异，农业生产具有明显的区域性差异。这就是农业保险必须根据不同地区现实情形确定承保条件和方式的原因。

2. 季节性

各地受到自然、气候、地理等因素的干扰，农业生产呈现出十分明确的季节性特征。因此，农业保险要考虑到生产过程中的季节性因素和及时性。要对每个保险目标的状态有详细、全面且通透的认知，如此一来，就可以在承保业务、防灾和理赔过程中，快速、高效、精确地解决有关问题。

3. 政策性

农业保险是普遍政策性保险业务，社会保障体系就是为了促进农业发展建设，其目的是保障国民经济的其他方面与农业相吻合。因此，国家必须把农业保险作为政策性保险业务。在一些国家，在成立专业的保险公司及补贴农业的时候，如果某些主要农作物的面积达到标准规模，农业保险是强制性加入的，否则就是违反法律规则，并要强制性接受相应惩罚。

4. 高风险性

高风险性指的是较大的农业风险和较高的赔付比率，经营农业保险的利润率低于商业保险的利润率。经营农业保险经历风险是家常便饭，这也是商业性保险公司不愿开办农业保险的最主要因素。为了保障人民的利益，提供必要的政策支持是政府的职责与义务。

5. 无法确定精准的保险额度

人们常通过保险标的实际价值来确定保险金额，有生命力并且形态随时变化的动植物是种养两业保险的保险标的。在整个生命周期中，农作物的形貌日新月异，其内部结构也变化万千，最终产品是生产时间和劳动时间相结合的结果。由此看来，农作物生产与工业生产过程千差万别。工业生产每个过程中的半成品都有真实的价值。但是如果以价值的眼光对待农作物成果，农作物的生长阶段是农作物成果的价值孕育阶段，独立的价值形态无法在每一个生长阶段都出现。综上所述，保险金额是极难被合理定位的。同时，市场价格肯定会影响农业保险标的，因为农业保险标的是商品，受价值规律牵制，保险金额因此而波动。

6. 保险费率极难界定

保险费率由两个不同的部分组成：附加费率及纯费率。纯费率是保险费率的主要组成部分，在纯费率的基础上算出的保费强大，能够涵盖财产保险的损失赔偿。指定财产险纯费率的证据是保险额损失率。保险额损失率极容易被各种因素影响，灾害事件的发生频率是一个重要缘由。各式各样的自然灾害，如风暴、洪水、干旱、动植物病害死亡等不定期灾害常给农业带来深远影响，不仅直接危害种植业的发展，还可能导致其他不同的灾害。此外，中国地域广阔，同一种灾害在不同的位置反映的结果也不同。在针对未来的预测中，由过往统计数据得出的结论往往不够准确。并且结合文化、政治和经济等各方因素，关于农村的灾害事件统计数据不完整，确定危险发生频率更加困难，这是不容易计算出科学合理的保险费率的缘由。

7. 无法精确估计灾后经济损失

如果要正确合理实施保险赔偿，评估是必不可少的。农业保险的标的物是各式各样的农业动植物，是非常复杂多样的动态生命。不同的农作物、畜禽品种，在不同的农牧业生产水平等条件下，会遭受不同程度的灾害；农作物的价值在不同成长期也是不一样的；同一品种在同等环境条件下由于管理方式的不同，单产也会相差甚远。因此，无法估计灾后损失。

8. 理赔难度大

被保险人和标的物四处分散，保险业务以点、面形式广泛分布。当标的物被破坏的时候，现场专业评估的工作量很大，所需人力、物力巨大，时间紧迫。偏远区域较为闭塞的交通阻碍理赔进度。

9. 农业保险更易出现道德风险与逆向选择并存的问题

（1）逆向选择是指不利于保险人方面的对于契约的选择。若高风险人参加保险，低风险人不参加，那么这种情形下受保人的风险概率将远远高于平均风险概率。这也是保费提高而受保人数减少的根本原因。所以应当针对逆向选择现象，制定特定的规则和解决方法。保险机构通常在保险前会精细检查，提高参保门槛。

（2）道德风险是一种人为故意营造的风险，也就是说，参加保险的人为保险合同的利益骗取赔偿，特意制造危险，违反信义。道德风险的危害最大，是国内外农业保险经营中普遍存在的问题。

四、农业保险研究的必要性

在中国，在农业从自给半自给的自然经济向较大规模的商品经济转化，从传统农业向现代化农业转化的历史阶段，农业保险作为一项重要的经济补偿制度，对于实现农业现代化这一战略目标、促进农村商品生产的发展和巩固家庭联产承包责任制是一项必不可少的措施。因此，积极发展农业保险是十分必要的。

农业在我国这一基本而重要的地位决定了我国应集中力量全速发展农业改革和保险。决胜全面建成小康社会，夺取新时代中国特色社会主义伟大胜利的奋斗目标是在党的十九大会议中提出的，农村是改革的重中之重、难中之难。全面建成小康社会需要保证农村和农民，家家户户都奔向小康时代。改革开放和社会主义现代化建设的大局与“三农”问题密切关联，甚至会在长远的未来影响国家长治久安及社会的稳定性。全速发展农业保险，农业的基础地位才能被这项业务稳定、巩固和加强。党和政府必须为农业发展提供制度保障，为解决“三农”问题创造更丰富的条件。

技术、自然和市场等多重风险共同制约我国农业的发展。农业与其他产业相比更脆弱，会受到自然灾害、畜禽疫等因素的制约。巨大的经济损失严重影响农民的再生产活动。市场经济的恢复速度也较慢。另外，农业还受到市场的影响。21 世纪以来，随着科学技术的发展，我国农产品数量饱和，在市场上供过于求，面临销售渠道不畅的难题。农民开拓市场的能力被信息和资金等局限，无法即时联系需求者售出积压的农产品。农村耕种也越发依赖新技术与新科技。可这些技术科技伴随更强的技术风险，农民同样也会为技术的有效性所困顿，他们的利益无法被保障。只有农业保险和农业保险制度足以满足农村农民的需求，农村经济和农民收入才会得到快速发展和提高。

按照 WTO（World Trade Organization，世界贸易组织）的规则，价格补贴等农业补贴措施受到限制，而规则中农业保险则属于“绿箱政策”。与其他类型的农业补贴不同，农业保险补贴并不存在支出的上限规定，“绿箱政策”解除了农业保险补贴的政策约束，成为支持农业保险政策体系的重要制度框架。许多 WTO 成员正在充分利用这一“绿箱政策”，通过给予农业保险以法律、经济、行政等手段的支持，实现对农业的经济补贴。因此，要改变我国农产品在国际贸易市场中缺乏竞争力的现状，办法之一就是要学会许多 WTO 成员的做法，充分利用 WTO 的相关有效条款，以农业保险的方式实现对农业的经济扶持，确保国家粮食安全（董晓林和张龙耀，2017；王小平，2013）。

农业保险能保证社会稳定。中国是世界上农业自然灾害严重的国家之一。我国每年超过 1 000 亿元的经济损失是由自然灾害引起的。自然灾害的主要受害者都是农民。农民如购买农业保险，可于灾后得到经济补偿恢复生产。农业生产的快速恢复同样也有利于社会稳定（张连刚和李兴蓉，2005）。

五、农业保险发展的可行性

（一）农业保险的发展被国家重视

农业在我国经济生活中占有基础性和重要性的地位。农业和农业保险的发展被中央和地方政府高度重视。《中华人民共和国农业法》提到“国家建立和完善农业保险制度”。2017 年发布的中央一号文件《中共中央 国务院关于深入推进农业供给侧结构性改革加快培育农业农村发展新动能的若干意见》，全文约1.18万字，分6个部分33条，共有13处提到9类保险，其中6类保险与农业保险息息相关。在完善金融服务和保障机制的背景下，农业保险在中央一号文件中具有重要地位。2007~2018 年农业保险已连续11年出现在中央一号文件中，涉及农业保险的条款共27条，回顾这11年的中央一号文件，可以发现：从农业保险试点到推广再到扩大覆盖面和品种，到提高补贴标准，再到各种新型保险的出现，以及从始至终强调的农业保险再保险体系和大灾分散机制，农业保险在国家农业支持政策体系中的作用被不断放大，成为重要支柱之一。不难发现，农业保险与国家改革开放有十分紧密的关联。林业改革、菜篮子工程、走出去战略、农业供给侧结构性改革都与其密切相关，成为国家农业领域重点改革的重要配套措施，支持各项改革顺利推进。值得一提的是，农业保险出现在农村金融制度创新、社会化服务提供、新型主体培育，以及国家食品安全、粮食安全、生态保护等重大问题的部署中，成为国家在相关领域进行宏观调控的重要抓手，在国民经济发展和社会民生改善中发挥着越来越大的作用。

（二）农业保险模式的创新

基于“保险+期货”形式的农产品期货价格保险是我国保险业为“三农”服务的最新创新模式，可以解决保险公司在实施农产品目标价格保险过程中存在的定价和风险管理缺陷。目前，这种保险的试点效果显著。农产品期货价格保险是指发挥买入期权的保险功能，根据目标农产品期货价格，利用期货市场工具构建场外期权，当市场价格低于目标价格时，通过行权弥补保险公司损失的差额。简而言之，这种模式是农民向保险公司购买农业保险，保险公司以期货市场为再保险阵地，向期货公司购买场外期权。到目前为止，基于“保险+期货”模式，农产品期货价格保险在政府层面有具体的政策支持。“保险+期货”作为一种风险管理机制的供给侧结构性改革和创新，得到了中央政府的充分肯定，对解决我国“三农”问题具有较强的现实意义。中国期货协会将共同推动这一机制的实施、完善和推广，普及和宣传农业“保险+期货”的相关知识，为试点工作的实施和推广打下坚实的基础。农业保险对服务农业现代化具有重要作用。应对农业市场风险，必须加强我国农业信息的监测、预警和发布，构建农民收入安全网。

（三）农民风险与保险的意识不断提升

首先，随着农村经济的发展，农民文化水平的提升，农民对于保险的认知水平也会有所提高，会希望通过购买保险来避免农业生产活动中可能会出现的各种意外。其次，随着社会现代化水平的提升，农村的工业化水平也在不断提高，农业生产规模随之扩大，但是农业生产经营者自身承担风险损失的能力并没有提高甚至有所下降。这会让农民认识到自身经营存在的风险，增强风险意识，进一步增加对农业保险的需求。

（四）农业保险市场前景广阔

我国是世界上农村人口最多的国家，同时农村市场的保险潜力也体现在庞大的人口基数和快速发展的农村经济上，这些都是我国保险公司开辟国内新的保险市场，调整发展战略时要首先考虑的。深入分析 2016~2021 年农业保险业和“十三五”发展指导报告发现，农业保险覆盖种植业 8 亿多亩，种猪等畜禽 5.1 亿头，家庭 1.2 亿户。截至 2020 年，我国农业保险保费规模已居世界第一位，居亚洲第一位。同时，由于国家的支持、社会各界的关注、财政补贴的不断增加、农民的逐步认可、保险公司承保经验和能力的不断提高，我国农业保险面临着非常好的发展环境（张连刚和李兴蓉，2005）。

六、农业保险的分类及经营方式

（一）农业保险的分类

农业保险的标的繁多、保险责任广泛、危险测定困难、损失测定复杂。因此，对农业保险进行必要的分类有利于加强业务管理，提高经营效益；有利于掌握各种不同类型保险标的的特性，总结经验；有利于国家保险监督机关的监督、检查。现根据农业保险的特点和要求对其分类如下。

1. 种植业保险

种植业保险是指以农作物及林木为保险标的，对在生产过程中发生约定灾害事故造成的经济损失承担赔偿责任的保险。种植业保险包括经济作物保险、粮食作物保险、蔬菜园艺作物保险、水果及果树保险、其他种植业保险。

（1）经济作物保险，是指以生长期经济作物为保险标的的保险。经济作物亦称工业原料作物，一般是指为工业特别是为轻工业提供原料的作物。种类很多，按用途分类如下：①纤维作物，它为纺织工业等提供原料，主要有棉花、黄麻、红麻、亚麻和剑麻等；②油料作物，它能用来榨取油脂，主要有大豆、花生、油菜、芝麻、向日葵等；③糖料作物，它可用来制糖，主要有甘蔗、甜菜等；④嗜好类作物，主要有烟、茶等；⑤药用作物，其产品供作药用，如人参、黄连、天麻、贝母等；⑥芳香作物，其产品经过提炼后可获得香料，如玫瑰、茉莉、香茅等；⑦染料作物，如蓝靛等。

（2）粮食作物保险，是指以生长期的粮食作物为保险标的的保险。粮食作物：①禾谷类作物，包括稻、小麦、玉米、黑麦、荞麦、稷、黍、青稞、大麦等；②薯芋类作物，包括甘薯和马铃薯等；③豆类作物，包括大豆、小豆、豌豆、蚕豆和绿豆等。

（3）蔬菜园艺作物保险，是指以生长期的蔬菜和园艺作物为保险标的的保险。主要承保瓜果、蔬菜和花卉等作物的风险。蔬菜作物分为瓜类蔬菜、茄果类蔬菜、葱蒜类蔬菜、绿叶类蔬菜、水生类蔬菜、甘蓝类蔬菜、白菜类蔬菜、菜用豆类、食用菌类。

（4）水果及果树保险，是指以生长期的水果和果树为保险标的的保险。其中，水果和果树分为仁果类（苹果、梨等）、核果类（桃、杏等）、浆果类（葡萄、草莓、猕猴桃等）、坚果类（核桃等）、柑果类（柑橘等）、亚热带及热带水果类（香蕉等）。

（5）其他种植业保险，是指除以上列明的种植业保险以外的其他作物保险，如绿肥牧草作物保险、制种作物保险、温室大棚作物保险、收获期保险等。

2. 养殖业保险

养殖业保险包含牲畜养殖保险、家禽保险、水产养殖保险等险种。养殖业保险是指以各种处于养殖过程中的动物为保险标的、以养殖过程中可能遭遇的某些危险为承保责任的保险。

（1）牲畜养殖保险。牲畜养殖保险又分为大牲畜保险和小牲畜保险。大牲畜保险的保险标的主要包括役用的牛、马、驴、骡和骆驼；乳用奶牛；肉用牛和种用的牛、马、驴等。大牲畜保险的保险责任主要是因疾病或意外事故造成的死亡或伤残，以及为了防止牲畜传染病，经当地政府命令捕杀深埋造成的经济损失。小牲畜保险的保险标的主要包括国营、集体农牧场和专业户饲养的猪、羊、兔等家畜。承保条件如下：参加保险的家畜必须是健康且经兽医检验合格的；有固定的饲养圈舍；饲养管理正常；符合畜龄规定；适保的家畜要全部投保。

（2）家禽保险。家禽保险是养殖业保险的一种。保险标的主要是国营、集体养殖场或个体专业户等商品性饲养的肉鸡、火鸡、肉鸭、鹅等家禽。保险人对在保险期间因传染病、意外事故造成的死亡而给饲养主造成的经济损失负赔偿责任。

（3）水产养殖保险。水产养殖保险主要是以商品性的人工养鱼、养虾、养蟹、藻类、贝类等多种水产品为保险标的的一种保险。养殖过程中由疾病、盗窃、自然灾害等造成的水产收获损失或者养殖成本损失，由保险人承担责任并赔偿。

此外，还有养蜂、养蚕等保险，其保险责任是由疾病、农药害和自然灾害造成的损失（任素梅，1995）。

（二）农业保险的经营方式

中央高度重视政策性农业保险的发展，但总体来看，我国政策性农业保险发展模式处于初期阶段，发展不成熟，对损失的保障能力相对有限。因此，我国政策性农业保险的基本经营模式还是将业务外包给商业保险公司，政府提供补贴。我国幅员辽阔，各地区生产方式差异较大，还需政府建立政策性农业保险公司，由政府统一进行农业保险产品设计、经营与管理。主要经营方法如下。

1. 法定保险方式

对地震、洪水等发生频繁、损失严重的自然灾害，应当采用法定保险方式。这些灾害将直接影响农业生产的可持续发展，给广大农业生产者的生活带来困难，严重影响国民经济的发展，同时给国家财政带来额外负担。许多国家采取这种强制保险方式，以保证农业生产的稳定和可持续发展。由于我国地域辽阔，可以根据区域农业生产和灾害的特点，推行区域强制保险。

2. 自愿保险方式

农副产品种类繁多，经营分散，造成局部的损失较多。为保障农业安全，要大力推广保险的作用，增强保险意识，鼓励自愿性保险，满足农业生产者对保险的不同需求。随着商品经济的发展，自愿保险将被大多数商品生产者接受。

3. 合作保险方式

农民合作经营保险是一个新事物，我国正在努力发展农民合作经营保险，这可能成为农村保险业发展的重要途径。

4. 联合保险方式

保险公司或者保险合作社应当与有关单位，特别是畜禽保险、畜牧兽医站等职能部门和专业单位开展密切相关的险种，合作办理类似耕牛、生猪的联合保险，实行防治保险责任制，更好地发挥各自的作用。保险公司负责损失赔偿，兽医站负责防控技术，并承担一定的补偿责任，将经济赔偿责任与防控技术相结合。实行这种联保模式要具备一定的条件，如有一定数量的家畜疾病防治人员、健全的财务制度、良好的管理。双方应明确各自的责任比例，落实“利益共享、责任分担”的原则。

七、农业保险的作用

农业保险的顺利推广有助于农业生产活动的顺利开展，并可以确保农民的收入，具有经济补偿作用。联系到我国各地频发的自然灾害，不难看出推动农业保险的发展不仅可以转移风险，同时还可以提高农民抵御风险的能力。现今，农业保险的范围基本涵盖了农业生产，包括农、林、牧、渔业等，农民的权益得到了切实的保障。与此同时，一些金融机构也看中了农业保险这片充满潜力的市场，开始涉足。例如，京东金融集团与蚂蚁金服等互联网金融机构达成合作，利用互联网与农业完成对接，为现代新型农业经营主体带来快速融资渠道。农业的快速发展有赖于现代科学技术的进步，但是农业科技却不是一蹴而就的，常常伴随着巨大的经济风险，这制约着我国农业的现代化进程。不可否认的是，随着农业保险的发展，农业技术投资的风险也在逐步降低，并有利于提高农业生产者对引入新科技和新生产方法的信心。

农村金融要想发展，必然会面对自然环境恶劣、农户信用状况差、缺乏有效抵押物等问题。农业保险的发展不仅可以为农民及其生产活动提供保障，同时还能提升生产活动对于风险的抵抗力，并且提升农村金融继续发展的信心，使农民贷款难的问题得以缓解，使农村生产活动的基础建设得到资金支持。

随着农村保险事业的发展，农业风险从农民自身转移到了保险公司和政府的身上，并且让灾后对农民的救济转化为灾前对农民的保障。这一模式有效地减少了政府对救灾的支出。社会的稳定同样也需要构建完善的农业保障体系，这样才可以缩小贫富差距，为低收入群体提供风险保障，维持社会稳定（韩彦红，2016）。

由于每年频发的自然灾害，我国政府常常需要拨付大量财政资金来救济灾民。在一些灾害严重的年度，由于需要拨付的救济金过于庞大，不利于财政的收支平衡。但随着农业保险的发展，被保险人的损失一部分是由保险公司提供的，大大减轻了国家财政的压力，有利于财政资金的使用。

同时，农村经济的发展进程中，农民为了获得更加高效、便捷的生产活动会向中国农业银行贷款。当发生灾害时，如果没有农业保险，遭受灾害的农民不仅得不到赔偿，同时还会积压贷款，无法偿还。往往这时，农民还会向银行借取新的贷款来恢复生产经营。如果投保了农业保险，农民遭受的损失可以由保险公司来赔偿，同时银行也可以有效避免灾后的新增贷款，随着灾后重建，原本的旧贷款也可以逐步收回。

此外，保险资金的高效积累，有利于增加银行信贷资金来源，有效补充发展商品生产的资金短缺。这些可用的农村信贷资金可用于农业生产并提高农业生产力。

第四节　中国农业保险的发展及问题

一、中国农业保险发展现状

（一）中国农业保险的发展历程

中国农业保险起步时间较晚，发展速度较慢。回顾中国农业保险的发展历程，总的来说，经历了以下五个阶段。

1. 起步发展阶段

中华人民共和国成立以后，为促进国民经济特别是农业经济的发展，中国开始兴办农业保险。1950 年，为适应农业发展的需要，降低农民的生产风险，中国人民保险公司在试点地区推出了牲畜保险和棉花保险。1951 年，保险规模和覆盖地区全面扩大，在全国范围内推行牲畜保险，在产棉地区普遍推广棉花保险，并在有条件的地区推广水稻保险和油菜保险。1953 年，由于机构精简的需要，停止了非迫切需要的保险。1954 年重新恢复农业保险的推广，农业保险取得了很大的发展。1956 年召开的第五次全国保险工作会议，为之后的农业保险工作做出了初步的安排和规划。但是由于 1958 年政社合一的人民公社的出现，全国农业保险工作停办，自此中国农业保险进入长达 24 年的停办期。

2. 恢复期

1982 年，中国人民保险公司以“按照并落实农村经济政策的需求，从各地的实际情况出发，积极创造条件”这一指导方针为基础准则，逐渐开始恢复农业保险业务，并且开办多项有关种植业和养殖业的保险。农业保险的经营原则是以“恢复平衡、略有节余、以备大灾之年”为准，属于非营利性的公益保险最终的社会效益成果非常显著。20 世纪 80 年代以来，中国农业保险取得了长足且非常深远的发展，并勇于尝试办理了几十种农业保险险种。1988 年，全国总体保费收入达 3.5 亿元①。

3. 高速期

从中国人民保险公司开始恢复办理农业保险业务之日起，直至 1994 年，财政在计划经济体制规模支持下，对农业保险成本和盈利考虑较少，根据各地需要开办了多种类型的农业保险。至 1993 年底，农业保险种类将近有 100 种，总体保费收入达 8.3 亿元左右，这是农业保险业务发展的历史最高水平。但是，除了伴随着巨额的保费，其赔付率也很高，1993 年的农业保险赔付率高达 116%，亏损率则为 56%。但与 1986 年 136%的赔付率相比，该年并不是赔付率最高的年份①。

4. 衰退期

1994 年之后，中央财政部门发布要求，硬性规定中国人民保险公司必须且有义务与商业保险公司全面接轨，并且以中国人民保险公司为主要目标，实施以上缴利税为主要目标的新的财务核算制度。由于以经济效益为中心，中国人民保险公司开始调整农业保险结构。针对一些风险较高、损失较大的业务进行战略性收缩，随着战略性收缩这一决策的实施，赔付率下降很快；然而农业保险规模及保费收入也随之逐渐下降。平安保险、太平洋保险和后来其他一些保险公司都不再能够办理农业保险。1982~2002 年，农业保险累计保费收入 83 亿元，赔款支出是 70.4 亿元，大约有 85%的平均赔付率。除此之外，还存在经营管理费用，这些综合原因使农业保险业务处于持续亏损状态。虽然自从 1996 年起国家就免除了农业保险的营业税，但其中的风险依然很大，所以免除营业税所减除的压力微不足道。同期，只有中华联合财险与中国人民保险公司这两家联合经营农业保险。保险的类型数量急剧下降，由近 100 种减少到最多 30 种。2003 年，全国农业保险保费收入仅为 4.6 亿元，占农业总产值的 0.04%左右。

5. 改革期

2004 年第一季度末，上海安信农业保险股份有限公司（以下简称安信保险）成立。安信保险是中国第一家专业股份制农业保险公司，与原来的国内农业保险业务运营的主要区别在于，其采取政府财政补贴促进商业化运作的经营模式。除传统的养殖保险和种植保险之外，安信保险还经营农村居民短期人身意外伤害保险、涉农财险、责任险和健康保险等，采用了“以险养险”这一特殊方式。如果遇到巨大的灾害，在仍然负担不起的情况下，政府给予劳动人民和工人阶级最大的帮助，特殊的救灾政策由政府提供支持。之后，地方机构又先后建立了吉林安华农业保险公司和黑龙江垦区阳光相互农业保险公司等助民企业。这表明中国农业保险发展进入了一个新的时期，另外，这也代表新一轮农业保险经营体制改革已经开始蓬勃发展。

---

① 资料来源：http://www.china-insurance.com/insurdata/list_10_17.html。

（二）农业保险发展的总体现状

尽管我国工业化、科技化的步伐逐步加快，但农村人口仍然占中国总人口的很大一部分，国民经济的基础仍然是农业。国民经济的改善根本上依赖于农业的发展，而农业经济的发展离不开农业保险的帮助。不可否认，我国农业保险的发展仍处于初始期，仍然落后于其他国家。但是，我国的农业保险也历经了 70 多年的发展与变革，从那些实践中得到的教训与经验，可以保障农产品的生产，加快农业经济前进的步伐。

二、中国农业保险发展存在的问题

（一）农业保险的发展受到农民意识和收入水平的制约

由于传统的家庭观念，中国农民通常采用风险自御的方法。在遭遇自然灾害时，这种传统价值观认为风险应由自身来承担，对于农业保险的重要性没有了解。并且，农民对于保险知识了解甚少，并常常听闻保险人员的违规案例，这都导致了农民对于保险的抗拒和不信任，甚至抵制农业保险。

农民的低收入水平不足以支付高昂的保险费用。并且如今的技术不足以预测自然灾害的到来，因此一旦发生灾害，由于没有做好充足的准备，农产品的损失往往是巨大的。因此，对保险公司来说，农业保险的成本不可预测性相对较高。与此同时，虽然随着农村经济的发展，农民的收入有所增加，但是农民的收入仍然维持在较低的水平，城乡收入差距仍然较大。保险产品对农村居民来说，是一项高昂的支出。且由于一些历史因素，相比起农业保险，农民更相信银行和信用社，这些都是农业保险发展路上的障碍。

（二）农业保险市场供给主体少且保险种类单一

设立农业保险的目的是让农产品的生产得到满足，但是农产品的生产过程常常受到环境的影响，特别是发生灾害的时候，这使得农业保险的难度加大，增加了农业保险的实施成本，同时农业保险的费率必然也高居不下。如此一来，商业保险公司经营农业保险的风险过大，小型保险公司又无法获得快速直接的收益，鉴于上述原因，大型保险公司为了获得更多的利益必然会放弃农业市场，转而关注更易获得收益的经济发达的区域。因此，供给方在农业保险市场上并不充足。在投资者不充分的情况下，市场竞争力也并不高，产品设计水平也停滞不前，农业保险的种类少又基本一致，甚至无法满足农民的基本需求。

（三）农业保险公司的经营缺乏合理的风险分散机制

想要更好地发展农业保险，必然要建立良好的风险分散机制，不然由于自然灾害的出现，种植期的农产品会出现巨额损失。由于其风险的不可控性、不可预测性，遭遇自然灾害风险的程度常常高于其他保险。但是，直至今日我国依旧没有建立起一个健全、完善的机制，因此这些风险所造成的损失往往由保险公司独自承担。在这种情形下，保险公司将无法承受由重大自然灾害所带来的巨额赔偿金。

（四）农业保险市场人才匮乏

不同于其他的一般保险，农业保险专业人员除了需要一般保险人员良好的口才等素质外，更需要对农业有着专业的了解，具备丰富的专业知识。但是，截至今日，只有中国人寿保险（集团）公司的保险人员符合上述要求。大多数保险公司的农业保险人员或拥有良好的素质或有着专业知识，但却没有丰富的农业知识，这使得农业保险并不能让农民更好地了解到，无法为农民提供符合其自身需求的保险服务。

（五）政府对农业保险市场监管程度不高，扶持力度不够

尽管我国不断完善农村保险政策，改进农业保险经营办法，但不可避免的是农业保险领域仍然监管力度不够，扶持力度不足。如今的农业保险公司的经营管理模式有所疏漏，法律制度不够完善，并且很多保险公司逐利为先，而不管其他的方面，夸大了保险的作用。保险人员的专业素质水平不够，服务能力不强，因此农民对于保险存在着抗拒心理，不相信保险能给他们的农业生产带来益处（黄春梅，2015）。

三、外国农业保险法律制度模式及其对中国的启示

现今，世界上主要的农业保险制度模式有以下几种。

（一）以美国为代表的政府主导模式

该模式以国家专业保险机构为主导，对政策性农业保险进行宏观管理和直接或间接经营，并由政府提供大量的财政拨款予以扶持。这种模式以不断完善的农作物保险法律法规为依托，通过不断修订 1938 年出台的《联邦农作物保险法》，以及同年建立的联邦农作物保险公司（Federal Crop Insurance Corporation，FCIC），提供农作物直接保险和由中央政府统一组建的全国农业保险公司进行农业再保险，在法律实施过程中，发现其中存在的问题并不断完善。特别是当连年赔付率过高的时候，修订《联邦农作物保险法》，并产生了《克林顿农作物保险改革法》。

（二）以日本为代表的民间合作互助保险模式

该保险模式的特点如下：①政策性非常强，国家对主要农作物（如水稻、小麦等）和饲养动物实行强制保险，其他实行自愿保险；②直接经营农业保险的机构是不以营利为目的的民间保险合作社，政府的主要职责便是对其进行监督和指导，通过官方和非官方的机构提供再保险、保费补贴和管理费补贴。

（三）以法国为代表的政府资助型的商业保险模式

实施这种模式的主要是一些发达国家，如德国、法国、西班牙等。该模式的主要特点如下：全国没有统一的农业保险制度，政府一般不经营农业保险；农业保险主要由私

营保险公司、保险合作社经营，农民自愿投保；为减轻参加农业保险的农民的负担，政府给予一定保费补贴。

（四）以发展中国家为代表的政府重点选择性扶持模式

该模式主要是以印度为代表的发展中国家。该模式的特点如下：一是农业保险主要由政府专门农业保险机构或国家保险公司提供；二是保险险种少、保障程度低、保障范围小；三是参加农业保险以强制性为主。

上述四种模式取得的巨大成功不仅仅是因为各国对自己国家多年的探索和经验，各国完善的法律体系也是必不可少的。这些都对我国农业灾害保险立法的探索起到了指导作用。国外的经验至少给了我们以下启示。

（1）唯有对农业保险和自然灾害有着深刻的认识才能找到更合适的农业保险模式。因为一般保险所承保的风险具有独立性和随机性，所以其具有风险分散和组织经济补偿的效用。如此，事故所带来的保险损失就可以高效分配到各风险单位的集合中，体现出大数法则的作用。但是，在农业保险方面，鉴于气象灾害本身所具备的特点，保险标的在灾害事故、损失中往往会出现高度的时间同步性和空间关联性。因此，一旦发生保险事故，必然会出现农业保险赔付率异常高这一现象。由此可见，仅仅依靠商业保险是无法承担农业灾害所带来的保险责任的。

（2）加入WTO之后，农业保险法成了我国政府保护农业政策的有效方式。在农业保险法的帮助下，我国政府可以改变对农业的保护方式。各国一直以来的做法是，对农业实行补贴等帮扶措施，区别在于公开还是秘密补贴。多年以来，我国一直实行以直接补贴和价格补贴为主的农业保护政策，这一政策归属于 WTO 农业协定中的“黄箱政策”。根据 WTO 农产品贸易规则，现今“黄箱政策”已被大量禁止，农业保护措施也被限制在“绿箱政策”范围内，即政府只能通过科研、技术推广、食品安全储备、自然灾害救济、环境保护和结构调整计划等对贸易只产生极小影响的方式来补贴和保护农业。

四、加快中国农业保险立法的必要性

因为农业保险对象存在特殊性，所以其体现出“三高两低”特征：农业保险的高风险、高成本、高赔付，与此同时，农民投保积极性低、保险机构利润低。农业保险业务大多利润微薄，甚至有些险种易遭受巨大损失。鉴于此，商业保险公司常常不愿意甚至没有能力进入农业保险市场，因此政府有义务承担起推广和完善农业保险的责任。发达国家通过下列四种途径干预农业保险市场：①为商业保险公司经营农业保险业务提供政策和资金扶持；②建立以政府为主导的政策性农业保险机构；③政府为出售农业保险的组织提供指导、援助和服务；④政府提供进一步的再保险服务且价格低廉。

我国农业保险立法应当做到如下几点。

首先，以政府为主导原则。通过各国的失败经历不难看出，农业保险想要成功少不了政府的支持。此外，在农业保险的实施过程中，政府应发挥主导作用。建立和完善

“政策性农业保险制度”早在 2002 年就已被写进《中华人民共和国农业法》，成为实施国家农业政策的一部分。这说明国家已经认识到将农业灾害保险作为商业保险经营是一种不切实际的做法。不论是把政策性灾害赔偿职能委托给商业保险公司来推动，还是委托中国保险监督管理委员会（以下简称保监会）来落实，都只会造成这一职能的扭曲。因此农业保险只能由中央和地方各级政府共同负担。地方政府协助中央开展农业保险工作，并在各个方面给中央提供支持。

其次，强制保险为主、自愿保险为辅原则。农业保险具有强制性，这一点是由农业的经济基础地位和其弱势地位决定的。早期，美国的农业保险根据农民自我意愿，最终失败。因此，在 1994 年的时候，美国《农业保险修正案》规定，如果农民不参加政府农作物保险计划，就不能获得其他的政府福利计划的支持。从法律上看，农民享受其他福利（如比例保费补贴、农业信贷、价格补贴等）的前提条件是参加农业保险。可以说，这是准强制保险的一种表现形式。与之相对的，日本的法律明确规定，对有一定生产规模的农民和稻麦等实施强制保险；对达不到规模的农民及果树、园艺作物、家禽等实施自愿保险。这些历史经验为我国农业保险的发展提供了珍贵的经验。对于人们日常生活必不可少的基本农产品（如水稻、小麦、大豆等），可以立法来实行强制保险，对其他农产品实行自愿保险。农民如果想申请农业贷款，需要先投保农业基本保险。与此同时，在灾害发生的时候，没有投保基本农业保险的农民，不得要求政府提供救济。总体来说，政府应当扶持农业保险，但是对于不同的类别，政府的支持力度应该是不同的：强制保险应当得到大力扶持，自愿保险可以稍微降低扶持力度。现今仍然有人幻想着农业保险的商业化运作，这一模式透过历史经验可以看出是不切实际的。如今我国应当根据他国的经验教训建立起以“强制保险为主、自愿保险为辅”为原则的农业保险模式。

再次，按照地区来划分的投保原则。农作物只能根据其地理位置投保，不允许出现跨地区投保的现象。如果一位农民分别在两个不同的行政区域种下了农作物，则应在两个区域分别投保。

最后，分级管理原则。由于不同类型农民对农业保险的需求不同，我们可以从补贴强度和农民类型两个维度构建分级农业保险体系，确保农民都可以得到有效的帮助。第一，能够满足新的农业商业实体的需求并有着丰富补贴的农业保险，包括主要谷物、棉花和油料作物的收入保险，以及主要牲畜产品的死亡和收入保险。此级别的农业保险基于实现农业支持政策（如农业现代化和粮食安全）核心目标的原则。第二，满足小农需求并有大量补贴的农业保险，包括主要谷物、棉花和油料作物的成本保险，主要牲畜产品的死亡保险，公益森林保险及与扶贫相关的保险。该级别的农业保险基于以下原则：实现诸如增加农民收入等核心目标及诸如精准扶贫和生态保护等具体目标。第三，农业保险可以满足新的农业经营者的需求，但补贴适度，包括地方专业保险、农产品质量保证保险、食品安全责任保险和农业生产设施保险。此级别的农业保险基于实现全面目标（如区域经济发展）和多个目标（如食品安全）原则，并且具有灵活性。有关的国家职能部门和地方政府可以根据当地情况，并使用适当的财政资源来进行比前两个级别更高的风险保护。第四，商业性农业保险，它是指市场主体愿意自行支付的保险种类，它可以用作上述类型保险的补充保险。通过建立多层农业保险体系，建立满足政府、市场和农民需求的新的发展机制，使该体系符合各方利益，并达成共识，形成发展动力。例如，收入保险拓宽了农业保险的功能，改善了农业保险的风险保护，并不断满足农民不断增长的保险需求。

与此同时，应当以法律形式建立以下制度。

（1）集体投保制度。应当把村作为一个单位集体进行投保。另外，如果农民参加保险，所有的农作物都必须参与投保，防止出现农民为了利益只投保高风险农作物，却不投保低风险农作物的现象。

（2）保险费率差别制度。保险费率随着保险标的的不同而变化。人们日常生活所需的农作物，实行最低保险费率。政府调整农业种植、养殖结构可以通过调整保险费率来实现。

（3）保费奖励制度。根据法律规定，参与互助保险的农民自投保起三年内没有发生保险范围内的灾害或者虽然发生了灾害但由于采取适当措施而没有遭受损失的，可以发放奖励。

（4）依法建立农业互助保险协会、农业互助保险协会联合会等民间合作组织的办公费用使用制度。灾害补偿基金由农民缴纳的保险费和政府补助的保险费构成。这一补偿基金只能用于补偿农业灾害损失，不能被用在其他方面。政府会另行拨付农业互助保险协会、农业互助保险协会联合会的办公费用。

此外，对于可以设立农业保险的商业保险公司，法律应允许混合经营，而国家也应免除农业保险业务的所有相关税费。上述原则和制度的建立，可以在很大程度上克服以往以商业保险公司为主要依托的农业保险的弊端，避免传统行政直接救济的随意性；提高农民和农业生产经营者对保险的热情，实现农业保险经营者对农业保险的热情。高水平的农业灾害保险覆盖面广，使农业保险合法化和可靠，并使政府的农业保护处于符合WTO要求的合法轨道上（匡敦校，2008）。

本章小结

本章介绍了农业风险管理和农业保险的基本内容。在此基础上，介绍了农业风险管理的内涵、过程及主要的几种农业风险管理模式，引入了农业综合风险管理。介绍了农业保险的基本内容，包括概念、基本要素、性质及特点。在此基础上，介绍了农业保险的必要性和可行性，并进一步介绍了农业保险的分类、经营方式及作用。接着，本章还探究了我国农业保险发展现状和存在的问题，并分析了其他国家的农业保险制度和模式对我国农业保险发展的启示。

思考题

1. 什么是风险？风险具有哪些特征？

2. 如何理解农业风险的构成要素和特点？
3. 农业风险管理主要有几种模式？不同的模式适用于什么样的风险？
4. 什么是农业保险？农业保险基本要素是什么？
5. 农业保险如何进行分类？
6. 农业保险的作用有哪些？
7. 我国农业保险发展中存在哪些问题？

专业术语

风险（risk）：某种事情发生的不确定性，这种不确定性可能给决策者带来收益的损失。

农业风险（agricultural risk）：狭义的农业风险仅指种植业和养殖业生产过程中遭受的各种灾害损失的不确定性，如农作物或家畜在生长期和收获期因各种灾害事故造成的损毁；广义的农业风险还包括涉农财产风险和涉农人身风险，即农业服务业、农村、农民在生产或生活过程中所面对的各种灾害损失的不确定性。

期货市场（futures market）：按达成的协议交易并按预定日期交割的交易场所。

期权市场（option market）：对特定时间内以约定价格购买特定商品的权利进行交易的场所。

农业风险综合管理（comprehensive management of agricultural risk）：是从整个产业链的角度出发，以农业生产经营的整体价值目标为基础，通过识别、评估和统筹考虑农业生产经营过程中涉及的众多风险因素，来协调政府、市场和农户等不同的风险管理主体，综合运用各种风险管理方法和工具，从而综合管理各类风险。

农业保险（agricultural insurance）：从事种植、养殖的农业生产者（投保人）在自然生产和农产品初级加工过程中，因自然灾害或者事故造成财产损失的，保险人给予经济赔偿的风险管理方式。

农业保险人（agricultural insure）：专门的农业保险机构或者是政府规定的代理机构。

农业投保人（agricultural policy-holder）：与保险标的具有直接经济利益的农业生产人、自然人或法人。

农业保险标的（agricultural subject matter insured）：指农作物，分为常规农副产品和特种农副产品。

商业性保险（commercial insurance）：以自愿平等的投保方式建立保险法律关系的保险。

政策性保险（policy insurance）：政府为了实现农业政策目标，运用商业保险的原理并给予扶持政策而开办的保险。

农业再保险制度（agricultural reinsurance system）：保险公司为分散风险，通过订立再保险合同，以分保这一模式将已承保的农业保险业务风险，转移到其他保险公司身上。

参考文献

鲍仁. 2019-10-08. 申万期货甘肃玉米“保险+期货”首期赔付完成[N]. 期货日报.

丁少群. 2015. 农业保险学[M]. 北京：中国金融出版社.

丁少群，姚淑琼. 2012. 政策性农业保险在我国的发展研究——基于风险管理视角的制度分析[M]. 成都：西南财经大学出版社.

董晓林，张龙耀. 2017. 农村金融学[M]. 2 版. 北京：科学出版社.

国家发展和改革委员会. 2012-08-24. 我国将健全农产品价格保护制度[EB/OL]. http://www.gov.cn/banshi/2012-08/24/content_2209768.htm.

韩彦红. 2016. 农业保险对我国农业现代化的推动作用[J]. 农村经济与科技，27（20）：179.

何嗣江，滕添. 2007. 订单农业风险管理与农民专业合作经济组织创新[J]. 浙江社会科学，（6）：46-51.

黄春梅. 2015. 浅析中国农业保险的发展[J]. 时代金融（下旬），（8）：207-208.

匡敦校. 2008. 建立我国农业保险法制是应对农业灾害的根本措施[J]. 金融与经济，（3）：34-37.

李苏. 2001. 关于农业风险的几点思考[J]. 农村经济，（9）：4-6.

刘荣茂，邱敏. 2007. 我国农业自然灾害与农业政策性保险[J]. 灾害学，（3）：109-113，138.

龙文军. 2009. 农业风险管理与农业保险[M]. 北京：中国农业出版社.

栾敬东，程杰. 2007. 基于产业链的农业风险管理体系建设[J]. 农业经济问题，（3）：86-91，112.

马爽. 2016-09-14. 大商所：玉米期货市场迎来发展黄金时期[N]. 中国证券报（A11）.

任素梅. 1995. 农业保险概论[M]. 北京：中国农业出版社.

史清华，姚建民. 1994. 农业风险管理模式的评析与选择[J]. 经济问题，（6）：11-14.

苏农险. 2018. “联办共保”模式惠及养猪户[J]. 农家致富，（20）：46.

庹国柱. 2012. 农业保险本质上是农业问题，是国家以保险为工具实施的一项支农政策——对《农业保险条例（征求意见稿）》的评论[J]. 中国保险，（6）：8-13.

王小平. 2013. 农业保险应用足用好绿箱政策[J]. 中国金融，（5）：15-17.

温世扬，姚赛. 2012. 我国农业保险及其法律规制[J]. 江西社会科学，（5）：133-138.

熊存开. 1997. 市场经济条件下农业风险管理的研究[J]. 农业经济问题，（5）：43-47.

曾玉珍，穆月英. 2011. 农业风险分类及风险管理工具适用性分析[J]. 经济经纬，（2）：128-132.

张连刚，李兴蓉. 2005. 目前我国大力发展农业保险的必要性及可行性分析[J]. 金融经济，（14）：37-38.

张峭，王克，汪必旺，等. 2016. 农业风险综合管理：一个理论框架[J]. 农业展望，12（3）：59-65.

中共中央马克思恩格斯列宁斯大林著作编译局. 1972. 马克思恩格斯全集（第 25 卷）[M]. 北京：人民出版社.

中国大百科全书总编辑委员会《农业》编辑委员会，中国大百科全书出版社编辑部. 1990a. 中国大百科全书：农业 I [M]. 北京：中国大百科全书出版社.

中国大百科全书总编辑委员会《农业》编辑委员会，中国大百科全书出版社编辑部. 1990b. 中国大百科全书：农业Ⅱ[M]. 北京：中国大百科全书出版社.

Miranda M J，Glauber J W. 1997. Systemic risk, reinsurance, and the failure of crop insurance markets[J]. American Journal of Agricultural Economics，79（1）：206-215.

第二章

农业保险基本原则

为了规范保险业的发展，保证保险制度的健康运行，逐渐形成了一般保险业务普适性原则，这些原则一般在法律或保险合同中做了相应的规定或者约定，主要包括保险利益原则、最大诚信原则、损失补偿原则和近因原则。另外，国家专门针对农业保险出台了《农业保险条例》，确立了政府引导、市场运作、自主自愿和协同推进的农业保险业务发展原则。

第一节　保险利益原则

一、保险利益原则的解释

（一）保险利益及重建

1. 保险利益的含义

保险利益是指投保人对被保险人具有的法律认可的利益。它反映出被保险人或保单持有人与保险人之间存在利益关系，这种利益关系的表现如下：因为存在保险标的，所以存在该关系。如果主体是安全的，则保单持有人或被保险人可以受益。如果标的物被损坏，投保人或保单持有人将无法避免遭受经济损失。

通常来说，保险利益是保险合同生效的条件，也是保持保险合同有效性的条件。所以，保险利益原则是保险合同的基本原则。

2. 保险利益重建的条件

保险利益的重建需要具备以下三个方面条件。

（1）保险利益应该为合法利益。保险利益必须得到法律的承认并受到法律保护；它必须遵守法律并符合公共利益；它源自相关法律法规或国家制定的法律认可的有效合同；触犯法律或损害公共利益的任何收益均为非法利益，不能用作保险利益。

（2）保险利益一般应该为确定利益。确定利益是指投保人对于保险标的在客观上或事实上已存在或可确定的利益。保险利益必须是客观的或事实的，而不是主观的，包括现有利益和预期。现有利益是指客观存在或实际上存在的经济利益；预期利益是指客观上不存在或实际上不存在的经济利益，但是可以根据相关法律或有效的合同协议确定，将在未来产生的经济利益。例如，预期的农业生产利润。申请保险时，既可将现有利益也可将预期利益用作确定保险金额的依据；但是，在对农作物或农产品造成损害的索赔中，预期利益必须是实际利益，才能将其包括在索赔中。保险人对此的赔偿仅限于实际保险利益的损失。

（3）保险利益一般应为经济利益。保险保障是通过货币补偿履行其职能的，因此保险利益必须是经济已经确定或可以确定的利益，即可以以货币计量、计算和估价的利益。例如，农业保险中保险利益是以货币计量的农产品的市场价值或估算价值为依据的。

（二）保险利益原则的含义

保险的基本原则之一包含保险利益原则。这个原则的含义是被保险人投保没有可保利益的保险，以此来获取财务利益。在这种情况下承保人依据保险法的规定有权单方面解除保险合同，使这种保险合同的效力归于无效。假使这时保单所有人发生保险规定的保险责任事故，则保单所有人无法取得在投保时规定的保险权益范围内的任何财产利益。

《中华人民共和国保险法》第十二条第一款有明确的规定：“人身保险的投保人在保险合同订立时，对被保险人应当具有保险利益。”

（三）保险利益原则的意义

1. 防止赌博行为的发生

保险和赌博有个共同的性质，即射幸性。如果为跟自身没有互利或互害联系的保险标的投保，则出现保险事故后，被保险人可能得到的额外收益是所付保费的若干倍，如果没有产生事故则丧失保险费。这种用较小的损失来谋求更大经济上的收益的投机行为实则是一种赌博行为。农业保险始终遵循保险利益准则，对于维护公众利益和农产品市场的有序运作，确保农业保险管理的科学性，有着极其重要的意义。

2. 预防道德风险

如果被保险人申请了自己不感兴趣的保险标的，则可能发生被保险人购买保险赔偿的情况，并希望事故的发生；甚至为了获得巨额赔偿或给付，采用非法手段制造事故。这些都提高了道德风险发生的可能性。保险利益原则的限制可以让无保险利益的保单无法产生，进而阻止道德风险的产生，保全农业保险财产主体无过失。

3. 限制损失赔偿金额

农业保险本质上为补偿性保险，保险合同只保护被保险一方的经济利益，并赔偿被保险方出现的经济损失。保险利益以被保险标的实际利益及可能发生的预期利益为范围，是保险人做出赔偿及被保险人获得赔偿的依据和标准。所以农业保险合同中保险人的赔偿金额不可以超过保险利益。

二、保险利益原则在农业保险中的应用

农业保险作为财产保险中的财产损失保险，是农业生产者在进行种植、林业、畜牧业和渔业等劳作的过程当中，为他们遭遇自然的灾害、身体疾病和其他保险事故而造成的经济损失提供的一定的保障。以下财产保险相关的概念、条款规定同样适用于农业保险。

（一）财产保险保险利益的形成因素

在保单所有人发生保险合同规定的保险事故时，保单所有人会有经济方面的损失，在这个时候保单所有人和对于经济财产能获得权益的人能够拥有财产保险能赋予的保险权益。包含如下内容。

（1）受到经济财产损失的所有权人和经济财产受损失之前的管理运行权人对于所拥有的经济财产具有保险金请求权。

（2）受到经济财产损失的物品的抵押权人在抵押物品的价值上享有保险金请求权。

（3）保管经济财产人、物流运输人、经济财产的承包权人、承租经济财产的人等，总之，对于受损的经济财产具有保管、占有和使用的权力时，享有保险利益。

（4）经营人对于自身合乎法律的预期利益享有保险利益。因为财产保险的标的可估价性而且保险合同具有补偿性的特征，所以建立保险利益必须满足以下要求：可以以货币计算，必定是合法的、确切的利益。

（二）财产保险保险利益的时间含义

一般来说，发生财产保险规定的保险事故时而产生的保险法律关系应该从签订保险合同开始，到经济财产受到损失结束。但有一种特殊情况存在，那就是海上货物运输保险，在签订这种海上货物运输保险合同的时候不需要存在保险权益法律关系，但是这种保险权益法律关系必须在经济受损的时候产生，即没有时间段，只有一个单一的时间点。

第二节　最大诚信原则

一、最大诚信原则的含义

（一）诚信原则

诚信原则是全世界法律中对民事和商业活动的基础原则。诚信原则代表着我们从事

民事和商业活动时要诚实与积极守约。诚实就是要求我们对于合同签订的相对人及第三人不能隐藏我们的真实意思；信用则要求我们合同双方都应该自觉积极地行使我们的权利，履行我们的义务。《中华人民共和国保险法》第五条规定：“保险活动当事人行使权利、履行义务应当遵循诚实信用原则。”

（二）最大诚信原则

最大诚信原则的含义在于：无论是保单所有人还是保险人，在签订保险合同时及合同规定的应该遵守的时间节点内，如有发生能够影响合同签订及履行的事件时，无论哪一方都应该诚实自觉积极告知。与此同时，合同当事人要坚决信守与合同订立的条款所赋予的责任。不然，遭到损失的一方，会将此作为理由宣布某合同为无效，也可不兑现合同约定的义务及责任，更有甚者会对因为失效合约受到的损失来索求对方补助赔偿。

在保险合同所确立的关系中，无论对于保单所有人还是保险人的诚信要求都要比一般的民事经济合同多和完备，因此保险合同中双方都应该遵守最大诚信原则。

（三）规定最大诚信原则的原因

1. 保险经营的特殊性

把诚信原则当作显要原则是由于保险具有的特殊性。保险人考虑是否承保、如何承保还有费率的敲定大多是依据投保人的陈述，投保方陈述的真实性和准确性将正面影响到保险人的决策。据于此，被保险人必定要根据最大诚信原则来履行通知和保证的义务。

2. 保险合同的附和性

保险合同是明显的附和性合同，当中的内容一般是由保险方单方制定的。但是，由于保险合同的条款既复杂又专业，一般保单持有人或被保险人不容易理解和把握。投保人很难知晓保险费率是否合理，承保条件和赔偿方式是否严苛和其他方面。为了避免保险公司在保险条款中使用容易让人产生误会的文字来逃避应履行的保险责任，保险行业规定保险公司必须履行其对保险条款的告知与说明义务，此时就需要保险公司遵守最大诚信原则。

3. 保险合同的射幸性

保险合同是典型的射幸合同。保险合同是指保险人承诺在未来发生保险事件时赔偿损失或支付保险责任的合同。从人身保护的角度来看，保险人的责任一定高于其收取的保费。如果被保险人欺骗，故意不告知实情或未能履行其诺言，则保险人将无法经营。

最大诚信原则作为重要原则，有利于调整保险合同双方利益。

二、最大诚信原则的内容

最大诚信原则主要是指告知、保证、放弃权利和严禁反面言论。

（一）告知

1. 告知的含义

告知的义务就是无论是保单持有人还是保险人在签订保险合同时及合同规定的应该遵守的时间节点内，要根据自己知道的全部内容，对对方进行口头陈述或书面表述且不做保留。具体来说，被保险人应向保险人以口头或者书面声明的方式告知保险人已知或应当知道的与风险和标的物有关的重大事实；保险方也须根据实情告知投保方与其利害有相当关联的实质性必要实情。

重要事实要求这个事件要能够影响保险公司是否要订立以及订立保险合同所计算的保险费，还要根据这个重要事实规定对于保险合同的承保条件。例如，被保险人的身体健康程度等。同时，保险人还应将可能影响其保险决定的事实告知保单持有人，如有关的保险条款、保险费率和其他一些条件。

因为对于承保人和被保险人所需要告知的内容都不一样，所以对于被保险人需要告知承保人的这种义务在保险法上被称为说明。

2. 告知的内容

（1）被保险人应该告知的内容：在签订保险合同之前，要根据保险人的咨询疑点，切实回答与保险标的有关联的重要性事实及其已知或应当知道的危险；保险合同在订立之后，当立马告知保险人保险标的增加的危险；转让保险标的或者变更保险合同的相关事宜时，投保人或者被保险人当告知保险人，在承保人履行了变更保险合同的确认操作之后，被保险人要承认保险合同法律效力的有效性；在保险事故突发之后，投保人还应立马联系保险人。此前具有相同保险的投保人当通知保险人其重复的保险的系列情况。

（2）保险人当告知的内容：基本是保险合同上的诸多注意条款，里面最重要的就是要充分说明免责条款。免责条款规定承保人用以免除或限制保险责任的条款，而这种条款通常被写入格式合同中，因此承保人要充分积极地说明。

3. 告知的形式

（1）投保方的告知形式。按照保险法的规定，被保险人告知的形式有客观告知和主观告知两种。

客观告知，要求被保险人应该自觉积极告知所有能够影响保险合同签订和履行的重要文件，无论是法律已经规定需要告知的内容还是被保险人未进行询问的内容。

主观告知，是指投保方仅依据实际情况回答保险人询问的问题，而无须告知询问之外的疑问。

我国保险法规定的保险告知形式与世界上大多数国家保持一致，即采取主观告知形式。《中华人民共和国保险法》第十七条有明确规定："订立保险合同，采用保险人提供的格式条款的，保险人向投保人提供的投保单应当附格式条款，保险人应当向投保人说明合同的内容。"

（2）保险人的告知形式。保险人的告知方式主要有两种：一是明确列明。明确列明是指保险人需在保险合同中清楚列出保险的大致内容，就表示已经告知了投保人。二是明确说明。明确说明是指保险人不但要在保险合同中清楚列出保险的主要内容，还要对投保人准确地说明这些主要内容。

（二）保证

1. 保证的含义

保证是在保险合同中承保人和被保险人对于义务的一种规定形式，无论是承保人还是被保险人都需要对保险合同中能影响合同签订和履行的重要事项真伪性的一种保证。

保证是指代表着承保人已经接受了此项保险合同以及发生保险事故应该履行给付保险金的义务，而被保险人也必须履行保险合同规定义务。担保能有效保障合同的效力，是保险合同的一分子。

2. 保证的外在形式

保证分为明示保证和默示保证。

明示保证就是保险合同或者保险法已经明确规定的保证义务。明示保证包含确认保证和承诺保证。确认保证的含义就是被保险人对于自身过去、现在、未来的事实要件是否具有的一种确认。承诺保证的含义就是被保险人于未来的一个特殊事项的作为与否，承诺保证不包括自身过去的事项。

默示保证是指某些重要的保证，这些保证在保单中还未出具明确规定，但在合同签订时无论是承保人还是被保险人都已经清晰知晓的情形。默示保证根据法律条款、日常惯例和其他行业往常的习惯确定。这种形式不仅在法律上还是实践中都是合法存在的。

无论是默示保证还是明示保证都具有相同的法律效力，都可以约束被保险人的行为。

（三）放弃权利和严禁反面言论

最大诚信原则能够充分限制承保人的放弃权利和严禁反面言论。基于此，最大诚信原则规定了对保险当事人双方都进行约束。

1. 放弃权利

放弃权利是指保险合同的一方可以对保险合同提倡的某一权利予以放弃。通常，这意味着保险人舍弃解除合同的权利和对合同进行抗辩的权利。

构成放弃权利时需要满足两个条件：一是保险人必须有意思来表达放弃权利的需求；二是保险人一定要意识到其存在着权利。

2. 严禁反面言论

严禁反面言论的含义就是在签订保险合同时，无论是承保人还是被保险人，已经有一方放弃了保险合同所规定的享有的部分权利，而且不再要求其他方为该权利主张。

放弃权利和严禁反面言论通常是由保险代理人和保单持有人之间的关系引起的。放弃权利和严禁反面言论的规定不仅限制了保险人的行为，保险人要对他的行为和代理人的行为承担责任，还维护了被保险人拥有的权益，以平衡权利和义务。

三、违反最大诚信原则的法律后果

（一）违反告知的法律后果

在保险业务活动中，投保方不遵守告知义务的情形包括：不真实的虚假告知为误告；不予告知为隐瞒；还有无端告知等。不同的情况会造成不一样的法律后果。

（1）被保险人主观上故意隐瞒真相的法律后果。被保险人故意隐去影响保险合同义务的事实，并没有自觉积极地告知承保人，那么保险人完全可以终止保险合同；如果被保险事件在保险人终止合同之前导致被保险人的损失，保险人能够不承担相关的赔偿责任，也不需要退还保险费。

（2）被保险人因过失未履行告知义务的法律后果。如果投保人是由于过失、疏漏从而没有自觉积极地告知承保人法律事实，但是这种法律事实却对保险法律关系造成了重要影响。例如，这种法律事实引起了保险事故，那么承保人有权利废除这个保险合同；对于保险合同所规定的保险权益，不必承担赔偿和责任，但是能够退回保险费。

（3）被保险人未将被保险标的的风险增加通知保险人的法律后果。对于农业保险，当农业保险的危险性有所增加时，被保险人应立即告知保险人。保险人有权提高保险费和终止保险合同；但如果被保险人没有即刻告知保险人，那么承保人对于危险增加所引起的财产受损的价值部分，不承担赔偿和给付保险金的责任。

（4）投保人对保险事故撒谎的法律后果。假使投保方谎称发生了保险事故，但是事实并不存在或者这种保险事故是由被保险人造成的，对于被保险人的给付保险金的请求，那么这个时候承保人可以选择解除保险合同，而且对于保费不需要退还。

在保险业务活动中，保险人未充分履行其披露义务的原因主要有以下几种：未对于免责条款进行充分的说明；隐藏与保险合同有关的重要信息，欺骗被保险人或拒绝履行相关的保险赔偿义务等。不同情况导致不同的法律后果，如果承保人对于免除条款没有进行自觉积极的说明义务，那么保险合同上的免除条款便不具有法律效力，被保险人可以不承认这个法律条款。

（二）违反保证的法律后果

最高人民法院《关于审理保险纠纷案件若干问题的解释》（征求意见稿）第十三条规定：“被保险人违反保险合同中的保证条款时，保险人可以自被保险人违反保证条款之时解除保险合同，也可以要求修改承保条件，增加保险费或者免除保险责任或者减轻保险责任。”该规定就违反保证条款的后果，给予保险人三个选择：可以解除合同，或者增加保险费，或者免除、减轻保险责任。保险人可根据实际情况，决定对风险的偏好。

保证就是对某特定事项的是否作为，而非对全部保险合同进行保证。所以，一些情形下，不遵守保证的条件只会损害保险人自身的权益，而承保人违反保证义务或者承保人拒绝给付保险金，则保险合同从一开始就是无效的。但如果被保险人违反保证规定义务时，承保人不仅不要给付保险金，而且无须退还保费。

第三节　损失补偿原则

一、损失补偿原则的概念

（一）损失补偿原则的含义

农业保险的理赔大多是对农业生产活动的损失进行补偿。损失补偿的含义是，在补偿性的保险合同中，当被保险人因意外事故对被保险人造成损害而产生经济损失时，保险人给予被保险人的经济补偿金为它确切地赔偿了所造成的保险经济损失。

损失补偿的原则包括两个含义：一是定性规定，当且仅当被保险人经济利益造成损害时被保险人承担损失补偿责任；二是赔偿金额的限制，即被保险人可获得的赔偿金额，限于被保险人遭受的实际损失，即可以使被保险人准确地恢复至被保险人以前的身份。

损失补偿原则主要适用于财产保险和其他补偿性保险合同，因此也适用于农业保险。

（二）坚持损失补偿原则的意义

1. 有利于保险关系的实现

损失补偿反映了保险的基础职能，损失补偿原则的定性规定和数量限制具体反映了保险基本职能。若被保险人无法补偿由事故导致的经济损失，将违反保险的功能和目的。

2. 有利于防止被保险人从保险中获利，从而减少道德风险

损失补偿原则的本质是，如果有损失补偿而没有损失，则被保险人无法补偿超出被保险人数额的损失。换言之，被保险人最多拿到的补偿只能与理赔金额相同，被保险人无法通过保险补偿获取额外收益。因此，有力地避免了被保险人通过使用保险获得额外利润的可能性，并抑制道德风险的增加。

二、损失补偿的范围与实现方式

（一）保险补偿范围

保险补偿金要最先基于保险事故的发生及保险标的损失。具体内容包括：由自然灾害或事故造成的经济损失；由第三方承担的依据法律需要补偿的被保险人经济损失；对商业信用违约的补偿损失；被保险人所付的合理费用的补偿，包括损失补偿费、调查、检查和鉴定费用及诉讼和仲裁费用。

（二）保险补偿的方式

通常会依据损害对象的性质和损害程度选取保险补偿方式，主要有以下几种。

1. 现金赔付

现金赔付是保险公司最常用的方法。特别是财产损失的保险，责任保险等常以现金赔付。

2. 修理

当部分被保险人的标的物部分遗失或某些部分损坏时，保险人通常委托有关维修部门对损坏的被保险人的标的物进行维修，保险人承担维修费用，如农机保险。

3. 替换

替换是补偿损失的一种方法，在特殊情形下也可行。当由于保险事故的损失而无法修复受损目标的零件时，保险人通常会使用替换方法进行补偿。

4. 重置

重置是在被保险物体损毁或灭失时，承保人负责购回与原始被保险物体同等的物体，以恢复被保险人财产的原始外观。由于高风险，除非有特别的情况发生，承保人才会选用这种途径。

三、计算保险补偿的因素

（一）影响保险补偿的因素

1. 实际损失

简而言之就是当被保险人的经济资产受到侵害时，农业保险的补偿应立足于被保险人的现实经济损失。在现实理赔农业保险的补偿时，受到侵害的经济财产的价值在不断波动。所以，值得注意的是，承保人在实际的赔付过程中，应当考虑受侵害的经济财产市场价，并根据市场价的波动实际对经济财产损失进行赔付。例如，养鸡场负责人投保了家禽综合保险，确定当时鸡场的活鸡按市价约为 50 万元，因发生疫病鸡场 50%的活鸡死亡，另外市场价格也下降了 50%，在这种情形下，承保人按实际损失赔偿的金额应计算如下：50×50%×（1–50%）=12.5 万元。

2. 保险金额

保险金额是保险公司补偿或付款的最大责任金额。另外，保险金额是承保人收取保险费的基础和依据。在通货膨胀的大环境下，享有保险金的请求权人的现实经济损失一般会超过当时保险合同所规定有法律保障的保险额，所以在计算保险补偿的数额之时必须要考虑到这一因素的影响。例如，大豆种植户投保了农作物综合保险，其保险金额为80万元，发生气象灾害，大豆全部绝收，当时的大豆市场价为100万元。尽管被保险人的现实经济损失为100万元，但由于保险单上的保险金额为80万元，被保险人就只能获得80万元。

3. 保险利益

发生保险事故造成损失后，被保险人在索赔时，首先必须对受损的标的具有保险利益，而保险人的赔付金额也必须以被保险人对该标的所具有的保险利益为限。

4. 赔偿方法

（1）限额责任赔偿途径。选用限额责任赔偿途径，承保人仅在约定的损失金额内承担赔偿，对于超出损失限额的损失不承担责任。

（2）免责限度赔偿途径。选用免责限度赔偿途径，在法律意义下的保险免责规定的侵害经济损失承保人不会担负有关的赔付责任。只有经济财产损害不可避免地达到或高于免责规定时承保人才会担负有关赔付的责任。值得一提的是在选用绝对免责限度赔偿途径的情况下，被保险人对在法律意义下的免责规定的经济财产侵害不予赔偿。

（二）价值补偿保险的补偿方式

1. 比例赔偿方式

（1）在不定值保险情况下，保险赔偿金额按保险保障程度计算，其计算公式为

$$\text{保险保障程度}=\frac{\text{保险金额}}{\text{标的受损时完好价值}}\times 100\%$$

（2）在定值保险情况下，保险赔偿按财产受损的损失程度来计算，其计算公式为

$$\text{保险赔偿额}=\text{保险金额}\times\text{损失程度}$$

$$\text{损失程度}=\frac{\text{保险财产的受损价值}}{\text{保险财产的完好价值}}\times 100\%$$

$$=\frac{\text{保险财产的完好价值}-\text{残值}}{\text{保险财产的完好价值}}\times 100\%$$

2. 第一危险赔偿方式

第一危险赔偿方式也称为损害的第一补偿方法。被保险财产的价值分为两部分：第一部分等于保险金额，这个被理解为第一风险负债，在此过程所遭受的经济财产侵害被叫作第一损失；第二部分价值是高于农业保险中关于保险数额的地方，这被理解为第二

风险负债，在此过程中所遭受的经济财产侵害被叫作第二损失。承保人按照有关规定仅仅对第一次危险担负赔付责任。对于第一次损失，只要经济财产损害数额小于保险数额，这时候承保人就要担负起赔付责任。根据第一危险赔偿方法，赔偿金额仅立足于保险数额和自己经济财产所受到的侵害价值，这种方法没有立足保险数额与受损的经济财产价值间的比例关系。

3. 限额赔偿方式

限额赔偿途径分为有限额责任赔偿法和免责限度赔偿法两种。

（1）有限额责任赔偿法代表承保人只需在保险合同规定的保险标的受侵害数额范围内担负赔付的责任，这种情况下承保人不会担负高于经济财产侵害数额的赔付责任。这种限额赔偿方式较为适用于农业保险中的种植业与养殖业。

（2）免责限度赔偿法，是指承保人在损失额以内的情况下不需要赔付，承保人在高于经济财产的侵害损失数额就需要赔付。免责限度赔偿法包括相对免责限度和绝对免责限度两种方式。

相对免责限度是指保险公司规定可抵扣的费率，当对被保险财产的损害超过可抵扣限额时，承保人将不加抵扣地支付所有损失。计算公式如下：赔偿金额=保险金额×损失率。

绝对免责限度是指保险公司规定可抵扣的费率，如果对被保险财产的损害超过了可抵扣额度，则承保人将扣除可抵扣额（费率），并且仅对高于费率的部分赔付。计算公式如下：赔偿金额=保险金额×（损失率−免赔率）。

四、损失补偿的派生原则——代位原则

（一）代位原则的概念及优势

1. 代位原则的概念

代位原则是指承保人依照保险法及有关法律的规定或者与被保险人签订的保险合同的条款，赔偿被保险人所受到的经济财产侵害损失，依法或按保险合同的约定取得向对财产损失负有责任的第三方进行追偿的权利或对受损标的的所有权。

2. 代位原则的优势

（1）杜绝被保险人从经济财产侵害损失中谋取不正当利益。假使投保人所投保的保险标的受到侵害损失，而这方面的经济财产侵害损失是由第三人的相关过失诱发的，并且这种经济财产侵害受损的缘故也可以归属保险责任的时候，那么被保险人就可以向造成这种经济财产侵害损失的第三方索赔，或者索赔可以由保险公司根据保险合同制作。同样的损失也会有额外的好处。代位原则的目的是防止被保险人获得多重利益。

（2）使肇事者对其过失或疏忽承担责任。

（3）代位原则可以保障保险金请求权人能充分地获得经济补偿，并尽快恢复到受

损之前的状态。

（二）代位原则的具体内涵

1. 代位求偿权

（1）代位求偿权的概念。假使被保险人因突发而来的事故而使自身蒙受一定的损失，并且这种损失已经明确由第三人依照有关法律规定担负相关的责任，承保人就应在限度内付款，相应地有从造成损失的第三方那里获得索赔的权利。《中华人民共和国保险法》第六十条第一款规定："因第三者对保险标的损害而造成保险事故的，保险人自向被保险人赔偿保险金之日起，在赔偿金额范围内代位行使被保险人对第三者请求赔偿的权利。"

（2）履行代位求偿权的先决要件。代位求偿权是依照被保险人的保险代理向第三者行使请求权的一种代位权利。这种权利代表承保人可以要求造成侵害损失的一方当事人而不是被保险人赔偿。承保人行使代位求偿权有两个先决条件：第一，被保险人的损失是由第三者造成的；第二，承保人在赔偿保险金请求权人之后可以取得这种代位求偿权，向第三人求偿。

（3）代位求偿权的使用。代位求偿权也不是随时都可以行使，保险法对于保险合同的双方在行使代位求偿时都规定了相关的要件，只有符合要件，才可以行使代位求偿权。

从承保人这一方来说，第一点在于，承保人要使用这种保险法意义上的代位求偿权要立足于赔偿额。如果承保人从第三方追回的数额少于赔偿被保险人的数额，那么从第三方追回剩余的数额则都归属于承保人。假使承保人从第三方追回的数额高于赔偿被保险人的数额，那么从第三方追回的保险数额高于赔付额就应当继续赔付给被保险人。第二点在于，如果按照有关规定，不享有保险赔偿的部分情况，承保人就不应该阻止被保险人向造成侵害损失的第三人的赔偿要求。《中华人民共和国保险法》第六十条第三款规定："保险人依照第一款行使代位请求赔偿的权利，不影响被保险人就未取得赔偿的部分向第三者请求赔偿的权利。"

从投保人这一方来说，投保人不能自行行使代位求偿权，投保人能做到的是帮助承保人履行代位求偿权。第一，如果被保险人在获得承保人赔偿之前放弃了向第三方索赔的权利，则代表着他不能从承保人这一方获得赔付。第二，假使被保险人在获得承保人的赔付之后，自己自行放弃了向第三人索赔的权利，而未考虑承保人时，这种行为并没有法律效力。第三，假使保险事故突发而来，被保险人这个时候已经从第三方那里得到了赔付，而承保人却因自身违反了有关规定而难以行使代位求偿权，这时候承保人就可以以此作为扣除保险赔偿金的依据。第四，假使承保人行使代位求偿权向第三人索赔时，被保险人就理应向承保人提交一切有关联的材料信息。

（4）代位求偿原则的适用界限。第一，人寿保险通常不能适用代位求偿原则。但还是存在例外情况，医疗保险中应当由承保人支出的医疗保险费其实是对被保险人支出的医疗费用的一种弥补。这种医疗保险的费用不仅是有价值的而且价值是可以明确计算得出的。所以由于第三人的责任，承保人依旧可以行使代位求偿权。第二，承保人通常情况下不会对被保险人或其他人员适用代位求偿权（除非承保人故意这么做）。在这种情况下，承保人对其被保险人或其他人员适用代位求偿权，则保险将失去保护的意义。

2. 物上代位

物上代位的含义在于由保险事件诱发的保险标的的所有经济财产侵害损失或预计的所有损失，在承保人足额赔付之后，就有了对保险对象的排他所有权，即取得权益和义务的代位权。

委付体现了在海上运输保险中的物上代位，委付是一种补偿机制，适用于海上运输保险，只要被保险人在保险对象下变成了可估量的所有经济财产侵害损失的形态时，被保险人以言语形式或用白纸黑字的形式提出请求，这是被保险人情愿将保险对象的所有权进行权利转移，并且恳求承保人赔付的操作。

物上代位是对物权的一种代位。与代位求偿权相比，差别在于，承保人只要获得经济财产的代位权，就意味着对于受到侵害损失的标的享有排他所有权。受到侵害损失的标的对象所产生的收益都归属于承保人，即使权益超过保险赔偿金，这个时候仍属于承保人。

五、损失补偿的派生原则——分摊原则

（一）分摊原则的含义

分摊原则是在被保险人重复保险的赔偿原则下产生的一种衍生形式，简而言之就是在反复保险的情况下，保险人能够使用恰当的方法平分被保险人可以获得的赔偿金，从而使获得的赔偿金不得高于现实的侵害受损数额。

（二）坚持保险分摊原则的优势

（1）能够有效保障避免被保险人经过使用反复保险的伎俩在承保人之间取得多方面的索赔请求，并取得比现实侵害受损更多的补偿。

（2）保障了社会公平，坚持要求承保人平分被保险人的损失，能够杜绝多方承保人因同一个类别的保险种类而取得保费，但是多方里的一方承保人需要担负所有补偿责任的不公平景象，保障了社会公正。

（三）分摊方法

重复保险是指投保人对同一保险标的、同一保险利益、同一保险事故分别与两个以上保险人订立保险合同，且保险金额总和超过保险价值的保险。在重复保险的情境下，世界各国政府关于侵害受损后对承保人的补偿如何进行平分的操作大相径庭。主要有以下三种分摊方法。

1. 比例责任制

比例责任制的摊派操作是将每个承保人的保险数额进行不断的加法运算，这样就计算出每个承保人应摊派的比例，然后按比例承担侵害受损的数额。公式如下：

$$某保险人责任=\frac{某保险人的保险金额}{所有保险人的保险金额之和}\times 损失额$$

例如，水产养殖户以总价值80 000元的幼苗向甲、乙承保人分别投保，甲保单保额为40 000元，乙保单保额为60 000元，损失额为50 000元。

甲承保人应赔付款额为$\frac{40\,000}{40\,000+60\,000}\times 50\,000=20\,000$（元）

乙承保人应赔付款额为$\frac{60\,000}{40\,000+60\,000}\times 50\,000=30\,000$（元）

2. 责任限额制

责任限额制即承保人对农业保险的赔付金额的划分不是基于保险金额，而是基于应单独承担而无须其他保险的责任比例。公式为

$$某保险人责任=\frac{某保险人独立责任限额}{所有保险人独立责任之和}\times 损失额$$

例如，仍以上述例题为例，在采用第二种分摊法计赔时，

甲承保人应赔付款额为$\frac{40\,000}{40\,000+50\,000}\times 50\,000\approx 22\,222$（元）

乙承保人应赔付款额为$\frac{50\,000}{40\,000+50\,000}\times 50\,000\approx 27\,778$（元）

3. 顺序责任制

顺序责任制这种制度表明要立足于每一个承保人的签单顺序确定各承保人所负的责任，制定保单的承保人是第一顺位的赔付责任人，在他的财产不足以弥补损失时再由其他的顺位赔付责任人按照轮次担负起剩下的金额。《中华人民共和国保险法》第五十六条第二款："除合同另有约定外，各保险人按照其保险金额与保险金额总和的比例承担赔偿保险金的责任。"由此可以得出，我国通常选用的是比例责任制的分摊方法。

六、损失补偿原则的例外情况

（一）定值保险

定值保险是当事人在保险合同中事先约定将保险标的固定价值作为保险金额的保险，在发生保险事故后，承保人将按照保险合同中保险财产的约定价值来进行赔付，一般用于古玩、字画等价值难以确定的保险。

（二）重置成本保险

重置成本保险是一种将按照重置成本来计算出经济财产的侵害损失数额的保险。值得一提的是，这种保险计算出的经济财产侵害损失的保险赔偿数额一般不包括运输、保管、安装等费用。

（三）人寿保险

人寿保险是以被保险人的人身寿命为保险标的的，因此这种保险的保险金额由利害关系投保人或被保险人自己明确。只有被保险人发生保险合同规定的保险事故时才可赔付，假使被保险人手里有多份人寿保险的保单，这种情况下被保险人就可以获得承保人的多重赔付。农业保险则不存在这种情形。

第四节　近因原则

一、近因原则的含义

（一）近因

我们平时所说的近因并不是指时空上和侵害受损最接近的缘由，而是代表着诱发侵害受损最有效直接的起支配作用或者主要作用的缘由。假使有两个或更多侵害受损的缘由，并且每个因素之间的因果关系没有断绝时，最开始发生的并诱发一系列侵害受损的缘由就是近因。

（二）近因原则

近因原则的含义为，保险人对于承保范围的保险事故作为直接的、最接近的原因所引起的损失，承担保险责任，而对于承保范围以外的原因造成的损失，不负赔偿责任。按照该原则，承担保险责任并不取决于时间上的接近，而是取决于导致保险损失的保险事故是否在承保范围内，如果存在多个原因导致保险损失，其中所起决定性、最有效的，以及不可避免会产生保险事故作用的原因是近因。

二、近因原则的分析和运用

（一）近因的认定方法

（1）起始于第一个事件，立足于逻辑推理判断接下来的事件可能是什么，接下来再立足于可能发生的第二个事件的逻辑推理来判断最后的事件（即损失）是什么。假使推理判别与现实实践一致，那么最开始的事件就是最后事件最主要的原因。

（2）从经济财产的侵害受损起始，自后向前进行追溯，根据“为什么会发生此事件”的思想找出上一个事件。如果不断绝地追溯到最开始的事件，那么，最开始的事件即近因。例如，暴风把电线杆吹倒，电线短路引起火花，火花点燃了蔬菜大棚，从而给农户造成财产损失。对此，我们会发现此案例中的暴风、电线杆被吹倒、电线短路、火花、大棚起火之间存在不可避免的因果关系，因此，我们也就确定了财产受损的原因，即暴风。

（二）近因的认定与保险责任的确定

从近因的认定与保险责任的确定来看，包括下列情况。

1. 单一原因

单一原因即表明这种侵害受损是由单一原因诱发的。

2. 多种原因同时并存发生

经济财产的受损是由多方面的因素诱发的，而且这一系列因素不可避免地会在同一时间产生，且无法辨别它们的时间顺序。假使引发经济财产侵害受损的因素有很多，那么对于经济财产的侵害受损是具有决定意义的，那么这些因素全都是近因。承保人是否担负赔付责任，要分两个情况讨论：首先假使一系列的因素都归属于保险风险，则这种情况承保人需要担负赔偿；而反过来，假使这些因素归属于非保险风险，则这种情况下承保人不担负赔偿。假使一系列的因素中一直并列存在保险风险和非保险风险，那这时候承保人是否担负赔偿就要立足于经济财产侵害受损的结果是否易于分析。对于可以单独计算的经济财产侵害受损的结果，承保人限于对由保险风险造成的经济财产侵害损失负责。如果损失难以平分，则承保人通常不负责赔偿。例如，果农把两批水果通过船舶运输销往外地，第一批水果投保了水渍险，第二批投保了水渍险和平安险，两批水果在运输过程中由于船舶被海水浸泡而受损。显然，造成这两批水果损失的近因都是海水浸泡，但第一批水果由于只投保了水渍险所以得不到承保人的赔偿；反观第二批货物，虽然损失原因无法直接划分，但因为投保的两个险种都是保险风险，所以承保人理应进行赔付。

3. 多种原因连续发生

经济财产侵害受损是由多种连续不断的因素诱发的，这些相关联的因素之间的因果关系也不曾中止。假使经济财产侵害受损是由因素之间连续不断的事件诱发的，则承保人是否需要赔偿，分两种情况讨论：一种情况是，假使因素中没有非保险风险的影响，那么不可避免地导致赔付的保险风险就是经济财产侵害受损的近因，承保人需要根据保险合同进行赔偿。另一种情况是，假使影响因素中同时具有保险风险和非保险风险，那么就要看保险风险还是非保险风险是损失的前因了。假使前因是保险风险，后因是非保险风险，非保险风险是诱发保险风险的必然几个，那么承保人就需要赔偿。假使前因是非保险风险，后因是保险风险，保险风险是诱发非保险风险的必然结果，这样承保人不需要赔偿。例如，一艘载有动物皮料和药用材料的船遭遇海难。大量海水入侵并导致动物皮料腐烂。尽管海水没有直接浸入药物中，但动物皮料腐烂散发的气味使药材变质发霉。在这种情况下承保人对于药材的损失是否应该承担责任呢？案例中，近因是大量的海水涌入，但这对于动物皮料的腐烂和药用材料的变质，没有什么不同，因而，意外事故的发生和药材的变质有不可置疑的联系，因此，承保人应对皮料和药材的损失都予以赔偿。

4. 多种原因间断发生

多种原因的间断发生所造成的经济财产侵害损失，这就意味着风险事故的突然产生与经济财产的侵害受损间的因果关系被间断发生的新事故、新事件中断，我们就将这种间断发生的新因素当作经济财产侵害受损的近因。假使这种新因素是保险风险，为此承保人就应该需要赔偿；而假使这种新因素是非保险风险，则承保人将不需要赔偿。例如，种植水稻的农户对玉米投保了农作物产量险，承保人须对因自然灾害导致的产量减少进行赔偿。在种植阶段，农户对玉米使用一种新型化肥，施用后不久该地因环境污染下了一场酸雨，酸雨与化肥中的物质发生作用挥发出有毒物质抑制生长，玉米产量骤减。在该案例中，产量的减少不仅仅是因为自然灾害，还包括农户使用的新型化肥，所以承保人不承担全部责任。

第五节　农业保险的其他原则

农业保险作为乡村产业振兴的内容之一，世界各国政府经过充分的实践，都证明了只有政府在法律条文、经济措施、行政手段上对农业保险进行支持，才能保障农业保险的长足稳定发展。根据 2012 年 11 月 12 日中华人民共和国国务院令第 629 号公布并于 2016 年 2 月 6 日修订的《农业保险条例》第一章第三条规定：“国家支持发展多种形式的农业保险，健全政策性农业保险制度。农业保险实行政府引导、市场运作、自主自愿和协同推进的原则。”

一、政府引导原则

政府引导是指财政部、省级及省级以下财政部门通过加大政策扶持力度、强化业务监管、规范市场秩序，为农业保险发展营造良好环境。各部门通过保费补贴等措施，与农业、水利、气象、宣传等部门共同配合，引导和鼓励农民、相关龙头企业及专业合作经济组织参保，积极促进农业保险业务发展，动员社会多种力量共同投资，从而提高农业生产抵抗风险能力。

对于政府引导原则需要从两方面来理解：一方面，农业保险是不同于商业性保险的政策性保险，政府在农业保险的推动和发展中要有所作为，不能把农业保险完全交给市场；另一方面，政策性保险并不等同于政府主办或政府主导保险，更不是政府兜底保险。政府在农业保险中的职责是有限的，须明晰政府与市场边界。政府并不直接供给或者购买农业保险，而是在充分尊重保险机构产品开发、精算定价、承保理赔等经营自主权的基础上，通过给予必要的保费补贴、大灾赔付、提供信息数据等支持，调动市场主体积极性。虽然商业性保险公司和承保人具有雄厚的资金、经过实践的保险经验及保险技术和规范的流程，但是不可否认的是农业保险理赔率高于一般的保险，农村经济水平不高导致支出费用较高，农村商业信用缺失导致保险经营环境风险较高，商业保险公司和承保人为了获利而使得一般覆盖的保险类别过于一致，即便是个别特殊的不常见的保险类别一般也为了省事获利也将此归属于单一责任。总的来说，商业保险公司和承保人的保险不能满足农民迫切需要的大多数风险高的保险品种以及剩余的可保和不可保风险的需求，迫使政府必须有针对性地制定有关政策来承接或者增强对于商业性保险公司和承保人的帮扶。

二、市场运作原则

市场运作要与农业保险发展内在规律相适应，充分发挥市场在资源配置中的决定性作用，坚持以需求为导向，强化创新引领，发挥好保险机构在农业保险经营中的自主性和创造性。

农业保险虽然是政策性保险，但从美国等农业保险发达国家的实践经验来看，农业保险市场运作相对来说效率较高。美国的农业保险发展具有悠久的历史，从 19 世纪末到目前，美国的农业保险经历了私营单轨制—国营单轨制—公私合营双轨制—私营+政府扶持制四种制度模式。前三种制度模式要么难以为继，要么效率较低，目前实行的是第四种制度：私营+政府扶持制度。该模式是代表政府的 FCIC 逐渐退出农业保险原保险业务，私营公司经营政策性农险，政府对这些私营公司提供相应的费用补贴、再保险支持和税收优惠，这与我国目前采用的“政府引导、市场运作”模式相类似。在该模式下，美国农业保险经营相对稳定，效率较高。我们国家农业保险的经营，首先要充分立足于我国的特殊国情，因支出太多太广，我国的中央财政不足以支撑连续不断补贴的农业保险。其次在于由政府充分参与和支持的政策性保险机构在市场这个大环境下，可能出现不竞争或竞争不过商业性的保险公司及承保人的情况。因此，我国应根据当前的社会和经济发展水平、地方财政资源、农业生产特点、自然灾害发生情况、各种商业实体的优缺点和市场对农业保险的需求等因素，允许或引导多个商业实体的存在，并且对商业实体提供必要的保护。例如，加强财政补贴资金监管，对骗取财政补贴资金的保险机构依法予以处理，实行失信联合惩戒。进一步规范农业保险市场秩序，降低农业保险运行成本，加大对保险机构资本不实、大灾风险安排不足、虚假承保、虚假理赔等的处罚力度，对未达到基本经营要求、存在重大违规行为和重大风险隐患的保险机构，坚决依法清退出农业保险市场。

三、自主自愿原则

自主自愿原则是指充分尊重农民和农业生产经营组织意愿，不得强迫、限制其参加农业保险。结合实际探索符合不同地区特点的农业保险经营模式，充分调动农业保险各参与方的积极性。自主自愿原则包含两层含义。

一是自主原则。由于我国幅员辽阔，各省农业生产条件和生产品种差异很大，我国不可能“一刀切”地实行全国统一的农业保险经营模式。《农业保险条例》第三条第三款明确指出：“省、自治区、直辖市人民政府可以确定适合本地区实际的农业保险经营模式。”

二是自愿原则。政策性保险并不是强制性保险，《农业保险条例》第三条第四款规定：“任何单位和个人不得利用行政权力、职务或者职业便利以及其他方式强迫、限制农民或者农业生产经营组织参加农业保险。”

四、协同推进原则

协同推进原则是指保费补贴政策与农业信贷及其他支持农业、造福农民的政策有机结合，统筹兼顾新型农业经营主体和小农户，既充分发挥农业保险经济补偿和风险管理功能，又注重融入农村社会治理，共同推进农业保险工作。农业、水利、气象、宣传和地方财政部门等有关方面应积极支持该机构的工作，包括承销、调查、定损、理赔、灾难预防和损失预防。农业生产活动中因风险和意外事故而产生的高度集中性和损失严重性，需要将这些风险转移到其他地方，只有这样才能保障和增强农业保险承保人的能力，重中之重就在于抵御来自天灾风险的能力。为了让农业保险更好、更快地持续发展，世界各国政府都采取种类繁多的风险转移途径。例如，设立强制性保险、自留保额免赔、再保险、农业保险保障基金、巨灾专项风险基金、巨灾风险债券，扩大农业保险机构经营范围实行以险养险及扩大农业保险基金运用范围等。

协同推进原则包含两方面的含义。

第一，农业保险是一个专业性很强的复杂险种，加之我国农民收入较低，影响了农业保险的参与率和实施效果。美国等国家的农业保险与其他农业支持政策相挂钩的做法证实了这一点。对此，《农业保险条例》第九条规定：“国家鼓励金融机构对投保农业保险的农民和农业生产经营组织加大信贷支持力度。”

第二，农业保险的推动工作是一项系统工程，单靠保险公司是无法实现的，需要各级政府部门对承保、查勘、定损、理赔、防灾防损等各项工作给予积极支持，如提供必要的补贴、农业保险税收减免优惠政策和相关金融政策支持。因此，《农业保险条例》第四条规定：“国务院财政、农业、林业、发展改革、税务、民政等有关部门按照各自的职责，负责农业保险推进、管理的相关工作。财政、保险监督管理、国土资源、农业、林业、气象等有关部门、机构应当建立农业保险相关信息的共享机制。”第五条规定：“县级以上地方人民政府统一领导、组织、协调本行政区域的农业保险工作，建立健全推进农业保险发展的工作机制。县级以上地方人民政府有关部门按照本级人民政府规定的职责，负责本行政区域农业保险推进、管理的相关工作。”第六条规定：“国务院有关部门、机构和地方各级人民政府及其有关部门应当采取多种形式，加强对农业保险的宣传，提高农民和农业生产经营组织的保险意识，组织引导农民和农业生产经营组织积极参加农业保险。”

财政部、农业农村部、银保监会、林草局发布的《关于印发〈关于加快农业保险高质量发展的指导意见〉的通知》（财金〔2019〕102 号）表示：“各地区、各有关部门要高度重视加快农业保险高质量发展工作，加强沟通协调，形成工作合力。财政部会同中央农办、农业农村部、银保监会、国家林草局等部门成立农业保险工作小组，统筹规划、协同推进农业保险工作。有关部门要抓紧制定相关配套措施，确保各项政策落实到位。各省级党委和政府要组织制定工作方案，成立由财政部门牵头，农业农村、保险监管和林业草原等部门参与的农业保险工作小组，确定本地区农业保险财政支持政策和重点，统筹推进农业保险工作。”

五、农业保险经营原则

开展农业保险，是为了加快社会主义新农村建设步伐，保障农业生产发展和农民生活的安定，尽快完善中国农业保险的经济补偿制度。农业保险大多为政策性保险业务，不同于一般商业性保险。我国开展农业保险的指导思想如下：为农业生产服务；为农村经济发展服务；为提高农民生活水平服务。以三个服务为宗旨，不以营利为目的。农业保险经营管理的出发点和最终目的是提高经济效益，搞好三个服务，也就是为繁荣发展农村经济，为新农村建设和农民物质生活提供经济保障。

经营农业保险必须遵循“收支平衡，略有结余，以备大灾之年”的经营原则。农业保险从总体规划到具体实施，都要始终贯彻这一原则，这一经营原则基本符合我国开展农业保险的目的和我国的国情。

收支平衡原则的含义是，只有保证公司的正常经营，才能够维持公司的日常运行。如果企业因为入不敷出而发生亏损，不仅会打击企业经营农业保险的积极性，也会最终危害被保险人的利益；略有结余，以备大灾之年，是指保险公司的保费收入应当略高于支出，这些结余在将来用作应付重大灾害的储备金，以确保农业保险的长期稳定发展。目前我国乡村的经济水平相对薄弱，农民对于保护自己的农业保险没有充分的认知，在城镇早已普及的保险，在乡村却难以得到积极参与。其原因在于，假使农民参与农业保险的利益远远低于支出，导致农民参保的成本增加，降低了农民投保的积极性，从而进一步降低农民的保险需求，最终影响农业保险的长远发展。

为了实现农业保险的经营原则，保险公司应当考虑从以下几个方面开展农业保险业务。

（一）基本保障的原则

要从思想上明确开办农业保险的初衷和目的。之所以在保险中增加农业保险这一类别，主要是想构建具有中国特殊国情的农业保险经济补偿制度，完善农村社会保障体系，基本解决自然灾害和意外事故对农业生产和农民生活所造成损失的补偿问题，发挥农业保险经济补偿的职能。

基本保障这一原则是针对保额而言的，也就是说农业保险保额的确定要适当。一方面要考虑到我国农民的收入水平和支付能力，为农民节省部分保费，使农民买得起保险；另一方面也要考虑到保险公司的支付能力，如果保的成数比例过高或者保额过高，在遇到灾害时，保险公司的赔偿压力会过大。再有，防止有人利用保险取得额外不当收入。我国开办农业保险的目的是对农民提供基本的生产生活保障，基本保障指的是农民在生产生活中的基本投入，一般是指成本。在遇到灾害事故损失后能通过保险公司的赔款维持与恢复再生产。因此，保险公司一般只保标的价值的七成左右，也就是实行不足额承保。以广覆盖、低保费、低保额、合理赔付、农民自己承担一部分损失责任为特征的基本保障原则已经成为农业保险中的基本原则之一。

（二）科学厘定费率

保险费率的厘定应当科学合理，要以一个地区若干年份的标的损失率为依据。保险费率要考虑农作物的损失率以测算未来的赔款率，要考虑保险公司业务人员的开支；另外，还要加上一个稳定系数，就是要能够有一定的结余，将其储存起来以防将来遇到大灾。费率的厘定必须要科学，要结合保险经营收支平衡的基本原则。费率过低，亏损的险种会令保险公司赔不起；费率过高，长期盈利的险种又会影响农户续保的积极性。任何不合理的收费，都会损害农业保险双方当事人的利益。同时，费率的厘定也不是一成不变的，应该根据实际情况做出相应的调整。

（三）加强经营管理，提高经济效益

经济效益反映的是保险经营活动中对人力、物力、财力等的利用效果。农业保险企业的经营，不同于其他企业，在维护企业自身利益的同时，还要兼顾社会和人民的利益。农业保险的经济效益体现在农业保险机构本身的经济效益和它的社会经济效益两个方面，二者是互为条件、互相促进的辩证统一关系。只有不断提高保险经营机构的经济效益，才能增强偿付能力和不断扩大服务领域，使农业保险良性循环，不断为农村经济社会发展提供更多、更优质的保险保障服务。

开展农业保险，应该加强各险种的核算，分析盈亏的原因，找出能够保证收支平衡的临界点，并结合实际，调整业务结构，努力降低成本费用，减少亏损。同时，开展农业保险，还要有切实可行的规章、制度、条例、办法做保证，企业应相应地提高管理水平。

要加快农业保险的发展步伐，提高经济效益，保险公司应该抓好员工培训，不断提高服务质量。在发展农业保险的同时，加强保险专业人员的培养、教育，不仅要对保险专业人员加强专业与技术的培训，还要对其进行职业道德教育。农业保险的指导思想、方针政策、经营原则都要靠专业人员去贯彻落实。建立具有中国特色农业保险制度的组织保障是积极建设一支高素质的农业保险队伍，否则，农业保险的目标就难以实现。农业保险的特点决定了必须尽快培养一大批德才兼备、有强烈事业心的农业保险专业人才。这才是大力发展中国农业保险的重要组织措施，也是贯彻执行农业保险方针政策的关键。

以上农业保险公司经营中所需考虑的问题，基本符合我国开展农业保险的基本原则。应该明确的是，我国及世界上其他国家开展农业保险，并不是以营利为目的的，是

考虑到农业保险给农民带来的利益和它对整个国民经济的意义和作用来经营保险事业的。保护农业是党和国家的政策，这是为加强农业的基础地位，使其与第二、第三产业协调发展，保持国民经济快速健康发展的需要，以上经营原则都体现了开展农业保险的目的。

虽然保险公司本着上述原则进行经营，但是保险公司盈亏平衡的目标实现是有一定困难的。如果商业性保险公司开展农业保险不能使自身有所盈利，它们会减少农业保险业务，缺少经济利益的激励是目前我国农业保险开展中的问题所在。但由于农业保险开展的必要性和重要性，国家需要积极完善农业保险相关政策制度，提供健全的经济、法律环境，逐步建立适合我国国情的农业保险制度体系。

本章小结

本章主要介绍了保险的四项基本原则，主要是保险利益原则、最大诚信原则、损失补偿原则及近因原则。并且在此基础上引出了农业保险的五项基本原则，介绍了农业保险与一般的保险相比在原则方面所具有的独特性质和特点，对农业保险基本原则的内容及含义进行了进一步的解释。

关键词

保险利益　最大诚信　告知　保证　弃权　禁止反言　近因　政府引导原则　市场运作原则　自主自愿原则　协同推进原则

思考题

1. 何为保险利益原则？坚持这一原则的重要意义是什么？
2. 举例分析近因原则在农业保险实务中的应用。
3. 简述农业保险基本原则的主要内容。
4. 为了实现农业保险的经营原则，保险公司在开展农业保险业务时，应当从哪几个方面考虑？

专业术语

保险利益原则（principle of insurance interest）：如果被保险人以不具有被保险利益的客体投保，承保人可以单方面宣布合同无效；在保险标的发生保险责任事故的情况下，被保险人不得获得不在保险利益范围内的额外利益。

最大诚信原则（principle of utmost good faith）：保险合同的相关当事人在订立合同及在时限有效的合同期限内，当向对方告知能够影响对方订立合约与兑约的全部决定性事实；与此同时，合同当事人要坚决信守与合同订立的条款所赋予的责任。不然，遭到损失的一方，会将此作为理由宣布某合同无效，也可不兑现合同约定的义务及责任，更有甚者会对因为失效合约受到的损失来索求对方赔偿。

损失补偿原则（principle of compensation for loss）：在补偿性的保险合同中，当被保险人因意外事故对被保险人造成损害而产生经济损失时，承保人给予被保险人的经济补偿金为它确切地赔偿了所造成的保险经济损失。

近因原则（principle of proximate cause）：确定风险事故与保险标的损失之间的一项因果关系，同时也是确定保险责任的一项基本原则。根据这项原则，当被保险人的损失是由保险责任范围内的事故直接导致时，承保人才支付赔付。也就是说承保人的赔付仅限于保险事故导致保险标的损失，只有当风险事故的发生与损失的结果之间存在必然的因果关系时，承保人的赔偿责任才形成。

参考文献

丁少群. 2015. 农业保险学[M]. 北京：中国金融出版社.
郭颂平，赵春梅. 2018. 保险学[M]. 2 版. 北京：高等教育出版社.
李丹，庹国柱，龙文军. 2017. 农业风险与农业保险[M]. 北京：高等教育出版社.
刘布春，梅旭荣. 2010. 农业保险的理论与实践[M]. 北京：科学出版社.
宋英杰. 2006. 中国农业保险概述[M]. 北京：中国社会出版社.
孙蓉，兰虹. 2015. 保险学原理[M]. 4 版. 成都：西南财经大学出版社.
唐金成. 2013. 现代农业保险[M]. 北京：中国人民大学出版社.

本章拓展阅读

第三章

农业保险合同

农业保险从法律意义上来说是一种合同行为。农业保险合同是投保人以种植业或者养殖业的农产品为保险标的，向保险人支付费用，根据法律规定享有和承担农业保险具体事项的一种协议。

第一节 农业保险合同的主体

一、农业保险合同订立的当事人

在订立农业保险合同时，农业保险合同的多个主体以其不同的特点和范围构成了农业保险合同的主体体系。当事人是直接参与农业保险合同的订立，依照法律享有权利和义务的人，即当事人和辅助人是法律意义上的农业保险合同的主体。申请人和保险人是订立农业保险合同的当事人，即农业保险合同的当事人，也是农业保险合同订立的直接参加人。他们直接承担合同规定的权利和义务。申请人和保险人是农业保险市场的两个主要主体，他们双方在市场上是供求关系。在农业保险市场中，还存在保险经纪人和保险代理人，即农业保险合同的辅助人，他们在农业保险市场上作为服务提供商，在农业保险合同的订立过程中起着中介和协助的作用。

（一）投保人

1. 成为投保人的条件

与保险人订立农业保险合同，并有义务缴纳保险费的人，称为投保人。投保人应当符合下列条件。

（1）有相应的民事能力。一般合同法规定，没有法人资格、无行为能力的自然人或组织无法成为投保人。但是农业保险的投保人具有其特殊性，不具备法人资格的自然人、组织或者具有法人资格的组织都可成为农业保险的投保人。

（2）有一定的支付能力。《中华人民共和国保险法》第十四条规定：“保险合同成立后，投保人按照约定交付保险费，保险人按照约定的时间开始承担保险责任。”支付保险费是投保人在农业保险合同中的主要义务。保险费是保险人保险基金的主要来源，只有投保人先支付保险费，保险人才能按照合同的约定承担保险责任，保险费是保险人履约的前提。因此，农业保险合同的投保人应当具有一定的支付能力，即使政府是投保人，也应当按时支付。投保人不论是为了自己的利益或者第三人的利益投保，都必须履行支付义务。当保险金额较大时，为减轻农民或投保人的经济负担，可考虑分期付款或实物支付等形式。

（3）保险标的对投保人须有保险利益。所有的国家在保险立法中都规定，被保险人对保险标的具有保险利益。这是为了防止在保险合同中，投保人为了自身的利益利用保险合同从中套利，防范道德风险的发生。在农业保险合同中，农业生产者或者农业组织通常会为了自己的利益投保，因此投保人和被保险人是同一个人。在这种情况下，保险标的物与农户自身收益相联系，投保人不会为了套取保险赔偿金采取损害保险标的物的道德风险行为。特殊情况下，政府、村委会或村民团体可以为村民投保，在这种情况下投保人与被保险人不是同一个主体。由于政策性农业保险大多数都是强制的保险。作为保险主体的农村商业银行、村民委员会或村民团体是否应享有保险利益存在争议。保险利益反映了被保险人或被保险人的合法经济利益，它反映了被保险人与保险标的之间的利益关系。

2. 投保人的范围

（1）农业生产者可以作为投保人。一般来说，农业生产经营组织、龙头企业、经济合作组织、个体农户、农村承包商都可以作为农业生产者成为农业保险合同的投保人，不论是法人或者是自然人组织都可以成为农业保险合同的投保人。农户作为中国农村经济生产的基本组织形式，具有其客观必然性。以农户作为投保人应当享有投保人的独立主体地位。但是实际上目前农村并不是以农户家庭的名义投保而是以农村承包人的名义投保，以农户户主个人的名义作为投保人。农户作为投保人的主体地位在合同发生纠纷时很容易受到影响。因此，国家农业保险法中应当改善农户在农业保险法律上的含义、组织地位和基本的权利与义务。依法确认和保障农户的独立地位。

（2）政府、村委会、农村集体经济组织可以成为投保人。一般来说，农业保险不同于一般利益驱动的商业保险，而是为了稳定国民经济基础，加强农业保护的一项政策性保险，反映了国民经济的规划与国家意志。政府可以以村委会、农民集体经济组织等团体作为农业保险合同的缔约方，直接充当保险承保商。

例如，浙江省建议，政府对所有主要公益林投保火灾保险，领导统一保险。林业局通过代理关系实行统一保险。另外，广东佛山市还出台了第一个由村委会作为投保人签名的政策农业保险——大米保险。

（二）保险人

农业保险的保险人就是依照法律设立的农业保险的承保人，农业保险的保险人是有权收取保险费的组织，当保险事故发生时，负责赔偿的是经营农业保险事业的保险机构。保险人必须具备的条件如下。

（1）合格投资者。合格投资者是设立保险公司的基本条件。《中华人民共和国保险法》第六十八条对保险公司的主要股东需要的盈利能力、信誉以及违规记录都有着严格的规定，商业农业保险机构当然可以适用规定参考，但政策农业保险机构主要是政府投资，基本上不受此条件的约束，而原始农业合作保险组织的投资者条件应该满足《农民专业合作社法》的基本要求。

（2）注册资本条件。农业收入水平低，农业生产受自然因素影响很大，风险也很大。商业保险公司出于营利性考虑，很少愿意从事农业保险业务。我国保险法律规定，保险公司注册资本的最低限额为 2 亿元。专门从事农业保险的农业保险机构是否适用该项规定尚未确定。但是农业保险专门机关在特许农业保险中，因此农业保险的运营将变得困难。巨大且不可预测的农业风险使其运营风险大于一般商业保险。出于对信用方面的保证，专门从事农业保险的机构注册资本应高于一般商业保险公司。

（3）章程符合法律规定。农业保险公司设立的目标、业务范围、注册资本、组织结构、利润分配及信息披露等重大事项应当获得股东大会的批准，公司章程的设立应当符合法律规定。

（4）设立合格的名称和营业场所。农业保险保险人应当有符合条件的名称和与其规模相适应的、与农业保险业务相联系的营业场所和设施。除了传统的营业厅等场所外，商业电子和互联网设备在农业保险中的作用越来越大。例如，伦敦的电子核保系统，提高了核保交易的运营速度（史锦华，2007）。

（5）专业组织和管理系统。农业保险公司需要根据法律行使决策、管理和监督功能。这是对保险公司的管理业务正常运作有组织的保证。

二、农业保险合同订立的辅助人

（一）保险经纪人

保险经纪人是指为保险人和被保险人提供中介服务的机构，农业保险经纪人根据被保险人的利益，依法订立农业保险合同，收取佣金。农业保险经纪人是投保人的代理机构。因此，农业保险经纪人的条款也应当按照民法中介条款。依照民法，中介服务的报酬主要由委托人支付。在经纪人与投保人同意的情况下，投保人应当按约定支付保险经纪人中介服务的佣金。农民经济条件有限，在实际情况中，建议由保险公司支付农业保险中介佣金。

20 世纪 90 年代以来，我国高度重视农业保险经纪人的作用，并通过相关立法对其进行规范。然而，作为农业保险领域的经纪人，农业保险经纪人的作用尚未充分体现。但可以预见的是，随着我国农业保险事业的快速发展，农业保险经纪人在农业保险合同订立中的作用将越来越大。

（二）保险代理人

农业保险代理人是指代表农业保险的保险人，在批准范围内处理农业保险业务和向保险人征收代理费的机构或个人。农业保险的保险人应当谨慎选择保险代理人，这是由于农业保险代理人代理的后果由保险人承担。代理人应当按照约定在保险人授权的范围内进行代理业务，否则，保险人会追究代理人的责任。

我国的保险代理人有专业代理人、兼业代理人、个人代理人等。专业代理人和兼业代理人是代理业务的组织。个人代理人在分散的农业保险业务中发挥着不可替代的作用，这是因为农业保险业务分散，难以管理。因此个人代理人的素质水平及操作行为直接影响投保人和被保险人的利益。

第二节　农业保险合同的履行原则

一、制度含义

农业保险履行应当体现诚信，在合适的主体下选择适当的时间、地点和方式全面履行农业保险合同的义务，主要包括以下几方面的原则。

（一）履行主体适宜性

保险人、被保险人及投保人是农业保险合同的履行主体。投保人履行支付保险费的义务并告知被保险人。被保险人应当履行告知保险事故发生、管理标的物，以及管理和救济的责任。保险人的主要义务是履行赔偿保险金义务。

我国的村民委员会或乡镇政府、龙头企业及信用社都可以履行代表被保险人向农民支付费用的义务。保险公司的理赔可以通过这些组织发放给被保险人，这不仅能提高效率，还能确保公平和正义。

（二）履行标的适宜

保险公司通常必须以现金支付保费，保费可以不限于现金，如在灾前农民需要更多的紧急农业物资，保险人可通过集中采购农资物品以降低成本予以赔偿。

在发生灾害损失之后，保险公司可以用农资物品或者现金进行赔偿，在播种期间可以用种子等实物先行进行赔偿，之后保险公司、种子站和农场公司必须在索赔完成后支付赔偿金；在播种期后应当设立现金支付及公示披露，在农村基层建立专人管理现金发放。

（三）履行时间及时

保险和索赔都应该在合理的时间进行以促进生产。养殖业和种植业都有很强的时效性效应，因此设定履行的最后期限很重要。错过农业种植或者养殖的最佳时节会对农产品生产经营造成重大损失，因此要明确理赔的时限，及时、快速、准确地进行农业保险的理赔。

（四）履行地点就近

农业保险都应该按照就近原则安排其履行地点。在农业保险较为发达的国家，农业保险业务通常和农业贷款挂钩，农业保险履行的地点通常是进行农业贷款的金融机构。结合我国农村中被保险人通常为农户，农业保险的履行地点一般在被保险人的所在地。

（五）快速实现原则

为了适应农村经济发展和变化，农业保险应当为农业生产提供便利，在农业保险业务上进行创新。例如，在生猪保险中，保险公司可以优化生猪保险履行流程，设立生猪专用保险单，及时核保出单。在理赔过程中由专人负责生猪的保安和受理，对专门的生猪保险进行登记、印制专门的保险理赔单据，采用科学流畅的方法，快速响应。

二、合作履行原则

农业保险合同的主体不仅要履行自己的合同义务，同样，站在诚实守信的立场上，农业保险合同的主体帮助其他义务主体在必要范围内履行合同是农业保险合同的拟定履行原则。

投保人、被保险人、保险中介人、相关政府部门等主体在农业保险履行过程中必须互相合作和协调，保证农业保险合同的顺利履行。因此，合作履行原则至关重要。只有协调农业保险的实施，才能达到最大的效果。具体来说，该原则主要包括以下几方面的制度含义。

（一）保费缴纳合作

投保人应当积极配合保险公司的工作以支付保费，保险公司应当加强对农业保险的宣传工作，增加对农业保险的人力、资金的投资，扩大农业保险在农村的影响。由于农村农业保险的对象少、金额分散，对于保险人而言不易上门收取，一般由政府统一代收后交给保险公司。保险保费收入常常低于赔偿额。

（二）索赔合作

索赔是被保险人实现自己保险权益的方式，被保险人应当依照保险合同的相关规定，积极提出索赔、接受检验，配合保险公司提供索赔单据，并协助保险人在发生情况时进行权益转让。保险公司应当确保理赔流程顺利进行，快速响应，提供便利，不允许故意设置障碍并给被保险人造成困难，应当及时理赔。

（三）合理的损失评定

合理的损失评定是履行保险合同的重要环节。在理赔过程中，被保险人不得虚假举报，不得多报，应当实事求是；应积极配合并提供便利，以协助保险人和保险评估人尽快完成调查和损失认定。保险人应当公开损失评估程序和标准，加大宣传力度。

（四）理赔合作

在理赔过程中，如果被保险人与保险公司在赔付方面发生了争议，应当通过协商的方式解决，为了避免损失的进一步增加，被保险人应当及时采取救援措施。农业具有季节性，如果遇到灾难，多个农业保险主体应当集中精力抢先种植或者收割，避免由于不必要的人为灾害推迟农业的生产。农户投保生产经营小额贷款保证保险的，应当优先赔付银行贷款，同时做好农户的理赔工作。

三、经济合理性

农业保险合同履行中的经济合理性原则是在农业保险合同履行中追求经济利益的平衡，付出最小的成本，获得最佳的总体合同利益。该原则要求合同的所有当事方在主张权利和履行义务时要考虑自己的利益以及其他人的利益。需要说明的是，该原则适用于农业保险合同的履行阶段，是保险合同建立并生效的前提。如果合同没有生效，则在经济上是否合理都无关紧要。经济合理性原则主要包括以下几方面。

（一）保费经济性

当农户作为投保人的时候应当考虑到投保费用成本，应当考虑节约投保成本，以便农户可以将资金投入农业生产经营中进行大量生产。可以采取从政府的谷物直接补给中扣除溢价并将其发布，或者从信用社的还贷中扣除且不会违反当前的国家法律法规的方法。在履行地点的设置上，应考虑到我国农村家庭的实际情况，如偏远地区和交通不便，在这种情况下可以考虑委托代理或者用网络信息技术的形式降低农户履约的经济、时间成本。

（二）理赔的经济合理性

随着现代技术的发展，建立健全合理的理赔机制是十分必要的。理赔机制的建立应当考虑其合理性。保险公司可以利用龙头企业或者农民合作经济组织贴近农民的优势，将理赔金直接发放给这些组织，由这些企业或者农民合作组织直接发放给农民，简化理赔流程，加快理赔速度。对于灾害如火灾、传染疾病及自然灾害等，可以通过在线核保等方式免除消防、畜牧站、气象等部门的认定，网络审核通过后可以理赔。

（三）争议解决的经济合理性

第三方的介入对农业保险进行调节可以让农户免于受到保险纠纷的拖累，专注于农业生产经营。

中国人民财产保险股份有限公司福建省分公司和福建省森林局、福建省财政厅共同制定《森林保险理赔操作规程（试行）》和《森林保险灾害损失认定标准》，明确纠纷解决方法，要求保险公司配置被保险人，或委托自己的代理人和现场调查技术人员确认调查的最终结果和损害。发生争议时，保险人将对三名或更多具备相关专业资格的人员进行评估和鉴定，直到依法申请仲裁或起诉当地人民法院为止。

第三节　农业保险合同订立的程序

一、农业保险合同订立程序概述

农业保险合同是一种特殊合同，是在合同法规定的合同范围内，投保人和保险人对农业保险的权利和义务达成的协议。本节主要探讨在自愿模式下农业保险合同的订立程序。

大多数国家的民法或者合同法都采纳订立过程中的要约与承诺概念。《中华人民共和国合同法》第十三条规定：当事人订立合同，采取要约、承诺方式。要约和承诺是当事方订立合同时表达其意图的法律途径和必要程序。只有当双方都有要约和承诺时，才可以订立和建立合同。农业保险合同的订立也是保单持有人和保险人要约和承诺的过程。毫无疑问，农业保险合同在建立合同之前也应当遵守要约和承诺的过程。农业保险在理论与实践中形成了投保人提出要约，保险人予以承诺的过程，这种过程中农业保险合同便建立了。投保人和保险人双方不断循环往复地提出要约及承诺时，农业保险合同不断地被修订，形成农业保险合同的最终协议。因此，要约和接受的内容和主体是动态的。一般情况下要约首先由投保人提出，但是保险人也可以首先提出要约，被保险人意图接受和接受保险人的要约声明都可以构成承诺。当保险人的要约与被保险人的承诺在协商过程中达成一致时，合同才能成立。

二、农业保险合同的要约

要约是一方以缔结合同为目的，希望和他人订立合同的意思表示，该意思表示应当符合确定的具体内容，表明经受要约人承诺。要约作为一种缔约的意思表示，它能够对要约人和受要约人产生一种约束力。农业保险合同的要约必须满足以下要求。

（1）接受要约的对象具有特定性。要约是要约人对另一方做出承诺的意思表示，目的是要求受要约人接受并成立合同，因此要约人必须是特定的人，受要约的人才能接受并做出承诺。要约必须要一方发出，另一方必须进行承诺，这样才能形成合同。农业保险合同中投保人和保险人作为要约与承诺的双方，他们之间的关系是相对的。投保人作为要约人必须将要约传递给特定的某个保险人。同样，保险人作为要约人发送的每个投保人也必须是特定的。为了让投保人或者保险人理解要约的内容，进行承诺，建立合同，要约的对象一定要是特定的保险人或者投保人。

（2）要约与要约邀请之间的主要区别在于是否以签订合同为目的。不希望签订农业保险合同的行为通常构成要约邀请行为或其他民事行为。

（3）要约的内容具有完整性，必须向受要约人表明，一旦要约人同意要约，便将建立合同且受要约人将受到约束，这就要求要约要明确包含双方的权利及义务、合同的条件等。只有要约的条件明确，权利与义务明确，才能让受要约人理解要约的内容，从而让受要约人接受要约并做出承诺，否则受要约人无法理解要约的真正含义，很难让受要约人接受。农业保险合同中的要约内容应按照法律的规定，作为要约人为了让被保险人了解法律内容应当对相关的法律法规进行解释，除此以外，临时协商和达成的内容也可以作为农业保险要约的内容。

三、农业保险合同的承诺

《中华人民共和国合同法》第二十一条规定：“承诺是受要约人同意要约的意思表示。”农业保险合同的承诺是收到农业保险要约人的要约并同意要约人提出条件的意思表示。由于要约与承诺是相对的行为，只有收到要约的人才能有承诺的资格。因此，承诺必须由受要约人做出。

农业保险合同的承诺除了要满足必须是受要约人之外，也应当以一种适当的方式做出。在农业保险合同中做出承诺的一方一般可以用行为或者通知的方式做出承诺。农业保险的承诺方式一般分为口头承保、行为承保、签署投保单承保、签发保险单承保，四种保险方法各有其优点和缺点。口头承保方便快捷，但不能完全清晰地划分双方的责任和义务，容易引起双方的争议。行为承保方式是按照实际接收的保费进行承包，保险业务人员先行收取保费，这种方式容易让保险人承担巨大的风险。第三种方式是签署保险单承保。根据中国现行《保险法》第十三条，是否签署承保并不是保险公司同意承保的唯一法律途径。第四种承保方式完全符合合同法的规定，即承包经营必须以明示方式生效，并且只有在通知另一方时才能生效。第三、第四种方式克服了口头承保的缺点，使双方的权利、义务更加明晰。

为了达到订立合同的法律效力，要约与承诺的内容必须一致。如果要约有期限，则必须在该期限内接受。但是，农业保险的报价通常在期限上并不一致，除了对凭证类型的保单进行返销之外，大多数报价都是通过异地对话提出的。根据合同法的有关规定，应在收到要约后的合同期内接受。

第四节　农业保险合同的形式

一、农业保险合同是非要式合同

要式合同是必须依法采取一定的形式和程序成立并生效的合同。书面形式订立的合同必须通过鉴证、公证或者第三方证明的方式进行核准登记，要式合同可以让当事人重视合同的存在，保证合同履行，预防争议与纠纷。相应的概念是非要式合同，这意味着当事双方订立的合同不需要采用法律规定的某种形式，可以根据实际情况灵活选择合同的形式。国际合同法主要采用非要式合同的原则，如果法律没有明确规定合同的形式，总合同一般都是非要式合同。

农业保险合同是投保人与保险人之间的一项协议，规定了双方的保险权利和义务。农业保险合同是否必须按照法律形式或程序订立，即农业保险合同是否为要式合同，具有很强的现实意义。

在我国，保险合同规定为非要式合同，农业保险合同应当为非要式合同。农业保险的主要形式为保险单据，农业保险合同的保险单或保险凭证是保险人出具的证明当事人双方关系的证据，保险单的内容反映了农业保险双方协商后达成的享有的权利与承诺的义务等内容。但是农业保险的保险单或者保险凭证不是农业保险合同的法定形式。即使投保人和保险人之间尚未存在正式的保险单，也已建立了农业保险合同。相反，即使已经签发了保险单，当事双方仍未达成协议，当事方仍可证明尚未订立农业保险合同。

二、农业保险合同的口头形式

投保人和保险人双方通过对话、谈判或电话订立的合同称为口头合同，大多数国家和地区的法律法规都承认口头形式在合同形式中的地位。例如，英国法律的一般规则是合同的订立没有形式要求，可以以书面、口头或行为形式订立。同样地，我国的保险法规定口头形式订立的合同是一种常见的形式。口头合同具有以下四个特点：第一，口头合同的形式具有基础性。口头合同作为最常见、最便捷的合同订立的方法，在日常的生产生活中具有重要的地位。口头形式在合同形式中起着根本性的作用，这是因为只有先通过口头表达与谈判形成口头协议才能最终形成书面形式的协商结果。第二，口头形式具有自由性。口头形式符合合同自由原则，这也是对合同形成形式没有特殊要求的体现。第三，口头形式具有便利性和快捷性。双方在口头上的谈判后达成协议，成立合同，具有高效快捷性。便于提高生产生活效率。第四，口头形式不容易提供证据。口头合同中没有明确的书面记录。一旦一方违反合同或拒绝合同存在，另一方就很难提供证据。在使用口头形式订立合同时，当事人双方应当注意留存相关证据，以维护自身的利益。

三、农业保险合同的书面形式

农业保险合同的书面形式是通过文字的形式将合同的内容确定下来。农业保险合同通过书面合同将投保人与保险人双方协商的内容记载下来，通过文字这个载体确定合同的权利和义务。书面形式的农业保险合同可以在投保人和保险人双方发生争议或者分歧的情况下提供证据。除了合同书之外，书面形式可以为当事人在同一载体上记录或者签署的内容，双方之间的通信和数据消息也可以以书面形式表达。与口头形式和其他形式的行为或默示表达相比，书面形式的最显著特征是其可见性或有形性。

书面形式的农业保险合同具有以下优点：第一，当事双方通常出于认真考虑而采取书面形式订立合同，书面形式合同的签订具有慎重性，当事人考虑违约成本的情况下，不容易违约或者反悔；第二，书面形式的合同明确了当事人双方协商的内容，便于当事人提供证据；第三，将双方约定的内容以书面形式记录下来，并确定双方的意图表达，以方便双方理解和审核交易内容。书面形式的农业保险合同的缺点：第一，书面形式不容易进行及时交易，签约程序长，流程烦琐；第二，书面形式签订合同成本高，如果法律规定合同成立的必要条件是书面形式的签订，那么将会影响到当事人双方签订书面合同的结果，当事人无法自由选择签订合同的形式，在某种程度上限制了民事主体签订合同的自由，违背了自由原则。

第五节　农业保险合同的条款

一、农业保险合同条款的特征

为了提高农业保险业务效率，考虑到农业保险业务的特殊性，农业保险合同一般由保险人制定，保险人为从投保人那里获取保险业务，通常会事先制定农业保险合同的条款，以提高保险业务的效率。农业保险业务的专业化发展方向要求保险人预先制定，以利于有关部门的监督和保单人权利的保护。申请保险时，申请人只需要填写申请表中所列项目，保险人确认保险后即成立农业保险合同。

农业保险合同中的条款一般根据险种的不同划分成不同种类的基本条款，如种植保险、畜牧保险、水产养殖类保险等。这是由于农业保险合同的条款主要是由保险人首先制定的。这些基本事项基本涵盖了农业生产经营中出现的情况。除了基本条款之外，投保人可以根据自身农业生产经营的特点向保险人要求增加农业保险合同基本条款以外的特约条款，通过与保险人进行协商的方式在原始合同上订立特殊条款，或者在原合同中附加条款作为补充。

在订立农业保险合同之前，保险条款对保单持有人无效，而仅对保险人有效。建立农业保险合同后，保险条款对双方均具有约束力。双方提出要约和接受后，农业保险合同就已经建立，保单持有人和保险人解决纠纷的基本依据便是当事人双方解决争议及纠纷的基本依据，当事人双方不得违反条款中的规定，否则将承担相应的法律后果。

二、农业保险合同条款的种类

（一）农业保险合同的基本条款

农业保险合同的基本条款是保险人牵头制定的条款，也叫法定条款。保险人依据现行法律规定所制定的基本条款不能依照投保人的意愿自由更改，是农业保险合同必须具备的条款。根据农业保险的现实情况，农业保险合同应包括以下基本条款。

（1）当事人的信息。农业保险合同条款应当包括当事人的姓名、住所等信息。

（2）保险标的种类和范围。农业保险的保险对象范围较广。农作物是种植作物的统称，主要分为粮食作物、经济作物和园艺作物。马铃薯、水稻、谷物、豆类等是粮食作物，经济作物主要有棉花、糖、烟草等，水果、蔬菜、花卉等属于园艺作物。水产养殖保险的主体包括牲畜、家禽和水产品。根据强制保险和自愿保险相结合的原则，可以根据国家政策及经济目标来确定标的物的范围。小麦、水稻、棉花、大豆、玉米等作物是强制性农业保险的范围。

（3）保险责任和除外责任。由于保险标的物不同，种植保险、牲畜保险、水产养殖保险的保险责任具有其自身的特征。

对种植业来说，只承保农作物的一种风险责任是单一责任，如种植物火灾保险承保的是火灾风险。混合责任是指在合同规定的范围内，对农作物两种或者两种以上的风险承担责任，混合责任不承担农作物的所有风险，这与一切责任有所区别，一切责任承担了农作物的所有风险责任。保险人对自然灾害、病虫害等风险负责，如洪水、火灾、干旱、风、冰雹、霜冻、昆虫、鸟类、野兽袭击等其他不可抗力造成的灾害。

除外责任就是在农业保险合同之外的例外情况。战争、军事行为；或者人员管理不善；间作套种保险标的之外的物品和重新种植受损种子造成的损失；由于疏于防护或者救援造成的损失；保险责任以外的其他灾害造成的损失属于种植的除外责任。不论是牲畜还是水产养殖业，除外责任都是被保险人由于自身过失，如故意破坏、对牲畜的不合理劳役导致的死亡、未采取兽医站的建议预防和治疗疾病造成牲畜感染疾病造成的损失；等等。

（4）保险期限和保险责任的开始时间。保险人对保险期限内发生标的物在合同保险责任内的事故承担责任。由于农业保险合同有其特殊性，农作物生长或者牲畜的养殖需要一定的生长周期，在不同的周期，保险期有所不同：对于农作物在生长期而言，保险期是保险标的的年度增长期，即从播种到收获终止；对于收获期作物保险，保险期是从收获到加工和仓储。对于畜禽养殖业的保险期限，保险期限由保险合同双方明确约定，在实际生活中往往为 1 年；水产养殖的保险期限往往是一个水产的生长周期。

保险责任的开始时间可以是保险合同的生效时间，也可以不是。保险人开始承担保险责任时，保险责任便开始了。一般来说，农业保险合同的保险责任开始时间为合同订立之日。

（5）保险价值和金额。保险价值是确定保险金额的基础，保险价值实际上是保险标的物的价值。保险价值是指对保险标的物用货币进行估算的价值。当保险人对保险进行理赔时，保险人赔偿额度不超过保险标的物的保险价值。农业保险并不是只要出现灾害就能够按照保险金额赔付，农业保险是有一个上限额的，这个上限额就是保险金额。农业生产经营面临着不确定的风险，农业保险的保险金额一般会将一部分比例给被保险人自行承担，因此，农业保险的保险金额根据不同的险种，会有不同的确定方式。对于农作物来说可以根据农作物产成品价值的80%确定保险金额，或者根据生产成本比例确定；对于牲畜家禽等的保险，可以根据账面价值或商定价值确定保险金额，如牲畜账面价值的70%；水产养殖保险的保险金额可以通过全部或部分要收获的水产养殖产品总投入成本或水产养殖产品的产值来确定。

（6）保费和付款方式。支付保险费是投保人在农业保险合同中的主要义务，保险费是投保人支付给保险人的，使其承担保险责任的费用。保险合同应当约定保险费的金额和交付方式，作为履行投保人支付义务的依据。由于保险对象的种类不同，保险费的计算费率不尽相同。农作物种植保险合同一般会在保险责任范围中确定保险费率。根据农作物自身的抗灾能力、地理位置、自然条件等，以及生产种植技术和管理水平等确定相应的保险费率。养殖业一般会考虑被保险人养殖的平均死亡率和平均经营成本等。为了降低保险费，投保人会投入更多的资金扩大农业生产经营规模，农业保险的保险费率一般都低于商业保险的保险费率，而且保险费的支付形式不仅限于一次付清的货币，还可以用实物支付，或者分期付款。

（7）理赔办法。被保险人有权在发生农业保险合同范围内要求保险人对保险范围内的损失进行赔偿或者支付。具体而言，以土地为保险单位的，应当按照被保险人的保险金额支付保险金。以非土地为保险单位的，应当根据具体情况缴纳保险费。

（8）违约责任和争议处理。农业保险合同应当对违约责任进行说明，特别是在自愿性农业保险当中。具体表现在订立合同的时候应当在合同中说明如果投保人或者被保险人不履行合同条款中所规定的义务，保险人有权拒绝赔偿，或解除保险合同。违约条款和争议处理的内容规定了农业保险合同中所引起的纠纷。在各方约定下，可以通过当事人协商、仲裁委员会仲裁，以及向保险单签发地有管辖权的人民法院提起诉讼等方式解决争议。

（9）订立合同的日期。在农业保险合同中，应当说明订立合同的日期，以认定农业保险合同的实践、保险利益存在和保险危险是否在保险成立后发生。

（二）特约条款

当事人双方根据不同的特殊需求，可以在保险的基本条款之外协商增加其他的条款，就其他事项达成协议，如免赔条款、退保条款、担保条款、无赔款优惠条款、危险增加条款、通知条款、索赔期限条款等。

特约条款协议不能违反法律的规定，应从保护投保人和被保险人的利益出发，灵活地适应不同的保险需求，其是对农业保险合同基本条款的更改或补充；在法律效力上，特约条款的效力高于基本用语，在有关事项上，特约条款与基本条款约定不同的，以特约条款为准。

本章小结

本章主要介绍农业保险合同的主要内容。根据农业保险合同的概念、形式和特点，主要介绍了农业保险合同的主体、履行原则、订立程序、形式和具体条款。简要介绍了合同条款和特约条款的特点。

关键词

当事人　辅助人　适当履行原则　协作履行原则　订立程序　要约　承诺　口头形式　书面形式

思考题

1. 农业保险合同的投保人应具备的条件主要有哪些？
2. 请简述农业保险合同适当履行原则的制度含义。
3. 农业保险合同的承诺应具备的基本条件有哪些？
4. 简要说明农业保险合同的订立程序。
5. 农业保险合同条款应包含的内容主要有哪些，请举例说明。

专业术语

要约（offer）：表达与他人订立合同的意向。意向表达应符合下列规定：首先，应明确其内容；其次，要表明被要约人的接受，要约人应受意图表达的约束。

承诺（promise）：这意味着接收保险要约的人同意接受要约提出的建立农业保险合同的保险条件的意思表示。

非要式合同（informal contract）：双方订立的合同无须采取法律规定的形式，各方可以自由选择采用哪种形式。

投保人（policy-holder）：与保险人订立农业保险合同并有义务支付保险费的人。

保险经纪人（insurance broker）：为申请人和保险人提供中介服务的机构，可以根据申请人的利益订立农业保险合同，并依法收取佣金。

参考文献

方磊. 2005-10-10. 湖南农险试点着力生猪养殖保险[N]. 中国保险报（003）.
冯利民，李佳，陈世金. 2008. 安华模式及其启示[J]. 商场现代化，（29）：338.
贾林青. 2007. 保险法[M]. 北京：中国人民大学出版社.

李超民. 2005. 作物保险的政府支持与市场化运作：印度经验与中国[J]. 中国农村经济，（6）：68-74.
李文. 2011. 关于我国农业保险法律制度建设的思考[J]. 特区经济，（2）：254-255.
刘小宝，洪涛. 2006. 我国农业保费实物缴纳形式初探[J]. 商业时代，（33）：55-57.
秦道夫. 2000. 保险法论[M]. 北京：机械工业出版社.
史锦华. 2007. 我国农业保险的发展现状及条件分析[J]. 经济论坛，（17）：123-125.
田贺丰，许尚伟. 2007. 国外农业保险发展经验对我国的启示——平舆县农业保险发展个案分析[J]. 金融理论与实践，（10）：82-84.
杨广宏. 2009-04-03. 新疆人保财险建立农险理赔快速通道[N]. 中国保险报（003）.
张道生. 2009-02-05. 浙江试行重点公益林火灾险政府统保[N]. 中国改革报（002）.
Coble K H，Hanson T，Miller J C，et al. 2003. Agricultural insurance as an environmental policy tool[J]. Journal of Agricultural and Applied Economics，35（2）：391-405.

本章拓展阅读

第四章

国外农业保险制度

第一节　美国农业保险制度

美国作为全球农业发达国家之一，拥有全球最大的农业保险市场，其农业保险发展及制度变迁对世界其他各国的农业保险发展具有重要的借鉴意义。美国农业保险制度的发展与演变可概括为私营单轨制、国营单轨制、公私合营双轨制及政府扶持的私营单轨制四个阶段。

一、美国农业保险发展背景

（一）20世纪30年代大危机

美国农业收入在经历了从第一次世界大战初期的 36 亿美元到 1919 年的 93 亿美元的大幅增长后，在1921年迅速跌至37亿美元，而后提升到61亿美元。经历了第一次世界大战的冲击后，美国农业在 1932 年再次遭遇了经济大萧条，农业收入遭受了更为严重的降幅，跌至 19 亿美元。1932 年，美国农业雇佣的劳动力占全国劳动力的 25%，但农业收入仅占国民收入的 7%左右（孟春，2006）。农民收入也因战争的冲击进一步减少，贫富差距不断加大。

（二）20世纪30年代的自然灾害

第一次世界大战之前，美国粮食需求空前旺盛，许多农场主进行荒地开发，尽管这在一定程度上促进了粮食的生产，但给地表带来了严重的损伤，破坏了植被与土壤。在自然灾害来临时，由于地表的抵御能力较差，自然灾害的破坏程度进一步加深，进而造成了恶性循环。在 20 世纪 30 年代，美国发生了大面积的沙尘暴，加上旱灾，加重了美国的土地荒漠化程度，许多大平原变成了沙漠，严重影响了美国农业生产经营，给美国农业发展带来了较为严重的负面影响。

（三）美国独特的政治体制

尽管在 20 世纪 30 年代，美国经过一系列的改革，使得城市化进程加快，但其政治体制从根本上并没有改变，国家政策倾向能够向国会施加压力的集团，而农业集团便是其中之一。因此，政府往往会出台一些支持政策促进农业保险发展和农业发展。

在上述背景下，为了避免谷贱伤农，美国政府积极应对，从国家政策层面采取措施，既保护了农民的利益，也使农业保险获得了进一步发展。

二、美国农业保险发展历程

（一）19世纪末至20世纪初的私营单轨制

美国的商业性保险公司最早于 19 世纪末、20 世纪初开始尝试经营农业保险业务。这一阶段，美国政府尚未参与农业保险业务，其农业保险业务主要由私营公司自主经营。由于多种因素，这一私营公司自主经营农业保险业务的尝试以失败告终，罗斯福政府于 1937 年在研究农作物保险立法的报告中指出，保险实施范围有限是早期商业性农作物保险失败的主要原因，一旦发生大型的自然灾害，将造成大面积受灾，带来巨大的风险，并且由于季节性等一系列因素，无法评估风险，从而给保险公司带来巨额损失（冯文丽，2008）。

（二）1938~1980年的国营单轨制

在吸取了私营单轨制的失败教训后，美国国会于 1938 年颁布《联邦农作物保险法》，设立 FCIC，这成为美国政府开始干预农业保险发展的标志，为联邦政府农作物保险业务的开展提供了法律依据。这一阶段，联邦农作物保险主要由国有保险机构经营，农户自愿参加保险，政府只承担保险费率中的附加费，对于纯保费部分，政府并不给予补贴，对农作物自然灾害和病虫害的保障程度也仅仅等同于作物的生产价值。

（三）1980~1994年的公私合营双轨制

在公私合营双轨制下，政府通过对经营农作物保险业务的私营保险公司给予经营管理费用补贴来促进农作物保险业务发展。FCIC 和私营保险公司共同经营农业保险，并相互竞争。1980 年，新的《联邦农作物保险法》首次将非国有商业保险公司引入农业保险经营，标志着美国农业保险市场进入了“公私合营双轨制”阶段。这一阶段，美国政府依照法案规定，对保险机构的经营管理费用等实施补贴，从而激励私营保险公司开展农业保险业务。自此，FCIC 与私营保险公司开始广泛增加。1995 年，农作物保险承保面积为 2.2 亿英亩（1 英亩≈0.405 公顷），达到当年可保面积的 82%，成为美国农业保险历史上承保面积占可保面积比例最高的一年（冯文丽，2008）。政府利用经营管理费用补贴吸引私营保险公司的这一做法虽然使美国的农业保险得到快速发展，但公私合营双轨制也使得 FCIC 面临非常高昂的经营成本。

（四）政府扶持的私营单轨制

《农作物保险改革法》颁布实施以后，FCIC 不再直接经营农业保险业务，保险业务逐渐转向由私营公司经营或代理，政府则主要扮演辅助支持者角色。在这一过程中，农业保险业务主要由私营企业提供，而政府的主要工作是向私营企业提供相关的费用补贴、再保险支持和税收优惠。随着 20 世纪 90 年代美国经济的高速发展，政府出台了更多的优惠激励政策，鼓励私营公司经营保险业务。为降低农户投保成本，联邦政府于 2000 年颁布《农业风险保障法》，旨在提高保费补贴比例。至此，美国政府完全退出农业保险的直接经营，农业保险的各项业务交由商业保险公司负责开展，包括保险的承保、勘察、理赔等。联邦政府在农业保险开展过程中主要负责制定规则，并监督商业保险公司的业务开展情况。在这一阶段，农业保险业务中的道德风险和逆向选择得到了一定程度的控制，从而使得当时的农业保险得到较好的发展，提高了参保效率和保险的经营效率，政府扶持的农业保险模式也成为美国农业保险政策变革史上较为成功的模式。

三、美国农业保险发展的主要特征及做法

美国农业保险属于政府主导型，国家的专业保险机构处于主导地位，其主导地位主要体现在制定政策性农业保险的相关准则规范，并直接或间接经营农业保险业务上。保险标的以农作物为主，并逐渐向养殖业领域扩展（冯登艳等，2009）。美国农业保险业务由农业保险公司、其他私营保险公司、联合股份公司和保险互助会等经营，政府在这一过程中不从事农业保险经营工作，但承担保险公司的经营管理费用补贴，同时，联邦政府也认购农业保险公司规定数额的股份。农户在农业保险投保方面享有自主权，保险费用由农户自付和政府补贴两部分构成。美国农业保险模式历经多年的无数次“探索—创新—实践—调整—探索”，其农业保险密度取得了高达70%左右的成就，由此基本从传统农作物保险制度过渡到了现代风险管理制度（冯登艳等，2009）。

（一）美国农业保险模式的主要特征

美国的政府主导型农业保险模式主要有以下两个特征：第一，农业生产的风险可以通过再保险机制得到进一步分散，从而促进农业生产的稳健发展；第二，当保费赔付率超过一半时，由国家再保险公司通过差额补贴来弥补各个地区农业保险的亏损。这种差额杠杆撬动机制的农业保险运行模式，通过将保费限定在农民可接受范围内来确保农户参保率的同时，又保障了保险机构的稳健经营，从而使农业保险能够稳健发展，促进农业生产发展。

（二）美国农业保险的主要做法

美国政府通过制定法律法规，对农业保险的目的、性质、开办机构、保险险种等一系列事项进行了规定，并在后期发展过程中，对法规进行修订和完善，为美国农业保险的发展奠定了法律基础，使之能够更好地服务于美国农业保险的发展。此外，美国法律规定对农作物保险免征一切税赋，极大地促进了美国农业保险行业的发展。

美国联邦政府在1980~1999年近20年间持续对农作物保险进行财政补贴，1999年的财政补贴金额高达22.4亿美元（龙文军，2004）。20年的累计补贴金额（包括保费补贴和管理费用补贴等）高达150亿美元。美国联邦政府对农业保险的财政补贴方式依据受补贴对象的不同可以划分为两种类型：一是对需求方即农户的保费补贴。美国联邦政府针对不同地区和不同险种设置不同比例的保费补贴标准，并向农户提供不同水平的风险保障，在2000年，美国政府的平均保费补贴额为每公顷16.31美元，相当于保费总额的53%。农户根据自身生产经营状况自主选择不同缴费档次投保（孟春，2006）。二是对供给方即农业保险公司的补贴，即向承办农作物保险的私营保险公司提供经营管理费用补贴。具体的补贴金额依据农业保险公司的业务量和其他条件而确定。与此同时，联邦政府还承担私营保险公司因推广农作物保险而产生的宣传和教育等其他各项费用。

1980年，美国政府修订了《联邦农作物保险法》，规定向私营保险公司提供再保险和超额损失再保险保障，并规定私人保险公司可通过两种方式获得一定比例的农业保险保障：一是私人保险公司可以直接参与FCIC的农作物保险和再保险，并独立承担风险损失责任；二是私人保险公司也可以选择只做享受FCIC佣金的农业保险（龙文军，2004）。

美国联邦政府和风险管理局均采取相应措施通过再保险分散私营保险公司的经营风险。政府依托FCIC向私营保险公司提供一定比例的再保险和超额损失再保险保障；风险管理局则依据农作物保险的风险高低依次建立了三种不同档次的再保险基金。

四、美国农业保险的相关政策

为了发展农业保险，美国自1938年就开始了积极的探索，主要颁布了如下政策文件，如表4-1所示。

表4-1　美国农业保险相关政策文件

年份	名称	主要内容
1938	《农业调整法》	农作物保险政策开始在全美实施
1980	《联邦农作物保险法》	增加农业保险保费补贴比例；农业保险经营过程中引入非国有商业保险公司
1988	《联邦作物保险委员会法案》	授权委员会评价联邦作物保险计划及提升该计划的发展建议等内容
1990	《食物、农业、资源保护和贸易法案》	纠正联邦农作物保险出现的问题
1994	《农作物保险改革法》	以巨灾保险、附加保险、集体保险和非保险作物保障计划等一系列保险政策取代政府救济计划
2000	《农业风险保障法》	进一步提高保费补贴比例，降低农户投保成本
2010	《标准再保险协议》	重新规定农业保险中的政府补贴比例：对保险公司巨灾定损费用补贴比例为保费的6%；对团体保险产品的经营管理费补贴为12%；其他经营管理费补贴为18.5%
2013	《联邦农业改革与风险管理法案》	加大对农作物风险管理项目的支持，扩大保险险种范围，提高保险赔偿金的计算标准，扩大保险的作物覆盖范围
2014	《新农业法案》	未来六年内，取消一些直接补贴支付范围，大力支持农业保险项目，扩大补贴力度及覆盖范围
2014	《食物、农场及就业法案》	实行不与农业生产挂钩的农业保险计划；强化农业风险管理，增加农业保险投入
2018	《农业提升法案》	2019~2023年，改革收入补贴及价格补贴等

1938 年，美国《农业调整法》规定在全国范围内开始推广农作物保险。政策实施伊始，美国联邦政府便在小麦作物保险上投入 2 000 万美元。但是初期高昂的农业保险费率使得大部分农户的参保意愿不高，1980 年全美农业保险的覆盖范围仅有一半的县，2 600 万英亩土地和 26 种农作物。1944 年，美国国会通过了修改后的《农业调整法》，决定恢复农作物保险，并将亚麻这一新作物纳入保险标的范围。

1980 年，联邦政府颁布《联邦农作物保险法》，指出财政需要提高对农业保险的补贴比例。与此同时，在农业保险经营中引入了非国有商业保险公司。这些举措既在很大程度上扩大了农业保险的覆盖面，增加了农业保险种类，也有效降低了此前农业保险公司面临的高昂运营成本和监管成本。

1988 年，政府颁布《联邦作物保险委员会法案》。该法案的核心内容是授权委员会对联邦作物保险计划及提升该计划的发展建议等系列内容做出全面评价。该委员会由 25 个成员组成，主要负责论证作物保险计划中存在的主要问题。

1990 年发布的《食物、农业、资源保护和贸易法案》，主要目的是发现并解决联邦农作物保险在实践过程中出现的一系列问题，解决方法主要包括以下四个方面：一是授权 FCIC 检查市场上出现的新产品；二是授权私营保险公司额外开发可以与联邦作物保险产品包装在一起的其他产品；三是允许联邦作物保险提高农业保险费率以便避免过多的损失；四是授权 FCIC 采取行动以遏制欺诈行为。

1994 年颁布的《农作物保险改革法》彻底改革了农业保险。为了解决政府救济计划存在的诸多问题，改革法提出了系列保险创新政策，包括巨灾保险、附加保险、集体保险和非保险作物保障计划等保险政策。该法在此前财政补贴的基础上，进一步提高了保费补贴比例，更重要的是规定了政府福利政策与农作物保险相挂钩的关系。这一规定使农作物保险具有强制投保的含义，在很大程度上直接提高了农户投保率。在改革法实施的第二年，美国农作物保险的承保面积迅速提高至 2.2 亿英亩，占当年可保面积的 82%。

2000 年颁布的《农业风险保障法》第三次要求提高保费补贴比例，进一步降低农户的投保成本。至此，美国政府在农业保险经营管理上的职能也发生了很大变化，由直接经营农业保险业务转为制定规则和监督等，农业保险业务中的承保、勘察与理赔工作则交由商业性保险公司负责。

2010 年，《标准再保险协议》出台，重新规定了农业保险中的政府补贴比例：对保险公司巨灾定损费用补贴比例为保费的 6%；对团体保险产品的经营管理费补贴为 12%；其他经营管理费补贴为 18.5%。

2013 年，为加大对农作物风险管理项目的支持，扩大保险险种范围，提高保险赔偿金的计算标准，扩大保险的作物覆盖范围，颁布了《联邦农业改革与风险管理法案》。

2014 年颁布了《新农业法案》和《食物、农场及就业法案》，前者指出在未来六年内，政府将取消一些直接补贴支付范围，大力支持农业保险项目，扩大补贴力度及覆盖范围；后者提出将实行不与农业生产挂钩的农业保险计划，从而强化农业风险管理，增加农业保险投入。

2018 年，美国政府颁布了《农业提升法案》，制订了未来五年内的农业提升目标和计划，指出在 2019~2023 年，美国的农业保险将逐渐改革收入补贴及价格补贴等。

第二节 日本农业保险制度

日本农业保险于 1939 年开始实施，至今经历了 80 多年的历史。农业保险作为日本实践最久、发展最稳定、覆盖面最广的农业保护措施，常常被视作世界农业保险的成功经验。日本的农业生产与欧美各国不同，日本农业经营规模不大，主要以个体的、分散的小农户为主，与此同时，日本政府的扶持力度较大，给予农业保险较多补贴和保护，保障了农业生产的稳健发展。

一、日本农业保险发展背景

明治维新后，城乡差距成为日本社会经济发展的主要问题之一。第一次世界大战后，佃户与地主之间的矛盾日益尖锐。为了缓解土地矛盾，保障农业生产的稳定发展，日本政府开始着手建立农业保险制度，建立保险基金，保险费用由国家、地主和佃户三方共同承担，以弥补自然灾害给佃户带来的经济损失。为解决农业灾害损失补偿的问题，日本政府于 1929 年颁布了《家畜保险法》，该法提出可以通过商业保障的方式来应对农业灾害损失风险。在初期，由于农业保险刚刚推出，农户对具体的参保流程和内容并不了解，投保积极性不高，保险参与率很低，农业保险并未达到预期效果（孟春，2006）。

20 世纪 30 年代的经济危机，给全球经济发展带来严重冲击。为了促进经济发展，日本于 1938 年颁布了《农业保险法》，并于次年开始实施，以维护粮食等农作物生产的平稳发展（孟春，2006）。

第二次世界大战后，日本实行了土地改革，在一定程度上调动了农民的生产积极性。但由于农民成为自耕农之后，要独立承担生产和经营风险，该项政策使农业生产经营面临更大的风险。加上战后粮食紧缺，经济发展更为缓慢，因此，为了促进农业进一步发展，日本政府在《家畜保险法》和《农业保险法》两部法律的基础上，合并和完善形成了《农业灾害补偿法》。补偿法详细界定了农业保险的险种与参保方式、农业共济组合的设立与选举、联合会和中央政府的权利与义务等。日本在第二次世界大战制定的这一系列法律文件成为日本发展农业保险的奠基石，也为日本农业保险制度的形成做了重要铺垫。

二、日本农业保险发展历程

日本是亚洲国家中较早开展农业保险的国家之一。18 世纪幕府时期，为了开展公共救济，日本向中国学习，引进当时中国的“社仓”和“文慧仓”制度，对分散农业生产风险起到了重要作用，维护了社会稳定（冯文丽，2008）。20 世纪 20 年代，政府才对农业保险相关问题进行了讨论，并于 20 世纪 20 年代末颁布了《家畜保险法》。该法案的颁布成为日本农业保险发展的开端。1938 年 4 月，日本颁布了第一部《农业保险法》，并于次年开始在全国范围内正式实施农业保险计划。该法案规定的保险标的包括水稻、小麦、大麦和桑树，并规定政府保费补贴比例为15%。1947年12月，日本颁布《农业灾害补偿法》，该法案由《农业保险法》和《家畜保险法》修订合并，对日本农业保险的组织机构、强制与自愿保险范围、费率制定、赔付范围等都做了具体的规定。

为促进农业保险的发展，日本政府又多次修订了农业保险的相关法律法规。例如，1971 年，对保额计算方法进行修订，规定单位面积保额与各地块生产率相关，最高保额为整个农场正常产量的 72%，同时增加了新的被保农作物项目；1972 年，日本开始实施水果保险；1979 年，增加了旱田作物保险和园艺保险，进一步扩大了险种范围；1985 年，放宽了水稻保险的加入基准，并引进了园艺设施保险方式等；2003 年，日本政府修订《农业灾害补偿法》，进一步拓宽了农户对农作物保险承保方式的选择范围（冯文丽，2008）。近年来，日本政府将农业保险的政策目标转向保障农民收入的稳定，并于 2014 年 6 月提出开展农业收入保险的相关工作。2017 年 6 月，日本政府再次修订了《农业灾害补偿法》，以立法形式确定了农业收入保险，促进了农业收入保险的普及并进一步扩充了日本现有的农业保险制度。

三、日本农业保险发展的主要特征及做法

政府支持下的相互会社模式是日本农业保险经营的主要方式。保险相互会社保障了日本农业保险的有效运行，是日本农业保险体系的基石。由民间建立的保险相互会社是不以营利为目的的互助性农业保险机构。日本的农业保险制度又被称为农业灾害补偿制度，农业保险组织机构主要由以下三个层次构成：一是由市、町、村直接承办各种农业保险的农业共济组合（Agricultural Mutual Relief Associations）；二是承担农业共济组合风险业务的府县农业共济组合联合会（Federations of Agricultural Mutual Relief Associations）；三是设在农林省的农业共济再保险特别会计处（Agricultural Mutual Relief Reinsurance Account），以及承担各共济联合会再保险的全国农业再保险协会（孟春，2006）。

（一）日本农业保险模式的主要特征

1. 层次清晰，功能明确

日本农业保险由不以营利为目的的农业共济组织直接经营。在该种模式下，第一层次的村级农业共济组织主要由参与农业共济组织的农民组成，其主要职能是向参保农民提供农业保险理赔服务；第二层次的府县级农业共济组织联合会主要职责是指导村级农业共济组织的防灾防损工作，以及接受基层会社的分保；第三层次的中央一级全国农业保险协会的主要功能是接受府县级农业共济组织联合会的再保险，以及政府的紧急援助

资金、保费补贴和管理补贴。

2. 实行强制保险和自愿保险相结合

日本政府于 1947 年颁布的《农业灾害补偿法》规定：部分农产品关系到国计民生，应当实行强制投保模式，如水稻、麦类、大米等大宗农产品；对果树、园艺、家畜和经济作物等采取自愿投保、鼓励引导的方式。此外，为了规避金融风险，稳定社会发展，日本还将农业保险与农业信贷挂钩，规定凡是涉及农业生产借贷的农作物，即便隶属自愿投保项目，也应依法强制投保。

3. 国家大力支持

在日本，政府不仅要对农业保险实行分保，还要对投保人实行保费补贴，补贴对象较为广泛，既包括强制参加的保险项目，也包括自愿参加的保险项目，而补贴比例则依据具体的保险标的及其保险费率而定。其中，水稻的平均补贴比例为费率的58%，小麦的平均补贴比例为费率的68%，春蚕茧的平均补贴比例为费率的57%，马和牛的平均补贴比例为费率的50%，猪的平均补贴比例为费率的40%。保险费率越高，补贴比例也会越高。以水稻为例，当费率分别为 1%以下、1%~2%、2%~3%、3%~4%和 4%以上时，政府承担的保费补贴比例分别为 50%、55%、60%、65%和 70%。与此同时，政府还承担着各级分保机构的部分办公费用（冯登艳等，2009）。

（二）日本农业保险的主要做法

随着经济的发展，日本的农业发展也愈发迅速，农业保险的发展愈发规范和成熟，保险标的覆盖范围也更为广泛和全面，日本国内的主要农作物基本都处于共济范围之内。同时，政府大力扶持农业保险，用高额补贴来弥补农户经营损失，稳定了农业经营，从而促进了农业生产的发展。

日本的共济规划主要有以下几个做法：对水稻、谷类等关系国计民生的大宗商品进行强制保险；政府承担部分保费，同时还分担各分保机构的部分办公费用；对于农场主的保险规定则是其稻类、谷类或桑树必须超过一定的面积才能实施强制保险；除农民家庭财产保险外，政府接受该计划内的全部分保业务。

日本政府对农业保险的扶持力度较大，承担了农业共济组合联合会的再保险。共济组合、联合会和政府在保险事故发生后，对保险责任的分担比例分别为 10%~20%、20%~30%和 50%~70%。如果遇有特大灾害，日本政府承担的保险责任比例则增至 80%~100%（孟春，2006）。

四、日本农业保险的相关政策

日本农业保险起步早，发展较为完善，相关法律文件的出台也大大推进了日本农业保险的发展进程，各相关政策文件如表 4-2 所示。

表 4-2　日本农业保险相关政策文件

年份	名称	主要内容
1929	《家畜保险法》	牛、马、猪等家畜被纳入保险标的范畴
1938	《农业保险法》	水稻、小麦和桑树为主要保险标的
1947	《农业灾害补偿法》	保险标的范围进一步扩大，保险种类也增加了农作物以及畜禽保险等；政府对农作物的保险补贴比例从 15%提高到 50%
1952	《农业共济基金法》	应对灾害损失赔偿资金不足的问题
1966	修订《家畜保险法》	承保方式以农户为单位，减轻国库经济负担
1985	《农作物保险法》	因地制宜厘定保险费率，下调国库对农作物保费的负担比例，放宽水稻保险强制加入标准
2003	修订《农作物保险细则》	进一步扩大农作物保险的承保范围
2014	《农林水产业地域活力创造》	强调“收入保险”这一概念，通过试点研究探索从不同角度来管理农业生产保险的方法
2015	新《农协法》	全国农业保险协会被视为一般社团法人，促进农协扶贫模式的不断规范和完善
2017	《农业收入保险制度介绍·农业灾害补偿制度改革准备支持项目实施纲要》	普及农业收入保险制度

日本于 1929 年制定《家畜保险法》。该法明确了家畜保险的保险对象为牛、马、猪等家畜。除家畜以外，1938 年针对农作物生产也制定了相关法律——《农业保险法》，该法明确将水稻、小麦和桑树等作物作为主要保险标的。

1947 年，日本政府合并了《家畜保险法》和《农业保险法》，并进行修订，形成了《农业灾害补偿法》，其保险范围及保险补贴比例区别于之前的两部法律，扩大了保险范围，并提升了保险补贴比例。

在此前的农业保险实践中，日本农业保险面临的主要困境之一就是灾害损失赔偿资金不足。1952 年颁布的《农业共济基金法》从制度上有效缓解了赔偿不足的问题。除此之外，日本政府还调整了农业保险相关法规，如《农业灾害补偿法》中明确规定了农业保险的政府职责、具体业务操作、强制与自愿保险范围、经营体系、再保险险种及费率等事项，使农业保险的实施具有较为完整的体系和全面的内容，也具有较强的可操作性。自此，《农业灾害补偿法》成为日本实施政策性农业保险的基本法律依据，从制度层面上显著推进了日本农业保险的发展进程。

提高财政保费补贴比例之后，国库的保费补贴压力增大。为缓解财政压力，日本政府于 1966 年修订了《家畜保险法》中的部分内容，将承保方式变更为以农户为单位，以缓解财政压力。

1985 年，日本政府进一步修订了《农作物保险法》。对保费及保险标准做出了新的规定，保费制定因地制宜，即各地可以根据投保人或当地实际受灾情况从而制定与实际情况相适应的保险费率；财政补贴下调了农作物保费国库负担比例，缓解了财政压力；此外，修订内容还放宽了水稻保险的加入标准。

2003 年日本政府又通过法律修订进一步扩大了农作物保险的承保范围。2014 年在《农林水产业地域活力创造》中强调了“收入保险”的概念。2015 年日本通过修订旧法形成新《农协法》，将全国农业保险协会视为一般社团法人，从而促进农险扶贫模式的不断规范和完善。

近些年来，日本政府在不断修订《农业灾害补偿法》的基础上，又于 2017 年颁布了《农业收入保险制度介绍 · 农业灾害补偿制度改革准备支持项目实施纲要》，正式确立了农业收入保险制度，进一步完善了日本的农业保险制度。

第三节　法国农业保险制度

法国农业互助保险开始于1840年，到目前为止已有180多年的历史。农业互助保险是法国农业保险的重要组成部分，其发展规模和交易总量位居欧洲第一，在法国农业保险体系中至关重要，也为农业保险发展积累了丰富的经验，其农业保险制度与当时法国的农业生产、农村社会发展高度契合。

一、法国农业保险发展背景

19 世纪中期，法国农业行会组织在缓解农业发展艰难处境的迫切需求下产生。这些合作社及组织在有效缓解农户生产经营中的困难、加强农户间联系的同时，注重满足农户的多样化需求。在此背景下，为降低农业生产中可能会遇到的自然灾害及牲畜死亡等风险，法国众多农户自发设立了地方相互保险公司，从而维护自身财产安全（陈珏，2016）。

为促进本国农业互助保险的稳步发展，法国于 1900 年 7 月 4 日颁布了相应的行业组织法律。1900~1936 年，相继成立的相互保险公司超过 4 万家。在此期间法国保险公司主要经营以下四个险种：牲畜死亡、冰雹、火灾和意外事故（陈珏，2016）。在农业互助保险模式下，法国政府的主要职责是干预商业保险无法承保的巨灾风险。

法国政府为推进农业保险持续稳定发展，于 20 世纪 40 年代加大了干预，并支持农业互助保险的力度。主要做法是合并已存在的众多互助机构，成立新的中央一级的互助保险机构。而后，众多保险集团迅速发展起来。保险集团在摸清所处经济发展阶段及农村现代化进程的基础上，适时提出了相应的发展和服务方式。1966 年，法国大范围地设立了再保险机构，以便更好地分担风险，增强风险抵御能力，加强承保能力。1980 年以后，为了确保农业生产经营的发展，规避农业风险，专门从事农业风险科学的研究机构应运而生。法国政府也投入巨资以支持和保证这些机构的迅速发展。1986 年，法国成立了农业相互保险集团公司。该集团公司保险产品在充分了解市场和客户需求、考虑自然和经济因素的基础上进行设计，为完善法国农业保险制度做出了巨大贡献。1990 年以后，法国农业保险制度将发展的目光转向国际市场，致力于开展国际保险业务。

二、法国农业保险发展历程

法国作为世界第二大农产品出口国，其农业生产发展规模较大，但自然灾害发生率较高，严重阻碍了法国农业生产发展。为了弥补农户的损失，农业保险互助组织应运而生。

（一）政府支持下的农业保险

为确立农业互助保险地位，助推农业互助保险发展，法国政府于1900年7月颁布了《农业互助保险法》，并于 1960 年实施《农业制度法》，为农业保险经营和发展指明了方向。为扩大农业保险经营范围，法国政府开展财产保险及寿险业务，于 1964 年出台了《农业损害保证制度》。1976 年颁布的《保险法典》进一步明确规定了互助农业保险的权力和责任。1982 年，颁布《农业灾害救助法》，强制推行与国计民生密切相关的大宗农产品保险，并进一步明确了农业保险的项目、责任、费率、理赔计算等细项。政府通过修改和完善立法来进一步扶持农业保险的发展，为农业保险的发展奠定了法律基础。而后，政府于 2005 年开始实行多风险农作物保险计划（multi-risk crop insurance plan），对购买农业保险的农民实行低费率、高补贴政策。对参与计划的农户给予35%的保费补贴，对新农户的保费补贴比例为40%。此外，政府还对冰雹保险进行了补贴，补贴比例为保费收入的 10%。

（二）保险公司自主经营

1986 年，由法国互助合作社联合组建的安盟保险公司成立，并成为法国最大的保险公司。公司以互济互助、融资和生活福利为经营目标。农户在其中有着出资方和被保险人的双重角色。在法国，互助保险公司、专营和兼营农业保险业务的公司均可以销售农业保险产品。但由于大部分农业保险没有政府补贴，保险公司承担的风险较大。农业保险公司在实现可持续发展的需求下，实行商业化运作。这种经营模式下农业保险的保险标的包括冰雹、传统的牲畜保险业务，以及某种特定风险，保险特征为低赔付率。

（三）私营再保险公司分保

法国原保险公司分出36%的保费收入给再保险公司，与此同时，政府还建立了农业灾害国家基金，以便应对私营再保险公司对农业巨灾赔付能力有限等问题。基金来源渠道包括对保费收入征收的税收和年度财政预算资金，占比分别为40%和60%。对单个农户而言，当其遭受保险事故时，其发生的总损失超过农业收入的30%，或者损失的农作物达到总量的13%以上，政府财政对其进行补偿（肖晶和周慧秋，2015）。法国政府还通过向受灾农民发放优惠利率贷款来提高农民抵御巨灾风险的能力。

三、法国农业保险发展的主要特征及做法

法国农业保险主要由政府扶持的相互保险公司和保险合作社经营组成。政府扶持主要体现在法律和财政两个方面。财政方面主要是通过提供保费补贴、优惠利率贷款和担保、公共灾害援助金、实行优惠税收或者免税政策等方式进行支持。

（一）法国农业保险体系的主要特征

第一，不以营利为目的。法国政府出资设立了农业保险机构并提供相应的财政补贴，同时制定了相关的税收政策，对与农业保险相关的业务采取税收优惠。与此同时，政府还规定了农业保险的保险种类及其业务、保险责任和理赔标准等事项。

第二，保费补贴比例高。在法国，农户只需要承担 20%~50%的农业保险费用，其余费用由政府补贴。高补贴的农业保险政策较大幅度地降低了农户的参保成本，提高了农户对农业保险的满意度和参保积极性，从而提高了投保率。

第三，风险低。政府组建成立农业保险机构，虽然法国农业保险机构不是国有独资企业，但其以政府控股、社会参股的形式存在，确保了较低的风险性。此外，法国相互保险公司经营原则为自愿、互助共济。农户不仅是被保险人，同时也是公司的出资人，这一方式不仅为农业生产筹集资金提供了便利，还促进了农业保险经营机构的稳健经营。

（二）法国农业保险的主要做法

法国农业保险历经了漫长的发展过程，呈现出诸多特征，其农业生产经营逐渐向专业化、规模化、集团化方向转变，农业生产经营正逐步发展完善；农村人口不断向城市迁移，农民经营发展逐渐商业化，面临着更高的风险；与此同时，人口老龄化形势严峻，农户风险认知水平和风险管理水平不断提高，对农业保险的需求逐步扩大，农业保险市场逐步趋向饱和状态。

在政府支持下，法国建立了专门的政策性农业保险机构，每年做一次保险预算，确保预算金额为保费的 20%~50%，用于国有保险公司经营出现问题或者资金周转所需，从而保障公司的生产经营，促进农业保险业务的开展。同时，法国建立由政府控股，社会参股的农业相互保险集团公司，其组织制度分为出资制、董事会和经理制。集团公司下设农业相互保险公司、非农业财产保险公司、农民寿险公司和农业再保险公司等子公司（刘布春和梅旭荣，2010）。

此外，法国政府还通过立法的形式来保护和促进农业保险的发展。《农业保险法》对农业保险的保险标的、保险责任、再保险、保险费率和理赔计算等做出具体规定，还强制推行了水稻、小麦、大麦、果树、牛、马、猪、蚕等与国计民生密切相关的大宗产品险种。此外，法国农业保险机构均由政府出资建立，社会参股，这种独特的形式决定了法国农业保险机构的非营利性。

四、法国农业保险的相关政策

法国农业保险起步很早，已经形成了较为完善的农业保险体系，在其早期发展中主要颁布了如下几部文件，如表 4-3 所示。

表 4-3　法国农业保险相关政策文件

年份	名称	主要内容
1900	《农业互助保险法》	规定面对洪灾、旱灾等巨灾风险，由政府财政和社会共同承担；政府还给予互助保险公司税收优惠
1960	《农业制度法》	规范农业保险行业的经营发展
1964	《农业损害保证制度》	将财产保险及人寿保险纳入农业保险公司的可保范围
1976	《保险法典》	对互助农业保险的责任和权利做出了具体细致的规定
1982	《农业灾害救助法》	对于一些关系到国计民生的大宗产品实行强制性保险
2006	新指导法案	促进农业保险市场化，对农业保险不再实施税收优惠政策

为指导农业保险发展，法国政府于 1900 年以立法的形式出台了《农业互助保险法》，自此，农业保险的经营发展有了可以遵循的法律依据。1960 年，为规范农业保险业务，完善农业经营，政府制定了《农业制度法》。1964 年实施颁布的《农业损害保证制度》，首次将财产保险及人寿保险纳入农业保险公司的可保范围。

20 世纪 60 年代以来，法国农业保险公司经营模式不断补充并完善。例如，1966 年创立再保险机构，主要目的是为地方互助保险合作社提供再保险，中央社为大区社提供再保险。为综合农业保险发展的已有经验，更好地促进农业保险发展，法国于 1976 年将 100 多年以来制定的保险法律法规编撰成一部《保险法典》。1982 年颁布的《农业灾害救助法》将关系到国计民生的大宗产品纳入强制性保险范围；1984 年成立的农业灾害基金承担起互助保险公司不能承担的风险损失；1986 年成立的农业相互保险集团公司围绕市场和农户的保险需求进行农业保险创新，且其在设计农业保险时综合考虑了自然风险和市场风险两个方面，提高了农业保险对农户的吸引力。2006 年，通过新指导法案的实行，法国政府以促进农业保险市场化的方式不断完善其农业保险模式，对农业保险不再实施税收优惠政策。

第四节　以印度和巴西为代表的政策扶持农业保险制度

一、印度农业保险制度

印度耕地面积位居世界前列，全国 80%的人口从事农业生产活动，全国净产值的 34.9%来自农业生产，因此，农业生产对印度经济增长具有举足轻重的作用。印度作为南亚国家，地跨亚热带与热带，气候变化较大，干旱、洪水、暴风、暴雨、极度寒冷和极度炎热等自然灾害时有发生，是影响印度农业生产的主要风险因素。数据资料统计显示，在 1951~1983 年的 32 年间，印度共计有 13 次因旱涝灾害造成的农业生产大幅减产（丁少群，2015）。严重的自然灾害降低了农业投资价值，使农业表现欠佳。纵观印度经济发展史，可以发现，印度农业规模的增长对国民经济的增长起到了决定性作用，而农业保险对稳定农业生产、保障农户收入至关重要，印度政府对其高度重视。

（一）印度农业保险的发展历程及现状

作为农业生产大国，印度历届政府都以稳定农业生产、保障农民收入为重要目标，并十分重视农业保险相关制度措施的落地。印度于 1947 年开始探索构建本国的农业保险体系，历经了研究试验、实践探索和全面开展时期。经过 70 多年的发展，印度已经形成了相对全面的农业保险计划，主要包括国家农业保险计划、畜牧保险计划和种子保险计划等。

1. 研究试验阶段

1948 年 8 月，印度政府开始农作物保险试点方案的研究和制定，但最终却以政府资金的短缺而宣告失败。然而印度政府并未停止对农业保险制度的探索，1961 年终于取得了突破性进展，并将农业大邦之一的旁遮普邦作为农业保险试点。试点的承保对象主要是邦内生产的小麦、棉花、大豆和甘蔗等农作物。然而这次试点工作并未取得预期成效，原因主要是政府缺乏足够的资金援助。1965 年 10 月，当印度政府再次决定在全国各邦进行农作物保险试点时，却仍然因为资金短缺而使农业保险试点工作遭遇层层阻碍。

2. 实践探索阶段

吸取此前对农业保险认识不足、资金短缺的经验教训，印度政府于 1972 年 9 月再次开展农业保险试点工作，此次试点由政府直接负责，由全国性保险机构——印度综合保险公司负责具体业务开展，中央政府和邦政府按照 75%和 25%的比例共同赔付。此外，政府部门还负责农业保险的估产、收费和理赔等经营管理费用。除了对申请过农业贷款的农民强制要求购买农作物保险以外，其他人皆为自愿投保。投保人在保险期间内若发生了灾害损失，保险公司在损失鉴定后进行赔付时直接将赔款支付给农户的贷款机构，有效减少农户因发生较大风险无法偿还贷款而给金融机构带来的损失。在自愿投保情况下，保险公司面临较大的逆向选择和道德风险问题，农业保险成本高昂，农户还可能会生产低于投保产量的农作物或者虚报损失，这对勤恳劳作且进行投保的农户来说很不公平。为缓解这些问题，印度保险公司推行了一种“区域方法”，对不同区域农作物根据产量制定不同的标准作为风险事故的触发点，不考虑单个农户的产量和生产方式，从而在一定程度上规避了道德风险问题，降低了管理费用，对勤恳的农户更加公平，从而提高了农户生产的积极性。

1973 年，印度政府在对一些保险企业实行国有化后，在推行农作物保险的同时，又陆续设立了奶牛、肉牛等牲畜险种，通过印度综合保险公司的四个子公司来向实行奶牛发展计划的合作农场所饲养的奶牛、肉牛承保。该新险种依旧为自愿投保模式，政府不加强制。到 1985 年，印度政府继续深入探索和研究农作物保险，并开始在大范围内推行综合农作物保险计划（The Comprehensive Crop Insurance Scheme）。

3. 全面开展阶段

1991 年，印度政府吸取以往农业保险试点的经验和教训，开始在全国范围内开展更为全面的农业保险，推行的农业保险既包括国家农业保险计划、种子作物保险试验计划，也包括牲畜保险等。与之前试点实施的农业保险计划相比较，此次农业保险计划呈现出内容更加细致具体、保费厘定更加科学、操作性更强的特征。1999 年，印度开展国家农业保险计划（National Agricultural Insurance Scheme，NAIS），该计划的主要目的是在给农业生产提供风险保障和资金支持的同时也帮助农民稳定生产。自 NAIS 开展以来，农业保险规模不断扩大，保险金额从 2003 年的 23.02 亿美元上升到 2007 年的 40.30 亿美元，平均保险费率仅为 3.1%。以 2007 年为例，NAIS 共销售了 2 000 万份农作物保单，承保面积高达 3 000 万公顷，占耕地面积的 16%，农户参保率为 15%。在传统农业保险的基础上，为了补偿其承保损失，印度还进一步创新、试点并完善了气象指数农作物保险产品。气象指数农作物保险也得到了较好的发展，2007 年投保农户达到 62 万户，保险覆盖面积达 98 万公顷（吕晓英，2014）。

（二）印度典型的农业保险计划

1. 国家农业保险计划

为了稳定农户农业生产，降低农业灾害损失，印度政府于 1999~2000 年春季开始实施 NAIS，该计划将干旱、洪水、冰雹、飓风、火灾、病虫害等自然灾害均纳入承保范围。综合保险公司（The General Insurance Corporation，GIC）依然负责新的国家农业保险计划的实施工作。新计划的具体内容如下。

（1）投保范围。NAIS 适用于印度所有农户。承保范围基本包括所有的谷类、粟类和豆类等农作物和含油种子，以及一年生园艺作物和经济作物。在计划当年，农户可以对甘蔗、马铃薯、棉花、姜、洋葱、姜黄、红辣椒、黄麻、木薯、香蕉和菠萝共计 11 种一年生园艺作物和经济作物进行投保（丁少群，2015）。由于缺乏往年的产量数据做对比，其他一年生园艺作物或经济性作物的承保时间推迟到该计划执行的两年后。

（2）理赔标准。由于农作物受自然灾害的影响程度因农作物而异，不同试点地区的农作物往往适用于不同的赔偿标准。因此，当一些特定的巨灾风险如大冰雹、山崩、飓风、洪水等发生时，NAIS 会选择一户农户的受损情况作为理赔标准开展理赔工作。

（3）保险费率和补贴。NAIS 针对不同农作物保险调整并最终确定了不同的保险费率。其中，珍珠粟和含油种子的保险费率为 3.5%，其他秋收作物的保险费率为 2.5%；小麦的保险费率为 1.5%，其他早春作物为 2%（丁少群，2015）。此外，政府还承担了小农、耕种土地不足半公顷的“边际农”以及一些贫困农户 50%的保险费用，对于这部分费用，印度政府和邦政府各承担一半。但财政补贴仅在计划实施的五年内有效。新保险计划实施后得到了印度农户的高度认可，农户投保率、投保金额和投保面积均大幅增长。

2. 种子作物保险试验计划和牲畜保险

1999 年，印度政府开展种子作物保险试验计划（Pilot Scheme on Seed Crop Insurance），并沿用 20 世纪 70 年代的耕牛保险计划继续发展牲畜保险。

（1）种子作物保险试验计划。印度政府于 1999~2000 年春引入种子作物保险试验计划，保险标的包括水稻、小麦、玉米、高粱、珍珠粟、鹰嘴豆、红鹰嘴豆、花生、大豆、向日葵和棉花等作物的种子，试点地区包括安得拉邦、古吉拉特邦、哈里亚纳邦、卡纳塔克邦、中央邦、马哈拉施特拉邦、奥里萨邦、旁遮普邦、拉贾斯坦邦和北方邦等地区。

种子作物的生长性质有其特殊性，种子作物保险试验计划规定不论是生产阶段遭受自然灾害导致收成低下，还是种子产量发生损失，或是种子作物收割之后遭受损失，以及对种子进行检验时造成的损失，均在种子作物保险计划的承保范围内。种子作物保险试验计划的保险金额计算公式如下：

$$\text{单位面积的保险金额} = \text{种子作物的单位面积产量} \times \text{种子价格}$$

其中，种子作物的单位面积产量以该种子作物前 3~5 年的平均产量作为衡量标准；种子价格是以国家种子公司或所在邦种子公司上一季度的种子收购价格为标准。保险费率是根据往年数据进行精算之后得到的，依农作物不同而存在差异。其中，小麦种子和花生种子的保险费率是保险金额的 2%，向日葵为 2.5%，水稻为 3%，高粱为 3.5%，鹰嘴豆、红鹰嘴豆、棉花、珍珠粟、大豆和玉米的保险费率为 5%（丁少群，2015）。

（2）牲畜保险。印度牲畜保险的保险标的为耕牛。在发生保险事故时，首先评估牲畜的残留价值并从总保险金额中予以扣除，然后再据此计算理赔金额。牲畜保险的保险金额最高可达到牲畜市场价值的 100%，这一理赔流程适用于任何牲畜保险。1995~2001 年印度牲畜保险的承保数量、保费收入、理赔额和赔付率等相关统计数据见表 4-4。

表 4-4 印度牲畜保险的实施情况

时间	承保数量/万只	保费收入/亿卢比	理赔额/亿卢比	赔付率
1995~1996 年	1 530	11.34	7.4	65%
1996~1997 年	1 470	12.25	7.48	61%
1997~1998 年	630	14.34	8.01	56%
1998~1999 年	790	15.2	12.61	83%
1999~2000 年	980	13.71	11.43	83%
2000~2001 年	790	14.55	12.8	88%

资料来源：印度农业部官网，http://agricoop.nic.in/

（三）印度农业保险的特点

印度农业保险体系市场化特征明显，政府支持力度大，且遵循自愿参保原则。

第一，国家建立独立运行的专业化农业保险公司推动农业保险的市场化运作。为避免政府直接经办农业保险时运作效率低的问题，印度政府于 2003 年设立了专业化农业保险公司——印度农业保险有限公司。在国家财政的支持下，该农业保险公司承接了国有综合保险公司 GIC 管理的农业保险业务，并按照市场化的原则经营管理农业保险业务。市场化的运作方式大大提升了印度农业保险的运营活力和产品创新动力。

第二，政府支持力度较大。印度政府为促进本国农业保险的发展，在担保和财政补贴上都给予了较大的支持力度。一方面，农户因保险事故发生的超额损失由政府承担，政府兜底在很大程度上降低了农业保险公司的经营成本和风险。另一方面，印度政府在依据农作物保险的保费提供财政补贴的同时，还提供各类保险服务。印度农业保险财政补贴具有一定的政策倾斜性，补贴更倾向中小农户和创新的农作物保险产品。与一般农业经营者相比，其对中小农户的财政补贴高 30 多个百分点；对创新的农作物保险产品的补贴也高于传统保险。

第三，除贷款农户外，农业保险遵循自愿投保原则。印度农业保险的保险计量单位为同一区域内农户个数，实行农户自愿投保。但对于从金融机构获得贷款的农户，则必须强制参加农业保险。这一创新型保险模式既为投保农户提供了保障，也为金融机构缓解信贷违约风险提供了有力帮助，同时保险公司还为自身发展招揽了客户。

（四）印度农业保险相关政策文件

印度农业保险发展的过程是不断试点和推广的过程，从起初的试点频频失败，到后期的发展愈加完善，存在诸多值得借鉴之处。在探索期间，印度政府主要颁布了如下政策文件，见表 4-5。

表 4-5　印度农业保险相关政策文件

年份	文件	主要内容
1979	农作物保险指导计划	保险风险由印度保险总公司和邦政府以 2∶1 的比例分担。农民可以购买的最高保险额是农作物贷款的 100%，政府向小农和边际农提供 50%的保险费补贴，补贴由邦政府和中央政府各分担一半
1999	国家农业保险计划	不管农户拥有地块大小以及是否欠债均可参加保险，涵盖所有的粮食作物、油料作物、经济及园艺作物。小农和边际农交纳的保险费享受 50%的补贴，补贴由中央政府和邦政府按 1∶1 的比例分担。保险费补贴在满 5 年后逐渐停止
2000 年左右	农民收入保险方案指导计划	向农民提供收入保障，如果农民因灾害等原因收入达不到保证标准，保险公司会对收入差额予以补偿
	《咖啡降雨指数和单位产量保险》	面向因降雨导致的咖啡减产给农民带来的损失予以补偿
	《种子作物保险方案指导保险》	保障种子作物耕种者的收入稳定和金融安全
2016	修订再保险监管规则	为将农业保险业务留在印度境内做出一系列规定
2016	总理农险计划	农民支付较低保费，政府运用科技手段更快地落实赔付事宜

二、巴西农业保险制度

（一）巴西农业保险发展历程

1. 巴西农业保险发展的开端

1939年巴西国家再保险公司（Institato de Resseguros do Brasil，IRB）的建立标志着巴西农业保险发展的开端，IRB是一家由国家控股的保险和再保险公司，其业务范围涵盖农业保险及其他险种。IRB成立之初，大部分承保的农业保险业务都分保到国外，国内只有一小部分自留额。

2. 巴西农业保险的推广

巴西最早在1954年以立法的形式对农业保险进行推广；1966年的《保险法》颁布以后，一些私营保险公司在巴西兴起，但因经营状况不佳，这些公司只经营一段时间的农业保险业务后就迫于无奈将业务转让给了IRB；仅有圣保罗州政府设立的国有农业保险公司——圣保罗州保险公司仍经营农业保险项目。1973年，农业保障计划在巴西政府的支持下开始推行，将农户、银行和政府三者连接起来，政府鼓励银行对农户提供农业信贷，针对这些为农户提供信贷的银行，政府向其提供对应的保障还款违约风险的保险。

3. 巴西农业保险的大发展

2003~2004年，巴西连续两年出现干旱，旱灾严重影响了巴西的农业生产产量，也严重威胁了政府财政资金，巴西政府开始重视农业保险的发展，并决定给予农民50%保费补贴，加大对农业保险的政策扶持力度。2005~2011年，巴西农业保险覆盖范围明显提升，共计40 100户农民和560万平方米土地参与了农业保险，产生了57 885份保单，累计保险使用资金为9.631亿雷亚尔。2007年1月，巴西国会通过法案同意取消巴西再保险公司的专营权，并将巴西再保险市场推向国际再保险公司，这一举措有利于竞争的同时也促进了农业保险的进一步发展。巴西政府于2008年向国会提出“农业保险保费补贴计划”法案，明确提出如果公司经营与农业信贷相关的保险业务，就必须参加“巨灾保障基金”。巴西农业保险的业务涵盖农作物保险、农村财产保险（包括担保业务）、牲畜保险、农民人身保险和农村信用保险五个方面（唐金成，2013）。

（二）巴西农业保险经营机制

巴西农业保险的运行主要依靠国家再保险公司经营的农业保险体系和政府实施的农业保障计划两大机制。

1. 国家再保险公司

巴西的农业保险市场实际上是在IRB的控制下运作的。政府和私人对IRB的控股各占一半，但私人股权不享有投票权，IRB的实际控制人是巴西政府。国家再保险公司实力雄厚，在经营巴西农业保险的再保险业务的同时，还经营着其他保险业务的再保险业务。

2. 农业保险基金

巴西的农业保险基金采用委托代理的方式运营，委托人为巴西政府，代理人为国家再保险公司。巴西农业保险基金资金来源主要包括：①按照政府预算安排的国家财政拨款；②国家再保险公司收取的来自其他农业保险公司50%的净利润；③经纪人的佣金，保险经纪人享有 8%的佣金，但所有参加农业保险的国有企业并不直接向保险经纪人支付佣金，而是上交给国家再保险公司，并进入农业保险基金；④直接来自国家再保险公司由于提供担保偿还银行贷款等所获得的利润的一部分，当农业保险基金出现亏空时，国家财政进行再补贴。

3. 其他商业保险公司

巴西圣保罗州保险公司由圣保罗州政府出资设立，并在很长一段时间内以国有保险公司的性质存在，圣保罗州政府也为此设立了专门的农业保险基金。之后由于出现管理方面的问题，圣保罗州公司被私有化，并开始完全按照商业保险的经营方式进行运作，保险费率也因此随行就市。国家再保险公司收到了圣保罗州保险公司和另外三个州分保的30%的农业保险业务，并从国家农业保险基金中支付一定数额作为补偿。农业保险在商业化运作的模式下，赔付率逐步降低，对新的保险公司进入农业保险领域形成了较大的吸引力。

4. 国家农业保障计划

巴西国家农业保障计划委员会成员包括巴西农业部、财政部、中央银行和国有商业银行等。1989 年巴西政府用于该项计划的资金支出高达 200 亿美元，但其在 1995 年骤降至 56 亿美元。农户在缴纳“附加费”后可以享受到比一般商业银行贷款利率低一半的银行贷款，巴西政府对提供贷款的银行提供保险（唐金成，2013）。该计划有效地引导了农民因时制宜、因地制宜，易于大面积推广，实施效果很好，促进了粮食产量不断提高。

（三）巴西农业保险的特点

受国家财力和地区发展不平衡等客观条件的制约，巴西农业保险主要在较发达地区实行。巴西农业保险由中央银行独家经营，同时其他银行可作为代理机构参与到农业保险中，私人部门则不可参与到农业保险中来。巴西的农业保险覆盖备耕、种植、管理、销售四个环节，囊括了较为全面的险种，包括农业保险、水产保险、畜牧业保险、森林保险、农业财产保险、农村抵押保险和农产品保险等，农民还要与巴西农牧业技术推广公司签订技术合同，以此来确保农业贷款的收回。

（四）巴西农业保险相关政策文件

巴西农业保险制度起步于20世纪30年代末，经过几十年的探索，取得了显著的成效。农业保险制度完善期间主要颁布了如下法律文件，见表4-6。

表4-6 巴西农业保险相关政策文件

年份	政策文件	主要内容
1964	《土地法》	所有的金融服务机构都应经营农业保险业务
1966	《保险法》	允许私营保险公司经营农业保险业务
2004	《农业保险保费补贴计划》	促进农业保险广泛运用，充分发挥农业保险的收入稳定机制作用，引导农户使用适宜的农业技术，推动农业企业管理的现代化
2004	卫生检疫和质量标准检验措施	制定了关于马铃薯种子进口要求的法规
2008	有关农业生产、收储、加工、流通的其他鼓励政策	取消出口结汇限制，出口企业必须将出口外汇留在国内的比例由当时的70%降至0，取消0.38%的出口金融操作税；对进入收益固定的基金和国债领域的外资征收1.5%的金融操作税

第五节　以墨西哥为代表的农业保险制度

一、墨西哥农业保险发展历程及现状

（一）农业保险的尝试

20世纪20年代，为补偿自然灾害给农业生产带来的损失，墨西哥农民自发建立了互助组织筹集资金，抵御农业生产的自然风险。1926年，墨西哥开始探索建立农业保险制度，农业保险逐渐成为墨西哥农业风险管理的主要工具。1961年，墨西哥政府决定由联邦政府承担45%~61%的保险费用。在实施过程中，政府发现多风险农作物保险实施过程中面临重重困难，主要表现为不合理的保险费率及赔付比例、较低的保险参保率、缺乏损失评估公正性、行政管理费过于高昂等。因此，多风险农作物保险主要由国家农作物和家畜保险公司提供。

（二）农业保险经营商业化

1990年，墨西哥政府终止了多风险农作物保险计划，重建墨西哥农业保险公司（Agroasemex），其主要经营业务仍然是农作物和家畜保险。至此，原国家农作物和家畜保险公司被农业保险公司取代。Agroasemex严格按照商业化原则进行经营，并在此基础上改善公司的管理策略，保险覆盖范围进一步扩大；对于由小规模农户筹建的互助基金，Agroasemex向其提供再保险。自20世纪90年代以来，墨西哥农业保险领域不断引进一些私营商业组织。截至2001年，Agroasemex不再经营原有的农业保险业务，其身份逐渐演变为国家农业再保险人，主要负责农业保险的研发工作，并对联邦农作物保险补贴项目进行管理。

（三）农业指数保险计划

而后，墨西哥开展了包括地区产量指数保险、降水指数保险和牧场指数保险等农业指数保险计划。2007 年，墨西哥地区产量指数保险的承保面积占农业保险总参保面积的 20%，高达 88.04 万公顷；降水指数保险共计覆盖 18 个州、230 个气象站，保险面积占农业保险总参保面积的 34%，达 150 万公顷，保险金额为 8 380 万美元，保费收入为 1 070 万美元；同年牧场指数保险覆盖了 1 310 万公顷草场，共计承保了 91 万头牲畜，保险金额高达 2 250 万美元（吕晓英，2014）。

二、墨西哥农业保险经营机制

（一）国家农业保险公司

1961 年，墨西哥财政部出资 0.184 8 亿美元作为资本金成立墨西哥国家农业保险公司，在全国设立了 13 个区域性分公司和 88 个二级分公司。墨西哥国家农业保险公司管理委员会由财政部、农业部等政府部门组成，保险费用由投保人和国家财政补贴共同承担，承担比例分别为 70%和 30%。不仅如此，墨西哥财政部还出台了农业保险免税政策，对国家农业保险公司经营费用的 25%拨款给予支持。

（二）商业保险公司

在墨西哥，国家农业保险公司与商业保险公司共同经营农业保险业务。经营农业保险的商业保险公司需要向国家农业保险公司分保，与此同时，政府会经国家农业保险公司对其给予 30%的保费补贴。

（三）保险基金会

保险基金会作为墨西哥的一个基层农民合作组织，主要承担墨西哥农业保险业务。在墨西哥，每 5 000 公顷的农地面积就有一个这样的组织。目前，墨西哥已经有多达 170 家这种性质的组织，它们经营的农业保险业务也必须向国家保险公司分保。

墨西哥农业保险采取自愿原则进行推广，这在对农业生产设备和农民人身安全的保险上体现得尤为明显。不过，一部分种植业和养殖业保险实际上采取了强制措施。政府规定，针对一些种植业、养殖业保险，农民若要获得贷款，必须向保险公司投保。

随着美国、加拿大和墨西哥三国组成的北美自由贸易区的快速发展，墨西哥的农产品进出口贸易得以增长，有利的宏观经济环境促进了墨西哥农业生产的发展，增加了农业及相关产业的就业机会，进一步推动了墨西哥农业保险发展。

三、墨西哥农业保险的特点

历经百年的发展和完善，墨西哥形成了以公私合作模式开展相关业务的农业保险制度。保险公司和互助机构负责具体的农业保险业务的开展，政府以组建国有公司的方式为开展农业保险经营业务的保险机构提供再保险，补贴农业保险费用及保险培训支出，并实施巨灾保险计划。墨西哥农业保险呈现出以下特点。

（一）建立公私合作的国家农业保险系统

墨西哥国家农业保险系统主要由三个主体构成：Agroasemex、私营商业保险公司和互助农业保险组织。Agroasemex 作为墨西哥政府的代表，是再保险人，其主要职能是为商业保险公司和互助保险公司提供再保险并对其进行风险管理。私营保险公司主要负责原农作物、家畜、森林和水产的保险业务经营工作，并通过代理人形成的网络渠道间接从事保险销售工作。互助保险组织则采用直接销售农业保险的方式为组织成员提供农作物和家畜保险产品，组织成员主要来自互助保险协会和农业保险基金会。

（二）农业保险产品种类丰富

墨西哥农业保险产品丰富多样，覆盖了大多数农产品和畜产品，可分为以补偿为基础的传统农业保险和巨灾保险两类。

墨西哥传统农业保险属于补偿机制，保险人是私营保险公司、相互保险协会和基金。投保人是单个农户或集体，投保农户可享受国家保费补贴。传统的农业保险险种包括种植业保险和畜牧业保险。当保险事故发生导致农户生产经营产生损失，或农业生产的实际产量未达到保障产量时，农户会根据投保的成本保险或多风险农作物保险得到相应赔偿。此外，种植业保险产品还包括温室设施保险和森林保险。对于畜牧业，按保险责任可划分为死亡保险和流行病保险两类产品。保险标的涉及范围广泛，包括乳品、肉牛、猪、绵羊、山羊、蜜蜂、马、鹿、家禽等，还有虾和鱼类等水产品。2005 年保险机构推出了新牲畜保险产品，不同于传统的针对单个牲畜的保险，新牲畜保险的保险标的是整个畜群。该保险费率较低，农户的投保率较高。此外，保险机构还创新了一种牲畜保险，该保险专为猪流感等流行病承保，2007 年，该险种的参保牲畜为 910 万头，占参保牲畜的 62%（吕晓英，2014）。

为了缓和重大自然灾害对农业生产带来的不利影响，墨西哥于 2002 年制定了《受气候突发事件影响的农村人口保护基金》，以立法形式规定了巨灾保险计划的实施，巨灾保险计划也因此成为墨西哥独具特色的农业保险品种之一。巨灾保险计划的保险对象主要是那些不能获得商业保险的小规模农户。大规模保险项目则主要由联邦政府和地方政府通过私营保险公司和墨西哥国有农业保险公司经营管理。相对应的保险品种主要包括地区产量指数保险、牧场指数保险及降水不足保险等巨灾保险产品。2003 年，墨西哥实施了气候突发事件援助计划（Program to Assist Climatologic Contingencies，PACC）。该计划实施后，土地面积低于 5 公顷的农民开始在地方政府的组织下投保降水不足保险，当气象站测定的降水量低于标准降水量时，墨西哥国有农业保险公司首先对地方政府进行赔付，然后由保险公司将赔偿金直接支付给参保农户。2007 年墨西哥开始实施牧场指数保险，并展开了草原卫星保险计划试点。

（三）政府支持农业保险

为促进农业保险制度的高效运行，墨西哥政府因地制宜，按照风险损失程度的不同将全国划分成 4 个区域，对区域内所涉及的主要农产品实行 35%~60%不等的差别补贴。对于其他农产品，保险费率则统一规定为 35%。墨西哥的养殖业较发达，拥有拉丁美洲最大的牲畜保险市场。墨西哥政府按照风险责任的不同，适时调整牲畜保险的补贴比率以稳定牲畜业发展。对于外来疾病、高死亡率和洪水等家畜保险，墨西哥政府的保费补贴比例为 50%；对于辐射、医疗救治、运输和检疫站等保险事故造成的损失，墨西哥政府的保费补贴比例为 30%；对于水产养殖保险，政府的补贴比例则统一为 20%；对于巨灾保险项目，墨西哥政府则全额负责补贴。根据《受气候突发事件影响的农村人口保护基金》的规定，对于小规模农户因遭受巨灾冲击而发生的损失，由墨西哥联邦政府和地方政府分别按照 70%～90%和 10%～30%的承担比例全额分担（吕晓英，2014）。

（四）实施巨灾保险计划和再保险，有效分散农业巨灾风险

墨西哥巨灾保险计划覆盖的农业保险险种较为全面，既有适用于小农户的巨灾指数保险，也包括地区产量指数保险、降水指数保险和牧场指数保险。为了向农户提供巨灾风险保障，巨灾保险计划规定由地方政府直接向保险公司购买农业保险，并以州为单位进行农业保险投保。

墨西哥的再保险市场较为发达。专门经营农业再保险业务的国际再保险公司就有约 7 家，它们主要经营比例再保险业务和非比例再保险业务，再保险对象是私营商业保险公司。墨西哥国有农业保险公司为了在与国际再保险公司的竞争中取得优势，采取了一系列竞争策略，主要包括：为农业保险基金提供超过再保险的赔付率，为私营原保险公司提供比例再保险和临时分保业务。墨西哥国有农业保险公司为了降低自身所承担的风险，也会将部分农业保险业务分保给国际再保险公司。

四、墨西哥农业保险相关政策文件

墨西哥农业保险主要由国家保险公司、商业保险公司及保险基金会协同运作。在促进这一体制形成并使其不断规范及完善的过程中，墨西哥政府主要颁布了如下相关政策文件，见表 4-7。

表 4-7　墨西哥农业保险相关政策文件

年份	文件	主要内容
1961	《农业保险总法》	政府成立专门经营农业保险业务的国有公司负责农业保险的经营和运作
1981	《农业保险和农民生命保险法》	保障农业生产设备与农民人身安全
2002	《受气候突发事件影响的农村人口保护基金》	实施巨灾保险计划，针对不能获得商业保险的小农户提供巨灾指数保险产品；对于在宏观层面开展的大规模保险项目，有联邦政府和地方政府通过私营保险公司和 Agroasemex 提供的地区产量指数保险、降水不足保险和牧场指数保险等巨灾产品作为保障

续表

年份	文件	主要内容
2003	《气候突发事件援助计划》	土地面积低于 5 公顷的农民在地方政府的组织下投保降水不足保险，当气象站测定的降水量低于标准降水量时，地方政府首先会得到 Agroasemex 赔付的资金，然后负责将赔偿金支付给参保农民
2007	《草原卫星保险计划》	实施牧场指数保险

本章小结

本章主要介绍了国外几种典型的农业保险制度。在结合各国农业保险发展背景的基础上，对美国、日本、法国、印度、巴西和墨西哥农业保险的发展历程、主要特征及农业保险相关政策法规进行了详细介绍。

关键词

农业保险制度　发展历程和特征　再保险　国外

思考题

1. 从 1938 年美国通过了《联邦农作物保险法》到现在，美国政府一直试图解决农业保险发展中的哪些问题？

2. 美国、日本、法国农业保险制度的发展给我国带来哪些启示？

专业术语

农业互助保险：农业互助保险是指农民按照合作制原则建立保险组织，自愿参保、自主经营、民主管理，为其成员提供农业保险服务的一种农业保险模式。

比例再保险：以保险金额作为划分分保人和再保险人的责任基础的一种分保方式。在事先约定各自承保保险金额中一定比例的基础上，分保人和再保险人也分别按照承保比例享受和承担同等比例的权利和义务。

非比例再保险：以赔款金额作为划分分保人和再保人的责任基础，经双方事先约定超过一定金额或一定百分率的赔款由再保人负全部或部分责任。

参考文献

陈珏. 2016. 法国、印度、日本农业保险体系探析及启示[J]. 世界农业，（7）：188-191.

丁少群. 2015. 农业保险学[M]. 北京：中国金融出版社.

冯登艳，张安忠，马卫平. 2009. 新农村建设中的农业保险问题[M]. 北京：知识产权出版社.

冯文丽. 2008. 农业保险理论与实践研究[M]. 北京：中国农业出版社.
刘布春，梅旭荣. 2010. 农业保险的理论与实践[M]. 北京：科学出版社.
龙文军. 2004. 谁来拯救农业保险——农业保险行为主体互动研究[M]. 北京：中国农业出版社.
吕晓英. 2014. 中国农业保险发展模式的模拟研究[M]. 北京：中国农业出版社.
孟春. 2006. 中国农业保险试点模式研究[M]. 北京：中国财政经济出版社.
唐金成. 2013. 现代农业保险[M]. 北京：中国人民大学出版社.
肖晶，周慧秋. 2015. 国外农业保险的模式特点和经验借鉴[J]. 黑龙江畜牧兽医，（22）：40-43.

本章拓展阅读

第五章

中国农业保险制度

第一节　中国农业保险的发展现状

中华人民共和国成立后，为了促进国民经济特别是农业经济的迅速恢复，中国政府开始试办农业保险。中国人民保险公司成立后，开办了牲畜保险并试办农作物保险，农业保险进入初步发展阶段。

自 1982 年中国人民保险公司恢复试办农业保险以来，农业保险的保费收入大幅提升，从 1982 年的 23 万元增长到 1993 年的 5.6 亿元（吴东立和谢凤杰，2018）。农业保险业务得到了较快发展，承担了近 4 600 亿元的农业保险责任，对恢复农民生产、稳定农村经济发展起到了积极作用（张传洲，2005）。随着市场经济体制改革的迅速发展，1994 年起，保险公司也开始进行商业化转型，农业保险经营进入商业化运作模式，实行自主经营、自负盈亏，以利润最大化为经营目标。但是农业保险商业化的经营模式又与其准公共品属性和非营利性政策目标相悖。商业保险公司为了确保经营利润，开始缩减营业亏损严重的农业保险业务，整顿农业保险的发展形式。整顿的直接结果是农业保险经营规模的大幅下降。

面对农业保险规模的不断萎缩，在总结以往农业保险的发展经验和借鉴国外农业保险发展模式的基础上，中国政府引入了政策性农业保险。自 2004 年至今，中央一号文件多次提出加快建设政策性农业保险制度。2007 年，中央选取六个省（区）（吉林、内蒙古、新疆、江苏、四川、湖南）作为农业保险试点。此后，农业保险试点在我国开展得如火如荼，并存在多种形式，农业保险业务也进入了稳定发展的阶段（吴东立和谢凤杰，2018）。2020 年，中国农业保险保费收入 815 亿元，成为世界上农业保险保费规模最大的国家。表 5-1 归纳了我国财产保险和农业保险业务 20 多年的保费收入和赔款支出情况。

表 5-1　1994~2019 年中国财产保险及农业保险保费收入和赔款支出

年份	财产保险保费收入/万元	财产保险保费收入增长率	财产保险赔款支出/万元	财产保险赔款支出增长率	农业保险保费收入/万元	农业保险保费收入增长率	农业保险赔款支出/万元	农业保险赔款支出增长率	农业保险收入占财产保险收入的比重
1994	2 332 828		1 740 879		50 404		53 853		2.16%
1995	2 924 130	25.35%	1 817 460	4.4%	49 620	−1.56%	36 450	−32.32%	1.7%
1996	3 235 233	10.64%	2 037 512	12.11%	57 436	15.75%	39 481	8.32%	1.78%
1997	3 822 307	18.15%	2 146 900	5.37%	57 589	0.27%	41 871	6.05%	1.51%
1998	5 057 403	32.31%	2 895 106	34.85%	71 472	24.11%	56 304	34.47%	1.41%
1999	5 272 181	4.25%	2 796 987	−3.39%	63 228	−11.53%	48 556	−13.76%	1.2%
2000	6 080 000	15.32%	3 080 000	10.12%	40 000	−36.74%	30 000	−38.22%	0.66%
2001	6 850 000	12.66%	3 330 000	8.12%	30 000	−25%	30 000	0	0.44%
2002	7 800 000	13.87%	4 030 000	21.02%	50 000	66.67%	40 000	33.33%	0.64%
2003	8 690 000	11.41%	4 760 000	18.11%	50 000	0	30 000	−25%	0.58%
2004	11 250 000	29.46%	5 790 000	21.64%	40 000	−20%	30 000	0	0.36%
2005	12 830 000	14.04%	6 910 000	19.34%	70 000	75%	60 000	100%	0.55%
2006	15 790 000	23.07%	8 250 000	19.39%	80 000	14.29%	60 000	0	0.51%
2007	20 870 000	32.17%	10 640 000	28.97%	530 000	562.5%	300 000	400%	2.54%
2008	24 463 000	17.22%	14 755 000	38.67%	1 107 000	108.87%	641 000	113.67%	4.53%
2009	29 929 000	22.34%	16 382 000	11.03%	1 339 000	20.96%	952 000	48.52%	4.47%
2010	40 270 000	34.55%	18 150 000	10.79%	1 360 000	1.57%	960 000	0.84%	3.38%
2011	47 790 000	18.67%	22 490 000	23.91%	1 740 000	27.94%	818 000	−14.79%	3.64%
2012	55 299 000	15.71%	28 969 000	28.81%	2 406 000	38.28%	1 313 000	60.51%	4.35%
2013	64 812 000	17.2%	35 562 000	22.76%	3 066 000	27.43%	1 949 000	48.44%	4.73%
2014	75 444 000	16.4%	39 683 000	11.59%	3 258 000	6.26%	2 058 000	5.59%	4.32%
2015	84 233 000	11.65%	44 483 000	12.1%	3 750 000	15.1%	2 370 000	15.16%	4.45%
2016	92 660 000	10%	50 460 000	13.44%	4 177 000	11.39%	2 992 000	26.24%	4.51%
2017	105 414 000	13.76%	54 970 000	8.94%	4 789 000	14.65%	3 334 000	11.43%	4.54%
2018	117 564 500	11.53%	64 550 100	17.43%	5 727 400	19.59%	3 943 100	18.27%	4.87%
2019	130 163 000	10.72%	72 787 000	12.76%	6 724 800	17.41%	5 278 700	33.87%	5.17%

资料来源：1995~2020 年《中国统计年鉴》

从表 5-1 可以看出，1994~2006 年，我国农业保险的保费收入增长不到 3 亿元，增长率不到60%，而同期我国财产保险的保费收入增长约1 346亿元，增长率接近577%。2007 年，我国各级财政开始为农业保险业务提供补贴，由于政府补贴的支持，农户承担的保费支出比例降低，农业保险业务的参保率大幅提升。因此，自 2007 年起，无论是财产保险保费收入还是农业保险保费收入均大幅度增长。财产保险的保费收入在2006~2009 年增长了 1 400 余亿元，农业保险的保费收入也从 2006 年的 8 亿元大幅提升至2009年的133.9亿元。2009年以后，财政补贴更加促进了农业保险保费增长。到2019

年，农业保险保费收入达到 672.48 亿元，赔款额达到 572.87 亿元。1994~2019 年农业保险保费收入占财产保险保费收入比重的变化情况如图 5-1 所示。

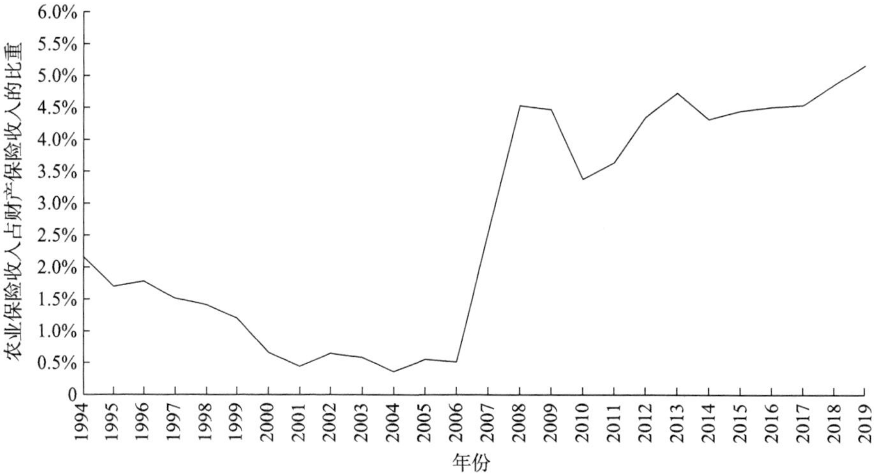

图 5-1　1994~2019 年中国农业保险保费收入占财产保险保费收入的比重

2007 年开始实施的农业保险补贴政策极大地推动了农业保险业务的发展。如图 5-1 所示，农业保险保费收入在财产保险保费收入中的占比较低，呈波动降低趋势，2007 年开始，由于相比财产保险保费收入增长速度，农业保险保费收入的增长速度大幅提升，而且 2008~2019 年的相对增长速度均高于 2007 年以前的相对增长速度。因此，农业保险保费收入占财产保险保费收入的比重呈上升趋势。2019 年，农业保险收入在财产保险收入中的比例达到 5.17%。

结合保费收入和赔款支出对比我国农业保险业务和财产保险业务近二十多年的发展情况，财产保险业务和农业保险业务的保费收入和赔款额变化分别如图 5-2 和图 5-3 所示。

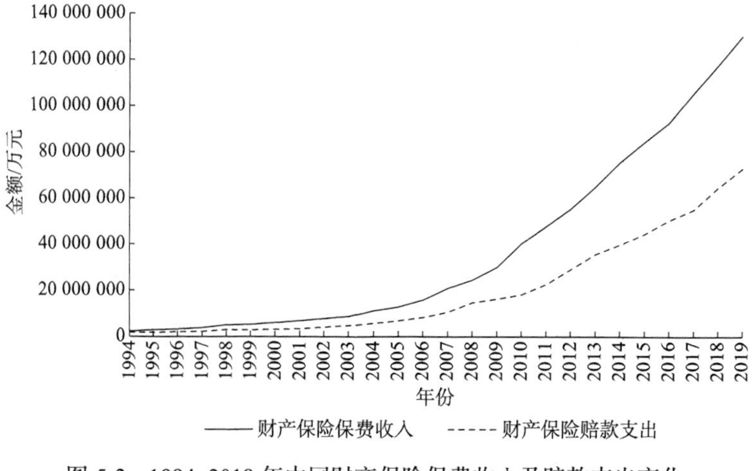

图 5-2　1994~2019 年中国财产保险保费收入及赔款支出变化

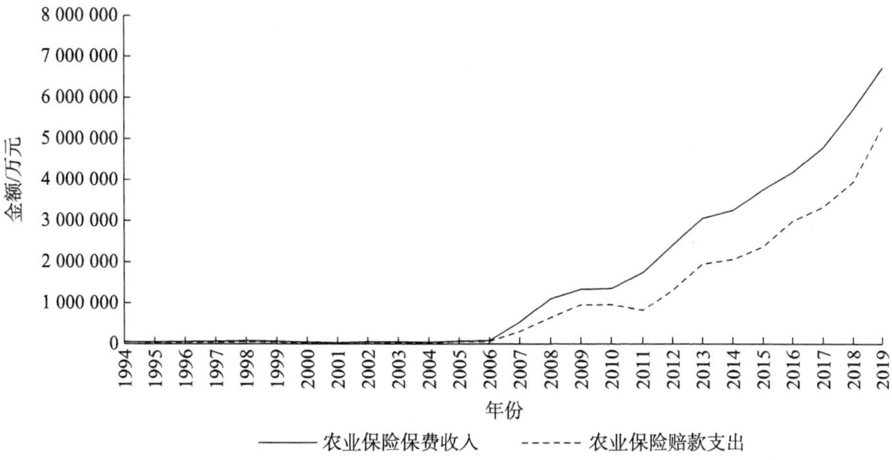

图 5-3　1994~2019 年中国农业保险保费收入及赔款支出变化

由图 5-2 可以发现，1994~2019 年，财产保险的保费收入与赔款支出之间的差距逐渐拉大，意味着财产保险业务的利润空间逐渐扩大。农业保险业务则不然，1994~2006 年我国农业保险的保费收入和赔款支出的差距小于财产保险的保费收入和赔款支出的差距，农业保险经营一直处于零盈余或低盈余状态，在 1994 年我国农业保险经营甚至入不敷出。直至 2007 年政府对农险业务提供补贴之后，农业保险保费收入和赔款支出之间的差距才开始有逐渐增大的趋势，但也远低于财产保险保费收入和赔款支出的差距。

比较二十多年来我国农业保险业务和财产保险业务的赔付率变化，如图 5-4 所示，1994~2019 年，除 2008 年和 2011 年财产保险赔付率略高于农业保险赔付率外，农业保险赔付率均远高于财产保险赔付率。财产保险赔付率在 60%以上的只有 4 年（1994~1996 年和 2008 年），而农业保险赔付率大部分均为 60%~80%，最高的一年甚至达到 106.84%，2010 年以后，农业保险赔付率基本维持在 60%左右。

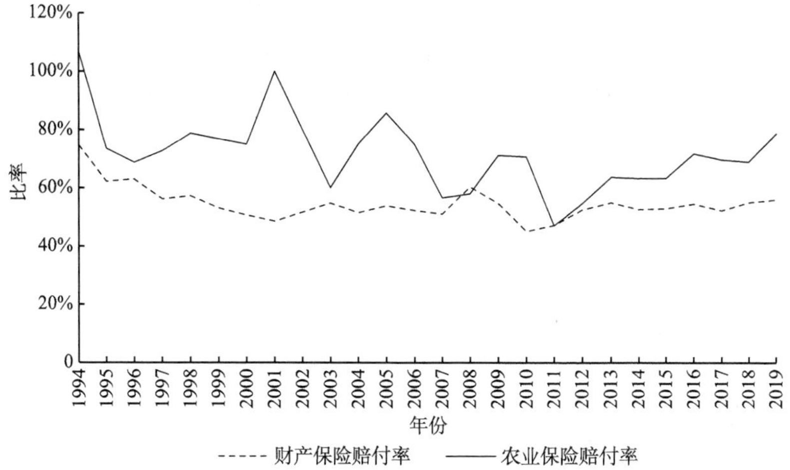

图 5-4　1994~2019 年财产保险赔付率与农业保险赔付率变化情况

以上数据充分说明农业保险高赔付率、低营利性的特征。自 1982 年至今，我国农业保险经历了近 40 年的发展，是一部探索、实践和创新的发展史，中国的农业保险在保险规模、保险范围和险种种类扩充等方面都取得了较好成绩。农业保险已成为我国帮扶农户灾后恢复再生产、保障农户基本生活的社会稳定器，有效解决了农户因灾致贫、因灾返贫的社会经济问题。

第二节　中国农业保险的组织形式

我国农业保险组织萌芽于 20 世纪 30~40 年代，随着社会经济制度的变迁，农业保险组织形式不断发展，形成了多种形式并存的组织形式。本节按发展阶段对国有农业保险公司、股份制农业保险公司和相互制农业保险组织形式进行讨论。

一、1949年以前的农业保险组织形式

20 世纪 30 年代，受军阀剥削及世界经济危机的影响，我国农村大部分家庭面临破产压力。为了加快农村经济的恢复，部分地区开办了农业保险。但是试验的险种十分有限，并未受到应有的重视。这一时期呈现出来的具有代表性的农业保险组织主要包括以下几个。

一是乌江耕牛保险会。乌江耕牛保险会成立于 1933 年，是我国历史上第一个由农民自发组建形成、具有相互保险性质的正规农业保险组织。乌江耕牛保险会由上海银行和金陵大学承办，其建立宗旨和经营目标是保障该试验地区农业贷款资金的安全性。

二是北碚家畜保险社。该保险社是在国民党政府支持下于 1939 年在重庆北碚设立的，以猪作为保险标的。之后，这种保险社的组织形式在四川、贵州、云南等省得到不断发展，保险标的主要是耕牛和猪仔。北碚家畜保险社是我国现代保险史上较早开办家畜保险的机构之一，属于相互保险组织。

三是农业保险股份有限公司。农业保险股份有限公司是我国第一家官办性质的农业保险公司，发展起源于 1944 年重庆的中国农业特种保险股份有限公司，由当时的国民党政府通过中国人民银行组织创办。三年后，中国农业特种保险股份有限公司正式更名为中国农业保险股份有限公司，主要经营茧纱保险、盐载保险等业务（黄英君，2011）。

二、1949~1958年单一的农业保险组织形式

1949~1958 年，中国人民保险公司是我国经营农业保险的唯一机构。在这一阶段，我国仅成立了中国人民保险公司这一家保险经营机构，它不仅经营农业保险，同时也经营国内其他所有保险业务。

1949 年 10 月中国人民保险公司成立伊始就开始试办农业保险。当时，农业保险包括具有相对较大风险的种植业保险和具有相对较小风险的养殖业保险这两个类型。为了控制保险风险，中国人民保险公司最先发展了养殖业保险，并于 1950 年选择了北京郊

区、山东商河和重庆北碚三个地区展开试点。

在养殖业保险先行之后，中国人民保险公司随后很快开展了种植业保险业务，试点地区选在北京郊区、江苏南通和陕西咸阳，保险标的以棉花和小麦为主，除此之外，还包括水稻、甘蔗、烟草、葡萄等。

三、1982~1993年多样化的农业保险组织形式

总体而言，20 世纪 80 年代，我国农业保险获得了较快的发展，全国已有 29 个省（区、市）的众多农村乡镇被农业保险覆盖，并取得了显著的社会效益，成为我国农业保险发展最为迅速的一段时期。20 世纪 80 年代末到 90 年代初，中国人民保险公司仍然独家经营农业保险业务，政府通过对中国人民保险公司的保险业务免征营业税来支持农业保险业务。在税收优惠政策的鼓励下，中国人民保险公司开办多项保险业务，种植业保险业务包括 5 项 16 个种类，如稻谷、小麦、玉米、棉花、油料、烟叶、糖类、水果、蔬菜、饲料、塑料大棚等，养殖业保险业务包括 5 项 12 个种类，涵盖大牲畜、小牲畜、家禽以及水产养殖等农业生产领域，如大牲畜中的耕牛、奶牛等，小牲畜中的猪、羊等，家禽中的鸡、鸭、鹅等，水产养殖中的虾类、鱼类等，此外还包括兔、貂，险种多达 100 多个。

表 5-2 整理了 1982~2001 年中国人民保险公司农业保险业务的主要经营指标。可以看出，中国人民保险公司的保费收入自 1982 年以来实现了大幅增长，并于 1992 年达到 81 707 万元的峰值。公司农业保险业务体量的扩增相应导致农业保险赔款支出规模的增长，并于 1992 年达到 81 462 万元的峰值。从赔款率看，部分年份出现了保费收入未能覆盖赔款支出的亏损现象。

表 5-2　中国人民保险公司 1982~2001 年农业保险业务盈亏情况

年份	保费收入/万元	赔款支出/万元	赔付率
1982	23	22	95.7%
1983	173	233	134.7%
1984	1 007	725	72.0%
1985	4 331	5 266	121.6%
1986	7 804	10 637	136.3%
1987	10 027	12 604	125.7%
1988	11 529	9 546	82.8%
1989	12 932	10 721	82.9%
1990	19 244	16 723	86.9%
1991	45 503	54 194	119.1%
1992	81 707	81 462	99.7%
1993	56 107	64 691	115.3%
1994	27 272	36 572	134.1%

续表

年份	保费收入/万元	赔款支出/万元	赔付率
1995	49 592	36 450	73.5%
1996	57 469	39 481	68.7%
1997	71 253	48 167	67.6%
1998	61 683	47 681	77.3%
1999	50 840	35 232	69.3%
2000	45 214	30 700	67.9%
2001	39 804	28 500	71.6%

资料来源：《中国保险史》《中国人民保险公司业务统计资料汇编》

在区域范围内，逐渐出现区域农业保险公司（如新疆生产建设兵团）、山西太原的保险合作社、河南新郑的互助保险，以及民政部大范围试点的救灾合作保险组织等其他各种形式的农业保险组织。

1986 年，我国第二家具有独立法人资格的国有保险公司——新疆生产建设兵团农牧业生产保险公司成立，其基本经营原则是“低保额，低保费，实行基本保障”，经营范围是新疆生产建设兵团的农牧业生产保险，具有一定的经营专项性。1989 年，新疆生产建设兵团农牧业生产保险公司正式更名为新疆生产建设兵团保险公司，其保险险种范围进一步扩大，而非局限于农牧业生产保险，还涵盖了一般的财产保险和人身保险，但仍以农牧业生产保险为公司的主营保险业务，有力地保障了新疆生产建设兵团的农牧业生产。

表 5-3 整理了新疆生产建设兵团保险公司 1987~2003 年农业保险发展情况。可以看出，自 1987 年以来，新疆生产建设兵团保险公司的农业保险业务规模呈现持续高速增长，并于 2003 年达到 21 767 万元，相较 1987 年的业务规模增长约 17 倍。随着农业保险保费收入的持续增长，新疆生产建设兵团保险公司的农业保险赔款支出也相应增加，但农业保险赔款支出增速明显低于保费收入，农业保险赔付率总体维持在 70%左右。

表 5-3 新疆生产建设兵团保险公司 1987~2003 年农业保险发展情况

年份	保费收入/万元	赔款支出/万元	赔付率
1987	1 205	1 015	84%
1988	2 263	1 710	76%
1989	2 951	3 252	110%
1990	3 442	2 170	63%
1991	4 605	2 567	56%
1992	5 402	3 714	69%
1993	5 729	4 073	71%
1994	6 815	3 922	58%
1995	8 715	4 854	56%
1996	10 835	8 359	77%

续表

年份	保费收入/万元	赔款支出/万元	赔付率
1997	12 573	8 377	67%
1998	14 021	10 863	77%
1999	16 296	16 397	101%
2000	16 389	11 172	68%
2001	18 398	15 591	85%
2002	19 722	13 537	69%
2003	21 767	15 248	70%

资料来源：李军和段志煌（2004）

1987 年，我国在山西太原北郊试办了第一家农业保险合作社，拉开了我国农业保险合作社试点的序幕。该合作社隶属于金融系统，其性质是村民互助。合作社经营遵循独立核算、自负盈亏的原则，经营方针是“农民集股、政府支持、保险公司扶持”，其资金来源于农户每家 5 元（共筹资 20 万元）和地方政府给予财政支持 20 万元，再加上乡镇企业筹资的 25 万元。该合作社运营过程中涉及多方主体，包括农户、保险公司、合作社和政府，各方主体利益共享、风险共担。其中，农户是投保人，保险公司和合作社分别按照 30%和 70%的比例分担合作社的保险业务。

1990 年，我国第一个保险相互会社——农村统筹保险互助会在河南省新郑县（今新郑市）成立，属于农民互助共济性质的保险组织，这种农业保险组织形式很快便推广至河南全省。与农业保险合作社不同的是，农村统筹保险互助会是农户为了分担风险自发出资组织成立的，是非营利性的互助组织。农户既是保险人，又是被保险人。中国人民保险公司为互助会提供业务指导和技术管理，并承担 30%的保险业务。

四、1994~2003年农业保险组织形式重归单一

1994 年开始，中国人民保险公司全面向商业保险公司转轨，一切业务运作均与经济效益挂钩。农业保险自身具有高赔付率和非营利性的双重属性促使中国人民保险公司开始对其业务进行整顿，对亏损严重的业务实行战略性收缩，精简从业人员。随着中国人民保险公司的商业化改革，其他区域性农业保险组织的生存发展也陷入了困境，农业保险规模和保费收入逐步下降。市场上最终只剩下了中国人民保险公司和新疆生产建设兵团保险公司两种组织形式。中国人民保险公司经过一系列战略调整，最后也只有中国人民保险公司上海分公司成功运营。1994~2003 年，中国人民保险公司农业保险保费收入持续下降，保险赔款支出也产生较大降幅。

五、2004年之后的中国农业保险组织形式

2004 年以后，在建设社会主义新农村的背景下，我国农业保险组织形式开始呈现多样化发展趋势。在原国有独资公司经改制而成的股份制保险公司继续经营农业保险业

务的基础上，还出现了各种专业性农业保险公司、相互制农业保险公司、国有农业保险公司、商业保险公司共保体、地方政府与商业保险公司“联办共保”等多种农业保险组织形式。

（一）专业性农业保险公司

专业性农业保险公司的性质是商业保险公司，它是指专门经营农业保险或者以农业保险为主营业务的股份制保险公司。2004 年之后，我国共出现了三家专业性农业保险公司，分别是安信保险、吉林安华农业保险公司和安徽国元农业保险股份有限公司。三家专业性农业保险公司在业务经营上均属于“大农险”的业务范围，即不仅经营农业保险，还经营涉农保险。专业性农业保险公司的经营策略是“以险养险”，即用其他涉农险的盈余来弥补农业保险的经营损失。专业性农业保险公司的运营主要面临来自缺乏农业保险法律保障、政府财政补贴不足、税收优惠力度有待提高等方面的挑战。

（二）相互制农业保险公司

相互制农业保险公司是农业保险业特有的一种农业组织形式，也是当今世界农业保险市场上的一种主流组织形式之一，它是由参加保险的农户为自己办理保险而共同合作成立的法人组织。黑龙江阳光农业相互保险公司是我国第一家相互制农业保险公司，它成立于 2005 年 1 月 11 日，以服务“三农”作为基本定位，开展农业保险的经营原则是“先农险、后商险，先局部、后放大”。该公司成立后业务发展迅速，保费收入由 2005 年的 21 984 万元增长至 2020 年的 389 622 万元①。

（三）国有农业保险公司

国有农业保险公司包括国有独资农业保险公司，以及主导控制权归国家所有的农业保险公司。从是否以营利为目的的特征可以将国有农业保险公司进行区分，以营利为目的的国有农业保险公司与行业内其他商业保险公司共同竞争；不以营利为目的的国有农业保险公司主要承担政策性农业保险业务。国有农业保险公司的优势主要体现在他们为国家所有，有足够的资金实力，同时经营农业原保险业务和再保险业务。大多数国有农业保险公司不以营利为目的，在分散农业生产风险、保障农民收入、促进农村经济发展等方面发挥着不可替代的作用。

（四）商业保险公司共保体

商业保险公司共保体是指在得到政府授权后，两家或者两家以上的商业保险公司相互协定权责比例之后，分别按照约定的比例承担辖区内农业保险项目经营运作的一种保险组织形式，其保险费用分担和风险分担标准皆取决于先前约定的比例。以 2006 年 3 月 1 日成立的浙江省政策性农业保险共保体为例，共保体一共由 10 家保险公司组成，包括中国人民财产保险股份有限公司浙江省分公司、中华联合财产保险股份有限公司杭州

---

① 资料来源：阳光农业相互保险公司年度信息披露报告，https://www.samic.com.cn/servicesshow/444.html。

中心支公司、中国太平洋财产保险股份有限公司浙江省分公司、中国平安财产保险股份有限公司浙江省分公司、天安财产保险股份有限公司浙江省分公司、永安财产保险股份有限公司浙江分公司、华安财产保险股份有限公司浙江分公司、安邦财产保险股份有限公司浙江分公司、太平财产保险有限公司浙江分公司、中国大地财产保险股份有限公司杭州分公司。其中，中国人民财产保险股份有限公司浙江分公司分担共保体中大部分农业保险业务，成为“首席承保人”。这 10 家保险公司实行“单独建账、独立核算、盈利共享、风险共担”的核算管理制度，其经营原则是“政府推动+市场运作+农民自愿”。保险对象为具有一定规模的种养大户，保险标的选择了规模大、投入大、产出效益高的 11 种农产品。政府对共保体在保费（农险保费财政补贴）、税收（试点阶段免缴营业税）、赔付责任（政府按约定比例承担赔付责任）等方面给予了政策支持。

（五）地方政府与商业保险公司“联办共保”

农业保险的发展必须在政府主导、商业化运作和农户受益中寻求均衡。“联办共保”模式是一种利益共享、责任共担的保险组织形式，该组织形式包括保险公司和当地政府或当地政府的某个部门两个主体。两个主体按照“政策性保险+商业化运作”的模式开展农业保险业务。该经营形式中的农业保险“政策性保险”体现在，成立农业保险促进委员会并履行以下四项职能：①制订农业保险计划；②组织推动农业保险计划的执行；③完善农业保险机制；④管理农业保险基金。“商业化运作”是指在政府部门的组织推动下，保险公司具体负责农业保险方案的操作运行，具体组织实施业务、理赔、财务、基金等管理事项。地方政府与商业保险公司“联办共保”的农业保险组织形式在降低了保险公司单独经营农业保险的高风险的同时，又减小了政府财政兜底的压力。“联办共保”模式创立于江苏，在江苏“联办共保”的农业保险模式十多年的发展中，各地政府结合地方特色推出了适合当地的农业保险种类，地方农业保险的覆盖规模不断增大，政府为促进农户积极参与到农业保险中来，提高了农业保险的财政补贴比例；针对农业生产所面临的巨灾风险，政府也制定了相应的理赔方案，农户在巨灾损失中能够切实获得赔偿和保障。

但是，“联办共保”模式涉及政府、保险公司和农户三方利益主体，其利益诉求不完全一致。即便江苏“联办共保”模式为均衡协调三方利益积极采取措施，但仍存在政府财政负担偏重，缺乏完善的巨灾风险应对措施；保险公司经营动力不强，经营机制不完善；农户积极性不高且满意度较低等矛盾与问题。自 2019 年 1 月 1 日起，南京市将农业保险经营模式由“联办共保”转为政府指导下的保险机构独立承保，地方政府不再分担农业保险费用和赔偿责任。保费收入和保险赔偿均全额分配给保险公司。农业保险经营模式转变后，相关保费补贴政策继续执行，农民或农业生产经营组织投保的符合条件的保单，将继续由财政部门按照政策规定给予保费补贴，以保障新旧模式的平稳过渡。这种模式转变提升了保险机构的获利空间，有助于激发保险机构的积极性和主动性。同时，适度竞争机制的引入也有助于激活保险机构竞争活力，促进保险服务品质提升，提高农户的满意度。

第三节　中国农业保险经营制度

我国农业保险制度始于20世纪30年代。在农业保险发展的萌芽阶段，相继出现了官僚资本、民族资本及保险合作互助社等农业保险机构。但是由于当时中国面临不稳定的政治经济环境，农业保险发展也一直没有得到应有的重视，农业保险的试验并没有取得成功。改革开放后，随着农村经济体制改革及保险业务在全国范围内恢复，中国农业保险也开始逐渐复苏，并逐渐探索创新。中国农业保险经营制度主要经历了以下几个阶段。

一、计划经济向市场经济过渡时期的农业保险制度

1982 年，中国恢复农业保险业务后，探索并实施的第一种农业保险经营模式便是商业性保险企业独资经营农业保险的模式，也就是一般意义上的商业性农业保险。经营方式仅涉及买卖保险单的农业生产者和中国人民保险公司两方主体。中国人民保险公司负责厘定保险费率和制定保单细则，农业生产者通过购买农业保险保单而享受损失补偿的权利。1982~1990 年，该模式主要是借鉴苏联经验，中国人民保险公司基本上实行“低保额、低保费”自负盈亏的商业化经营。

由于中国人民保险公司在经营农业保险业务的二十多年里常年处于收不抵支的局面，1986 年以后，我国部分地区开始探索其他农业保险经营组织制度，让政府参与到农业保险中，保险公司和县（市）级政府按照“风险共担、利益均沾、同舟共济”的经营原则联合办理农业保险。当时比较有代表性的是中国人民保险公司广东部分县支公司与县（市）政府，两者的出资比例为 1∶1，保险赔偿比例分别为 60%和 40%，即保险公司和政府部门按照“五五共保、四六赔付、风险共担、盈余留地方”的方式联合开展农业保险业务。这种由地方政府和商业保险公司联合经营农业保险的方式能够有效发挥地方政府的职能，政府在利用行政权力组织和推动农业保险发展的同时承担着一定的风险责任。这种农业保险模式既在一定程度上缓解了农业保险基金不足、农户投保热情不高、农险保费收缴困难等问题，也降低了中国人民保险公司独自经营农业保险的风险，从而提高了保险公司整体经济效益。

二、市场经济确立初期的农业保险制度

1992 年，中国社会经济体制发生重大变革。在建立社会主义市场经济的大背景下，保险公司将利润最大化作为企业经营目标，政府在保险经营中的色彩逐渐淡化。农业保险业务因其高赔付率、非营利性的特点而逐渐遇冷。在这一时期，保险公司商业化经营目标使农业保险行业进入自由化发展和自主探索的局面。虽然农业保险存在巨大的潜在市场，但是农业保险的高赔付率使得保险公司望而却步，导致农业保险供给不足；

农业保险的高费率又严重抑制了农业保险需求。在供需双方的作用下，农业保险市场出现了市场失灵现象。

三、政策性农业保险制度

在农业保险市场萎缩，“三农”问题日益凸显，以及我国加入 WTO 的大背景下，政府逐渐认识到农业保险的准公共品特性使得它不能够完全由市场供应，必须由政府来为其提供经济、政策及法律支持。基于国际上农业保险模式的发展趋势，结合我国农业保险的发展经验，我国在 2002 年修订的《中华人民共和国农业法》中初次提及“政策性农业保险”这一概念。法律层面没有对“政策性农业保险”的概念进行明确阐述，一般可以认为，它是政府为支持农业发展而做出的一种制度安排，是按照概率论和大数法则，针对投保农户在种植业、林业、畜牧业、渔业和副业生产中因发生约定的保险事故而造成的保险标的的损失给予责任范围内的经济补偿的一种保险。不同于商业性质的农业保险，政策性农业保险具有非营利性和公益性的特点，并适应中国的农业生产力水平和农业生产方式。政策性农业保险涉及的主体主要有保险监督管理机构、地方政府、保险公司和农户。其中，农户是投保人，也是被保险人；保险公司是具体开展农业保险业务的保险人；各地方政府主要负责农业保险的宣传推广工作；保险监督管理机构主要负责监督管理农业保险业务的实施。表 5-4 整理了 2004 年以来有关农业保险的政策文件。

表 5-4　2004 年以来中国政策性农业保险相关政策文件

年份	发文单位	文件名称	文件内容
2004	国务院	《中共中央　国务院关于促进农民增加收入若干政策的意见》	加快建立政策性农业保险制度，选择部分产品和部分地区率先试点，有条件的地方可对参加种养业保险的农户给予一定的保费补贴
2005	国务院	《中共中央　国务院关于进一步加强农村工作提高农业综合生产能力若干政策的意见》	扩大农业政策性保险的试点范围，鼓励商业性保险机构开展农业保险业务
2006	国务院	《中共中央　国务院关于推进社会主义新农村建设的若干意见》	发展农业产业化经营。各级财政要增加扶持农业产业化发展资金，支持龙头企业发展，并可通过龙头企业资助农户参加农业保险
2007	国务院	《中共中央　国务院关于积极发展现代农业扎实推进社会主义新农村建设的若干意见》	探索建立中央、地方财政支持的农业再保险体系。鼓励龙头企业、中介组织帮助农户参加农业保险。加强农产品进出口调控。搞好对农产品出口的信贷和保险服务
2008	国务院	《中共中央　国务院关于切实加强农业基础建设进一步促进农业发展农民增收的若干意见》	支持发展主要粮食作物的政策性保险。建立健全生猪、奶牛等政策性保险制度。完善政策性农业保险经营机制和发展模式
2008	保监会	《关于做好 2008 年农业保险工作保障农业和粮食生产稳定发展的指导意见》	进一步扩大农业保险覆盖面。大力推动生猪保险、经济类农作物保险，积极为规模化养殖户、龙头企业及具有地方特色农业服务，延伸保险服务领域
2009	国务院	《中共中央　国务院关于 2009 年促进农业稳定发展农民持续增收的若干意见》	鼓励在农村发展互助合作保险和商业保险业务。探索建立农村信贷与农业保险相结合的银保互动机制
2009	保监会	《关于规范政策性农业保险业务管理的通知》	政策性农业保险产品实行“两级开发、一级管理、两级报备”的原则。在同一区域、同一农产品类别中，同一家公司不得同时使用两个或两个以上的政策性农业保险产品

续表

年份	发文单位	文件名称	文件内容
2009	保监会	《保监会关于进一步做好农业保险发展工作的通知》	进一步拓展重要粮油棉作物保险和大宗畜禽产品保险的覆盖面，努力提高小麦、水稻、玉米、棉花、油料作物保险以及能繁母猪和奶牛保险的承保率
2010	国务院	《中共中央　国务院关于加大统筹城乡发展力度进一步夯实农业农村发展基础的若干意见》	发展农村小额保险。健全农业再保险体系，建立财政支持的巨灾风险分散机制。探索建立出口信用保险与农业保险相结合的风险防范机制
2010	保监会	《关于进一步做好 2010 年农业保险工作的通知》	加大能繁母猪保险工作力度，继续贯彻落实“应保尽保”的要求。对地方支柱农业和特色农业，特别是肉、蛋、奶、渔、果、菜等“菜篮子”产品，要积极开展试点
2011	国务院	《中共中央　国务院关于加快水利改革发展的决定》	加强对水利建设的金融支持。鼓励和支持发展洪水保险
2012	国务院	《中共中央　国务院关于加快推进农业科技创新持续增强农产品供给保障能力的若干意见》	扶持发展渔业互助保险，鼓励地方开展优势农产品生产保险。对符合条件的种子生产开展保险试点，加大种子储备财政补助力度
2013	国务院	《中共中央　国务院关于加快发展现代农业进一步增强农村发展活力的若干意见》	开展农作物制种、渔业、农机、农房保险和重点国有林区森林保险保费补贴试点。创新适合合作社生产经营特点的保险产品和服务
2014	国务院	《关于全面深化农村改革加快推进农业现代化的若干意见》	启动东北和内蒙古大豆、新疆棉花目标价格补贴试点，探索粮食、生猪等农产品目标价格保险试点。探索开办涉农金融领域的贷款保证保险和信用保险等业务
2015	国务院	《中共中央　国务院关于加大改革创新力度加快农业现代化建设的若干意见》	将主要粮食作物制种保险纳入中央财政保费补贴目录。积极推动农村金融立法
2016	国务院	《中共中央　国务院关于落实发展新理念加快农业现代化　实现全面小康目标的若干意见》	积极探索农业保险保单质押贷款和农户信用保证保险。稳步扩大“保险 + 期货”试点。鼓励和支持保险资金开展支农融资业务创新试点。加快推进病死畜禽无害化处理与养殖业保险联动机制建设
2017	国务院	《中共中央　国务院关于深入推进农业供给侧结构性改革　加快培育农业农村发展新动能的若干意见》	开展农民合作社内部信用合作试点，鼓励发展农业互助保险。鼓励金融机构积极利用互联网技术，为农业经营主体提供小额存贷款、支付结算和保险等金融服务。探索建立农产品收入保险制度。采取以奖代补方式支持地方开展特色农产品保险
2019	财政部、农业农村部、银保监会、林草局	《关于印发〈关于加快农业保险高质量发展的指导意见〉的通知》	进一步完善农业保险政策，提高农业保险服务能力，优化农业保险运行机制，推动农业保险高质量发展，更好地满足“三农”领域日益增长的风险保障需求

2019 年 9 月，财政部、农业农村部、银保监会、林草局联合发布了《关于加快农业保险高质量发展的指导意见》。我国农业保险快速发展，当前已成为世界上农业保险保费规模最大的国家。但与此同时，仍然要认识到我国农业保险制度与发达国家存在的差距，我国农业保险发展仍然存在保障水平总体偏低的问题，同时不可避免地存在较强的逆向选择和道德风险问题。当前，农业农村现代化建设及乡村振兴对农业保险保障水平、保障力度等提出了新的、更高的要求。在这样的背景下，该指导意见主要明确了以下问题：第一，初次明确农业保险所具备的政治属性，确立了农业保险的政策性地位；第二，对现有农业保险的内涵和外延进行了扩充，在林业、种植业、养殖业保险的基础上鼓励开展综合险、短期意外险等“农业保险+”模式；第三，在新的历史阶段提出提质增效、转型升级的要求，明确农业保险发展目标、统一顶层设计、加大财政支持、明晰地方责任及完善基础设施建设等。该指导意见的出台标志着我国农业保险发展步入了高质量发展阶段。

四、政策性农业保险高质量发展

自开始政策性农业保险试点以来，保险经营主体不断增多、补贴险种种类不断丰富、保险规模不断上升、运行机制不断完善，在我国脱贫攻坚和乡村振兴战略中发挥了积极作用，为农业生产者提供了重要的风险保障。但随着现代农业的发展，农业保险的需求也在不断变化，现行农业保险在服务能力、运行机制、基础设施建设、组织实施等方面都与现实需要和高质量发展要求存在差距，亟须转型升级。为此，2019 年 9 月，财政部、农业农村部、银保监会、林草局提出《关于加快农业保险高质量发展的指导意见》。

根据《关于加快农业保险高质量发展的指导意见》，政策性农业保险的高质量发展是一种“实施目标更加明确、政府责任更加清晰、基础设施更加完善、财政支持政策更加有力”的发展状态，以政府引导、市场运作、自主自愿、协同推进为基本原则，旨在与农业农村现代化发展阶段相适应、与农户风险保障需求相契合。推动政策性农业保险高质量发展主要体现在四个方面：第一，符合国家政策，服务于国家战略。农业保险紧密围绕乡村振兴战略和打赢脱贫攻坚战，立足于农业供给侧结构性改革，逐渐成为农业支持政策体系的重要支柱之一。第二，农业保险服务能力提升，更好地满足“三农”领域风险保障需求。农业保险不断契合农业发展新趋势，在维护粮食安全和重要农产品保障战略的基础上，逐步扩大保险覆盖面，并积极开展小麦、玉米等完全成本保险和收入保险试点，促进农户收入稳定。第三，优化农业保险运行机制。积极按照“政府引导，市场运作”的原则，明确政府与市场的责任边界，并进一步清理、规范农业保险市场，健全农业风险防范机制，守住不发生系统性风险的底线。第四，加强农业保险基础设施建设。将农业保险与科技相结合，探索建立科学的保险费率拟定和动态调整机制，进一步提升农业保险信息共享水平。

目前我国农业保险在深度和广度方面与发达国家相比仍然存在一定差距，因此，推动政策性农业保险实现高质量发展，应尽快构建完善多层次的政策性农业保险体系，发挥后扶贫时代农业保险的保障功能，坚持优化农业保险运行机制，实现“保险+科技”的模式创新，筑牢农业保险的长效发展基础，从而真正做到支农、惠农、强农、富农。

第四节　中国农业保险补贴制度

农业保险补贴制度是各级财政为了支持农业保险发展所提供的一系列的财政补贴制度，包括为保险标的提供保费补贴的制度、为保险机构的经营管理费用提供补贴的制度、为巨灾风险和农业再保险提供补贴的制度。当前我国在农业保险中主要实施的补贴制度是为农户提供保费补贴的制度。

从需求角度来说，农业是弱势产业，农业生产销售过程中灾害较为频繁，面临更多的不确定性，从而使得触发保险条款赔付的概率增大，保费较高，农户常常由于认知有限或支付能力有限而不愿意购买农业保险。从供给的角度来说，农业保险高赔付率、低盈利水平的特征，以及农业保险领域较高的道德风险和逆向选择问题，使保险公司经营农业保险产品经常处于亏损状态，从而导致保险公司不愿开办农业保险业务。同时，农业保险具有准公共品特性，因此，农业保险的发展离不开政府的扶持。基于以上原因，政府实施农业保险保费补贴制度可以缓解农业保险的供需矛盾，使保费达到保险公司和农户都能接受的某个均衡水平。

2007 年，我国农业保险补贴政策全面启动，确定了包括吉林、内蒙古、新疆、江苏、四川、湖南在内的六个试点地区。2008 年进一步扩大农业保险补贴政策试点范围，将安徽划为试点区域。中央财政保费补贴的基本原则是政府引导、市场运作、自主自愿、协同推进。2020 年，在决胜全面建成小康社会的关键阶段，政策性农业保险发展进入了新的阶段，执行了更为科学的补贴政策，促进农业经营主体更多地参与到农业保险中来。表 5-5 为我国 2007~2019 年中央财政和地方财政补贴农业保险的相关政策。

表 5-5 2007~2019 年我国部分保费补贴政策

年份	发文单位	文件名称	文件内容
2007	财政部	《能繁母猪保险保费补贴管理暂行办法》	2007 年开始，财政部根据地区间财力差异，对能繁母猪保险业务给予适当保费补贴（按照保费的一定比例，为所投保的养猪户提供直接补贴）
2007	财政部	《中央财政农业保险保费补贴试点管理办法》	选择部分地区开展中央财政农业保险保费补贴试点工作，2007 年选择的试点省份为吉林、内蒙古、新疆、江苏、四川、湖南
2008	财政部	《中央财政种植业保险保费补贴管理办法》	财政部对省级政府引导有关农业保险经营机构开展的特定农作物种植业保险业务，按照保费的一定比例，为投保的农户、龙头企业、专业合作经济组织提供补贴
2008	财政部	《中央财政养殖业保险保费补贴管理办法》	财政部对省级政府引导有关农业保险经营机构开展的特定品种的养殖业保险业务，按照保费的一定比例，为投保的农户、养殖企业、专业合作经济组织提供补贴
2010	财政部	《关于 2010 年度中央财政农业保险保费补贴工作有关事项的通知》	在种植业保险、养殖业保险、森林保险以及天然橡胶保险中关于补贴品种、补贴地区、补贴比例、补贴条件的调整
2011	财政部	《财政部关于 2011 年度中央财政农业保险保费补贴工作有关事项的通知》	关于种植业保险、养殖业保险、森林保险、天然橡胶保险补贴比例的调整
2012	财政部	《关于进一步加大支持力度做好农业保险保费补贴工作的通知》	在现行政策基础上，财政部将进一步加大对农业保险的支持力度，增加保费补贴品种、扩大保费补贴、支持提高保障水平
2013	财政部	《关于 2013 年度农业保险保费补贴工作有关事项的通知》	提高中央财政育肥猪保险保费补贴比例（在地方财政至少补贴 30%的基础上，中央财政育肥猪保险保费补贴比例由 10%提高至中西部地区 50%、东部地区 40%）
2015	保监会、财政部、农业部	《中国保监会 财政部 农业部关于进一步完善中央财政保费补贴型农业保险产品条款拟订工作的通知》	推动中央财政保费补贴型农业保险产品创新升级，主要包括 4 个方面：扩大保险范围、提高保障水平、降低理赔门槛、降低保费费率
2016	财政部	《中央财政农业保险保险费补贴管理办法》	在补贴政策上，扩大了农险补贴的险种，保费比例也有所调整，尤其加大对产粮大县的三大粮食作物的财政补贴力度；在保险方案上，创新性地提出了"无赔款优待"方式
2016	财政部	《财政部关于加大对产粮大县三大粮食作物农业保险支持力度的通知》	规定省级财政对产粮大县三大粮食作物农业保险保费补贴比例高于 25%的部分，中央财政承担高出部分的 50%
2018	财政部	《关于将三大粮食作物制种纳入中央财政农业保险保险费补贴目录有关事项的通知》	将种子纳入中央财政保费补贴目录，促进种业发展

续表

年份	发文单位	文件名称	文件内容
2019	财政部	《关于开展中央财政对地方优势特色农产品保险奖补试点的通知》	在内蒙古、山东、湖北、湖南、广西、海南、贵州、陕西、甘肃、新疆等 10 个省份，对省级财政引导小农户、新型农业经营主体等开展的符合条件的地方优势特色农产品保险，按照保费的一定比例给予奖补，支持地方特色农产品保险发展

财政提供保费补贴是政策性农业保险的基本特征之一。保费补贴是我国政策性农业保险制度的关键，也是驱动我国农业保险业务发展的重要动力（庹国柱，2019）。如表 5-5 所示，2007 年以来，各部门发布了数个指导我国农业保险补贴的政策文件，这些文件对促进我国政策性农业保险补贴的发展提出了指导意见。这些意见虽然不是系统发布的农业保险补贴政策，但却是根据当时农业和农村发展环境和实践状况提出来的农业保险补贴制度建设中最需要解决的问题，适时指出了农业保险的具体政策要点和发展方向，具有极强的针对性和导向性。尤其近年来政策文件对于保费补贴的关注更加说明了作为现代服务业重要组成部分的保险行业，特别是农业保险在乡村振兴中的重要作用。补贴结构（包括保险险种结构，补贴项目类别结构、补贴的地区结构等）的确定是补贴政策的重要内容，补贴结构的变化反映出农业保费补贴的政策导向。我国历年发布的文件不仅明确提出了对农业保险保费的补贴原则，而且随着政策性农业保险的试点和全面铺开的发展趋势，在慎重确定保险费补贴标的的同时，逐步提升了补贴力度。

2007 年以来，财政部贯彻落实党中央、国务院有关精神，按照政府引导、市场运作、自主自愿、协同推进的原则，实施了农业保险保费补贴政策，在农户和地方自愿参加的基础上，为投保农户提供一定的保险费补贴，引导和支持其参加农业保险。补贴品种已由最初的种植业 5 个，扩大至种、养、林 3 大类 15 个，基本覆盖了关系国计民生和生态安全的主要大宗农产品；补贴区域已由 6 省（区）稳步扩大至全国；补贴比例也在逐步提高，并结合区域、险种情况实施了差异化补贴政策。

政策性农业保险制度创建之初，财政部就明确将农业保险保费补贴作为中央和地方财政的共同事权，采取了“中央和地方财政共同补贴大头、农户支付小头”的保费分担模式（何小伟等，2019）。2016 年底，财政部出台了《中央财政农业保险保险费补贴管理办法》，进一步强化了这种分担模式，并对中央和地方财政的补贴责任进行了明确的划分。如表 5-6 所示，对于地方自愿开展的种植业保险业务，其保险费在省级财政至少补贴 25%的基础上，中央财政对中西部地区补贴 40%，对东部地区补贴 35%，对中央单位（如新疆生产建设兵团、中央直属垦区）补贴 65%；而对于地方自愿开展的养殖业保险业务，其保险费在省级财政至少补贴 30%的基础上，中央财政对中西部地区补贴 50%，对东部地区补贴 40%，对中央单位补贴 80%。

表 5-6　中央财政农业保险保费补贴标准一览表

保费补贴标的		保费补贴比例
种植业	玉米、水稻、小麦、棉花、马铃薯、油料作物、糖料作物	在省级财政至少补贴 25%的基础上，中央财政分担比例如下：中西部地区 40%；东部地区 35%；中央单位 65%
养殖业	能繁母猪、奶牛、育肥猪	在地方财政至少补贴 30%的基础上，中央财政分担比例如下：中西部地区 50%；东部地区 40%；中央单位 80%

续表

保费补贴标的		保费补贴比例
森林	已基本完成林权制度改革、产权明晰、生产和管理正常的公益林和商品林	公益林：地方财政至少补贴 40%，中央财政补贴 50%；对大兴安岭林业集团公司，中央财政补贴 90%。商品林：省级财政至少补贴 25%，中央财政补贴 30%；对大兴安岭林业集团公司，中央财政补贴 55%
其他品种	青稞、牦牛、藏系羊、天然橡胶，以及财政部根据党中央、国务院要求确定的其他品种	在省级财政至少补贴 25%的基础上，中央财政补贴 40%；对中央单位补贴 65%

资料来源：财政部 2016 年发文《中央财政农业保险保险费补贴管理办法》

第五节　中国农业保险税收制度

农业保险税收制度是指税务部门为农业保险业务专门设立的税收制度，包括农业保险的营业税和所得税制度。我国现行的农业保险税收制度是在 1983 年我国实行利改税的财税体制改革之后逐步建立起来的。当前，我国并没有单独对农业保险税制做出规定，只是在相关的法律和条例里有所规定。我国对保险机构经营农业保险业务的税收缴纳主要做出了如下几点规定。

一、免征营业税，“营改增”之后，免征增值税

《农业保险条例》明确规定，“保险机构经营农业保险业务，应当与其他保险业务分开管理，单独核算损益”。我国农险免征营业税的税基主要包括向投保人收取的农业保险保费；当存在分保业务时，税基则主要基于分出公司以农业保险保费收入的总额减去分出业务的保费总额部分。“营改增”之后，也不缴增值税。由于城市维护建设税和教育费附加税是以营业税为计税依据的，而我国农业保险业务的营业税是被免除的。因此，城市维护建设税和教育费附加税也相应减免。

二、免征印花税

《国家税务局关于对保险公司征收印花税有关问题的通知》（国税地字〔1988〕37 号）第二条关于财产保险合同的贴花问题中规定，为了支持农村保险事业的发展，照顾农牧业生产的负担，对农林作物、牧业畜类保险合同暂不贴花。

三、企业所得税优惠

巨灾风险往往导致农业生产受到严重侵害，因此，为鼓励保险公司积极拓宽业务，对农业生产提供更多的保障，财政部、国家税务总局于 2012 年发布《财政部 国家税务总局关于保险公司农业巨灾风险准备金企业所得税税前扣除政策的通知》，要求对财政给予种植业险种保费补贴的，按不超过补贴险种当年保费收入 25%的比例计提的巨灾风

险准备金，准予在企业所得税前据实扣除。财政部 2017 年发布的《关于延续支持农村金融发展有关税收政策的通知》明确了金融机构农户小额贷款、农业保险等业务领域的税收政策。自 2017 年 1 月 1 日至 2019 年 12 月 31 日，对保险公司为种植业、养殖业提供保险业务取得的保费收入，在计算应纳税所得额时，按 90%计入收入总额。这一政策规定是对之前农业保险优惠政策的延续。由于企业所得税的应纳税额基数为企业利润，保费收入计算减少了会降低与之对应的利润总额，从而减少了企业的应纳税额。

税收免征及税收减征本质上也是国家财政对政策性农业保险提供的间接补贴。这些间接补贴增加了保险公司利润的同时，也使他们的资金积累能力有所提高。根据税收政策进行粗略估算，我国对农业保险的主要税种的税收减免从 2010 年的 7.33 亿元提高到 2012 年的 12.99 亿元（杨秀玲，2015）。表 5-7 整理了自 1983 年之后实施的有关农业保险的税收政策。

表 5-7　1983 年之后的部分农业保险税收政策

年份	发文单位	文件名称	文件内容
1988	国家税务总局	《国家税务局关于对保险公司征收印花税有关问题的通知》	为了支持农村保险事业的发展，照顾农牧业生产的负担，对农林作物、牧业畜类保险合同暂不贴花
2009	财政部、国家税务总局	《财政部 国家税务总局关于保险公司提取农业巨灾风险准备金企业所得税税前扣除问题的通知》	保险公司经营中央财政和地方财政保费补贴的种植业险种，按不超过补贴险种当年保费收入 25%的比例计提的巨灾风险准备金，准予在企业所得税前据实扣除
2010	财政部、国家税务总局	《财政部 国家税务总局关于农村金融有关税收政策的通知》	自 2009 年 1 月 1 日至 2013 年 12 月 31 日，对保险公司为种植业、养殖业提供保险业务取得的保费收入，在计算应纳税所得额时，按 90%比例减计收入
2012	国务院	《农业保险条例》	保险机构经营农业保险业务依法享受税收优惠
2013	财政部	《农业保险大灾风险准备金管理办法》	保险机构应当分别按照农业保险保费收入和超额承保利润的一定比例，计提大灾准备金，并逐年滚存。保险机构当期计提的保费准备金在成本中列支，计入当期损益；计提的利润准备金，在所有者权益项下列示。保险机构计提大灾准备金，按税收法律及其有关规定享受税前扣除政策
2017	财政部、国家税务总局	《财政部　税务总局关于延续支持农村金融发展有关税收政策的通知》	自 2017 年 1 月 1 日至 2019 年 12 月 31 日，对保险公司为种植业、养殖业提供保险业务取得的保费收入，在计算应纳税所得额时，按 90%计入收入总额

本章小结

本章结合我国农业保险发展的历史背景，对不同时期的农业保险发展状况、组织形式和经营制度进行总结分析，并对我国现行的农业保险补贴制度和税收制度进行介绍。

关键词

政策性农业保险　组织形式　经营制度　农业保险补贴制度　税收制度

思考题

1. 谈谈中国农业保险制度组织形式历次演变的经济背景。
2. 我国现阶段存在哪些农业保险制度经营形式？有何异同点？

专业术语

相互农业保险公司：相互农业保险公司是一种兼顾股份公司形态、保险经营技术和合作保险组织保护权益的保险公司。相互保险公司没有股本，以负债性质的基金作为其主要资金来源，公司兼有被保险人和公司所有人的双重身份，在公司中有选举权和收益权。

专业性农业保险公司：专业性农业保险公司是指专门或者主要经营农业保险的股份制保险公司，专业性农业保险公司也属于商业保险公司。

联办共保：保险公司根据业务需要，与当地政府或政府的某个部门联合起来共同经营农业保险，实行利益共享、责任共担、联合共保的保险组织经营形式。

参考文献

何小伟，庹国柱，谢远涛. 2019. 农业保险保费补贴的央地责任分担：基于区域公平的视角[J]. 保险研究，（4）：3-14.

黄英君. 2011. 中国农业保险发展的历史演进：政府职责与制度变迁的视角[J]. 经济社会体制比较，（6）：174-181.

李军，段志煌. 2004. 农业风险管理和政府的作用[M]. 北京：中国金融出版社.

庹国柱. 2019. 我国农业保险政策及其可能走向分析[J]. 保险研究，（1）：3-14.

吴东立，谢凤杰. 2018. 改革开放 40 年我国农业保险制度的演进轨迹及前路展望[J]. 农业经济问题，（10）：24-32.

杨秀玲. 2015. 我国政策性农业保险税收政策现状与对策建议[J]. 经济论坛，（2）：103-105.

张传洲. 2005. 关于我国农业保险体系目标模式的选择[J]. 金融与经济（5）：53-54.

本章拓展阅读

第二篇

农业细分行业保险

第六章

种植业保险

种植业保险是农业保险中最重要的内容之一，也是最具特点的保险业务之一。有的国家把它叫作农作物保险，这类保险往往获得各级政府的财政支持。

第一节　种植业和种植业保险概述

一、种植业概述

（一）种植业的概念及意义

种植业是指通过农业生产获得粮食、饲料及工业原料的生产行业。种植业对国计民生及国家粮食安全具有特殊重要意义，但又受制于自然条件。因此种植业发展成为我国最重要的经济及社会问题之一。

（二）种植业的分类

（1）粮食作物。主要包括禾谷类作物（水稻、小麦、玉米、高粱、粟、稷等）、豆类作物（大豆、绿豆等）、薯芋类作物（甘薯、马铃薯、山药等）。

（2）经济作物。包括纤维作物、油料作物、糖料作物、原料作物、药用作物，以及其他经济作物，如香料作物、嗜好类经济作物、工业用作物等。

（3）蔬菜作物。蔬菜作物分为瓜类、茄果类、葱蒜类、绿叶类、水生类、甘蓝类、白菜类、豆类、食用菌类等。

（4）肥料及饲料作物。包括主要用于牲畜饲料或肥田的植物，如苜蓿、黄花、田菁、紫云英、沙打旺、草木樨、水花生、水浮莲、绿萍等。

（5）园艺作物。园艺作物分为花卉作物和其他园艺作物。其中花卉作物主要包括玫瑰、月季、君子兰等；其他园艺作物包括盆栽观赏花木、工艺盆景、以装饰为目的的植物（如草皮）等。

（6）水果和果树。主要分为仁果类、核果类、浆果类、坚果类、柑果类、亚热带及热带水果类。

二、种植业风险和种植业保险

（一）种植业风险及其分类

种植业风险是指种植业生产经营者因遭受不确定性的风险而导致的损失。该保险主要承保气象、病虫及地质灾害等自然灾害带来的损失。财政部 2016 年发布的《中央财政种植业保险保费补贴管理办法》规定了种植业险种的保险责任，并表明对于因人力无法抗拒的自然灾害，财政部会提供保费补贴。规定中列举的灾害包括：暴雨、洪水（政府行蓄洪除外）、内涝、风灾、雹灾、冻灾、旱灾、病虫草鼠害等。各地区可选择对本地种植业生产影响较大的自然灾害进行补贴。

（二）种植业风险的特点

种植业风险具有普遍性、区域性、季节性、持续性与伴发性等特征。

（1）普遍性。任意时间、地点，都可能发生各种各样的灾害。同一地区既可能干旱也可能多雨。在同一时间，一个地区多雨成涝，另一地区却少雨干旱。

（2）区域性。我国幅员辽阔，地理条件从北至南、从东至西不断变化，气象灾害种类很多。但总的来说，北方旱灾多，南方雨涝多。

（3）季节性。我国很多灾害每年都会呈季节性反复出现。例如，南涝北旱一般发生在春季，而南旱北涝常发生在盛夏；霜冻在北方发生于春季，在东北、华北及西北地区主要发生于秋季，在江南、华南及西南地区则主要发生在冬季。

（4）持续性。持续性表现在两个方面：一是同一类灾害连季发生，二是同一类灾害连年发生。

（5）伴发性。一个灾害会诱发其他灾害的发生，如台风伴着暴雨来袭；大风和暴雨时会发生雹灾；秋季的连阴雨往往伴随着低温，潮湿和高温共同诱发病虫害。

与种植业风险相呼应，从保险角度来看，种植业风险具有巨大性、非均衡性、难以预测性、自然现象综合影响等特点。种植业风险造成的种植业生产者的损失则具有损失价值的季节性、自我恢复性、灾害与受益的二重性等特点。

（三）种植业保险的概念

种植业保险是指以农作物作为保险标的并事先约定灾害事故，如约定的事故在生产或初加工过程中发生，则其造成的经济损失由保险人承担赔偿责任的保险。

（四）种植业保险的分类

种植业生产的对象繁多，一般可将种植业保险按照两种标准进行划分。

一是按保险标的种类划分为五大类：粮食作物保险、经济作物保险、蔬菜园艺作物保险、水果及果树保险和其他种植业保险。这一划分方法的依据是目前的农业保险管理制度，以务实为特点，便于业务管理。

二是按农作物的生长时期划分为如下两类。

（1）生长期农作物保险是以处在生长阶段的作物为保险标的，是种植业保险的主要业务。

（2）收获期农作物保险是指农作物从采摘或收割起到完成简单加工进入仓储阶段之前这一特定时间段的保险，如收获期农作物火灾保险。这是一种介于农业保险与家庭财产保险中间的短期风险保险。

第二节　粮食作物保险

一、粮食作物与粮食作物保险的特点

（一）粮食作物的特点

粮食作物又称食用作物，收获的产品富含淀粉、蛋白质，是能为人类提供主要食物的一类作物。粮食作物可以分为禾谷类作物、豆类作物与薯芋类作物。其中，禾谷类作物包括水稻、冬小麦、春小麦、青稞、莜麦、黑麦、燕麦、玉米、高粱、谷子等；豆类作物包括大豆、蚕豆、豌豆、绿豆、小豆、豇豆、菜豆、鹰嘴豆等；薯芋类作物包括甘薯、马铃薯等。

与其他作物生产相比，粮食作物生产有如下特点。

（1）有很强的政治意义。粮食生产关系国计民生，我国自古就有无粮则乱之说。因此，世界各个国家，尤其是发展中国家对粮食生产十分重视，视粮食安全为整个国民经济和社会稳定的基础。

（2）播种面积广，风险大。粮食作物是典型的大田作物，最易遭受自然灾害，且灾害面积大，风险集中。

（3）比较利益低，从事粮食生产的农民收入不高。粮食的价格虽然是由市场决定的，但作为人们每日不可或缺的生活品，其价格不可能偏高，而粮食生产成本不低，特别是在我国这样小规模农户经营的条件下，其利润率十分有限。与生产其他作物相比，粮食生产的比较收益也相对较低，这势必造成从事粮食生产的农民收入低，经济承受能力差。国家因此连年出台包括对种粮农户的直接补贴、粮食收购保护价格、农业生产资料补贴等政策予以扶持。

（二）粮食作物保险的特点

粮食作物保险的标的物是生长期的粮食作物。根据标的物的不同，分为大豆、水稻、玉米、小麦及其他粮食作物保险等。粮食作物保险具有以下几个主要特点。

（1）风险大，赔付率高。粮食作物生产面临各种频繁的气象灾害与病虫害等，风

险大，因此，粮食作物保险的赔付率往往非常高。

（2）业务开展难度大。与生产经济作物的农民相比，生产粮食的农民收入更低，保险费承受能力更差。同时，由于多是大田生产，定损、理赔的难度大、成本高，造成粮食作物保险的商业性经营较难开展。

（3）政策性强。由于粮食作物生产涉及国家的粮食安全问题，许多国家在开展农业保险时，一般首先把粮食作物中涉及国计民生的种类的保险列入政策性保险范围。

二、粮食作物保险的技术要点

本节将主要介绍水稻、小麦、玉米和大豆的保险，并总结粮食作物保险实务操作中的技术要点。

（一）水稻保险的技术要点

1. 水稻保险标的的确定

水稻保险标的是根据稻种的分类和生育期确定的：一是按不同的自然地区环境适宜生长的水稻品种确定，如有的是常规水稻，有的是杂交水稻，还有的是杂交水稻制种保险等；二是按生育期确定，如秧田期保险或大田期保险等；三是为满足某种特殊需要来确定，如两系法杂交水稻制种过程中存在着因低温条件致使母本变性而自花授粉的风险，也可以为这种制种过程中的风险提供保险保障。

一般而言，水稻按照种植地点、所有者（农户）及水稻种植的面积确定标的。

2. 保险责任的选择

水稻保险责任包括旱灾、水灾、雹灾、风灾、霜冻、病虫害、抽穗扬花期的低温阴雨、成熟期的穗发芽、两系杂交稻制种期间敏感期的低温等保险责任。一般宜选择单一或几项保险责任。

3. 保险期限

考虑到地区间的差异、品种的不同和选择保险标的方式不同，保险期限在水稻生长期中有长和短，如秧田期保险仅限在播种至移栽前；大田期常规水稻保险是从移栽成活开始至开镰收割时止；两系杂交水稻制种的保险期限是幼穗分化敏感期，只有 10 天。因此，应根据不同地区、不同地理环境和不同品种或组合及季节具体确定保险期限。

4. 保险金额的确定

保险金额的计算通常有两种办法。

（1）按平均收获量的成数确定保险金额。以前 5 年的平均产量约定成数为承保的亩产量，再乘以双方商定价格为每亩保险金额。

（2）按水稻全生育期投入的物化成本确定保险金额，一般以亩平均计算。

5. 查勘定损与赔偿

（1）鉴定水稻灾损原因的方法。水稻各种灾害的鉴定，有赖于周到的现场调查、田头会诊、室内鉴定和研究分析。对于情况比较复杂、原因一时不明的灾害，还要进行必要的科学试验，观察对比，并设一定时间的观察期。总之，要经过一番耐心细致的调查研究工作，才能做出正确的鉴定。

田间鉴定。田间鉴定就是现场调查、田头会诊。

室内鉴定。通过田间鉴定，有的问题一时无法解决，则需在室内做进一步检查，才能得出结论：一是水分测定。例如，若遭受旱灾，可把稻田土壤取样回来，测定其土壤的含水量。对于生长中的水稻来说，当土壤含水量降到田间持水量的40%时，水孔停止吐水；降到30%时，稻叶开始凋萎；再降到20%时，从叶尖开始干枯。二是化学成分的化验测定。例如，环境污染的酸（碱）害、盐害、烟害、污水害等可在现场采集样本带回室内进行化验测定，以区别属何种责任。

根据生长规律进行鉴定。水稻遭灾后，是否构成损失与水稻的生育期、品种的抗性都有密切关系，同时与灾害维持的时间有关：一是苗期和分蘖期，这段时间是水稻抗性较强的时期，如被洪水淹过2~6天的水稻，出水后仍能恢复生长。这段时期的抗旱能力较强，而风灾对它的影响也不大，如若这一期间没有造成死苗，可暂不赔款，只把灾害记录在册，到秋后再测减产量。二是孕穗期和抽穗扬花期，这两个时期是水稻抗性最弱的时期，在此期间无论遭受什么灾害都会出现不同程度的减产或绝产。三是乳熟期和蜡熟期，这两个时期除山洪暴发或洪涝溃垸和大冰雹造成绝产外，其他都只能造成部分损失。

间接鉴定。通过田间、室内鉴定后，有的从直观上看确实受损，但按条款中规定的指标没有达到或属非保险责任构成的混合损失。因此，必须借助有关技术部门的证明来判断是否构成保险赔偿责任。例如，晚稻中的风灾主要是指寒露风，而寒露风没有一个标准。就籼稻而言，抽穗扬花期必须连续三天日平均气温低于 23℃，并伴有雨，否则不是寒露风。又如，有的特约承保病虫害，其发病指数和虫口密度也有一个基数，并不是得了病有害虫就付赔款。所以，鉴定是否属于保险责任，必须根据有关部门的指标来进行综合分析，再做出赔与不赔的结论。

（2）损失程度的核定。水稻遭受保险责任范围的灾害而造成全部绝产时，按条款规定给予赔偿。但在实践中，大多数都是造成部分损失，这样在查勘定损时应详细调查，核定损失程度，其方法如下所示。

经验估损法。通过保险人、被保险人、农艺师、村委会等有关人员组成核损小组，凭经验测损。但是，此种方法容易引起争议。

查苗、穗、粒重估测定损法。这种方法适用于测定还没有收获的水稻损失。通过现场查勘和计算，把样本地块的每亩损失数量算出来，也就是根据水稻产量构成因素推算损失。其方法是根据被保险人填报的损失清单，分成损失程度不一的几个类型，再从每个类型中抽取 5%~8%的田块，并从这些田块中采取等距式、棋盘式或梅花式的取样方法，查损失的苗、穗、粒重，然后求出每亩的损失程度。在田间取样时，必须离田埂、路边 5 尺以上距离，不要把边间优势的苗、穗、粒列入抽样的样本中。在水稻前、中期遭受灾害后，对损失程度难确定的，可设 10~15 天的观察期，以观察后测定的数据来确定损失程度。

抽样实割实测估损法。实割实测是在水稻收割前几天，通过对样本田块水稻的实际收割、单脱、单晒、单独过秤来取得产量数字的一种方法。有三种方式，即竿测法、圈测法和框测法。

（3）赔款计算要点。

第一，赔款扣除的计算方法。

造成保险水稻损失的因素是多方面的，除属于保险责任范围内的灾害外，也包括非保险责任的灾害和被保险人管理不善造成的损失。因此，在计算水稻赔款时需要扣除。

一是有效穗不足的扣除。在保险有效期内，如若仅遭到抽穗扬花期的低温阴雨，使每穗的实粒数减少而减产。在抽样测产时必须调查每亩的有效穗数，同时与没有遭灾田和同类品种或农业技术部门规定的有效穗数进行比较，每亩有效穗不足的应在赔款计算时扣除，因低温阴雨只影响实粒数，穗数不足属于除外责任。

二是实粒数不足的扣除。在水稻抽穗扬花期没有遭受灾害而在生育前期或后期遭灾只影响每亩有效穗数和千粒重，如果粒数与正常田相比也减少了，在赔款计算时也应给予扣除。

三是千粒重不足的扣除。水稻生长期间，只要不是在抽穗扬花以后遭受灾害，千粒重是不会降低的，如果在前、中期遭灾的，千粒重有降低的也要在赔款中扣除。

第二，赔款计算。

一是全部损失的赔款计算，无论是保成本或保产量成数，全部损失的赔款计算公式为

$$赔付金额=每亩保险金额\times 受损时该生育期赔付标准\times 投保面积$$

二是部分损失。保成本的赔款计算公式为

$$赔付金额=保险总金额-收获总产量\times 单价$$

保产量成数的部分损失赔款计算公式为

$$\begin{aligned}赔付金额=单价\times[&(每亩\ 5\ 年平均产量\times 承保成数)\\&-(每亩收获产量+非保险责任扣除产量)]\times 受损面积\end{aligned}$$

在以上部分损失赔款计算方法中，如若投保面积小于实际种植面积，且无法区分保险与非保险面积时，均按比例分摊。

（二）小麦保险的技术要点

1. 保险标的的确定

保险标的的确定有以下关键点。

（1）小麦投保必备的两个条件：小麦的品种和种植密度需要与种植地的常见品种和技术要求相契合；投保时，小麦正常生长。

（2）不保标的情况包括：①小麦种植在开垦荒地后不足 3 年的地区或河滩地；

②小麦种植在水位警戒线以下地区、行洪区、泄洪区；③小麦正在遭受灾害。

2. 保险责任的选择

自然灾害对小麦的生长发育乃至收获影响很大，并且小麦灾害成因复杂，遇灾的概率大、范围广、灾情重。干旱、冰雹、干热风、暴雨、霜冻、雪灾和病虫害等灾害经常会发生，常会造成局部地区的毁灭性损失，故可以作为保险责任。

3. 责任免除

小麦保险的责任免除与其他种植业保险大体相同，主要是国家、集体、个人征用或占用土地造成的损失，被保险人及其家属、生产管理人员的故意行为和经营管理不善，包括用肥（药）不当，人为的毁坏和盗窃等造成的损失。此外，对小麦而言还应包括小麦田间套种对小麦产量的影响。

4. 保险期限

一般生长期小麦保险期限规定如下：春小麦从小麦出土定苗后起保，到成熟收割时为止；冬小麦自小麦返青期或拔节期起保，至小麦成熟开始收割为止。这样规定可以避免某些道德风险造成的损失赔偿，如因播种劣等种子而使保险作物产量遭受损失。

5. 保险金额的确定

小麦生产期保险金额的确定一般以亩为计算单位，方法有以下两种。

（1）按保险小麦平均收获量的成数确定。即根据当地生产近 5 年平均收获量一定成数与双方商定价格计算保额：

$$亩保险金额=双方商定价格\times近5年亩平均产量\times承保成数$$

（2）按保险小麦投入的成本确定。即定额承保生产成本中物化成本的一定比例，一般以亩平均成本计算，即以亩为单位定额承保。

6. 查勘定损与赔偿

（1）查勘定损。小麦在生长期受灾造成歉收的原因比较多，且难以分辨其因果关系，这是个技术性较强的问题。查勘定损时，要尽快确定责任归属，迅速核定损失程度，其中最大的难题是对部分损失的查勘定损，下面介绍几种实际工作中的查勘定损办法。

经验估计法。通过保险人、被保险人、农艺师、村委会等有关人员组成核损小组，凭经验测损。但是，此种方法容易引起争议。

工具测量法。采用工具测量损失程度，如光度计。用光度计测定受灾小麦群体与未受灾小麦群体的透光率，通过两者透光率之比来确定小麦的损失程度。测定时，要选有代表性的点来测，最后取其平均值。这种仪器在乌云密布的情况下不宜使用。

抽样定损法。对部分损失，应认真记录在案，到小麦成熟时，再协助有关技术人员进行抽样调查，测定产量。

（2）赔偿。绝产情况的赔偿。应按不同的生长阶段确定一个最高赔付比例来计算赔款，阶段赔偿标准（参考值）如表 6-1 所示。

表 6-1 小麦生育期赔偿标准（参考值）

生长阶段	绝产	部分损失（只适用于成本保险）
返青期	最高以保额的 30%为限	在保额的 20%限度内按实际损失计赔
抽穗期	最高以保额的 50%为限	在保额的 40%限度内按实际损失计赔
灌浆期	最高以保额的 70%为限	在保额的 60%限度内按实际损失计赔
成熟期	以保险金额为限	在保额的 100%限度内按实际损失计赔

部分损失情况的赔偿。具体计算方法如下：

赔款=[亩保额×某阶段部分损失赔付标准×（受损程度−免赔率）]×受灾面积

产量保险赔款=保险价格×（保险产量−实际收获产量）×受灾面积×（1−免赔率）

（三）玉米保险的技术要点

1. 保险标的的确定

从玉米种植的目的来看，玉米保险的标的一般包括籽实用玉米（收获玉米籽实）和青贮饲料用玉米（玉米秆和茎叶全部用作青贮饲料）。

玉米保险投保需满足以下几个条件：①以符合种植地常见的技术标准方法种植。玉米品种不同，要求的种植密度标准不同，农业技术部门在推广某一品种时，会有相应的玉米种植技术规定，农民需按技术规定进行种植。②生长正常。即要求投保的玉米在投保时的生长状况没有受到任何损坏，其生长环境没有受到破坏。

2. 保险责任的选择

玉米保险的保险责任通常包括干旱、冰雹、暴风、暴雨、霜冻和病虫害等自然灾害。

3. 责任免除

即种植业保险责任免除中的所有规定。

4. 保险期限

玉米保险的保险期限一般按以下两种办法确定。

（1）对籽实用玉米：保险期限可从定苗起至成熟收获时止。

（2）对青贮饲料用玉米：从出苗（或移栽成活）起至玉米作物收割时止。

5. 保险金额的确定

玉米保险金额的确定方法通常有以下两种。

（1）按生产成本确定保险金额。

（2）按产量确定保险金额。保障水平一般按 3~5 年平均产量的一定成数确定。保险价格一般按双方商定价格确定。保险价格与每亩保险产量相乘，即每亩保险金额。

6. 按生产成本确定保额的赔偿办法

（1）玉米保险全部损失赔偿标准设定。由于玉米生产成本投入具有时间差，为确保按出险时的成本赔偿，应在条款上对玉米发生全损损失时的赔偿标准给予明确规定，以便合理、顺利地进行赔偿处理。全损时的赔偿标准既可按玉米的不同生长阶段设定，也可逐日设定。

全部损失不同生长阶段赔偿标准可按表 6-2 式样设计。

表 6-2　玉米全部损失不同生长阶段赔偿标准（参考值）

生长阶段	每亩最高赔偿标准
出苗至拔节前	亩保险金额 × 30%
拔节至开花前	亩保险金额 × 50%
开花至成熟前	亩保险金额 × 80%
成熟期	亩保险金额 × 100%

全部损失逐日赔偿标准可根据当地的玉米生长期按表 6-3 式样设计。

表 6-3　玉米保险全部损失逐日赔偿金额

日期	每亩赔偿金额	日期	每亩赔偿金额
月　日	元	月　日	元
日	元	…	元
…	元	…	元
日	元	…	元

（2）全部损失的赔款计算公式。

保险面积≤实际播种面积时：

赔款=某生长阶段最高赔偿标准或某日最高赔偿金额 × 保险面积

保险面积>实际播种面积时：

赔款=某生长阶段最高赔偿标准或某日最高赔偿金额 × 实际播种面积

（3）部分损失的赔款计算公式。

保险面积≥实际播种面积时：

赔款=某生长阶段最高赔偿标准或某日最高赔偿金额 × 实际播种面积 × 损失程度

保险面积<实际播种面积，且无法区分地块是否参加保险时：

$$\text{赔款}=\text{某生长阶段最高赔偿标准或末日最高赔偿金额}\times\text{保险面积}\times\text{损失程度}\times\frac{\text{保险面积}}{\text{播种面积}}$$

（四）大豆保险的技术要点

1. 保险标的的确定

（1）大豆栽培要符合当地农业技术部门规定的、普遍采用的技术标准。

（2）生长正常。即要求投保的大豆在投保时的生长状况没有受到任何损坏，其生长环境没有受到破坏。

2. 保险责任的选择

大豆保险的保险责任通常包括冰雹、涝渍、洪水、冻害等自然灾害。

3. 保险期限

一般从定苗起至收获时止。

4. 保险金额的确定

大豆保险确定保险金额的方法通常有以下两种。

（1）按生产成本确定保险金额。

（2）按最近 3~5 年平均产量的一定成数确定保险金额。保险价格与每亩保险产量相乘即每亩保险金额。

5. 成本保险的赔偿处理

（1）大豆保险全部损失赔偿标准设定。应在条款上对大豆发生全损损失时的赔偿标准给予明确规定，以便合理、顺利地进行赔偿处理。全损时的赔偿标准既可按大豆的不同生长阶段设定，也可逐日设定。

全部损失不同生长阶段赔偿标准设定式样如表 6-4 所示。

表 6-4　大豆全部损失不同生长阶段赔偿标准（参考值）

生长阶段	每亩最高赔偿标准
萌动至始花前	亩保险金额×40%
始花至终花前	亩保险金额×80%
终花至成熟期	亩保险金额×100%

全部损失逐日赔偿标准式样如表 6-5 所示。

表 6-5　大豆保险全部损失逐日赔偿金额

日期	每亩赔偿金额	日期	每亩赔偿金额
月　日	元	月　日	元
…	元	…	元
…	元	…	元
…	元	…	元

（2）全部损失的赔款计算。

保险面积≤实际播种面积时：

赔款=某生长阶段最高赔偿标准或某日最高赔偿金额×保险面积

保险面积>实际播种面积时：

赔付金额=某生长阶段最高赔偿标准或某日最高赔偿金额×实际播种面积

（3）部分损失的保险赔偿计算。

保险面积≥实际播种面积时：

赔款=某生长阶段最高赔偿标准或某日最高赔偿金额×实际播种面积×损失程度

保险面积<实际播种面积，且无法区分地块是否参加保险时：

$$赔款=某生长阶段最高赔偿标准或末日最高赔偿金额\times保险面积\times损失程度\times\frac{保险面积}{播种面积}$$

第三节　经济作物保险

一、经济作物与经济作物保险的特点

（一）经济作物的特点

经济作物又称工业原料作物，其收获物主要作为加工原料，与粮食作物有所区分。根据不同的用途区分，经济作物可以分为纤维作物、油料作物、糖料作物、原料作物、药用作物，以及其他经济作物，如香料作物、饮料作物、嗜好类作物、工业用番茄和啤酒花等。

经济作物有如下独特之处。

（1）复杂的栽培技术，如棉花、烟草等作物，从育苗到收获采摘，栽培管理工序繁多，田间劳作时间较长。

（2）容易受到自然灾害的侵袭而使产量和品质大幅度下降。例如，一场较小的冰雹就可造成棉花、油菜、花生、向日葵、烟草等作物的严重伤害致使产量和品质大幅度下降，而对于正在生长的小麦、水稻等作物来讲则受损影响要小得多。

（3）需投入大量的劳动力与物化成本，成本高。经济作物单位产值一般远远大于粮食作物。相对于粮食作物，种植经济作物的生产者所承担的风险更高。

（二）经济作物保险的特点

经济作物保险是指以生长期（或初加工）的经济作物为保险标的的保险，包括纤维作物保险、糖类作物保险、油料作物保险、药用作物保险、原料作物保险、其他经济作物保险等。与粮食作物保险相比，经济作物保险有以下特点。

（1）经济作物生产逐渐形成了产业化、区域化、市场化生产，保险需求相对较强。

（2）由于其生产成本高，经济价值大因而保额较高。

（3）由于经济作物抗灾性能差，风险较大，所以费率较高。

（4）复杂的定损理赔技术。对于在一定生长期内有恢复能力、多年生的作物，产量测定技术难度较大，理赔成本较高。

二、经济作物保险的技术要点

本节将主要介绍棉花、烟草、油菜、甜菜、甘蔗保险，分析经济作物保险实务操作中的技术要点。

（一）棉花保险的技术要点

1. 棉花保险标的的确定

棉花保险标的要符合以下条件：①种植技术已达到当地农业技术部门的生产技术要求（如耕作制度、田间管理标准）；②棉花处于正常状态，长势良好。

2. 保险责任

棉花保险可将棉花生产的主要风险，如干旱、洪水、涝渍、冰雹、风灾、霜冻、病虫害等主要灾害都包括在内，但在商业性经营条件下，因局部风险具有突发性强、损失率较低的特点，多选择局部风险作为保险责任。

3. 责任免除

棉花保险免除的责任范围，一般与种植业保险中的规定相同。

4. 保险期限

不同种类的棉花生长期存在差异，保险期限依据地区、品种的不同而具体确定。一般来说，保险期限开始于棉田定苗或移栽大田成活，于棉花成熟后的保险结束日当天二十四时截止。

5. 保险金额的确定

保险金额的确定一般有如下两种方法。

（1）以平均收获量的成数为根据。以保险价格乘以承保的亩产量（以前 5 年的平均产量的 5~7 成确定），保险价格应参照国家的收购价格或市场价格确定。

（2）以棉花生育期投入的物化成本为根据。棉花种植的物化成本（主要包括种植所需要的种子、地膜、化肥、农药、机耕和灌溉费用）由于季节、地区及生育期不同而区别较大，一般应参照当地上年度每亩棉花种植成本，按一定比例计算。

6. 查勘定损与赔偿

（1）查勘定损。

确定棉花损失程度的方法，每个地块（一般一亩）应抽取几个样本，数量的多少以能反映总体的损失程度为宜（一般应不低于 5 个），每个样本抽 50~100 株棉花进行实测。苗期按各点受损棉株数与实测棉株数比例的平均数确定损失程度；蕾期至花铃期按各点受损棉桃数与实测棉桃数比例的平均数确定损失程度；吐絮期按各点受损棉桃数与实测棉桃数比例的平均数确定损失程度。

（2）两种主要的赔偿办法。

第一，不同生长阶段设定不同损失程度比例。各生长期确定不同的最高赔偿标准，详见表 6-6 棉花不同生长期最高赔偿标准。由于全国各地生长期差异较大，各地宜根据当地实际情况制定日最高赔付表。

表 6-6　棉花不同生长期最高赔偿标准

生长期	最高赔偿标准/（元/亩）
苗期	保险金额×50%
蕾期	保险金额×60%
初花期	保险金额×70%
盛花期	保险金额×80%
花铃期	保险金额×90%
吐絮期	保险金额×100%

赔付可分为两种情况：一是标的物棉花损失 80%（含）以上为绝产损失。保险人按最高赔付标准确定赔偿金额。二是标的物棉花损失 80%以下为部分损失，保险人结合损失程度和最高赔偿标准确定赔偿金额。这种赔偿方法比较复杂，成本高，而且不易防范被保险人的道德风险。

第二，差额赔偿方式。通过实地测产确定实际产量低于保险保障产量的部分，并对差额进行赔偿。计算公式为如下所示。

保险面积≥实际播种面积时：

赔款=（实际播种面积的保险总产量−实际总产量）×事先确定的棉花价格

保险面积<实际播种面积，且无法区分地块是否参加保险时：

$$赔款=（保险总产量-实际总产量）×事先确定的棉花价格\times\frac{保险面积}{播种面积}$$

如果赔款小于零，说明实际产量超过保险产量，无须赔款。

（二）烟草保险的技术要点

1. 保险标的的确定

保险人对承保烟草保险的条件与棉花保险相同。

2. 保险责任的确定

烟草生长过程中可能发生的风险事故很多，但保险的风险责任仍然以自然灾害为主。烟草保险一般承保雹灾、洪水、干旱、涝渍、风灾和霜冻等自然灾害。在商业性经营条件下，不宜多选定风险责任。

3. 保险期限

烟草保险期限一般可确定为从定苗（移栽成活）开始至保险有效叶片成熟采摘收获完毕止，也可根据当地烟叶收获末期确定一个具体的保险期限终止日期。在这个终止日期前，保险烟草有效叶片的成熟采摘量应达到90%以上。

4. 保险金额的确定

确定保险金额的方法分为两种。

（1）依据生产投入的成本确定。

（2）依据保险标的在收获结束时实现的收获量的一定成数确定。

5. 查勘定损与赔偿

在赔偿处理中，定损是一项既困难又复杂的工作，特别是当发生部分损失时，要求保险理赔人员不仅要掌握保险条款、实务操作，还应了解烟草生产的基本知识和农情。

需要从两点来判定保险烟草的损失程度：①遭受灾害的烟草植株、叶片的破损程度；②计算烟草的损失。应根据烟草植株有无再生利用价值判断其损失。可以根据当地烟草生产的有关规定来判断价值标准，确定损失程度的方法，一般是在抽样的基础上，按照统计学原理计算其平均损失，其计算公式为

$$损失程度=\frac{实际抽样受损烟株有效叶片全损总数}{保险单约定每株烟叶有效叶片基数\times 实际抽样烟株总合计数}\times 100\%$$

6. 烟草保险的理赔

主要分为保成本和保收获量或收入两种情况。

（1）保成本（以亩为单位定额承保）。一种方法是保险合同期内每天确定“日最高赔付金额表”（或分阶段确定最高赔付比例的方式）。绝产的，按受灾当时赔付金额（比例）计算赔款；部分损失的，按当时赔付金额与实际损失程度比例计算赔款。另一种方法是按烟草的有效叶片确定最高赔付比例。根据生产管理规范化要求，烟草植株保留的有效叶片基数相对固定。此外，有效叶片随生长增加，在完全成熟时最多，成熟期内采摘后逐渐减少。赔款时，根据全损叶片数确定赔款，保险烟草有效叶基数的每一片可分配到相等的保险金额。即不分生长阶段，以保险金额为赔款的最高额度，按实际损失叶片计算。

有的烟草保险保单还有质量保障要求，如在生长期间发生雹灾，叶片虽然没有完全损失，但造成烟叶破损，其商业价值会随其等级一同下降。在这种情况下，理赔要根据事先约定，按照叶片的破损程度合理确定。

（2）保收获量或收入。在生长期间发生保险责任范围内的灾害时需要随时查勘并做记录，最后在收获完全结束时才能评估损失和确定赔偿数额。当然这种保险事先要约定烟叶等级和价格。

（三）油菜保险的技术要点

1. 保险标的的确定

投保油菜保险要符合以下条件。

（1）油菜栽培要符合当地农业部门规定的、普遍采用的耕作制度和技术规范。

（2）生长正常。即要求投保的油菜在投保时的生长状况良好，生长环境正常。

2. 保险责任的选择

油菜在生长期会遇到干旱、冻害、冰雹、冰凌、洪水、病虫害等自然灾害的影响，这些灾害都可以作为风险责任承保。在商业保险经营的条件下，可以适当选择风险承保。

3. 保险期限

油菜保险的保险期限一般从播种起（也可从定苗起）至油菜收获完离开所生长的田间时止。

4. 保险金额的确定

油菜保险金额的确定方法有以下两种。

（1）按物质生产成本确定。

（2）按产量确定保险金额。一般按 3~5 年平均产量的 40%~60%和事先约定的油菜籽价格确定保险金额。

5. 物质成本保险的赔偿处理

（1）油菜保险全部损失赔偿标准设定。

与其他作物一样，物质费用在作物整个生长阶段是逐步进入的，所以越接近作物成熟期成本会越高。在以往的实践中，有的是按油菜的不同生长阶段设定赔偿标准的（表 6-7），也有逐日设定赔偿标准（表 6-8）。

表 6-7　油菜在不同生长阶段发生全损的赔偿标准（参考值）

生长阶段	每亩最高赔偿标准
播种出苗期	亩保险金额×30%
苗期	亩保险金额×60%
蕾薹期	亩保险金额×80%
开花期	亩保险金额×90%
角果发育成熟期	亩保险金额×100%

表 6-8　油菜保险全部损失逐日赔偿金额

日期	每亩赔偿金额	日期	每亩赔偿金额
月　日	元	月　日	元
…	元	…	元
…	元	…	元
…	元	…	元

（2）物质成本保险损失赔偿计算公式。

第一，全部损失的赔款计算公式。

保险面积≤实际播种面积时：

赔款=某生长阶段最高赔偿标准或某日最高赔偿金额×保险面积

保险面积>实际播种面积时：

赔款=某生长阶段最高赔偿标准或某日最高赔偿金额×实际播种面积

第二，部分损失的赔款计算公式。

保险面积≤实际播种面积时：

赔款=某生长阶段最高赔偿标准或某日最高赔偿金额×实际播种面积×损失程度

保险面积>实际播种面积，且无法区分地块是否参加保险时：

$$赔款=某生长阶段最高赔偿标准或末日最高赔偿金额\times保险面积\times损失程度\times\frac{保险面积}{播种面积}$$

6. 产量保险的赔偿处理

根据受灾油菜的实际产量与保险保障产量的差额赔偿。当然，在收获时也需要进行测产，具体确定受灾油菜的实际产量。

（四）甜菜种植保险的技术要点

1. 保险标的的确定

保险标的为甜菜的产品——正常成熟的块根。在我国，甜菜的商品率很高。

2. 保险责任的选择

甜菜种植过程中的主要灾害为洪涝、病虫害、干旱、风沙土地上的大风。甜菜保险可以承保这些自然灾害造成的损失。

3. 保险期限

保险期限一般为定苗或移栽成活到成熟的一段时间。

4. 保险金额的确定

一般来说，保险金额确定的依据是种植成本。

5. 查勘定损与赔偿

测产方法。预测甜菜产量，首先，要核实预测地块面积。其次，根据田间的甜菜长相把地块分类，每类地块用对角线选出五个取样点，各取样点测出平均的垄宽和株距，挖出具有代表性的甜菜 3~9 株，切削后分别称甜菜的块根和茎叶重量，求出平均单株甜菜的根、叶重量，算出甜菜地块的块根产量，公式如下：

$$\text{所测(每类)地块的甜菜产量(千克)}=\frac{\text{所测(每类)地块面积(平方米)}\times\text{平均根重(千克)}}{\text{各取样点的平均垄宽(米)}\times\text{各取样点平均株距(米)}}$$

也可通过取样点，取样测产后，依下列公式测算出每类地块的甜菜产量，如下所示：

$$\begin{aligned}&\text{所测(每类)地块的甜菜产量(千克)}\\&=\frac{\text{所测(每类)地块面积(平方米)}\times\text{各取样点的块根总重(千克)}}{\text{各取样点的宽度之和(米)}\times\text{各取样点平均垄长(米)}}\end{aligned}$$

取样面积以甜菜栽培面积大小而定。一般自相邻五垄口挖取 5 米长的甜菜测定。

在生产实践中也常用单株生产率预测甜菜产量。收获时的甜菜产量比收获前的测产量应增加 5%~10%，叶子 1 个月以后可减少 15%。如果预测准确，一般与实收产量相差不过 5%。

对于遭灾而未绝产的，查勘定损的方法主要运用甜菜产量的测产方法。在此应注意，甜菜叶的再生能力很强，且收获产品是地下的块根，在块根膨大期前发生严重灾害后，对绝产与否不要急于下结论，需观察一段时间后再下结论，以做到准确定损，合理赔偿。

（五）甘蔗种植保险的技术要点

甘蔗生产的收获产品是在工艺上成熟的蔗茎，蔗茎的直接加工产品是蔗糖。蔗糖产量与蔗茎含糖分关系极为密切。甘蔗保险不仅是甘蔗产量损失保险，实质上也是产糖量损失保险。

1. 保险标的的确定

保险标的为生长正常，在工艺上成熟的蔗茎。在承保时，要明确每亩的正常产量和含糖量标准，为以后理赔打好基础。

2. 保险责任的选择

甘蔗生长过程中的灾害有台风、八级以上大风、龙卷风、洪涝、火灾、冻害、干旱及病虫害等。在商业性经营的条件下，一般而言，除干旱和病虫害外，其他灾害均为可供选择的保险责任。一般保单一责任比较好，在提高费率的基础上，其他较大灾害可作为附加责任。在责任免除中应明确的是，因砍蔗不及时或因糖厂延误榨期、停榨造成的出糖率下降的损失不予赔偿。

3. 保险期限

根据甘蔗生长特点，甘蔗种植保险期限宜定为从成苗期开始至成熟、砍收、运送到糖厂止。在实践中应规定一个最后期限，并在保险单中注明。

4. 保险金额的确定

甘蔗因品种和生长环境的不同，含糖量差异很大，糖厂收购价格也因蔗茎含糖量的不同而不同，因而农民不接受甘蔗产量保险。在商业保险的实践中，常常采用定额保险的方法，保险金额以种植成本为确定依据，这样做比较简便易行。在确定保险金额时，还应分阶段确定。甘蔗生长期的保额宜小，成熟砍收期的保额宜大。

5. 查勘定损与赔偿

（1）甘蔗产量估测。甘蔗产量分农业产量和工业产量。农业产量是全部蔗茎产量，工业产量是除留种外的原料蔗重量。单位面积产量是单茎重与单位面积有效茎数的乘积。方法是选择有代表性的田块，以对角线选 5 点或三角形选 3 点，每点按顺序连续测量 20~30 株的株高和茎径。株高是从地表面至最高的可见肥厚带的高度，茎长为株高减去 30 厘米梢部的长度，但因地表下面还埋有相当长的蔗茎，故测产的蔗茎长度只以地表面至最高可见肥厚带的高度计算；茎径是地面上第 5 个节间中部的直径。同时，测量各点的行距和调查在一定行长内株高 1 米以上的茎数，以计算单位面积有效茎数。然后按平均株高茎径在田间选蔗茎 2~3 条称重，再乘以单位面积有效茎数，即单位面积甘蔗产量。

（2）蔗糖分估测。通过在田间锤度调查而推算蔗糖分，或通过观测蔗汁旋光度来计算蔗糖分。锤度调查是指在各调查点连续测量 20 株照茎上下部节间锤度的平均值。上部测量最上一枯黄叶所包的节间，下部是测量地表上第一个完整节间，取上下两部分的锤度平均值，或仅以蔗茎中部节间的锤度为代表。锤度是蔗汁中可溶性固形物的重量百分率，采用的计算公式如下：

$$\text{蔗糖分（\%）}=1.082\,5\times\text{平均锤度}-7.703$$

式中，1.802 5 为甘蔗蔗糖分倚田间锤度的直线回归系数，7.703 为历史经验常数。

这种直线回归系数和经验常数因品种、土壤、各年气候等不同而差别较大，因此准确性较差。

蔗糖是旋光性物质，所以更准确的估测方法是应用旋光法分别测定计算蔗汁和蔗渣中蔗糖占蔗茎重量的百分率，二者之和即甘蔗蔗糖分。原料蔗重与蔗糖分和平均收回率的乘积，即产糖量。糖的收回率与蔗汁重力纯度和简纯度等品质指标关系甚密切。重力纯度是蔗汁固形物中蔗糖的重量百分率。重力纯度公式如下所示：

$$\text{重力纯度}=\frac{\text{蔗糖分}}{\text{锤度}}\times100\%$$

简纯度是蔗汁固形物中包括蔗糖分和非糖分在内的旋光性物质的重量百分率。简纯度公式如下所示：

$$简纯度=\frac{转光度}{锤度}\times100\%$$

（3）定损理赔应注意的问题。甘蔗遭灾后的查勘定损方法可参考甘蔗产量估测方法和蔗糖分估测方法，最终确定保险责任灾害造成蔗茎含糖分下降的损失。但对于糖厂榨糖不及时等人为因素造成蔗茎含糖分下降的损失，在赔偿时要给予必要的扣除，具体掌握上可规定一个免赔率，这样可促使被保险人在灾后及时砍收，并促使糖厂开足马力及时榨糖，以尽力减少蔗茎糖分不断下降造成的损失。

第四节　蔬菜园艺作物保险

一、蔬菜园艺作物及其保险的特点

（一）蔬菜园艺作物的概念及其特点

蔬菜园艺作物是蔬菜作物和园艺作物的总称。蔬菜作物是指供人们作为蔬菜食用的各种作物，包括：露天栽培的蔬菜，如黄瓜、大白菜等；保护地栽培的蔬菜，如春提早黄瓜、秋延迟黄瓜等；温室栽培的蔬菜，如冬季上市的花瓜、西瓜、西葫芦等；无土栽培的蔬菜；人工种植的食用菌类，如平菇、香菇、双孢菇等。园艺作物是指供人们观赏的各种花草树木，其中包括花卉作物（如玫瑰、月季等）和其他园艺作物（如工艺盆景、草皮等）。

蔬菜作物分为瓜类蔬菜（黄瓜、西葫芦、西瓜、甜瓜、冬瓜、丝瓜、苦瓜）、茄果类蔬菜（茄子、番茄、辣椒）、葱蒜类蔬菜（大蒜、大葱、洋葱、韭葱）、绿叶类蔬菜（芹菜、莴苣、菠菜、茴香、芫荽、茼蒿、苋菜、冬寒菜、荠菜）、水生类蔬菜（藕、茭白、莼菜、蒲菜、水芹、豆瓣菜、慈姑）、甘蓝类蔬菜（甘蓝、花椰菜）、薯芋类蔬菜（生姜）、杂果类蔬菜（草莓、甜玉米、黄秋葵、菱角、芡实）、白菜类蔬菜（大白菜、圆白菜、小白菜）、菜用豆类（菜豆、豇豆、豌豆、毛豆、扁豆、刀豆）、食用菌类；园艺作物分为花卉作物（玫瑰、月季、樱花、海棠、菊花、仙客来、仙人掌、蟹爪莲、鸡冠花、山茶花、常春藤、大丽花、万寿菊、苏铁、玉馨、郁金香、万年青、萱草、水仙、文殊兰、君子兰）和其他园艺作物[盆栽观赏花木、工艺盆景、装饰等目的的植物如草皮（草皮卷）]。

与粮食作物、经济作物、林木相比，蔬菜园艺作物有下述几个显著特点。

1. 种类繁多

蔬菜园艺作物种类很多，社会在迅速发展，人们生活品质不断提高，人们对蔬菜、园艺作物的市场需求不断扩大，其种植种类和面积随之增加。

2. 种类间单位面积产值悬殊

蔬菜园艺作物因其种类不同，产量不同，用途不同，其经济价值也不同，种类间单位面积产值悬殊。有的作物一亩可有数万元产值，有的不过几千元。

3. 栽培技术要求较高

一般而言，蔬菜作物、园艺作物栽培技术比较复杂，有些园艺作物，非专业人员或者没有经验者是很难栽培成功的。

4. 对自然灾害的耐受力各不相同

蔬菜园艺作物中既有草本植物，也有木本植物，门类跨度大。其中有耐寒植物，也有喜温植物；有耐旱植物，也有水生植物；有抗倒伏植物，也有不抗倒伏植物；有耐机械力植物，也有不耐机械力植物。

蔬菜园艺作物常见的灾害类型有雹灾、风灾、雨灾、冷冻、病虫害、雪灾等。蔬菜体内含有大量的水分，其细胞原生质的含水量一般在 70%~90%。因而，蔬菜植物质地脆弱且抗灾能力很差，选择蔬菜园艺作物保险的保险责任时应慎重。保险责任首选雹灾，雹灾是典型的可保风险，农作物雹灾保险从世界范围看已有一百多年的历史。慎选风灾、雨灾、冻灾、雪灾，这类灾害一旦发生就会造成大面积巨额损失。

（二）蔬菜园艺作物保险的分类及其特点

1. 蔬菜园艺作物保险的分类

（1）蔬菜作物保险。蔬菜作物保险是指以生长期的蔬菜作物为保险标的，对发生保险合同约定的灾害事故造成的经济损失承担赔偿责任的保险。蔬菜作物保险以蔬菜的生产方式不同可分为露天蔬菜保险、保护地栽培蔬菜保险、无土栽培蔬菜保险和人工种植的食用菌保险。蔬菜保险也可用蔬菜的名字直接命名，如黄瓜保险、西瓜保险、西红柿保险等。目前常见的蔬菜保险是大田蔬菜作物保险和西甜瓜保险。

蔬菜作物保险的承保数量统计单位是“亩”，保险责任一般为一种或几种自然灾害。蔬菜保险的保险金额原则上以种植成本确定，以保障灾后能够恢复生产。蔬菜的抗灾能力特别是抗雹能力很差，所以蔬菜保险的保险费率比较高，一般为百分之几，甚至更高。

（2）园艺作物保险。园艺作物保险是指以花卉或其他园艺作物作为保险标的，对发生保险合同约定的灾害事故造成的经济损失承担赔偿责任的保险。目前，我国园艺作物保险以花卉作物保险为主，为防止道德风险，保险金额通常以成本价确定。其他园艺作物作为一个大类与花卉作物分开承保。

2. 蔬菜园艺作物保险的特点

与其他种植业保险相比，蔬菜园艺作物保险有三个特点。

（1）保险金额较高。蔬菜园艺作物的单位（每公顷或每亩）保险金额按单位面积的生产投入确定。蔬菜园艺作物单位面积的生产投入大、技术含量高、产值高，因而其保险金额一般较高。一亩小麦的保额在我国不过千元，而一亩大棚菜的保额则为 7 000 多元甚至超过万元。

（2）保险费率较高。蔬菜作物的抗雹灾能力较差，雹灾损失率大，保险往往首选雹灾责任，因而，蔬菜雹灾保险的费率一般都很高，瓜菜雹灾保险的费率一般在 5%以上。例如，一些地区蔬菜的保险费率为 4%~10%。国外也是这种情况，美国 1978 年生效的费率表中，粮食作物的保险费率为 1.75%，而番茄、西瓜的保险费率则为 7.3%。

（3）栽培技术复杂。蔬菜园艺作物种类繁多，栽培技术难度大，产值悬殊，抗灾能力各不相同，在保险设计和实务操作上都有很强的专业性。例如，蔬菜雹灾保险，蔬菜的种类至少有几十种，进行保险设计时必须先对各种蔬菜的生产原理与生产过程有所了解，才可能对相应的保险条款进行设计，对保险实务做出规定，并让保险实务工作者能够掌握承保技术和定损技术。因此，这类保险具有专业技术的复杂性。

二、蔬菜园艺作物保险的技术要点

这里，我们以常见的大田蔬菜保险为例，介绍其保险的技术要点。

（一）保险标的的确定

各种蔬菜都可以作为蔬菜保险的保险标的。在我国政策性农业保险试点范围有限的条件下，蔬菜保险标的的选择，应考虑以下几点。

（1）蔬菜种植面积。蔬菜种植面积足够大，保险业务才能有规模效应，才能充分发挥保险的保障功能。

（2）蔬菜的价值。一般来说，蔬菜的商品价值高，菜农的利润就多，收入相对较高，投保的可能性就大。因此，蔬菜保险要选择商品价值高的蔬菜作为保险标的。

（3）保险市场需求的大小。蔬菜保险要选择那些保险市场需求大的蔬菜作为保险标的。

（4）蔬菜的损失率资料。新引进的蔬菜，风险大，缺乏损失率资料，一般不宜作为保险标的。

（5）保险专业人员对蔬菜的基础知识是否了解。就某种蔬菜而言，如果保险专业人员对保险标的栽培常识不了解，就谈不上具备保险实务技术，就很难设想保险业务具有较高的质量，险种生命也不会持久。保险实践中许多险种试办的失败，无不与此有关。

（二）保险责任的选择

保险责任一般首选雹灾。雹灾是典型的可保风险，农作物雹灾保险从世界范围看已有一百多年的历史。慎选风灾、雨灾、冻灾、雪灾，这类灾害一旦发生就会造成大面积巨额损失。

（三）责任免除

除种植业保险中规定的责任免除外，保险人也不承保赔偿盗窃造成的损失。

（四）保险期限

蔬菜保险的保险期限一般从蔬菜定植时起，至蔬菜收获完毕日止。具体到某个地区的某种蔬菜，也可根据当地种植经验用年月日的起止方式约定蔬菜生长期为保险期限。

（五）保险金额与保险费率

1. 保险金额

蔬菜的单位（每公顷或每亩）保险金额按单位面积的平均产量或物质生产投入确定。

蔬菜在不同的生育时期，需投入的成本是不同的，不同生育时期的有效保险金额应是保险金额的一定比例。有效保险金额应当在保险合同中载明。

承保时在保险单上要载明蔬菜的种类、种植面积和总保险金额。一张保单承保多个被保险人保险标的的，应在保单上附有承保明细表。

2. 保险费率

蔬菜体内含有大量的水分，其细胞原生质的含水量一般在 70%~90%。因而，蔬菜植物质地脆弱，抗雹能力极差。蔬菜雹灾保险的费率一般比粮食作物、经济作物的费率都要高，当然不同蔬菜之间也有很大差异。

（六）赔偿处理

（1）赔偿处理的基本原则。保险蔬菜遭受保险责任范围以内的损失时，依据出险时蔬菜所处生长时期确定赔付；全部损失时依据有效保险金额进行赔付；部分损失时，依据损失面积和有效保险金额确定赔付；保险面积小于出险时的实际种植面积，还应依据保险面积、实际种植面积之间的比例等确定赔付。

（2）主要蔬菜不同生长期的有效保险金额比率（参考资料）见表 6-9。

表 6-9 主要蔬菜不同生长期的有效保险金额比率

黄瓜	生长期	苗床期	移植后至定植	定植后至开花	开花至根瓜长到 10 厘米	根瓜 10 厘米以上至采瓜	每采收 1%
	每亩有效保险金额/元	保险金额 × 10%	保险金额 × 30%	保险金额 × 50%	保险金额 × 70%	保险金额 × 100%	保额减少一个百分点
西葫芦	生长期	出苗至第一片真叶展开	第一片真叶展开至定植	定植后至开花	开花至根瓜长到 10 厘米	根瓜 10 厘米以上至采瓜	每采收 1%
	每亩有效保险金额/元	保险金额 × 10%	保险金额 × 30%	保险金额 × 50%	保险金额 × 70%	保险金额 × 100%	保额减少一个百分点
西瓜	生长期	苗床期	移植后至定植	定植后至开花	开花至定瓜	定瓜后至采收	每采收 1%
	每亩有效保险金额/元	保险金额 × 10%	保险金额 × 30%	保险金额 × 50%	保险金额 × 70%	保险金额 × 100%	保额减少一个百分点
西红柿	生长期	苗床期	移植后至定植	定植后至开花	开花至最大果直径 3 厘米	最大果直径 3 厘米至采收	每采收 1%
	每亩有效保险金额/元	保险金额 × 10%	保险金额 × 30%	保险金额 × 50%	保险金额 × 70%	保险金额 × 100%	保额减少一个百分点

续表

辣椒	生长期	苗床期	分苗后至定植	定植后至开花	开花至每株结三个果	每株结三个果至采收	每采收 1%
	每亩有效保险金额/元	保险金额×10%	保险金额×30%	保险金额×50%	保险金额×70%	保险金额×100%	保额减少一个百分点
茄子	生长期	苗床期	分苗后至定植	定植后至开花	开花至茄子直径 4 厘米	茄子直径 4 厘米至采收	每采收 1%
	每亩有效保险金额/元	保险金额×10%	保险金额×30%	保险金额×50%	保险金额×70%	保险金额×100%	保额减少一个百分点
香椿	生长期	出苗至苗高 10 厘米	苗高 10 厘米至 50 厘米	苗高 50 厘米至 1 米	苗高 1 米至芽长 10 厘米	芽长 10 厘米至采收	每采收 1%
	每亩有效保险金额	保险金额×10%	保险金额×30%	保险金额×30%	保险金额×70%	保险金额×100%	保额减少一个百分点
韭菜	生长期	20 厘米以上	15 厘米以上	10 厘米以上	5 厘米以上	5 厘米以下	
	每亩有效保险金额/元	保险金额×100%	保险金额×80%	保险金额×60%	保险金额×40%	保险金额×20%	
芹菜	已采收梗数	未采收过	1	2	3	4 以上	
	每亩有效保险金额/元	保险金额×100%	保险金额×75%	保险金额× 50%	保险金额×25%	保险金额×10%	

注：1）韭菜：在保险期限内保险人承担三茬韭菜的赔偿责任，三茬的保险金额分别为棚内蔬菜保险金额的 30%、50%、20%，各茬韭菜的有效保险金额按韭菜高度确定；

2）芹菜：每株按劈收 5 梗计算，有效保险随劈收数量的增加而逐渐递减

第五节　水果和果树保险

一、水果和果树的概念、分类及特点

果树虽然很大一部分是树（乔木），但不全是树，许多生产水果的植物是灌木和草本植物。果树能生产果实，满足人们对水果的需求，因此一般都当作农作物对待。果树栽培和管理与其他林木，如用材林，薪炭林，水土保持林等有很大不同。

在我国，果树的种植量比较大，果树种类繁多，共有原产果树和引进果树 690 余种，其中，重要的果树 300 余种。

根据果树种类分类，水果和果树分为仁果类（苹果、梨、海棠、山楂、沙果等）、核果类（桃、杏、李、梅、樱桃、枇杷、杨梅、橄榄等）、浆果类（葡萄、草莓、树莓、猕猴桃、醋栗、石榴、无花果、柿等）、坚果类（核桃、栗、榛、香榧）、柑果类（柑橘、橙、柚等）、亚热带及热带水果类（香蕉、菠萝、龙眼、荔枝、椰子、芒果、杨桃、番木瓜、番石榴、番荔枝等）。

下面介绍水果和果树的特点。

大部分果树需经过三个阶段才可以形成果园生产水果：育苗、移栽、长成挂果。该过程一般 3~4 年，周期较长。

果树的生长对温度的要求比较高，高低温都会对果树造成影响，尤其是温度的急剧变化，对果树十分有害，常造成大批减产，甚至植株死亡。与高温相比，低温和突然的

低温对果树的危害更严重，冻害、寒伤、冻旱、霜害都会使果树生理机能受到破坏，造成叶落枝枯乃至全株死亡。果树冻害一般表现在土地上部各器官受冻，有的树种也表现为根茎和根系受冻，如葡萄。因此，在种植果树期间，应注意对树种、品种的选择，找到适合地理、气候特点的合适树种，并且必须重视防冻工作，尤其是果树枝梢、花芽、根茎部位，特别容易遭受冻害，需要加强防护。

果树的生长存在大小年现象和生理落果现象。果树大小年现象是指果树一年结果多、一年结果少的现象。造成大小年的原因是树体营养条件不足，或外界环境恶劣及病虫危害严重。克服大小年的关键在于加强综合管理，如合理进行冬季修剪、夏季修剪和花前复剪等。生理落果是指果树由于生理因素造成落花落果的现象。落花后到花后两星期内外的落花落果，主要是授粉受精不良所致。花后 4~6 星期的幼果脱落，主要是同化养分供应不足引起的，对产量有很大影响。果实成熟前的落果叫作采前落果，主要是生长不足引起的。防止措施如下：花期防霜，放蜂，人工授粉，适时适量进行追肥或喷施微量元素、生长素，以及加强土壤耕作，合理进行排灌，注意夏季修剪和病虫防治等。

二、水果和果树保险的概念及其区别

有关果树的保险可以分为果树保险和水果保险。果树保险赔偿的是被保险人的建园成本（或果树损失）。果树保险期限一般为一年，可以从幼树开始承保。另一类是水果保险（实际上是生长期水果保险），一般只承保盛果期的果园，对于水果生产中因约定灾害发生造成的损失予以赔偿。保险期于定果开始，在水果收获离枝时结束。

果树保险的承保条件和保险责任与水果保险基本相同，在保险金额、保险期限、保险定损与理赔上与林木保险相似。

水果和果树保险根据果实种类可分为仁果类保险、核果类保险、浆果类保险、坚果类保险、柑果类保险和亚热带及热带水果类保险。水果和果树保险也可用水果的名字直接命名，如苹果树种植保险、梨种植保险、葡萄种植保险、香蕉种植保险等。

水果和果树保险的承保数量统计单位是“亩”，保险责任一般为一种或几种自然灾害。

水果保险及果树保险存在下述区别。

1. 承保标的不同

水果保险承保标的一般是盛果期的果园。盛果期一般是指结果多、产量最高的时期。此时，水果果树的树冠体积最大，其中短中果枝占比最高，长果枝占比低。结果初期和衰老期的果园一般不宜承保。果树保险则不同，除盛果期果树外，还可以承保未到挂果期的幼树。

2. 确定保险期限的方法不同

果树保险期限一般为一年，可以从幼树开始承保。水果保险（实际上是生长期水果保险），一般只承保盛果期的果园，对于水果生产中由约定灾害造成的损失予以赔偿。

保险期于定果开始，在水果收获离枝时结束。各地应充分考虑落花落果因素和水果种类，确定保险期限具体的起止日期。

3. 保险金额的确定方式不同

确定水果保险金额，首先要根据以往3~5年的历史平均产量的一定成数确定。水果保险的保险金额应为正常年份水果产值的一定比例，一般不保正常年份水果产值的全值，也不承保产品质量下降所带来的损失。

果树保险金额的确定依据为建设果园的物化成本，保险金额的单位为单株，属定额保险。保额应根据幼树、挂果树及不同的树龄来确定不同档次，幼树保险金额宜小，挂果树保险金额宜大。

三、定损理赔技术

水果保险损失的查勘定损工作主要是确定受灾面积和落果率（或损失产量）：一是根据果树的自然落果率和其他灾害因素确定绝对免赔率；二是扣减落果残值。赔款计算公式为

赔款总额=保险价格×受灾面积（亩数）×（亩保险产量−平均亩收获产量）×（1−免赔率）−损失果品残值

果树保险的定损与理赔技术相对简单，只需明确受损面积、残废死亡率。如果果树遭受洪涝灾害和冻害，所致残废死亡率需要经过一段时间的观察，果树遭受灾害造成主枝折断和连根拔起的情况除外。赔款计算公式为

赔款总额=每株保险金额×受灾面积（亩数）×每亩保险株数×（死亡率－免赔率）

本章小结

本章介绍了种植业保险的基本内容，在种植业保险的概念、分类与特点基础上，分别介绍了粮食作物、经济作物、蔬菜园艺、水果和果树保险的特点及理赔款确定的技术要点。

思考题

1. 何谓种植业风险？种植业风险具有哪些特点？
2. 简述种植业保险的概念及分类。
3. 如何理解粮食作物保险的特点？水稻保险如何查勘定损与赔偿？
4. 如何理解经济作物保险的特点？烟草保险理赔的特点是什么？
5. 蔬菜园艺作物保险主要有哪几类？较其他种植业保险，蔬菜园艺作物保险具有什么特点？
6. 何谓水果和果树保险？它们有何区别？

专业术语

种植业保险（crop insurance）：以农作物作为保险标的并事先约定灾害事故，如约定的事故在生产或初加工过程中发生，则其造成的经济损失由保险承担赔偿责任。

粮食作物保险（grain crop insurance）：以生长期的粮食作物为保险标的的保险。

经济作物保险(commercial crop insurance)：以生长期的经济作物为保险标的的保险。

蔬菜园艺作物保险（vegetable and horticulture insurance）：以蔬菜和园艺作物为保险标的的保险。

水果及果树保险（fruit and fruit trees insurance）：以生长期的水果和果树为保险标的的保险。

生长期农作物保险（growing season crop insurance）：以各种正处在生长阶段的农作物为保险标的的保险，是种植业保险的主要品种。

收获期农作物保险(harvest season crop insurance)：是指农作物从开始收割到进入仓库之前特定时间段的保险。这是一种介于农业保险与家庭财产保险之间的短期风险保险。

参考文献

丁少群. 2015. 农业保险学[M]. 北京：中国金融出版社.

冯文丽. 2008. 农业保险理论与实践研究[M]. 北京：中国农业出版社.

李丹，庹国柱，龙文军. 2017. 农业风险与农业保险[M]. 北京：高等教育出版社.

林乐芬，李远孝. 2018. 高效种植农业保险绩效评价及影响因素分析——以江苏省为例[J]. 烟台大学学报（哲学社会科学版），31（5）：98-109.

龙文军，齐皓天，李向敏，等. 2018. 现代农业保险政策与实务[M]. 北京：中国农业出版社.

《农业保险》编写组. 2012. 农业保险[M]. 北京：首都经济贸易大学出版社.

唐金成. 2013. 现代农业保险[M]. 北京：中国人民大学出版社.

庹国柱，李军. 2005. 农业保险[M]. 北京：中国人民大学出版社.

本章拓展阅读

第七章

畜牧业保险

第一节 养殖业和养殖业保险概述

一、养殖业的概念和分类

（一）养殖业的概念

养殖业是利用动物的生物学特性，通过人工驯养、繁殖、培育陆地动物、水生生物，以取得产品的生产行业。

养殖业包括：饲养猪、牛、羊、马、驴、骡、鸡、鸭、鹅等畜禽的畜牧业；饲养鹿、麝、狐、貂、犬、猫、鸵鸟等兽禽的驯养业；饲养鱼、虾、贝类、海带等水生生物的水产养殖业。此外，还包括养蚕业和养蜂业等。

养殖业的基本生产特点如下：利用某种动物或生物的生理机能和生物特性，通过人工驯养、繁殖、培育，生产出人们需要的产品。养殖业生产的基本条件包括：养殖者、种、饲料和养殖场所。

（二）养殖业分类

养殖业被普遍采用的分类系统是阶元系统，通常包括七个主要级别：界、门、纲、目、科、属、种。种是基本单元，近缘的种归合为属，近缘的属归合为科，科隶于目，目隶于纲，纲隶于门，门隶于界。

在养殖业的统计实务中，不同的分类标准对应着不同的类别。目前常用的分类标准和类别如下。

1. 按照养殖动物的用途分类

（1）肉用动物养殖，如猪、鸡等。

（2）乳用动物养殖，如奶牛、奶羊等。
（3）饲料（饵料）动物养殖，如蚯蚓等。
（4）工业原料动物养殖，如牛、羊等。
（5）药用动物养殖，如麝、鹿等。
（6）役用动物养殖，如耕牛、马、骡、驴、骆驼等。
（7）种用动物养殖，如种猪、种牛、种马等。
（8）观赏动物养殖（包括宠物、比赛用动物等），如宠物狗、赛马等。
（9）实验用动物养殖，如实验用的小白鼠、小白兔等。
（10）保护和改造环境性动物养殖，如温室中为了保持自然授粉，专门养殖的蜜蜂等。

在按用途进行的分类中，由于同一种动物可归类为不同的用途，使得同一种动物的经济价值会发生很大差别。例如，同为一种牛，种牛的价值要远远高于普通肉牛的价值。又如，普通用马和比赛用马的价值差别很大。这一点，在评估养殖动物的价值时要特别注意。

2. 按照养殖方式和养殖场所分类

（1）陆地养殖。
工厂化养殖，如现代化养猪场。
圈养，一般个人散养，如农户个人圈养猪。
牧养，草场放牧，如牧羊、牧马。
（2）水产养殖。
淡水养殖，如池塘养殖（精养、粗养）、网箱养殖。
海水养殖，如滩涂养殖（池塘精养、堤围粗养）、网箱养殖。

由于养殖方式和养殖场所的不同，同种动物的养殖成本及产量会有很大差别，其经营风险也有差别。

3. 按业务管理的实际需要分类

中国人民保险公司将养殖业划分为大牲畜、小牲畜、家禽、水产养殖和特种动物养殖五个类别。实践证明这种分类方法具有一定的优越性。中国保险监督管理委员会在2007年11月颁布的《农业保险统计制度》采用了该分类。

二、养殖业的基本要素及其风险

古代养殖业的起源距今已有一万多年的历史。一般说来，任何一种被养殖的生物品种都是从野生种群经过人工驯化而演变成的。动物养殖需要一定的条件，随着现代养殖科学技术的发展，这些条件也在不断发生变化，但养殖业生产的最基本条件，即四个基本要素一直都是作为必要条件而存在的，这四个基本要素包括：养殖者、养殖种、饲料和养殖场所与设备。

（一）养殖者

养殖者是指从事养殖业的人员，既包括从事养殖业的体力劳动者，也包括从事养殖业的技术人员，还包括养殖企业的所有者和管理者。养殖者是养殖业生产中的关键要素，养殖业的风险与养殖者的知识、能力，特别是专业素质密切相关。区分不同的养殖者，对于准备承保养殖风险的保险人来说，至关重要。在业务承保时，对于不同的养殖者应当采取不同的费率或承保条件。与养殖者直接相关的风险主要包括以下几类。

1. 技术风险

技术风险既可能来自社会也可能来自养殖者自己。例如，当地动物疫病防治部门针对流行病的防控技术水平决定了养殖户和养殖企业是否会遭受严重的经济损失，而养殖者是否受过专业技术培训、是否精通养殖专门技术、是否拥有丰富的养殖经验等，也将直接影响养殖业生产的结果。一般而言，受过养殖技术专门培训的饲养者与没有经过专业技术培训的养殖者相比，养殖水平要高得多，其经营养殖业生产的风险程度也低于后者。

2. 责任风险

如果他人的财产损毁或人身伤亡是因养殖者的过失或侵权行为造成的，养殖者在法律上须负有经济赔偿责任风险，如出售有污染的水产品对消费者造成损害或者养殖的毒蛇咬伤行人等。

3. 信用风险

因他人失信而给养殖者带来的损失，如购买了假冒伪劣的养殖种或者除销账款不能收回等。

4. 市场风险

市场风险是指市场的变化给养殖业带来的风险，原料、设备和产品的供求关系和市场价格的涨落决定了养殖业市场风险的大小。

（二）养殖种

养殖种的品质直接关系到养殖业的产量、质量和经济效益，选择养殖的品种是养殖业需要解决的首要问题。同时，养殖种的选择也蕴含着风险。

养殖种的商品价值和市场价格都会给养殖业带来风险。由于养殖对象的用途不同，衡量商品价值的标准也不同。以养牛业为例，如果是肉牛，主要看养殖种培养出来的成年牛牛肉营养价值的高低；如果是奶牛，其价值主要在于产奶量的大小和奶质的好坏；如果是耕牛，则要看成年牛的个头和耐力。即使都是奶牛，不同品质的养殖种培养出来的成年奶牛所带来的收益也会大相径庭，这取决于养殖种的生产性能。决定动物生产性能的因素主要有以下两个方面。

1. 生长速度

在饲养、管理条件和养殖时间相同的情况下，生长速度越快、生成物越多的个体或品种的生产性能越好。养殖品种的生长速度可用其相对增重率或相对生长率来表示：

$$\text{体重相对增重率}=\frac{\text{终末体重}-\text{初始体重}}{\text{初始体重}}\times 100\%$$

2. 食性和饲料转化率

一般情况下，食物链越短，食物种类越广泛且饲料转化率越高的动物，其生产性能越高。因为食物链短、食性广，其饲料资源就越丰富，用于饲料的费用也越低，因而其经济效益较高。饲料转化率公式如下：

$$\text{饲料转化率}=\frac{\text{动物体增长的重量}}{\text{消耗饲料的重量}}\times 100\%$$

养殖品种对饲料的转化率除与养殖品种本身对饲料的利用率有关外，还与饲料质量有关。

当然，一般情况下，收益是和风险成正比的。例如，产奶量大的奶牛对饲料和环境的要求会更高，如果达不到，发生疾病的概率就会增大，养殖风险也会增大。

养殖品种对环境条件适应能力主要表现在对温度、光照、pH 值、溶氧、食物、敌害与病害等的适应上。养殖品种的适应能力越强，则养殖的局限性越小，养殖过程中所需的设备和采用的养殖措施就越简单，养殖品种的成活率（养成率）就越高，因而养殖的成本也就越低。一般地讲，驯化期长的动物适应环境条件的能力较强；反之，驯化期短的动物一般适应力较弱。因此，后者的饲养风险大于前者。

此外，在养殖工作中，要建立养殖种类的种群，进行良种选育工作。由于种的培养投入成本很大，动物种的价值高于普通的养殖动物，但其培育的风险也大于普通养殖动物。

除了商品价值和生产性能外，养殖种的市场价格也是养殖业的一个重要风险来源，当养殖种的市场需求远远大于市场供给时，养殖种的购买将带来更多的成本。

（三）饲料（或饵料）

动物对营养物质的需求包括蛋白质、脂肪、糖类、维生素、水和无机盐等。动物种类不同，其食性和对上述营养成分需求的多少也不同，这是养殖工作中选择和调配饲料的基本依据，直接影响养殖成本。

养殖动物的饲料包括天然饲料和人工饲料，它是动物养殖的物质基础。饲料的数量和质量决定着饲养动物的产量。对饲料（或饵料）的选择、调配、加工及投喂技术等，往往影响动物养殖的成本和收益。在高产养殖中，饲料费常占整个养殖成本的 50%以上。因此，在草食性动物和水产生物的养殖过程中，种植食草、培植水体中的饵料生物是增加动物饲料量的重要手段，这样可以降低养殖成本。

饲料的配制和使用有一定的技术含量，原料的购买成本也受制于市场价格，因此，蕴含着一定的技术风险和市场风险。

（四）养殖场所与设备

养殖场所是养殖动物赖以栖息和生存的场所，是动物养殖中的决定性条件。养殖场所的选择十分关键，场址要根据不同动物对环境条件的要求进行选择，无论是水生的还是陆生的种类，养殖场所的环境条件必须符合动物生长发育和繁殖的基本要求，饲料来源既要充足又要便利。对不同动物养殖场所的选择要有区别。例如，同样是陆生动物的蜗牛和钳蝎，前者喜居阴暗潮湿的环境，而后者则需要向阳干燥。

养殖场所面对的主要风险是自然风险和责任风险。因此，在养殖场场址选择的过程中，应特别注意养殖场所的安全性，以规避自然风险，如地势是否在洪水警戒线以上、防火条件如何等。此外，还要注意在养殖过程中动物是否会影响到周围的环境，给居民的生活带来不良影响。许多经济动物的鸣叫声、排出的粪尿及释放的气味容易污染环境，影响附近居民的工作与生活，造成社会矛盾，可能产生不必要的责任风险损失。因此，对于一些特殊动物，其养殖场应选在远离居民区的地方，养殖场的设备主要是指为养殖服务的养殖设备和辅助性设备，一般计入养殖场固定资产，并计入成本。

在养殖场的选择、建设或者利用原有旧场改建养殖场的过程中，往往存在着场地和设备不能完全适合养殖动物生长发育和繁殖的情况。因此，要对所选择的场地、原有设备和器材进行改造，增加养殖场的抗灾性，能防雨、防风、防洪、防火。例如，在河蟹成蟹精养时，就要对池塘等进行改造，目的是改善养殖动物生活的环境，以利于其健康成长，防止动物在养殖过程中逃跑。

在养殖动物放养前，必须对场地、繁殖间、笼舍、池塘水域等进行清理和消毒，杀灭敌害和病原微生物，以利于饲养动物的健康成长。

三、养殖业保险的概念

（一）养殖业保险的定义

养殖业保险是指以饲养的畜、禽和水生动物等为保险标的，对在养殖过程中发生约定的灾害事故造成的经济损失承担赔偿责任的保险。

（二）养殖业保险灾害类型

养殖业保险的灾害类型包括：传染病（疫病）、非传染病、难产、自然灾害、意外事故、扑杀，以及除以上列明灾害以外的其他造成保险标的死亡的灾害。

（三）养殖业可保风险的选择

对承担养殖业风险的保险人而言，其遵从的原则与一般的保险业可保风险的选择原则一致，但是养殖业可保风险带有本行业的特点。通常情况下，养殖业可保风险的选择要考虑以下几个方面。

1. 风险发生的偶然性

养殖业风险偶然性的确认有时需技术查验。养殖业保险通常需要验标承保，养殖业保险合同中应明确说明养殖动物承保条件，剔除可能损失接近百分之百或是必然遭受损失的动物标的。

2. 风险事故的破坏性

养殖业风险事故发生的破坏性体现在损失数量上，而破坏性与损失数量正相关。在养殖业中，只有疫病、洪水、台风等破坏性较大的自然灾害达到一定的规模数量，才有养殖业保险危险分散的空间和时间，否则不会存在保险的需求与供给。

3. 风险损失的可测性

养殖业的可保风险必须是可测的风险：一是指风险发生的或然性能够被计算出来；二是风险造成的损失程度及数量能够被专业查勘定损技术评估出来，二者缺一不可。例如，海水养殖保险中赤潮损失总量可以通过官方统计数据获得。但在现实中，往往难以确定损失程度，因此，目前其被列为除外责任。

四、养殖业保险的分类

（一）按照保险标的和业务管理需要分类

（1）大牲畜保险是指以饲养的大牲畜的生命价值为保险标的的死亡损失保险。大牲畜用途广泛，有乳用、种用、役用和比赛观赏用等多种用途，包括牛、马等常见牲畜。由于用途不同、品种不同，大牲畜的价值差别较大。因此，保险责任和费率也存在差别。

（2）小牲畜保险是指以人工饲养的小牲畜的生命价值为保险标的的死亡损失保险。主要包括猪、羊、兔等中小畜类。小牲畜的畜体价值随着生长育肥而变化。因此，小牲畜的价值不能预先约定。所以，在小牲畜保险中，只能按头计收保险费，发生保险责任风险死亡时，按照标的死亡时的体重和保险单价进行赔付。因此，小牲畜保险与大牲畜保险在保险技术、条款内容上差别较大。

（3）家禽保险是指以商品性养殖的禽类动物的生命价值为保险标的的一种死亡损失保险，主要包括养鸡保险、养鸭保险、养鹅保险等。由于家禽具有品种多、生长速度快、商品率高、用途广泛等特点，其保险采用的技术方法也多种多样。需要根据家禽群养性较强、自然死亡淘汰率较高的特点，在保险技术上制定出一定的免赔比率（或免赔只数）。

（4）水产养殖保险是指以商品性养殖的水产品的生命价值为保险标的的一种死亡损失保险。主要包括水产品养殖收获价值的损失保险和水产养殖成本的损失保险。根据养殖的环境，水产养殖保险分为海水养殖保险和淡水养殖保险。

（5）特种养殖保险是指以特种养殖动物的生命价值为保险标的的一种死亡损失保

险。特种养殖主要包括鹿、貂、牛蛙、蛇等特种养殖。

上述保险的标的及明细险种见表 7-1 和表 7-2。

表 7-1　不同种类养殖业保险的主要标的

大牲畜保险	小牲畜保险	家禽保险	水产养殖保险		特种养殖保险
			淡水养殖	海水养殖	
牛	猪	鸡	鱼类	鱼类	鹿
马	羊	鸭	虾类	虾类	貂
驴	兔	鹅	贝类	贝类	牛蛙
骡		火鸡	蟹类	蟹类	蟾蜍
骆驼		鸵鸟	藻类	藻类	孔雀
		鸽子			蛇
					鳖
					蚯蚓
					蜜蜂
					蚕茧等

表 7-2　我国养殖业保险明细险种分类和已有的主要条款

险种	养殖对象	单位	相关系数
大牲畜保险	1. 牛	头	
	其中：奶牛	头	奶牛养殖保险条款
	肉牛	头	肉牛养殖保险条款
	种牛	头	
	2. 其他	头	马养殖保险条款
小牲畜保险	1. 猪	只	生猪养殖保险条款、能繁母猪养殖条款、种猪养殖保险条款
	其中：能繁母猪	只	能繁母猪养殖条款
	育肥猪	只	生猪养殖保险条款
	2. 羊	只	羊养殖保险条款
	3. 其他	只	
家禽保险	1. 鸡	只	养鸡保险条款
	2. 鸭	只	养鸭保险条款
	3. 鹅	只	养鹅保险条款
	4. 其他	只	
水产养殖保险	1. 海水养殖	亩	虾类养殖保险条款
	2. 淡水养殖	亩	淡水鱼类养殖保险条款
特种养殖保险		个、头、只、亩	养鹿保险条款、水貂养殖保险条款

（二）按照保险责任分类

1. 单一责任保险

单一责任保险是指仅承保一项风险造成损失的养殖业保险，如仅承保疫病责任的疫病保险，或仅承保洪水责任的水产类养殖险。

2. 混合责任保险

混合责任保险是指承保两种及两种以上风险造成损失的养殖业保险，如既承保疫病也承保洪水的保险。

（三）按照保险标的品种分类

1. 单一标的保险

单一标的保险是指只承保单一标的物损失的养殖业保险，如只承担驯鹿死亡的养鹿保险。

2. 混合标的保险

混合标的保险是指承保多种标的物的风险损失，如“一揽子”养猪保险，既承担养猪的死亡风险，也承担相关养殖设备风险的保险。

（四）按照保险的实施方式分类

1. 养殖业强制保险

强制保险也称法定保险，是指法律法规规定必须参加的保险。该保险只有根据法律、行政法规规定才可以实行，保险公司不得强制他人保险。

2. 养殖业自愿保险

与商业保险相同，养殖业保险大多实行自愿原则，但有时政府为了提高投保率，会以财政补贴的形式鼓励养殖者投保某种保险，如能繁母猪保险。

第二节　牲畜养殖保险

按照养殖对象的不同，牲畜保险分为大牲畜保险和小牲畜保险，这两类保险在实务操作中有较大的区别，因此一般需要将两类保险分别讲述。

一、大牲畜养殖保险

大牲畜养殖有着与其他养殖业不同的风险特点，大牲畜保险是养殖者转移风险的一个重要机制，对农牧业经济的发展有着非常重要的意义。

（一）大牲畜的定义与分类

大牲畜是指人类为了经济或其他目的而饲养的体形大、饲养周期较长的哺乳动物，主要包括牛、马、骡、驴、骆驼等。大牲畜不仅为人类提供食物，还为农业生产提供畜力。随着我国农村经济的发展和科技的进步，农业机械化程度越来越高，大牲畜作为生产工具的功能迅速下降，生产肉制品和奶制品的功能在逐渐增强。

大牲畜的分类方法很多，如最常用的是按畜种分类，可分牛、马、骡、驴和骆驼。同一畜种中按不同生产性能又可细分，如牛可分为种牛、役用牛、肉用牛、乳用牛；马可分为种马、役用马、赛马等；马也可以按原始产地分为蒙古马、河曲马、伊犁马和三河马。

（二）大牲畜的养殖

1. 牛的养殖

牛的驯养距今已有 5 000~6 000 年，我国大约是在龙山文化中期。牛是一种性情温顺的反刍动物。反刍活动大部分在夜间进行，一般一昼夜反刍 6~8 次。牛具有独特的消化功能。牛的瘤胃容积大，有大量贮积、加工和发酵食物的功能；牛采食速度快，咀嚼不细，采食后通过反刍，调节瘤胃内消化代谢。大部分牛的散热机能都不发达，较耐寒，不耐热。牛饲养管理的一般要求如下。

（1）分类饲养。牛对营养需要因种、品种、生产性能、年龄、生理特性和体格不同而不同。因此，对不同状况的牛群，应正确组织给予合理而全价的牧草和饲料，既要满足营养需要，又要有一定的容积，一般粗纤维含量以达到全部饲料干物质的13%以上为好。此外，还应在饲养过程中根据牛的反应加以增减。

（2）科学管理。在牛的养殖过程中，在管理上对不同牛群要有相应的技术操作规程和必要的规章。例如，奶牛场至少要有饲养管理操作技术规程、挤乳技术规程、每日工作程序和防疫卫生制度等。

（3）优化环境。牛舍建筑要合理，通风换气，保持舍内一定温度。垫草要清洁干燥柔软，有弹性最好。如果是在舍饲期间，牛的绝大部分时间是在牛舍内度过，如果舍内污秽潮湿，甚至积集有害气体，将影响牛体健康，降低其抵抗力，容易发生疾病。因此，舍饲期间应保持牛舍的卫生条件。

（4）精心护理。经常刷拭牛体，可促进牛体的血液循环，保持皮肤清洁，增强皮肤的抵抗力。应在每日早晚喂饲后，各刷拭一次；保持蹄叉清洁，蹄底干燥，对不良蹄形要进行修蹄。让牛群充分运动，每日 2~3 小时，青年牛群和种公牛运动量可以大一些，产乳母牛运动要适当。

在舍饲前要储备足够的饲料。为预防意外，储备饲料除按舍饲期需要的数量外，应有 10%以上的后备饲料。同时，饲料的种类应尽量多样化。

在寒冷地区应有牛舍。牛舍要清洁卫生、遮风挡雨。在舍饲前要检查牛舍的容量和质量是否符合牛群舍饲期的要求，牛舍要彻底清扫消毒。

从放牧转到舍饲应有一个过渡时间，至少需要15~20天，以促使家畜机体对新的生活环境的适应性。舍饲前，要对牛群进行健康检查。对营养不良的牛应补充饲料；要把老、弱、病牛集中在一起，以便照顾。在检查中如发现患有传染性疾病的，应隔离饲养。

舍饲期间，必须满足牛群的营养需要。日粮要以青粗饲料为主，适当搭配精料。饲料种类要多样化，不宜过于单纯，不得用霉烂腐败变质的饲料喂牛。要定时定量饲喂，供给充足的饮水。饲喂前，要清除饲料中的铁钉、玻璃片等，防止造成创伤性心包炎。

2. 马的养殖

马是属于哺乳纲奇蹄目马科马属的草食性家畜。马在古代曾是农业生产、交通运输和军事等活动的主要动力。马的驯化晚于狗和牛，家马是由野马驯化而来。马匹具有适于草原生活及以草为主的舍饲特性。

马饲养管理的一般要求如下。

（1）科学饲养。马的养殖首先要按照饲养标准及马消化生理特点，给予质地疏松、易消化、适口性强、多样化、容积较小的草料，并适时调整。要做到定时、定量，少喂勤添，防止暴饮暴食，要给予马足够的采食时间，否则会引起胃肠疾病。每日应给予足够的、优质的、清洁的饮水，水温以9~10℃为宜。每日要补充食盐。

（2）适量运动。运动可促进新陈代谢，有利于健康。舍饲期不使役的马，每天均应进行运动。运动量应根据马匹的品种、年龄、性别及用途来定。

（3）精心护理。应经常刷拭和护蹄。刷拭可以促进血液循环，保持皮肤的清洁，消除疲劳，及时发现创伤。护蹄可以矫开不正蹄形与不正肢势，充分发挥其工作效能。应定期消除蹄底及蹄叉等处污物，定期进行削蹄。

此外，还要注意厩舍卫生。厩舍内应保持阳光充足，通风良好，清洁、干燥、平坦。马槽在每次饲喂后应刷洗干净。厩床地面宜铺以垫草，每天清除添换，保持清洁干燥。

（三）大牲畜养殖的风险及风险管理

大牲畜养殖所面临的风险主要是死亡风险、市场风险和技术风险。

1. 死亡风险

死亡风险主要是指由于特定疾病、自然灾害、意外事故及政府行为四个方面的因素导致的死亡。特定疾病包括：口蹄疫、炭疽、气肿疽、巴氏杆菌病、胃肠炎及胎产死亡。自然灾害是指特定的洪水、雷击、暴风、暴雨、台风、龙卷风、雹灾、雪灾、地陷、崖崩等。意外事故有火灾、爆炸、触电、野兽伤害、空中飞行物体的坠落或建筑物体倒塌。政府行为主要表现为防止传染的蔓延，经当地政府或畜牧部门的命令而扑杀并掩埋或焚烧。

除了具备和其他动物养殖一样的风险外，大牲畜养殖业所面临的风险中由疾病导致死亡的风险最为重要，而以下疾病会对大牲畜养殖造成比较严重的经济损失。

（1）口蹄疫。口蹄疫是牛、羊、猪等家畜的一种急性、热性传染病，牛的易感性最高，传染性极强，但无交叉保护作用，动物感染后，只对本型病毒产生免疫力，主要传播媒介是污染的空气、草料、饮水、饲料、运输工具、鸟和风。本病流行快，2~3 天内即可波及全群，乃至一片地区。发病率很高，但病死率不到 2%，冬、春季多发。口蹄疫的风险管理措施主要包括如下几个方面。

预防。针对口蹄疫的风险管理措施如下：平时以预防为主。在本病的常发区和受威胁区，对牛、羊、猪等易感动物进行口蹄疫疫苗接种，做好主动性防疫。所用疫苗的病毒型必须与当地流行的病毒相一致。

抑制。如果是轻度感染，经过 10 天左右多能自愈。重度感染，患部先用 0.1%高锰酸钾水或 3%硼酸水冲洗，然后涂抹碘甘油（蹄部和乳房的病灶可涂抹紫药水或消炎软膏），护理上注意保持地面干燥，垫以软草，喂以温水和软草料等。

转嫁。购买将此病列为保险责任的养殖业保险。

（2）炭疽。炭疽是一种人畜共患传染病。耕牛、奶牛、马属动物（马、骡、驴）均可感染。本病的发生呈地方性流行或散发，以夏季为多发。炭疽的风险管理措施主要包括如下几个方面。

预防。对原因不明而突然死亡的大牲畜不准随意食用，须经确诊后再行处理。发现疫病后封锁疫点、烧毁病畜尸体、被污染的畜舍等用消毒药进行消毒。疫点内的牲畜先用青霉素注射预防，7 天后再接种炭疽芽孢疫苗。

抑制。对其他病畜应及早隔离治疗。可用青霉素肌内注射，最好同时应用抗炭疽血清。常发炭疽病的地区，每年春季或秋季必须接种 1 次炭疽芽孢疫苗。

转嫁。购买将此病列为保险责任的养殖业保险。

（3）气肿疽。气肿疽俗称“黑腿病”，是由气肿疽梭菌引起的牛的一种急性败血性传染病。以肌肉丰满的部分（尤其是股部）发生黑色的气性肿胀，按压有捻发音为特征。此病以黄牛的易感性最大，尤其是 2 岁以下的小牛更是多发。病牛是主要的传染源，皮肤创伤和吸血昆虫叮咬也能传播此病。有一定的地区性，常呈地方性流行。发病无明显的季节性，放牧牛夏季发生较多。气肿疽的风险管理措施主要包括如下几个方面。

预防。对近 3 年内发生过气肿疽的地区，每年春天要接种气肿疽灭活疫苗。一旦发生本病要对整个牛群逐头检查，对病牛、可疑病牛就地隔离治疗，其他牛立即接种。病牛的尸体不准食用，连同被污染的粪尿、垫草等一起深埋或烧毁。病牛舍及场地用消毒药彻底消毒。

抑制。此病发病急，时间短，一定要及早大剂量地使用抗菌药物（如青霉素）。

转嫁。可以购买将此病列为保险责任的养殖业保险。

（4）巴氏杆菌病。巴氏杆菌病是由多杀性巴氏杆菌引起的多种动物共患的一种急性传染病，以高热、肺炎和内脏广泛出血为特征。该病可通过呼吸道和受污染的饲料和水传染。巴氏杆菌病的风险管理措施主要包括以下几个方面。

预防。平时应加强饲养管理和清洁卫生，增强机体抗病能力。对病畜和疑似病畜，应严格隔离，对污染厩舍和用具进行消毒。

抑制。用抗菌药物。

转嫁。可以购买将此病列为保险责任的养殖业保险。

（5）胃肠炎。胃肠炎的症状如下：腹泻、排泄物恶臭、精神沉郁、舌苔厚、食欲减退或全无，心搏加快，大都伴有体温升高。

预防。一是注意不喂变质的饲料；二是避免牲畜误食有毒植物、化学药品和农药处理过的食物；三是加强饲管，不要过度使役。

抑制。用抗菌药物。

转嫁。可以购买将此病列为保险责任的养殖业保险。

除了以上各病种所列的风险管理措施外，养殖业保险的风险管理中还有一个重要方面，是对患传染病病尸的无害化处理，分为两种情况。

一是人畜共患传染病病尸的无害化处理。

工业用或销毁的病尸包括：因炭疽、鼻疽、结核病（消瘦型病尸）、钩端螺旋体病致死的病尸。

需要高温及产酸处理的病尸包括：因口蹄疫、结核病致死的病尸。

二是非人畜共患传染病病尸的无害化处理。

工业用或销毁的病尸包括：巴氏杆菌病的病变，牛瘟，全身发生放线菌病病变，恶性卡他热的病变多，副结核病的消瘦型，坏死杆菌病的败血病过程，恶性水肿，气肿疽，破伤风的病变多，马流行淋巴管炎，马传染性贫血，狂犬病。

高温处理的包括：巴氏杆菌病的病变少，放线菌病，恶性卡他热，副结核病（不消瘦），坏死杆菌病，破伤风（病变少）等病尸割除局部病变后。

2. 市场风险

市场风险是指市场的变化给大牲畜养殖带来的风险。大牲畜养殖所需要的原料、设备、养殖产品，如牛奶和牛肉的供求关系及市场价格的涨落决定了养殖业市场风险的大小。市场风险需要养殖者根据市场走势进行应对。

3. 技术风险

大牲畜养殖具有一定技术含量，养殖者需要掌握一定的养殖知识，熟悉动物的习性，采用科学的饲养和护理方法，以及必要的疾病预防治疗技术。大牲畜养殖的技术风险可以通过养殖知识普及进行有效规避。

（四）大牲畜养殖保险的技术要点

大牲畜养殖保险的特点主要包括：①生物性。保险标的是具有生命力的动物性财产，与普通的财产保险不同，大牲畜保险的保险标的的生物性特征非常鲜明，活动范围非常宽广，发生损失的原因多种多样，风险不易控制。②连续性。大牲畜的寿命一般在 20 年以上，采用连续投保可以较好地分散风险。③技术性。大牲畜生命消亡后，其尸体仍然具有经济价值。因此，大牲畜保险的理赔具有一定的技术性。④风险性。牲畜养殖保险的保险标的单价高，如发生传染性疾病损失巨大，这导致大牲畜养殖保险的风险较高。

根据大牲畜养殖的特点，在大牲畜保险的实践中需要关注以下几个技术要点。

1. 投保条件的确定

投保大牲畜养殖保险一般需要具备以下几个基本条件。

（1）具备可保利益。可保利益是指投保人对大牲畜具有占有、使用、收益、处置权利之一。不拥有以上权利的人不得为大牲畜投保，但不同权利人不得为同一大牲畜重复投保。大牲畜的可保利益者，可以是个人也可以是单位。

（2）验体合格。大牲畜只有拥有健康的机体才能承担农田作业、运输、产奶和繁殖的任务，伤残、疾病的大牲畜是不能完成以上工作的，因此不能成为保险标的。虽有伤残却不影响正常使役的大牲畜可视为无伤残疾病。核保时还需要大牲畜的饲养管理正常。无伤残疾病并经畜牧部门和保险公司验体合格后可投保。

（3）年龄适合。大牲畜使役的年龄较长，一般在 11 周岁后体力下降，丧失役用的价值，因此保险要求的年龄一般是 1~10 周岁。不满周岁的大牲畜和超过 10 周岁的大牲畜，由于不具备正常使役能力，一般不予承保，肉用大牲畜可在 1~3 周龄或出售期内承保（表 7-3）。

表 7-3　大牲畜的一般承保畜龄

畜别	幼年期/月	青年期/月	成年期/年	衰老期/年	寿命/年	承保畜龄/年
牛	6~12	13~24	3~10	>11	15~20	1~10（役用） 1~3（肉用） 2.5~7（奶用）
马	6~18	19~36	4~12	>13	25~30	1~10
驴	6~18	19~30	5~10	>11	25~30	1~10（役用） 1~3（肉用）

2. 保险责任的确定

大牲畜保险的保险责任一般包括下列原因造成保险大牲畜死亡或完全丧失使役能力的损失：自然灾害或意外事故、特定疾病（选定责任）及盗窃险（附加）。

3. 责任免除条款

制定大牲畜保险责任免除条款的目的在于促进投保人对自家的大牲畜进行科学饲养、合理管理的积极性，合理控制风险，大牲畜保险责任免除条款的内容一般由保险公司在合同中统一约定。

4. 保险期限的设定

保险期限即大牲畜保险责任起止时间。保险人只对此期间内发生的保险责任事故负责。大牲畜养殖保险的保险期限一般为一年，从保险单生效日的零时起，至期满日的二十四时止。

大牲畜保险合同一般规定，合同一经签订不得随意更改。特殊原因（大牲畜出售、正常宰杀等）需要更改的，可用批单批改，但要按短期费率表扣减相应的保费。

在实务中，保险公司根据保户的实际需要，也可承保短期（新购大牲畜为同其他大牲畜保持一个保期）保险，保费按短期费率计算。

5. 保险金额的设定

确定大牲畜保险金额的方法主要有两种：一是根据市场价值确定；二是由保险双方共同商议价值约定。第一种方法客观、易被双方接受、简单易行，所以比较通用。担保额最高不超过当地大牲畜市场价格的六成。这样做有利于农民加强牲畜的科学饲养，合理使役，也有利于保险人的稳定经营。

6. 被保险人的义务

大牲畜保险中，被保险的义务一般包括以下内容。

（1）缴纳保费。投保人应该按约定交清保险费。

（2）如实告知。被保险人应履行如实告知义务。

（3）防灾防损。被保险人应及时做好防疫、治疗及安全防灾工作。

（4）及时通知。若保险重要事项变动时，被保险人应当事先书面通知保险人。

（5）协查施救。保险大牲畜发生保险事故时，被保险人应积极救护，使损失减少至最低限度。

7. 保险人现场查勘

保险人现场查勘的程序如下。

（1）调阅档案。保险人通过查阅档案了解保险标的、承保金额、保险期限等承保内容。

（2）调查取证。现场查验必须双人到现场。到现场后，要首先询问被保险人或饲养人员，弄清事故是否属保险责任。保险人要头脑冷静、沉着，询问要有技巧，紧扣保险条款，达到目的即可。

在询问被保险人的同时，也要询问被保险人周围人，包括兽医部门的工作人员、左邻右舍，核实他们反映的情况是否与被保险人陈述的相同。

（3）死亡检查。对尸体进行检查验证是现场勘查的关键。由于生前疾病的性质、死亡时间、气候温度的不同，牲畜会出现不同的死后变化，检查中注意病变的区别。

查勘的目的是明确保险责任，做出是否赔付的决定。

8. 定损与赔付

保险大牲畜发生保险事故死亡后，保险人应对受损大牲畜核损，按保险金额或保险金额定额扣除残值后赔付，不可变价的尸体，不扣残值；可变价的尸体，定额扣除残值。保险大牲畜中的役畜因保险事故而永久性丧失使役能力后，保险人依照保险金额扣除一定比例的残值后，差额赔付。

9. 争议处理

双方如果就保险发生争议，可协商解决，也可申请仲裁。

二、小牲畜养殖保险

随着人们对动物性食物消费需求的增加，小牲畜饲养业得到了快速发展。小牲畜保险是养殖业保险中的一系列重要险种的统称。

（一）小牲畜的定义与分类

小牲畜是指人类为了经济或其他目的而驯养的中小型哺乳动物，主要包括猪、羊、兔。它们能为人类提供优质的动物性蛋白质，为提高人民生活水平发挥着重要作用。

小牲畜的分类方法很多。按畜种分，小牲畜分为猪、绵羊、山羊、兔。同一畜种，按不同的生产性能分，猪分为种猪、肉用猪；山羊分为毛用山羊、肉绒兼用羊、普通山羊；绵羊按其被毛类型来分，可分为细毛羊、半细毛羊、无毛羊、粗毛羊（羔皮羊、裘皮羊、优质地毯毛用羊、肉脂兼用粗毛羊）；兔分为肉兔、毛兔、皮兔、兼用兔。

（二）小牲畜的养殖及其风险

猪、羊和兔的养殖非常普遍，是小牲畜养殖的重点。小牲畜养殖遇到的主要风险是自然风险、意外事故和市场风险。自然风险分为自然因素和疾病两大类。自然因素主要为气候的不确定性引起的气象风险及传染病风险。意外事故主要为火灾、固定物体倒塌、他人投毒等。市场风险是指市场供求关系的变化造成猪价格的波动。

集约化的养殖，采用培育品种饲养，饲养密度大，为疾病的发生提供了条件。每年小牲畜的病死率主要是传染病引起的。传染病不仅影响小牲畜的生长发育，而且对人类的生产和生活危害极大。

1. 生猪养殖的管理要点及风险管理

生猪养殖的管理要点包括以下几点。

（1）应用饲养标准，合理配制日粮。猪的饲养标准是根据猪在不同时期的营养需要，经过长期研究，在总结和积累生产及科研成果的基础上制定出来的。生猪养殖要按照饲养标准和当地饲料资源合理配制日粮。

（2）建立良好的生活制度。每天要有规律性的生活制度，如饲喂、运动、刷拭等作业都应在固定的时间内进行。

（3）坚持运动。运动不仅能促进肌肉、骨骼、内脏器官的充分发育，还能进行日光浴，呼吸新鲜空气，并可采食新鲜青草和土壤，弥补所给饲料的欠缺，使其健康生长。

（4）合理分群。把来源、体重、体质、品种特性等相近的猪分成小群饲养，可提高增重效果，提高劳动效率，降低养猪生产成本。

（5）供给充足而清洁的饮水。水对猪体体温调节、养分的运转、消化、吸收和废物的排泄等一系列重要代谢过程都有重要作用，因此，必须供给充足的饮水。

（6）刷拭、修蹄和定期称重。每天按时给猪刷拭身体，使其皮肤保持清洁，促进新陈代谢，消灭体外寄生虫。种猪要定期修蹄，使其保持规整的蹄形，避免配种时抓伤对方或妨碍运动。定期称重可以检查猪的生长发育情况和体况，通过体重的增减变化，来调整日粮的组成和供给量。

（7）创造适宜的居住环境。猪舍要保持清洁干燥，空气新鲜，每天清除污染的褥草和粪便；在寒冷的季节要注意防寒保温；夏季要注意防暑，猪舍应有通风、洒水和遮阴等降温设施；在猪舍的出入口要设置鞋底消毒池，内放消毒液；猪舍要定期进行大清扫和消毒。

养猪生产面临的主要风险包括市场风险和疾病风险。市场风险是指饲养成本的市场价格波动而使养殖活动面临收益不确定的风险。猪的养殖周期性强、价格波动幅度大，市场风险大。养猪业的规模化饲养加速了疾病风险的扩散，疫病风险增加。

为防范疾病风险，主要传染性疾病和防治措施如下所示。

（1）口蹄疫：由口蹄疫病毒引起的一种急性、高度接触性传染病。

防治措施：平时预防注射疫苗，一经确诊，对疫点采取封锁隔离措施，为防止疫情扩散蔓延，病猪应按有关规定处理。

（2）猪传染性水疱病（简称猪水疱病）：由肠道病毒引起的一种急性、接触性传染病。病征是蹄部、口腔、鼻吻、乳头等处发生水疱和烂斑。

防治措施：严格执行卫生防疫制度，防止传入本病；加强检疫、隔离、封锁和消毒处理。可用碘甘油涂抹患处。

（3）猪瘟：由猪瘟病毒引起的传染病，一年四季均可发生，常呈暴发性流行。

防治措施：加强饲养管理，定期预防接种，定期消毒、杀虫、灭鼠和粪便无害化处理。可用抗猪疫血清治疗。

（4）猪乙型脑炎。猪乙型脑炎是由乙型脑炎病毒引起的一种人畜共患的急性传染性病。病的特征为流产或睾丸炎。

防治措施：在疫区，在流行前一个月应注射流行性乙型脑炎疫苗。另外，防蚊、灭蚊也是必要措施。

（5）猪细小病毒病。猪细小病毒病是由猪细小病毒引起的。其特征是受感染母猪产出死胎、畸形胎、木乃伊及病弱患猪，偶有流产，而母猪无明显症状。

防治措施：应从无病猪场引进种猪。疫区（场）的种猪，可使用猪细小病毒灭活疫苗。目前尚无有效治疗办法。

（6）猪丹毒：病原体为猪丹毒杆菌，多发生于夏秋两季。

防治措施：平时加强饲养管理，定期进行预防接种。可用抗生素进行治疗。

（7）猪肺疫：病原体为多杀性巴氏杆菌，主要经呼吸道感染，常与其他疾病并发，以败血症、咽喉炎和纤维素性胸膜肺炎为病症的急性传染病。

防治措施：加强饲养管理，要按免疫程序进行预防接种，死猪要深埋或烧毁。发现病猪及可疑猪立即隔离并用抗生素治疗。

（8）猪传染性萎缩性鼻炎。猪传染性萎缩性鼻炎是猪的一种慢性接触性呼吸道传染病，主要侵害幼龄猪。其特征是鼻梁变形和鼻甲骨的下卷曲发生萎缩。临床表现为喷嚏、鼻塞等鼻炎症状和颜面部变形，鼻梁歪斜。

防治措施：从无该病猪场购猪。若发生本病时，应隔离饲养。在疫区为减少本病的发生，可定期注射抗生素。可用磺胺类药治疗。

（9）猪囊尾蚴病。猪囊尾蚴病是由人的有钩绦虫的幼虫，寄生于猪体而引起的一种绦虫幼虫病。

防治：对猪囊尾蚴病的治疗没有很好的办法治疗，主要搞好预防工作，防止人畜感染。

此外，还有猪副伤寒、仔猪痢疾和猪链球菌病等急慢性传染病。

2. 羊养殖的管理要点及风险管理

羊的养殖主要包括绵羊和山羊两类，其养殖管理的要点主要有如下几个方面。

（1）绵羊、山羊是以放牧为主的家畜，它们利用植物性饲料的种类比其他家畜广泛。在夏秋两季要放好牧，进入枯草期需要适当补充饲料。

（2）定期药浴。为了消灭绵羊、山羊的体外寄生虫，特别是疥癣，每年需要进行两次药浴。

（3）对于舍饲的绵羊、山羊，要定期修蹄（一般 2~3 个月修蹄一次）。否则会影响站立和步行的姿势，严重者造成采食困难，生产力下降，甚至致残。

（4）定期剪毛。我国绵羊的剪毛时间和剪毛次数因各地气候条件及绵羊品种的不同而有差异。剪毛过早，遇到气候变化，绵羊易生病；剪毛过迟，天气热，使绵羊体热不易散发出来，影响羊只的健康和抓膘。

羊常见病及其防治办法如下所示。

（1）口蹄疫：与猪口蹄疫的防治方法相似。

（2）羊肠毒血症：是绵羊的一种急性传染病。其特征为腹泻、惊厥、麻痹和突然死亡。

剖检：肾脏软化如泥。

防治措施：防止过食，合理运动等。疫区应在每年发病季节前注射疫苗。急性病例常无法医治，病程缓慢的可用抗生素、磺胺药等。

（3）羊快疫：羊的一种急性传染病。发病突然，病程极短，死亡迅速。

防治措施：疫区每年注射疫苗。发病慢的可用抗生素或磺胺类药。

（4）羊猝疽：由 C 型魏氏梭菌引起的一种疾病。本病发生于成年绵羊。

羊的传染病具有传染性强、发病快、病死率高的特点，可通过计划免疫手段预防、控制和阻断疫情。

（三）小牲畜养殖保险的技术要点

小牲畜养殖保险是一项技术性很强的业务，其特点如下：一是保险标的是有生命的财产。二是对环境要求严格。当环境超出标的机体所能耐受的范围，会引起其各种疾病，甚至造成死亡。三是小牲畜的生长发育与人的管理密切相关。保险标的是由人来饲养管理的，当人们满足其生长发育所需要的营养和环境条件时，它们就能健康生长，发挥生产性能。四是保险标的经济价值是一个变动量。在未达到生产标准前，它们的价值随养殖成本的投入而增加，达到生产标准后，它们的价值随着投入而下降。五是小牲畜的经营方式一般采用工厂式的集约化养殖。一旦发生灾害事故，传播快，不易控制，损失严重。

1. 承保条件的确定

按照保险的原理和要求，在签发保险单之前，要对每一个投保人和标的进行仔细审核，以保证承保质量，具体审核的内容和步骤如下。

（1）投保人资格的审核。

可保利益。小牲畜保险的投保人必须对投保标的具有可保利益，投保人应是承保标的的主人或单位。小牲畜所有者明确，对于加强保险牲畜的饲养管理，加强防疫防灾工作，以及实施经济补偿都是有利的和必要的。

饲养经验。小牲畜的养殖是由人来进行的，它们生产性能发挥和健康状况与人的饲养管理密切相关，因此，饲养人必须具有饲养该品种的经验。

信誉状况。投保人的信誉对保险人至关重要。小牲畜风险的发生很大程度上与人的因素有关。不诚实、不道德的投保人会给保险人带来难以预测的风险。投保单设计的某些款项应由畜主填写，如牲畜毛色、品种、性别、防疫等，用以核保投保人的诚信度。

（2）养殖环境与健康状况的审核。

养殖环境。小牲畜是被人类驯化的，改变了野生的生活条件，人类为其创设了栖居之所。在建舍时必须符合其特点，才能把高产潜力发挥出来。场址的选择和场内建筑物的布局必须符合畜牧兽医部门的要求，必须建在非蓄洪行洪区，且在当地洪水水位线以上。舍内温度、湿度、通风、光照、饲养密度、有害气体的含量必须满足其需要。

健康状况。在承保时，要求投保标的无伤残、无疾病，经畜牧兽医部门验体合格，营养良好，按免疫程序预防注射接种，从外地购进的标的须有检疫证明等。

小牲畜不能用言语来诉说身体异常，必须要通过人们每天细致观察，及时发现问题，加以管理。现介绍一种目测法来观察标的的健康状况，主要有以下几个方面。

看精神状态：健康的牲畜精神饱满、活泼；有病的牲畜垂头搭耳、闭目欲睡、不爱动、喜趴卧、不顾周围事物或狂躁不安等。

看营养：营养良好的牲畜，皮毛有光泽，肌肉丰满；病畜皮毛粗乱、无光泽、肋骨显露。

看姿势：健康畜有其固有的姿势，当患某些疾病时，常呈现不正常姿势。

看步样：健康畜步行轻快而有力，病畜行动不稳或跛足行走。

看皮毛：主要从皮毛有无光泽、皮肤颜色、湿度和有无丘疹（凸起、肿块等）病变或体外寄生虫来进行观察。例如，当患慢性胃肠疾病、结核病、湿疹、疥癣及饲养管理不良时，常见皮毛粗乱或脱落；皮肤颜色潮红，表示充血或出血；皮肤苍白表示贫血；

皮肤黄色表示黄疸；皮肤红色小点表示出血等。皮肤湿度增高，常见于疼痛等；皮肤湿度减低或干燥，常见于老龄衰弱及下痢。皮肤异样（指皮肤上有水疱、脓疮、溃疡糜烂及创伤等），如出现大小不一的水疱、脓疮，常见于口蹄疫。

看眼：健康畜眼灵活清亮，眼睑不粘有分泌物，眼结膜呈正常色。眼结膜苍白、潮红、发黄、发绀（呈暗紫色）等都是病态，如苍白，见于大出血、贫血和寄生虫；发黄，多见于肝病及某些传染病；发绀，见于心脏衰弱和肺病等。

看鼻腔：健康畜鼻腔黏膜稍湿润，有光泽，呈淡红色，如鼻腔黏膜潮红、肿胀，常见于鼻炎和流感等。

看吃食、饮水情况：健康畜采食积极，吃食姿势自然，吞咽动作正常，反刍动物（羊等）一般吃食约半小时开始反刍，持续一小时。反之，为病畜。若吃喝减少说明开始发病，不吃不喝，则说明病情严重。

观察排泄的粪尿：粪便主要观察形状、颜色和排泄量；尿主要观察颜色和排泄量。粪便的状态，随畜龄、饲料种类和喂量不同而不同。若喂麸皮过多，粪便呈黄褐色；多喂青草，其粪便软而带青草味，同样饲料若给量过多，会排泄像牛粪似的大便软；若喂量少，则粪便硬而小。成年健康猪排的粪便呈年糕状。若排泄像丸子样的圆球粪便，不是饲料喂量不足，就是有病所至。牲畜生病，立刻会表现为粪便异常。粪便异常状态有便秘和下痢两种，如便秘是伴随着 40℃ 以上高烧的热射病、日射病、肺炎、乳腺炎、猪霍乱、猪丹毒等最初症状而出现的。下痢有因病而引起的，多数是因饲喂失调引起的。健康牲畜的尿有自身的颜色，如健康猪尿为橙黄色，健康家兔的尿液较浑浊，淡黄色。当颜色发生变化时，说明有病。猪在发烧时尿变成黏稠的黄褐色。

看体温、心跳、呼吸：健康成年猪体温是 38~39℃，心跳 60~100 次/分，安静时呼吸次数 10~16 次/分；健康家兔体温是 38.5~39.5℃，心跳 80~90 次/分，安静时呼吸次数 50~60 次/分；绵羊、山羊体温 39.5~40℃。绵羊心跳 60~120 次/分，山羊心跳 70~135 次/分，羊安静时呼吸次数 12~15 次/分。当心、肺、胃、肠生病时，呼吸加快，脑发病时呼吸变慢。

（3）适应期的审核。

适应期也称风土驯化期，是指从国外或省内外引进的畜种对当地环境条件的适应期限。一般来讲，从国外引进的品种必须在当地饲养一年以上才予以承保。

（4）观察期的审核。

每种传染病都有一定的潜伏期。潜伏期是由病原菌侵入机体起至开始出现临床表现为止的这段时间。不同畜种、不同疾病的潜伏期不同，如猪瘟潜伏期平均为 5~6 天，最短时间为 3~4 天，最长时间为 21 天；口蹄疫平均为 2~4 天，最短时间为 14~16 小时，最长为 11 天。一般来说，急性传染病潜伏期短，病死率高，损失严重；慢性传染病潜伏期较长，病的经过缓慢，病死率低。为了提高承保质量，防止标的带病投保，保险人根据病的潜伏期来确定观察期的长短，一般为 15 天。在观察期内，保险标的因疾病所致死亡，保险人不负赔偿责任。

（5）畜龄的审核。

不同畜龄的抗病能力和生产性能各异。哺乳畜生长发育快，新陈代谢旺盛，消化器官不发达，消化功能不完善，缺乏先天免疫力，调节体温的能力差，容易得病，病死率较高，所以要求从断乳后开始承保。为了检查被保险人的饲养管理水平，要求承保的断乳畜必须达到该品种的断乳体重要求（如猪断乳体重 10 千克）。

种畜利用年限长短和它本身生产性能有关。老年种畜身体已经进入衰老阶段，各种机能下降，往往会产生不良后代，影响所生后代的生长发育速度。再有老年种畜身体笨重，四肢多有毛病或者不灵活，有的有恶癖等，影响配种利用，繁殖力低，属自然淘汰。例如，种兔的使用年限一般为 2 年，种猪的使用年限 3~4 年，种羊的使用年限为 4 年。

（6）区域的审核。

传染病是危害小牲畜生产的一个很重要因素，发生频率高、死亡率高、损失大。当爆发某些重要传染病时，国家划定了疫点、疫区、受威胁区，以防止疫病向安全区传播或健康畜误入疫区而被传染。我们在承保时，也要遵守国家的规定，只能承保安全区的牲畜（疫点、疫区、受威胁区除外）。

2. 保险责任的选择

随着农村经济的迅速发展，一些地区的小牲畜生产逐步实行了集约化，这使人们可以控制温度、湿度、光照等环境因素的影响。因此，人们可通过场址选择和控制环境因素来减轻气象风险对生产的影响，故将气象性因素导致小牲畜死亡列为保险责任。对于火灾、固定物体倒塌等意外事故造成的小牲畜的死亡，发生概率很低；但一旦发生，对生产危害很大，可通过加强管理加以防范，故可将其列为保险责任。

根据国家动物疫病的分类，将对生产危害大的几种疫病及经兽医部门确认是本单位应处理的疾病，并通过政府命令处理的视作保险责任。至于非传染病（普通病），只是零星死亡，可通过加强饲养管理，提高养殖技术来减少疾病的发生，故不将此列为保险责任。

3. 除外责任的设定

为了督促被保险人加强饲养管理，防止道德风险的发生，保险人一般规定了如下责任免除。

（1）故意、过失。被保险人及其家属成员或饲养人员的故意行为或过失造成保险标的的死亡。故意行为是指被保险人、饲养人员及其家属明知自己的行为可能产生损害的结果。过失行为是指本来可以提前想到本人所做的事可能造成损失，但因失职而没发现，或者已经想到但是认为可以侥幸免于危险，最终造成损失。故意行为或过失行为是被保险人的过错，应由被保险人负违约责任。

（2）管理不善。被保险人管理不善造成的损失一般被列为除外责任，如冻饿、中暑等所致死亡，违反防疫规定、不按规定的防疫时间和药量等纯属被保险人的管理问题，只要加强管理，可以避免损失。

（3）战争、骚乱。交战或骚乱可引起失火等危险，造成财产毁坏，但是具体信息获取不易，所以予以剔除。

（4）自然淘汰。自然淘汰是指种畜老化、不符合配种要求，育肥畜因残疾或传染病而达不到生产性能，无饲养价值，需要进行淘汰宰杀。

（5）其他因素。保险责任规定以外的其他疾病、自然灾害和意外事故所致死亡。保险条款中承担的保险责任为列明的风险责任，凡列明责任以外的灾害及相应费用（如治疗费、药费等）均属责任免除。

4. 保险期限的设定

保险期限是保险合同规定的有效期限。保险期限是根据牲畜的种类、生长发育规律、生产性能、用途而设计的。一般分以下几种情况。

（1）按育肥期长短确定。牲畜是哺乳动物，仔畜在哺乳期内，身体机能尚未健全，对外界环境的适应能力有限，抵御疾病的能力弱，病死率高，因此，断乳前不宜承保。保险期限从断乳后至出栏宰杀或出卖止为宜。

（2）按使用年限确定。主要适用于繁殖仔畜的种畜。种畜的饲养年限和使用年限较长，使用年限与品种类型、畜龄、饲养管理水平、胎次和健康状况密切相关。到期后需要重新审定其是否具有种用价值。

（3）按饲养牲畜形成产品的最佳品质确定，主要适用于毛皮动物。

（4）按屠宰期确定。主要适用于屠宰保险，以天计算。保险期限从牲畜进入屠宰场开始至宰杀为止。

5. 保险金额的确定

确定保额是在合同中所能予以保险的利益为最高限额，否则可能会导致保户饲养不周，严重者可能会故意造成损失骗保。因此，要求保险人在掌握市场供求变化等规律的基础上，合理确定保险金额，让被保险人自保一部分（自保比例在 30%以上）。

需要基于以下几点来确定保险金额。

（1）保险对象的实际价值。一般按照市场价值确定。不同的保险标的具有不同的价值，即使同一保险标的在不同的生长阶段，投入的物化劳动和活化劳动与其产出的比值也不同。因此，保险人要深度调查，获得市场价格、饲养成本，合理确定保险金额。

（2）社会平均成本。养殖所需的开支差异即使在一个地区也较大，保险金额应比社会平均成本低。

（3）养殖产品的产品价值。牲畜养殖受市场供求关系的制约，收益稳定性差，很难确定被保险人的保险利益，不适合对产品价值进行保险。

在可保利益范围内，保障程度的大小，取决于保险人的业务经营水平和承担风险的经济能力，也受制于被保险人承受保险费的能力。目前从我国的国情看，只能以保障养殖经营者简单再生产顺利进行为主要目标，就小牲畜保险而言，为了确保被保险人最基本的生产经营，以保成本作为基本原则。

目前，商品畜一般按饲养成本的六成确定保险金额，种畜采取定额承保。在确定种畜保险金额时，要考虑胎次因素，每胎产一次，保险金额要按一定比例递减。例如，母猪胎产 6 次被淘汰，则每胎产一次，保险金额按 15%递减。

6. 查勘定损与赔偿处理

（1）核定保单。保险人接到出险报案后，根据出险人报的保单号，查找底单，判断灾害事故是否在保险单的有效期内。

（2）实地视察。实地视察步骤如下所示。

咨询被保险人或饲养员。通过咨询可得知灾害的发生时间与类型，若病亡，需询问最近的防疫情况和是否引进新畜，以及在不同发病期的症状及相应的治疗方案。保险人可根据被保险人讲述的情况，主动向被保险人提问。

圈舍检查。根据被保险人的主诉和兽医诊断书，视察饲养环境，核对所述的内容，获取病畜的情况等。若是意外事故或自然灾害导致的死亡，应有明显的现场痕迹。

对尸体进行检查。根据所述的内容和牲畜环境调查的原始信息，对死畜的尸体进一步调查。

（3）责任确定。严守保险合同，根据现场查勘记录，审核责任，区分保险责任与责任免除。

（4）核损定赔。核定损失，计算赔偿金额，同时向被保险人提出残体处理方法和整改建议。赔偿处理应遵循“主动、迅速、准确、合理”的八字方针。

（5）赔款审查。对疑难案件要有一定的赔款审查期，以防止错赔、骗赔案件的发生。

（6）保单注销。在被保险人办理赔款手续后，收回保险单注销，终止保险责任。

（7）错案处理。对于及时发现或他人揭发的假案、错案，要采取相应措施追回赔款，并建议有关部门追究骗赔者的经济责任和法律责任。

第三节　家禽养殖保险

家禽是指在人工给予一定条件进行饲养的情况下，拥有繁殖能力，可以从中获得肉、蛋、羽等产品且具有经济价值的禽类。

家禽保险是以家禽为保险标的的保险。家禽的种类（品种）很多，具有群居性强、生长速度快、商品率高、生理（自然）死亡率高、用途广泛等特点。在家禽的生长过程中，不仅受到自然风险和社会风险的威胁，同时还受疾病的侵袭。因此，要求保险从业人员有专业知识和技能，以确保家禽保险的科学经营。

一、家禽养殖

家禽的种类主要有鸡、鸭、鹅、火鸡、鹌鹑和鸽子。基于饲养目的不同，家禽可分为肉用型、蛋（卵）用型和兼用型。肉用型禽类分为肉用种禽和肉用仔禽；蛋（卵）用型禽类分为商品蛋禽和种用蛋禽。

家禽常见疾病有禽流行性感冒和禽霍乱。

禽流行性感冒（高致病性禽流感）是由A型禽流感病毒引起的一种急性高度接触性传染病。本病在世界上许多国家均有发生。临床特征为呼吸道症状，精神委顿。病理变化主要为消化道、各脏器的出血及呼吸道炎症。

禽霍乱（巴氏杆菌病）又名禽巴氏杆菌病，或称出血性败血症，是由多杀性巴氏杆菌引起的一种急性败血性传染病，发病率和病死率都很高，对养禽业有很大的威胁。

家禽常见的普通病还有啄癖、跻炎、消化不良（鸡嗉囊）积食、胸囊肿、胃肠炎、喙角溃疡、食管炎、食管破裂、骨折、蛋白质过多症、蛋鸡笼养疲劳症、鸡腹水综合征、肉禽腿病、饲料中毒、农药中毒等。

为减少疫病风险的发生，养殖场必须根据当地的实际情况，制定全面完善的卫生防疫制度，做好环境、消毒、免疫等方面的措施，对传染源进行消除，从而将因为传染病造成的损失最小化。

二、家禽养殖保险的特点与技术要点

家禽保险一般根据家禽的种类、生产用途（目的）及生物学特性分为养鸡保险、养鸭保险、养鹅保险等。由于生产目的不同，饲养周期和生产特点不完全相同，养鸡保险又可分肉食鸡保险、蛋鸡保险等。

（一）家禽保险的特点

家禽保险的特点由家禽及家禽生产（饲养）的特点决定。

1. 区域性

家禽保险具有区域性是由家禽分布的区域性决定的。因此，在开展家禽保险上要采取因地制宜、灵活多样的方式。

2. 周期性

家禽保险的保险周期（保险期限）长短不一，是由家禽生产周期长短不一决定的。人们的生产目的的不同，决定了家禽生产周期的长短不一。例如，肉食鸡的生产周期仅为50天左右（因品种而异），而蛋鸡和种鸡的生产周期都在一年左右。

3. 多样性

家禽保险的保险标的是禽类。它不仅有鸡、鸭、鹅等动物种类，同时，在同种动物（禽）中也存在不同的品种。这些标的还具有群居、好斗和生理（自然）死亡率高的特性。

4. 复杂性

家禽保险的多样性和标的本身风险的多样性决定了家禽保险的复杂性。造成标的死亡的原因除自然死亡外，还有自然灾害、意外事故、疾病等。据不完全统计，仅鸡的常见病就有 30 多种，这就给确认标的死亡原因造成困难。

（二）家禽保险的技术要点

1. 保险标的选择

被保险人必须对保险标的具有保险利益，是家禽的所有者或管理者，否则不能投保。保险人在设计保险条款和承保家禽时应从以下几个方面考虑投保人是否具备条件。

（1）规模化饲养。饲养场必须具有一定的规模。一般以饲养禽只数量为标准。通常鸡至少为 2 000 只，鸭和鹅的数量较鸡要少得多。

（2）技术力量。饲养场是否具有饲养该禽种的技术力量，包括高级管理人员和技术人员是否足够。

（3）场址与场舍。饲养场的场址选择、场舍建筑布局是否合理。

（4）设施与制度。饲养场的饲养管理设施、制度是否齐全，饲养密度是否合理。

（5）卫生与防疫。饲养场的卫生、防疫、消毒等制度是否健全。投保的禽类是否有伤残、疾病，场舍是否定期防疫、定期消毒，禽舍内光照、温度、相对湿度是否适宜，禽舍内噪声是否低于 85 分贝，通风是否良好，是否有防暑降温措施。禽类的均匀度是衡量禽群整齐与否的标准，它反映出禽的健康状况和饲养人员水平。一般禽场要求均匀度达到 65%以上。

符合或达到上述基本条件后，保险人在承保前还应注意：①已发生传染病被划分为疫区的家禽不予承保。②所要承保的家禽品种必须在当地饲养一定的年限（引种成功）。③对于不同的禽种（包括品种）要采取不同条款和承保措施，因为它们之间的差异非常大（本章第一节已做过介绍）。另外，种禽一定要有年龄限制。高龄种禽受精率、产蛋率低。种鸡使用年限为 1 ~ 2 年，种鸭使用年限为 2 年，种鹅使用年限为 1~4 年。④承保时还应注意除不符合承保条件者外，一个单位的禽类应全部向保险人投保，不能选择性投保。凡自繁、自养家禽（粗放经营）在承保时应与规模化饲养的家禽加以区分。

2. 保险责任的选择

家禽保险确定责任一般是采用列明（举）式的方式进行。前面提到，在家禽饲养过程中，会遇到许多风险，主要有自然风险（如雷击、龙卷风、暴风、暴雨、洪水、雹灾、雪灾、泥石流、崖崩等）、意外事故（如火灾、爆炸、触电、建筑物或其他物体倒塌等）和疾病。从理论上讲这些风险在特定的条件下均可作为保险责任。由于受保险双方的经济承受能力的制约，在设计条款时就存在保险责任的选择问题。

现代技术的使用，使养禽业得以迅速发展，生产方式转变为舍饲高密度的工厂化生产。在确定保险责任时，一定要剔除投保人因饲养管理不当或市价变化造成的道德危险，促使投保人精心养禽。

由于保险责任是保险人所承担的损失的风险，保险责任范围越宽，保险费率越高。因此，在确定保险责任时，不仅要了解风险事故的发生规律及保险对象本身的生长发育规律，同时还要了解保险双方的经济状况即承受能力，以及家禽饲养者对风险的需求等。

3. 责任免除的设定

家禽保险条款中常见的除外责任包括如下几个方面。

（1）在观察期内家禽因疾病所致死亡。设观察期的目的是防止被保险人把带病家禽向保险人投保以达到骗取赔款的目的以及避开有些疾病的潜伏期。

（2）被保险人及其家庭成员或饲养人员的故意行为造成家禽死亡。被保险人（及其家庭成员或饲养人员）的故意行为是所有保险业务（险种）都必须剔出的责任。这里要指出的是"造成家禽死亡"。一般的家禽保险责任都是以家禽死亡为损失标准的，若不以家禽死亡为损失标准的则应用其他字样加以明确。

（3）保险家禽因饲养管理人员管理不善，造成家禽死亡，如违反卫生防疫制度、不按免疫程序要求去做、互啄、走失、鼠咬、冻饿致死、夏季高温致死等人为完全可以控制的因素。

（4）由于家禽饲养集中、数量多、自然死亡率较高，每栋禽舍都规定一定的免赔数（额）作为除外责任。

（5）因不符合种禽要求而被正常淘汰。

（6）其他不属于保险责任范围所致死亡。

4. 保险期限的设定

家禽的保险期限是根据家禽的种类（包括品种）、生理特点、生产性能及生产目的而确定的。也就是说，家禽保险期限主要根据家禽的饲养周期来确定。在饲养周期不超过一年的情况下，按饲养周期确定；在饲养周期超过一年的情况下，一般按年限（一年）确定，主要有以下三种情况。

（1）肉用禽的保险期限：从 10 日龄开始至家禽售前为止。一般为 7～8 周。

（2）蛋禽保险期限：一般从开始产蛋起至产蛋期结束。蛋鸡保险期限为一年。

（3）种禽保险期限：一般为一年。幼雏（0～6 周龄）不予承保。这是因为在幼雏阶段，消化功能不健全、体温调节功能不完善、敏感性强、抗寒能力低、抗病力差、病死率高等。

5. 保险金额的设定

确定家禽保险的保险金额应考虑家禽生产（饲养）的特殊性及保险双方的承受能力等诸多因素，一般以饲养投入的成本来确定。不同禽种（品种）、不同生产性能和同一禽种不同饲养阶段投入的生产成本不同。因此，家禽的保额根据投保人在不同禽种、生产性能、生长阶段的投入成本及市场的供求变化而确定。

由于成本是在整个家禽生长期内逐渐投入的，灾害在各个时期又随时都有可能发生，不同时期的损失也是不同的，因此，大都在确定最高赔付限额后，再确定各阶段赔付金额百分比（或各阶段保额），这也是由于在不同阶段其损失无法衡量（无统一标准）而事先确定的。

肉用禽，随着日龄增长，生产成本投入增加。

蛋用禽，在开产前随着日龄增长，生产成本投入增加。产蛋后，其投入的生产成本逐日回收，价值逐渐下降。

种用禽，在制定保额时，要与年龄挂钩。保额与年龄成反比。

因此，采取变动保额，避免人为道德风险是比较合理的。

在确定家禽保险的保险金额时，还要注意以下几个方面。

（1）家禽保险的保险金额通常是在制定条款时就明确规定的。

（2）确定家禽保额时，还应当注意风险共担的原则，保险金额不宜过高，以防止道德风险的发生和保费负担超出饲养者的承受能力。

（3）确定保额时，同一地域的保额应尽量相同（单位保额）。

6. 查勘定损与赔偿理赔处理

（1）家禽保险的赔偿处理应做到“五个明确”。

第一，明确损失范围的标准，即分辨清楚保险财产与未保财产，并确定赔偿的比例。

第二，明确免赔的额度，即明确免赔额的大小以及是绝对免赔额还是相对免赔额。家禽保险以采取绝对免赔额为好。确定一定的绝对免赔额不仅可以减少保险人的工作量，还可以充分体现风险共担原则，增加被保险人的责任感，减少道德风险的发生。

家禽是高密度集约化生产。在死亡禽只中，除了因保险事故致死外，还有其他原因造成的死亡和因生产而进行的正常淘汰。不同的承保对象有不同的免赔比例，这要根据禽场的饲养管理、环境卫生等情况因地制宜地确定免赔比例。例如，在一栋鸡舍内饲养着不同日龄的家禽，在这种情况下，免赔比例要高一些。赔款按保险条款规定的保险金额扣除免赔额后计算。

第三，明确计算公式，包括赔款的计算公式和损失程度的计算公式，在全部损失时如何赔付、部分损失时如何赔付等。

第四，明确查勘办法、赔付方法等。

第五，明确查勘后对尸体的处理方式和对尸体予以标识，以免重复赔款。

（2）家禽保险的理赔步骤和方法。

第一，确认出险的原因。

可通过询问调查、栏舍检查、尸体检查、内脏器官检查等方法进行。

第二，确定出险日期。

出险日期是我们确定保险标的保险金额的重要依据，农业保险一般都有阶段保险金额，家禽保险也不例外。例如，在肉食鸡保险中，其赔偿金额是按鸡雏日累计成本表确定的，即不同日龄鸡雏的赔偿金额不同。为此，只有准确确定出险日期，才能正确地确定赔款金额。家禽发生疾病时，都有一定的过程（病程），具有较长的一段时间，在确定出险时间时有一定的难度，一般以发现发病的时间为准，这是因为家禽发病后正常投入的饲养成本已经停止。

第三，确认出险地点。

验证标的出险地点是否为保险单上约定的地点。

第四，确认保险标的。

通过询问调查、尸体检查等方法确认是否属于保险标的。

第五，确定损失数量。

由于规模化饲养的鸡的承保工作大部分是由“雏源”公司代理的，因而其承保数量一般都比较准确，但到了出险时可能会有因非保险事故而使标的减少的现象。为此在现场查勘时，一定要注意认真清点，尤其是在生长期末，更要注意，以防止借机骗赔的现象的发生。家禽保险一般情况下都通过查验、清点动物尸体来确定损失的数量。

第六，确定赔款数额。

赔款金额＝当日保额×损失数量。这只是一个简单的赔款计算公式。计算赔款时应根据具体条款的具体规定进行，如扣除免赔额、残值等。

第四节　水产养殖保险

水产养殖是指利用海洋水域、滩涂和内陆水域中的可养面积，对鱼、虾、蟹、贝、藻类及其他水生经济动植物进行人工投放苗种、饵料和经营管理以获取产品的活动。

一、水产养殖保险的概念与主要内容

（一）水产养殖保险的概念与分类

水产养殖保险是以在海洋水域、滩涂和内陆水域进行商品性人工养殖的水生动植物产品为保险对象的一种养殖保险。水产养殖保险的保险标的主要是鱼类、虾类、蟹类、贝类、藻类及其他水生经济动植物。根据养殖环境，水产养殖保险可分为海水、淡水养殖保险，又可细分为鱼类、虾类、贝类、蟹类、藻类养殖保险。

1. 淡水养殖保险

淡水养殖保险是指以人类利用淡水水域进行人工养殖的产品为对象的一种水产养殖保险。按照养殖场所，分为池塘、湖泊、江河水库、深水网箱、流水和稻田养殖保险。

2. 海水养殖保险

海水养殖保险是指以人类利用海水水域进行人工养殖的产品为对象的一种水产养殖保险。按照养殖对象，分为鱼类、虾类、藻类、贝类和海带养殖保险等。

（二）水产养殖保险的主要特点

1. 高风险性

水产养殖业是高风险行业。相对于其他养殖业而言，水产养殖保险标的是生活在水中的动植物，生活环境特殊，对生产技术及条件要求较高，受自然条件、地理环境的影

响较大，一旦出险，防灾防损措施不易奏效，损失往往很大。例如，流失险中的决堤问题，若施救不及时，全池鱼很快会跟水逃走；突发性的缺氧泛池（浮头）、中毒、水源污染常常导致鱼类严重死亡；台风、海啸、异常海潮等引起养殖对象的大面积流失，赤潮造成养殖鱼类的大面积死亡，因此，水产养殖保险属于高风险的保险业务。

2. 标的风险的季节性强

由于我国所处的地理位置和受季风气候的影响，决定了水产养殖的气象灾害具有明显的季节性。自然灾害对水产养殖的危害主要发生在夏、秋季节。例如，沿海地区的台风、暴雨，内陆地区江河流域的洪涝灾害等造成养殖对象发生流失的情况主要集中在夏秋季节；容易造成养殖对象发生缺氧死亡的赤潮、高温、阵雨等也主要发生在夏、秋季节。

3. 业务复杂性

水产养殖保险的标的种类多样，包括鱼、虾、蟹、贝、藻类五大类别，其风险程度等方面都有不同程度的差异，标的的多样性和差异性决定了水产养殖保险业务的复杂性。水产品的价值会随着养殖生产过程的延续而不断增加，因此需要采用不同的保险金额。不同的养殖方式也要求不同的承保条件。保险责任的鉴别比较复杂，意外事故如中毒、污染造成的死亡与疾病死亡有时同时发生，相互关联，不易区分，因此水产养殖保险的定损也存在很大的难度。

4. 易发道德风险

水产养殖对象的死亡风险与养殖管理中的防范措施有着密切的关系，投保人对水产品是否精心管理直接影响到水产品的损失率及死亡、流失状况，如鱼病的发生大都是由于水质不适、饲养管理不当或鱼体防御能力弱而引起的。在承保后，很容易出现投保人将保险标的转移的现象，而在发生（有时故意制造）保险责任事故后，又向保险人索赔。

二、水产养殖保险的技术要点

（一）保险标的与承保条件的设定

一般来讲，水产养殖的保险标的是商品性养殖的各类水产品。但水产养殖的对象多种多样，面临的风险与水产品的养殖方式、养殖地点、养殖环境和管理技术密切相关。水产养殖保险标的的复杂性决定了水产养殖在承保时对保险标的和承保条件的要求都比较严格。水产品的养殖方式可分为精养和粗养两种。精养的水产品管理比较全面，一般有专人负责，按时投料、测温、消毒、防病治病等；粗养的水产品就是放养，无专人进行管理。目前作为水产养殖保险标的的主要有精养和集约化养殖的鱼类和虾类及少数贝壳类。对于在大面积自然水域中粗养的一般不予承保，鱼苗一般不保。对于承保条件也有一些特别的规定。

1. 淡水养殖的承保条件

对于淡水养殖而言，必须是养殖水面 15 亩以上的养成池，育苗池一般情况下不可以承保。投保水产品必须在当地饲养 2 年以上，必须是无伤残疾病，并处于常规养殖状态，放养密度适宜。投保人必须有饲养该品种的条件和技术。为防止逆向选择，属于同一养殖者（一个村或一个养殖场）的成片水面必须全部投保。

2. 海水养殖的承保条件

养殖区水质良好无污染、最近 2～3 年没有发生赤潮，避风条件好，养殖管理正常。

3. 深水网箱养殖的承保条件

网箱养殖要在水面开阔、水流畅通、水质良好无污染的水域，水深 4 米以上，网箱设计、材料符合养殖要求，固定及连接要牢靠，养殖管理正常。

（二）保险责任的设定

1. 淡水养殖的保险责任

（1）自然灾害责任。目前水产养殖保险条款主要承担因自然灾害造成保险标的流失或群体死亡的损失。一般限于人力不可抗拒的特大风险，如暴雨内涝、洪水和台风造成潮水上岸及倒灌超过警戒水位等风险灾害。承保责任采取列明式，要有明确的气象和水文标准。气象灾害证明以国家指定的具有法律效力的县以上气象台（站）实测的数据为准。

（2）意外事故责任。可承保他人投毒、他人投掷爆炸物、中毒、触电、雷击、气候反常的缺氧、泛塘等原因造成保险标的群体死亡的损失。在没有承保疾病责任的情况下，他人投毒、中毒、触电等意外事故要注意与疾病死亡相区别，防止发生道德风险。

（3）疾病责任。鱼病与被保险人的管理技术等人为因素关系密切，内陆地区的精养鱼虾，因疾病造成的损失最大，承保疾病责任的风险也最大，对因疾病引起的死亡一般不予承保。

2. 海水养殖的保险责任

海水养殖保险主要承保热带风暴、强热带风暴、台风、海啸、异常海潮、海水淡化造成保险标的流失或死亡的损失。在赤潮常发的海区如东南沿海近几年每年都发生大面积的赤潮发生，一般不承保赤潮责任。在南海和东海部分水域应尽量避免承保高温责任。

3. 深水网箱养殖的保险责任

深水网箱养殖保险主要承保十级以上暴风、龙卷风造成翻箱、沉箱所致保险标的的漏跑，以及意外事故造成保险标的死亡的损失。由于九级以下暴风出现较频繁，所造成的保险标的损失与投保人故意转移保险标的的行为难以区分，所以不予承保，水中动物咬破网造成的流失一般不予承保。

（三）除外责任的设定

除了与其他养殖险种相同的以外，下列各项一般被列为水产养殖的除外责任。

（1）疾病、污染、地震、冷冻造成的损失。

（2）观察期内因保险责任事故造成的任何损失。

（3）规律性涨潮、常年水位线下的洪涝、地下渗水或大型输水管道爆裂造成的损失。

（4）养殖场所建筑不符合要求或年久失修导致的地基下沉、池堤破裂或倒塌造成的损失。

（5）因抽水、排水、流水造成的损失。

（6）其他不属于保险责任的因素造成的损失。

（四）保险期限的设定

水产养殖的保险期限需要依据有差别的保险标的的养殖周期及有差别的地域气候条件来分别确定。养殖周期不到一年的则按照实际养殖天数来确定保险期限；而养殖周期超过一年的可以把一年作为保险期限。特殊情况下可适当延长 1~2 个月，相应加收保险费。保险期限从约定起保之日开始，都应该设置 10~15 天的承保观察期。保险标的中途捕捞、收获、出售或调离约定的保险地点，保险责任自行终止。

（五）保险金额的设定

由于自然条件、经济条件、饲养管理方式的不同，各地的养殖成本投入、产量和经济效益等方面都存在差异。因此，水产养殖保险金额的确定要结合当地实际，了解当地拟保养殖品种的成本投入情况及产品市场销售价格，坚持保成本的原则，一般不保产品的预期产值。四大家鱼和养虾保险一般按单位养殖水面确定保险金额；集约化精养一般以尾为单位确定保额，分为鱼种保额和饲料费用保额两部分，饲料费用保额按养殖周期的实际总成本来确定。水产养殖保险一经出险，损失可能会比较大，因此需要规定绝对免赔额，而且要比其他养殖险定得高一些，在一定程度上降低道德风险。

（六）定损与理赔

水产养殖对象的价值随着养殖时间的延长、成本费用的逐渐投入与转化而增值。因此，养殖时间越长，发生灾害的损失也越大。赔偿办法要依照成本投入、标的的价值会不断增加的这种规律，按照保险期限内不同时期有差别的成本量来进行补偿，进而避免道德风险，具体的赔偿处理方法如下。

（1）比例法。根据养殖时间的长短，采用分档次比例由低到高计赔。例如，四大家鱼流失险全损的赔付比例如下：1、2 月按保额的 20%赔付；3、4 月按保额的 35%赔付；5、6月按保额的50%赔付；7、8月按保额的60%赔付；9、10月按保额的70%赔付；11、12月按保额的80%赔付。此法适用于按亩定保额的计赔。

（2）公式法。根据养殖时间的长短，采取种苗全额赔偿，饲料费用按日递增计赔。例如，优质鱼保险的赔偿计算公式如下：

赔款=（种苗保额+饲料费用保额÷保险期限天数×保险天数）×损失数量−免赔额−残值

此法适用于按尾定保额的计赔。

（3）列表法。根据养殖周期内的成本投入规律，采取日赔付表的办法进行计赔。出险时根据实际养殖天数，查对日赔付表相应天数的赔付金额计算赔款，过去对虾养殖保险采用此法。

（4）重量法。根据捕捞的保险标的损失重量，按事先约定的赔偿单价计算赔付。赔偿单价不能高于当时当地的平均市场价，一般掌握在平均市场价的80%左右。此法适用于水产养殖死亡险的计赔。

本章小结

本章对养殖业及其主要风险及相对应的保险理论和实务进行了概述。养殖业保险是针对养殖动物的受灾特点而设计的，旨在对养殖业发生的灾害损失进行补偿。本章共分四节，第一节对养殖业及其风险进行介绍，详述了养殖业保险的概念与分类；第二节介绍牲畜养殖保险；第三节介绍了家禽养殖保险；第四节介绍了水产养殖保险。

思考题

1. 什么是养殖业？养殖业具有哪些风险？
2. 如何衡量养殖对象的价值？
3. 简述养殖业保险的定义和技术要点？
4. 养殖业保险的种类有哪些？
5. 什么是牲畜养殖保险、水产养殖保险和家禽养殖保险？各保险具有哪些特点？
6. 牲畜养殖保险的保险责任范围如何确定？
7. 水产养殖保险如何设定保险金额？
8. 家禽养殖保险的定损和理赔需要注意哪些问题？

专业术语

养殖业（breeding industry）：是指利用动物的生物学特性，通过人工驯养、繁殖、培育陆地动物、水生生物，以取得产品的生产行业。养殖业包括：饲养猪、牛、羊、马、驴、骡、鸡、鸭、鹅等畜禽的畜牧业；饲养鹿、麝、狐、貂、犬、猫、鸵鸟等兽禽的驯养业；饲养鱼、虾、贝类、海带等水生生物的水产养殖业。此外，还包括养蚕业和养蜂业等。

养殖业保险（breeding insurance）：以饲养的畜、禽和水生动物等为保险标的，对在养殖过程中的经济损失承担责任的保险。

水产养殖保险（aquaculture insurance）：以商品性养殖的水产品的生命价值为保险标的的一种死亡损失保险。

家禽保险（poultry insurance）：以商品性养殖的禽类动物的生命价值为保险标的的一种死亡损失保险。

特种养殖保险（special breeding insurance）：以特种养殖动物的生命价值为保险标的的一种死亡损失保险。

淡水养殖保险（freshwater aquaculture insurance）：以人类利用淡水水域进行人工养殖的产品为对象的一种水产养殖保险。

海水养殖保险（marine aquaculture insurance）：以人类利用海水水域进行人工养殖的产品为对象的一种水产养殖保险。

参考文献

丁少群. 2015. 农业保险学[M]. 北京：中国金融出版社.

冯文丽. 2008. 农业保险理论与实践研究[M]. 北京：中国农业出版社.

李丹，庹国柱，龙文军. 2017. 农业风险与农业保险[M]. 北京：高等教育出版社.

龙文军，齐皓天，李向敏，等. 2018. 现代农业保险政策与实务[M]. 北京：中国农业出版社.

《农业保险》编写组. 2012. 农业保险[M]. 北京：首都经济贸易大学出版社.

唐金成. 2013. 现代农业保险[M]. 北京：中国人民大学出版社.

庹国柱，李军. 2005. 农业保险[M]. 北京：中国人民大学出版社.

本章拓展阅读

第八章

森林保险

森林资源的多重功能属性与社会经济发展对森林资源的多种需求的交叉融合，使得森林资源在整个国民经济和社会发展中具有越来越重要的地位。同时，林业生产的长期性、复杂性、区域性等特征决定了林业所面临的风险更大、更广泛。这不仅影响森林资源的培育与可持续发展，也影响人们对林业的投入和生产活动的持续性。森林保险是保护森林资源，保障林业生产活动，抵抗各类风险的重要支撑。开展森林保险，做好森林保险工作，不仅体现了国家经济政策对林业的支持，也关系维护生态安全、林区稳定、保障民生的成效。

第一节　林业与林业灾害概述

一、林业的相关概念

林业承担着生态环境建设和促进社会经济持续发展的重任和使命，具有基础性产业与社会公益事业的双重属性，为国民经济各部门的生产和人民生活提供林产品与服务。林业在国民经济的可持续发展、环境的改善和应对气候变化中占有重要的地位，发挥着重要的作用。为了能够有效地进行林业保险的实务操作，我们首先需要了解林业及其相关概念。

林业是培育、保护和利用森林资源以取得林产品和生态服务的物质生产部门。发展林业，除可提供大量国民经济所需的林产品外，还可以发挥其保持水土、防风固沙、调节气候、保护环境等重要生态作用。

林木指的是森林中所有的树种，一般是指乔木，它是森林的主体。林木主要有天然林林木和人工林林木两大类型，属于多年生植物，其生长过程具有时间长、效益多、灾害风险大的特点。

森林是指以乔木为主体的植物群落，是一个由乔木和与其一同生长的植物、动物、微生物和土壤共同组成的组合。

四旁树是指种植于村旁、宅旁、河旁、路旁的树木。

郁闭度是指森林中乔木树冠遮蔽地面的程度，它是反映林分密度的指标，即林分整个林冠的投影面积与此林地总面积的比值，用十分法表示。

林地又称林业用地，是指用于林业生态建设和生产经营的土地和潮间带的红树林地。

二、林种的分类

（一）按照森林的性质划分

根据《中华人民共和国森林法》，森林的分类如下。

（1）防护林：以防护为目的的森林、林木和灌木丛。

（2）用材林：以生产木材为目的的森林和林木。

（3）经济林：以生产果品、油料、饮料、调料、工业原料和药材等为目的的林木。

（4）薪炭林：以生产燃料为目的的林木。

（5）特种用途林：以国防、保护环境、科学实验等为目的的森林和林木。

（二）按照森林的属性划分

（1）公益林，是为保持生态平衡、保护环境、维持生物多样性，提供公益性、社会性产品或服务的森林、林木和林地。

（2）商品林，主要用于生产木材、薪材、干鲜品和其他工业原料等的森林、林木，包括用材林、经济林和薪炭林（自留山个人所有的薪材除外）。

三、林业的特点

林业特点的形成主要取决于两个方面：林业的自然属性（生物学方面的特点）和林业的社会属性（林业在社会中应处的地位）。林业的自然属性特点主要有以下五个方面。

（1）林业生产的周期长。林业生产周期长且复杂，因为林业生产的物质基础是森林资源。林种不同，生产周期相差很大。例如，用材林的目的是生产木材，一般生产周期需要几年至几十年；经济林目的是生产各种经济果木、油料等，生产周期较短，有“桃三杏四梨五年”之说；防护林则在于发挥防护作用，保护国土，生产周期长，应以发挥最大防护效益为限。森林除生产木材产品外，还可以连续多年生产各种林副产品，而这些林副产品的生产周期只需 1~2 年，森林资源中的植物及微生物群体，其生产周期一般为 1~3 年。可见，森林资源多种多样，生产周期参差不齐，由此造成了多层次性和复杂性，即在一个完整的生产周期中，包含若干个中周期、小周期，它们紧密联系在一起。

（2）林业产品内涵丰富。林业产品包括生物性产品（如活立木、林中动植物等）和非生物性产品（如林产加工产品等）。在林业产品的生产过程中，自然再生产和经济再生产交织在一起。自然再生产是指动植物依靠其特有的新陈代谢机能，通过生产、发育和繁殖等一系列生命活动，不断更新其后代的过程。经济再生产是指在社会生产过程中，总产品、劳动力和生产关系的不断更新。经济再生产和自然再生产的根本区别就在于是否有人的劳动参与，从自然再生产过程来看，生物本身具有时间性，时间是连续且不间断的。例如，种子播种育造林，这是一个完整的连续过程。在此过程中，产品的产量和质量既取决于生物本身的生物学特征，又取决于对其所需要的生长发育条件的满足程度。

（3）林业生产的区域性。从林木本身的生物学特性考虑，每个树种有一定的生态要求，都有自己的分布范围。营林过程必须遵循“适地适树”的原则，说明林业生产具有强烈的区域性。

（4）林业生产的风险性。林业生产周期具有多层次性和复杂性，而就林木生长培育而言，大部分都不是在1~2年内可以完成的，在其生产发育过程中，还会受到各种自然灾害、社会和人为因素的破坏和干扰，其最终成果是很难预测的，因此，林业生产经营活动带有较大的风险性。

（5）林业生产的难预测性。林业受多种因素的影响，其经营过程中具有很大的不确定性，这给林业预测工作带来极大的困难，再加上受科学技术发展的阶段限制，人们还不能完全掌握林木生产发育状况，所以，林业预测必然存在一定的误差。

林业的社会属性特点主要可归纳为以下三个方面。

（1）培育初始森林活动的经济依赖性。

从事林业生产的物质基础是森林资源。森林资源内部各因素是相互依赖、互为制约的，且以森林为中心，有了森林才有林中动植物，森林起着主宰作用。所以，发展林业首先要培育森林。在林业再生产过程中，最困难的是初始森林的培育，经济依赖性特别明显，没有一定的经济基础作保证，初始森林是无法产生的，而一旦进入主伐期有了后续森林能进行永续利用时，森林的经济依赖性就会有所减弱。

（2）林业生产的经济性产品与森林的多种效益紧密结合。

林业具有两大功能，即生产经济性产品（生物性产品、非生物学产品）和非经济性产品（生态服务），它们是紧密结合在一起的，前者是生产生活必需的，而后者用于提高环境质量。

（3）林业生产的社会效益。

林业生产的社会效益包括对人类身心健康的促进、对人类社会结构的优化和社会分工的改进、对人类社会精神文明状态的改善和创造和谐社会的作用等。

四、中国林业资源概述及主要灾害类型

（一）中国林业资源概述

第八次全国森林资源清查（2009~2013年）结果显示，全国森林面积2.08亿公顷，森林覆盖率21.63%。活立木总蓄积164.33亿立方米，森林蓄积151.37亿立方米。天然林面积1.22亿公顷，蓄积122.96亿立方米；人工林面积0.69亿公顷，蓄积24.83亿立方

米。中国的森林面积位居世界第 5 位，森林蓄积位居世界第 6 位，人工林面积仍居世界第一。

（二）林业灾害的主要类型

为了加强森林资源保护管理，维护国家林木资源安全，有效做到防灾防损，我们需进一步了解林业灾害的主要类型。现阶段，我国林业灾害的主要类型可分为火灾、林业生物灾害和气候灾害（如风、冰雪、洪水、干旱等）。

1. 火灾

由自然和人为造成的，在林地内自由扩展和蔓延，给森林、森林生态系统和人类带来一定危害和损失的林火行为。2011 年，我国共发生森林火灾 5 550 次，火场总面积 63 416 公顷，受害森林面积 26 950 公顷，损失成林蓄积 63.36 万立方米，损失幼林 6 206 万株，人员伤亡数达 91 人，损失 2.02 亿元。从已查明的火源可以看出，40.93%的为生产性火源，59.07%为非生产性火源①。

2. 林业生物灾害

林业生物灾害是指森林中各类有害生物（如病原体、害虫、害鼠、害兔及有害植物等）的流行与猖獗，造成经济、社会和生态损失的现象，或称为有生物因子导致的林业灾害。林业生物灾害包括森林病虫鼠害。2011 年，我国森林病虫鼠害发生面积为 1 168.14 万公顷，其中轻度受灾面积为 842.12 万公顷，中度受灾面积为 249 万公顷，重度受灾面积为 77.02 万公顷②。林业生物灾害具有如下特点。

（1）周期性。有害的林业生物种群具有一定的消长周期，其危害性也具有这种明显的周期性。

（2）受灾面广。林业生物灾害波及整个陆地生态系统，2011 年，我国森林病虫鼠害发生面积为 1 168.1 万公顷，是森林火灾发生面积的 184.2 倍。其中，森林病害的发生面积为 119.7 万公顷，防治率为 66.18%；森林虫害的发生面积为 845.9 万公顷，防治率为 64.61%；森林鼠害的发生面积为 202.5 万公顷，防治率为 50.71%。林业有害生物灾害也因此被称为“不冒烟的森林火灾”。

（3）危害的间接性和严重性。林业生物灾害不像其他自然灾害那样刺激人的感官、冲击人的心理，它的危害往往是逐渐的、间接的，容易被人忽视。

林业有害生物是指影响森林（林木）正常生长、生物多样性与生态系统稳定性，并造成一定损失的生物［种、株（品）系或生物型］。

3. 气候灾害

森林气候灾害主要是各种灾害性的特殊气象条件对森林生长发育造成的危害，它是

---

① 数据来源：森林草原防火司，http://www.forestry.gov.cn/sites/slga/slga/。

② 数据来源：有害生物防治_国家林业和草原局政府网，http://www.forestry.gov.cn/main/394/index.html。

林业生产中常见的自然灾害。森林气候灾害主要包括：①低温危害（寒害、冻害、霜害、冻拔、冻裂、冬季生理干旱）；②高温危害（皮烧和根茎灼伤）；③干旱危害（长期缺雨、土壤水分严重不足对树木生长发育造成的危害）；④洪涝（由于土壤水分过多而产生的危害）；⑤雪害（降雪堆积在林冠上造成的雪压、雪折、雪倒等危害）；⑥风害（强风给树木造成的机械和生理危害，如风倒、风折、矮态、畸形等）；⑦冰雹害（冰雹对树木枝叶和幼苗产生的机械伤害）；⑧雨凇害（过冷的雨滴在树木上冻结成冰层而压断树干、枝条造成的伤害）；⑨雷击害（雷击给树木造成的机械损失及雷击枯立木燃烧引发的森林火灾）；⑩大气污染危害（大气中的污染物质的浓度超过了树木的忍耐能力而对树木造成的危害）；⑪暴雨和水土流失造成的山洪和泥石流，其中最典型，危害最大的是冰雪灾害和风灾。下面进一步介绍一下这两种灾害。

（1）冰雪灾害。冰雪灾害是由低温、降雨、降雪和冰冻所引起的对森林的林木产生的危害和损失行为。2008 年我国南方部分地区发生大范围低温、雨雪、冰冻等自然灾害，使林业生产受到了重大损失。据统计这一年的冰雪灾害给上海、浙江、江苏、安徽、江西、河南、湖北、湖南、广东、广西、重庆、四川、贵州、云南等 14 个省（区、市）森林带来损失。森林受损面积近 2.79 亿亩，3 万只国家重点保护野生动物在雪灾中冻死或冻伤。

（2）风灾。风灾是指因暴风、台风或飓风过境而造成的灾害。近年来，我国沿海地区受台风影响，造成的林业损失始终处于较高水平。仅以 2005 年台风麦莎为例，造成林业损失达 6.55 亿元。

第二节　森林保险的概念及种类

一、森林保险的基本概念

森林保险起源于国外，至今已有近百年历史。从世界范围看，许多国家都开展了森林保险业务。其中，瑞典、芬兰、日本、美国的森林保险开办时间较早，发展水平较高，已经建立了一整套完善的森林保险制度。

（一）森林保险的概念

结合我国现行森林保险条款和实践经验，我们将森林保险定义如下：森林保险是以生长和管理正常的公益林和商品林为保险标的（不包括花卉、苗木、橡胶树、四旁树），当森林在生长期间遭受灾害时，由保险部门向森林生产经营者提供经济补偿以帮助其及时再植补种的一种保险。这种定义对保险标的有了准确的界定，同时对森林保险的宗旨进行了明确。

（二）森林保险的作用和意义

对森林生产经营者来说，森林保险是转移森林风险的有效手段。

森林保险是农业风险防范机制的重要内容之一，森林生产经营者将难以预料的风险损失通过小量的保险费用支出分散、转移出去，以补偿经济损失，提升林业防灾抗灾能力。对全社会而言，森林保险是保护林业生产经营和森林资源的重要政策和手段。

第一，开展森林保险，能够为森林生产经营者及时提供经济补偿，为森林资源生产管理提供资金保障，完善森林资源灾害预防、治理、保护管理体系；第二，开展森林资源的管护及宣传教育，有助于预防风险、化解风险，及时应对、解决风险；第三，通过森林保险，森林资源投资者等减少了风险，起到保护森林资源生产和经营管理的作用，也巩固了集体林权制度改革的成果。

开展森林保险，做好森林保险工作，不仅是国家的经济政策，也关系到生态安全、林区稳定及民生保障的维护。

（三）森林保险的特征

森林生长周期长，生长和管理过程易受火灾等自然灾害的侵袭，灾害发生频率高、损失巨大，符合保险的一般特征。森林保险比其他险种经营难度大，森林保险除具有普通保险的一般性法律特征外，还具有特殊的保险特征。

（1）森林保险风险大，经营管理要求高。我国森林灾害发生频繁，受灾范围、程度往往较大，而且风险在一定地域范围内分散难度大，风险容易集中，损失巨大。

（2）森林保险的保额和费率难厘定。森林生长周期不同，其经济价值会不断提高，成本投入也会相应增加，这些因素给确定森林保额和费率带来较大困难。此外，森林资源市场价格波动更增加了森林保险金额确定的难度。

（3）森林灾害理赔难度大。不同地区的树种、树龄等有所差异，其经济价值存在较大差异，因此森林的市场价值难以预测。有时需要较长的观察期才能观测实际受损情况。受灾时间和程度等多方面的因素导致了森林灾害所造成损失较难确定。

（4）森林保险更易产生逆向选择和道德风险。森林风险地域性强，每个地区的气候具有特殊性，林业经营者更了解森林灾害发生的特点和频率，因此林业保险中的信息不对称现象更严重，面临着更大的道德风险。

（5）森林保险具有准公共产品的特性。森林保险社会效益高但经济效益低的特点说明该产品具有公益性；森林保险必须符合一定条件且交纳保险费后才能参加森林保险，又具有一定的排他性，所以属于准公共物品。

（6）森林保险具有政策性法律特征。森林保险区别于普通的商业保险，国家对森林保险专门进行了立法，其保险标的的不同决定了它具有政策性法律特征。

第一，政府的作用更大。森林保险相关的规章的建立具有政策目标性，我国政府通过对森林生产经营进行适当的补贴，运用经济手段支持森林保险发展，政府参与的程度较大，发挥着有力的调控作用。

第二，森林保险更具有强制性。在自愿投保的条件下，很多林农不具备风险意识和保险知识，主动且积极投保的数量不高，通过法律法规，森林保险与强农惠农政策相结合，林农能享受到政府的补贴和救济，而一般的商业保险通常都是自愿的，且政府一般不给予补贴。

第三，保险责任和承保风险更大。相比一般的商业保险，森林灾害多具有损害面大、损害程度高、损害难以测度等特点，因此，森林保险损失率高，其保险责任和保险经营也具有更大的风险性，需要政府给予政策优惠和补贴帮助。

二、森林保险的种类

（一）从保险责任涵盖的灾害种类分

按照保险责任涵盖的风险种类，森林保险可分为单一险种和综合险种。

单一险种是指保险合同仅对某一种森林灾害承担保险责任。从森林保险的发展过程来看，多数国家的森林保险业务大多是从最开始的单一灾害险种开始的，如火灾保险、风灾保险、病虫害保险等险种。我国目前基本以森林火灾保险为主。

综合险种是指保险合同承保若干种灾害风险。目前，根据当地实际需求，部分试点省份采用了森林综合保险，即在保险期内，由火灾、水灾、雨灾、泥石流、冰雹、霜冻、台风、暴雪、雨凇、病虫害等灾害造成的森林损毁带来的直接经济损失，由承保机构按照相关保险协议的规定进行赔偿。

（二）从保险性质上分

从保险性质上分，森林保险可以分为政策性森林保险和商业性森林保险两类。

1. 政策性森林保险

政策性森林保险主要是指政府通过法律支持、经济补贴和行政组织等方式，按照商业保险的运营模式，为森林林农提供保险服务。在我国，除相应政策外，主要表现为政府对政策性经营的森林保险给予财政补贴。

一方面，由于森林保险市场具有高风险及高赔付率的特点，商业保险公司不愿承保；另一方面，由于森林分布广泛，加之生长周期较长，生产环节复杂，自然、地理及社会环境对森林保险的影响很大，纯粹的商业性森林保险很难开展。所以，政策性森林保险应运而生，并被引入政策性农业保险体系，这不但有效保护了森林资源的可持续发展，还有利于保险公司优化产业结构，实现林业、农业、保险业互惠共赢。

2. 商业性森林保险

商业性森林保险是指投保人和保险人双方自愿订立保险合同，以营利为目的，由专门的保险企业经营，在市场经济条件下，保险公司自负盈亏，政府不干预。

（三）从投保方式上分

森林保险从投保方式上分，可分为个体投保和团体投保。

1. 个体投保的森林保险

个体投保的森林保险是指森林经营者以个人（或林业企业）身份作为投保人和被保

险人单独对其经营管理的森林保险标的向保险机构进行投保的保险业务。

2. 团体投保的森林保险

团体投保的森林保险是指森林经营者以乡（镇）、村或林业合作组织等团体组织作为投保人，林农作为被保险人集中向保险机构进行投保的森林保险业务。

（四）从投保标的属性上分

按照投保标的的属性划分，森林保险可分为公益林保险和商品林保险。

1. 公益林保险

公益林保险是以生态公益林作为保险对象的森林保险险种。由于公益林主要提供公益性和社会性产品或服务，我国政策性森林保险中公益林保险的保险费90%以上由各级财政予以补贴。

2. 商品林保险

商品林保险是以各种用材林、经济林、薪炭林作为保险对象的森林保险险种。由于商品林除具有公益属性外，还具有一定的经济属性，可为森林经营者带来经济收入，我国政策性森林保险中商品林保险的保险费各级财政补贴比例一般在55%~80%。

第三节　森林保险实务操作的技术要点

一、森林保险承保流程、技术要点及保险责任

（一）森林保险承保流程

从基层保险公司看，森林保险承保流程主要包括宣传与告知、收集与核对投保信息、填具（编制）投保分户清单与核实保险标的、收取林农自缴保费、填具投保单、录入投保信息（包括清单导入）、核保及收付费处理、签发保险单与开具保险费发票、保险证填制与发放等主要环节。

1. 宣传与告知

由保险人组织相关人员向森林经营者宣传森林保险的意义和功能作用，并履行如实告知义务。宣传方式可以灵活多样，如上门宣传、广播宣传、召开村民小组会议、发放宣传资料、张贴海报等。宣传及告知内容主要包括森林保险的重要作用、保险合同中的保险金额、费率、政府补贴比例、总保险费、被保险人自缴保费、保险责任、免赔规定、出险报案方式等信息。

2. 收集与核对投保信息

主要收集被保险人的相关信息，包括被保险人的身份与账号（单位名称与账号、林农姓名、林农身份证号码、林农直补卡号或其他银行账号）、保险数量、保险标的四至范围①、林权证资料、林地流转合同、林地抵押贷款合同、资产评估资料等信息。

3. 填具（编制）投保分户清单与核实保险标的

《投保分户清单》是投保单的附件。由投保人依据投保户数逐户以县或乡（镇）、村基层公司、各级分公司、总公司为单位分册填制纸质清单，可按纸质清单编制或直接录入业务系统时生成电子分户清单。清单正面的主要内容包括投保人、被保险人（名称、组织机构代码/身份证号）、林木属性（公益林/商品林）、坐落地点、保险数量（亩/株）、应交保费、林农自交保费、银行账号等。

根据投保人提供的合法有效的证明资料（如林权证、林地流转合同等）核实保险标的，填制《森林险保险标的现场查验表》，经林农、投保人、验标人签字确认后与投保单等资料一并归档。

4. 收取林农自缴保费

根据投保分户清单中自缴保费数额收取林农自缴保费，并由林农在投保分户清单签字栏上签字确认；如由他人代签，应告知本人，并在备注栏中注明“×××代”。

5. 填具投保单

对投保分户清单审核确认无误后，由投保人根据投保分户清单信息亲自填写《投保单》。

投保单中的被保险人户数、保险数量应分别等于《投保分户清单》中的被保险人户数、保险数量之和，投保单中的保险金额应根据《投保分户清单》的汇总保险数量与每亩保额的乘积，以及投保单中的保险费按保险金额与保险费率的乘积确定。

6. 录入投保信息（包括清单导入）

承办公司对《投保单》与《投保分户清单》的对应信息的一致性、资料的齐全性和有效性进行复核，并将相关汇总信息报上级分公司核保初审人员审核后，方可进行业务录入。

7. 核保及收付费处理

经办公司复核员对投保资料及录入的投保信息进行全面复核，复核无误后提交市（州）分公司初审核保。市（州）分公司初审核保人员应签署核保意见，提交省分公司人工核保。核保通过即生成投保单。收费人员经复核农户自交部分保费到账无误后，按相关财务规定进行收付处理操作。

---

① 四至：东经起始点和终止点，北纬起始点和终止点。

8. 签发保险单与开具保险费发票

完成收付费后，缮制保单，打印保险费发票。在森林保险承保工作中要确保投保单、投保分户清单、保险单、保险卡、发票“三单一卡一票”信息一致。

9. 保险证填制与发放

在保险单、保险费发票开具后，打印保险证，做到一户一证。将保险单正本、保险费发票及保险证交予投保人，并将保险证发放到投保农户。

（二）森林保险承保的技术要点

森林保险标的的范围为生长和管理正常的公益林和商品林。处于堤外地、蓄洪区、行洪区及当地洪水水位线以下的林木不能作为保险标的，花卉、苗木，以及分散的、达不到林地面积要求的四旁树（宅旁、村旁、路旁、水旁）不宜列入承保范围，地处特别偏僻、无人管护、灾害无法预防或遇灾无法有效施救的原始森林不宜作为保险标的。

（三）森林保险责任

1. 保险责任范围

森林保险责任应以人力无法抗拒的自然灾害为主，包括火灾、暴雨、暴风、洪水、泥石流、冰雹、霜冻、台风、暴雪、雨凇、干旱等，具体保险责任范围应当根据当地灾害特点确定。从保险责任范围涵盖的灾害类型看，主要有森林火灾保险和森林综合保险两个险别。

（1）森林火灾保险的责任范围。在保险期间内，由于火灾及在火灾事故时为抢救林木采取必要的措施而造成的直接经济损失，保险公司按保险合同约定的赔偿标准负责赔偿。

（2）森林综合保险的责任范围。在保险期间内，由森林火灾、林业有害生物（包括松材线虫病），以及暴风雨、干旱、暴雪、霜冻、泥石流等人力无法抗拒的自然灾害造成的损失，在发生保险事故时为抢救保险林木或防止灾害蔓延而造成的保险林木的损失，保险公司按保险合同约定的赔偿标准负责赔偿。

2. 免赔额

免赔额即免赔的额度，由保险人和被保险人事先约定，当损失额在规定数额之内，被保险人自行承担损失而保险人不负责赔偿的额度。其主要目的是减少一些频繁发生的小额赔付支出，通过节约理赔费用降低总保费和保险公司经营成本的同时，促使被保险人增强责任心，减少事故发生。免赔额可分为绝对免赔额和相对免赔额两种形式。

绝对免赔额是指在保险条款中规定一个起点金额（或百分比），保险人只赔偿保险标的损失中超过这一额度的部分。

相对免赔额是指在保险条款中规定一个起点金额（或百分比），当被保险人的标的损失达到该相对免赔额时，保险人将全部予以赔付，否则不予赔偿。

在森林保险实务中，通常综合标的规模、风险状况和承保条件来合理确定每次事故免赔额（率），各地区通常都采用绝对免赔形式，但不同地区的免赔额度有所差异。例如，福建省和湖南省政策性森林保险方案采用的免赔标准如下：受害面积≥100 亩，免赔 10%。贵州省 2014 年政策性森林保险方案明确规定，每次事故免赔率为损失面积的10%，最高不超过 15 亩。

3. 森林保险期间

林木是一种多年生的植物，具有较长的生长期。一般一个保险期限为一个年度，如有特殊情况，另行约定。

4. 森林保险金额

（1）林木价值。

森林保险作为一种财产保险，从理论的角度出发，应以保险标的的价值为根据，即保险金额按照活立木的实际价值而定。活立木的实际价值通常以林价来反映，林价的测算有不同的方法，国际上通行的是倒算法，其基本原理是由木材的市场价格减去木材采伐成本、采伐利润和税金。

（2）保险金额的确定。

保险金额的确定通常有以下三种方法。

第一，根据蓄积量确定。林木蓄积量是林木的产量，根据立木体积计算。公式如下：

$$林木的蓄积量=单位面积的立木蓄积量\times总面积$$

$$保险金额=林价\times总蓄积量$$

第二，根据成本价确定。林木的成本是林木生产过程中耗费的物化劳动与人工劳动的总和，未包含利润与税金。

第三，按再植成本确定。林木再植成本包括从移栽树苗到树木成活耗费的总费用，即再植成本。

在森林保险实务中，原则上应当以林木损失后的再植成本为保险金额，可根据当地水平并适当考虑育林成本合理确定不同林种、不同林龄的林分差异化确定保额档次，原则上每个省（区、市）的同一林分保险金额应保持统一，而不同地区的再植成本、营林成本不同，因而保险金额也不尽相同。

5. 森林保险费率

保险费率是保险人按单位保险金额向投保人收取保险费的标准。森林保险费率应综合保险责任、林木多年平均损失情况、地区风险水平等多种因素科学合理厘定。在森林保险实务中，由于经济发展水平、森林资源状况、森林灾害风险水平等存在差异，不同地区的森林保险费率标准有所不同。

6. 森林保险投保模式

森林保险业务依据投保人和被保险人及利益主体不同分为不同的业务模式。投保手续也有所区别。

（1）以乡（镇）、村或林业合作组织作为投保人，林农作为被保险人集中统保的投保模式，应填制分户标的投保清单，并由被保险人签字确认。分户标的投保清单填写完成后，指导投保人逐项填写投保单，由投保人签字（章）确认。

（2）以省、地（市）、县（市）政府部门组织集中统保的公益林保险项目，应填制投保标的明细清单。

二、森林保险理赔流程及技术要点

（一）森林保险理赔流程

森林保险理赔流程包括接报案及调度、案件处理、核赔、理赔公示、赔款支付与回访等主要环节。

1. 接报案及调度

通过保险企业服务专线集中受理报案，接报案主要包括询问案情、查询承保及理赔信息、录入报案信息、提交调度。

2. 案件处理

案件处理包括查勘、立案、定损、收集资料、理算等工作。

3. 核赔

核赔人员结合赔案单证，审核认定保险责任的准确性，查勘定损的规范性，定损结果的合理性、赔款计算的准确性、赔案单证的完备性和理赔款的支付对象是否为合同规定的被保险人等，并最终签署意见。

4. 理赔公示

按照分户理赔清单，将需要支付理赔款的被保险人姓名、投保数量、保险标的、损失程度及数量、赔款金额及保险公司联系电话等信息进行公示。

5. 赔款支付与回访

赔案经核赔通过后，在规定时间内通过转账方式将赔款支付到被保险人手中。地市级分公司应在支付赔款后一个月内，对一定比例的被保险人实际收到赔款的情况进行回访。

（二）森林保险理赔主要技术要点

1. 现场查勘

现场查勘的技术要点如下。

（1）查勘时间。查勘人员应及时赶赴现场。因林木具有一定的再生能力，初次查勘时一般不宜立即定损，应根据保险标的的特殊性，设立不同的观察期，并多次定损。对于连续发生的灾害（如台风、雪灾）等，应待灾害结束后再定损。

（2）调查取证。应通过录像、录音等多种方式，全面记录损失情况的原始资料和有关数据，区分保险责任与非保险责任造成的损失。

2. 森林火灾保险的责任认定

经现场查勘，核定的损失面积低于保险条款规定的免赔面积，进行零赔付结案处理。对森林火灾保险而言，过火后如果树冠没有被烧毁、树枝和树干没有受伤害，只是地表过火，外部树枝、树皮熏黑，均不属于赔偿范围；如果现场对损失存在争议，可设置 1~6 个月的观察期或恢复期，在观察期或恢复期内如果林木发出新枝、新芽、新叶，证明火灾对林木没有造成严重损失，不构成火灾保险责任。

3. 定损

森林灾害损失核定的方法有目测、抽样核实、实地丈量等，有条件的还可采用遥感技术、GPS 测量仪、照度仪、无人飞机拍摄等工具进行测定。

（1）森林灾害平面图测绘方法。

森林灾害平面图测绘的常用方法主要有目测法、直线丈量法、仪器实地测绘法、地形图勾绘法、遥感测定法等。

目测法。适用于坡度较大的或者受损面积较大的林地。其步骤如下：一是选择目测地点，一般要求选择在高出林地地段的地点，居高临下，一目了然；二是观察受损林木在林地中的方位，实地对图，在图上确定受损的位置；三是勾绘图形，从不同角度、高度观测清楚，把遭受损失的林木用测绘图表示出来。

直线丈量法。用尺或测量绳等测量林木遭受损失的面积，适用于受灾面积小的林木。该方法是将需测林地不规则的形状粗略地变换成具有一定几何形状的图形，在受测林地的边界线上找出几个点，然后再丈量出几个点间的距离，根据面积的求算公式求出面积。

仪器实地测绘法。测量仪器一般有罗盘仪、经纬仪、测距仪等。仪器实测适用于透视良好、地势开阔、面积小于 200 亩的林木。在测量火灾区域的地块时，先定点，测磁方位角，在出险受损区域周围设置闭合、多边形导线，在测量时要靠近预测受损区域的轮廓线。在量距离的同时，用支距离法量地块边缘的位置，再连接各点位置，就绘出了平面图。

地形图勾绘法。当灾害损失面积在 200 亩以上，而且地形复杂，透视很差，不宜采用仪器测量时，可用 1/25~1/50 的地形图勾绘受灾分布图。方法是沿受损区域边缘步行前进，将沿线的河流、沟谷、山脊、分水岭、房屋、道路、防护林等勾绘在地图上，再逐个将整个受灾区域内部情况（如林种、荒山、经济林等）分别目测后形成平面图。

遥感测定法。当森林遭受灾害的面积达到一万亩以上时，可利用航空遥感等先进设备，绘制平面图。

（2）森林灾害面积的测试。

采取上述方法绘制出受灾平面图后，可用下列方法求出损失面积，主要方法包括：

网格法、几何法和机械法等。

网格法。采用透明网格蜡纸或方格网覆盖在欲测的图形上，数出图形内所有的方格数，然后乘以每方格所代表的面积，得到整个图形的面积，然后按照比例得出发生灾害的实地面积。

几何法。根据几何原理，在平面图上，分别量出它们的底和高来计算面积，各图形面积之和为所求平面图面积，最后按照该图的比例尺计算出森林灾害发生的面积。

机械法。用求积仪来计算受损面积。这种方法是林业部门常用的，即用求积仪在所求图形面积的整个边界线上运行，就可求得图形面积。其使用方法可参阅求积仪使用说明书。

4. 核定森林灾害损失程度

（1）林木损失程度核定。

核定林木损失程度的方法有全面每木核定法和抽样调查法。

全面每木核定法。受灾面积较小的，应进行每木核定。根据不同树种，测量每株树木的胸高、直径和树高。根据林木受损认定标准记录不同受损程度的林木数量。但在测定每木损失时，必须按标准划分出成林树木和幼树木两个类型。按规定胸径在 8 厘米以上的为成林树木，可查立木材积表，计算材积；胸径在 8 厘米以下的为幼树，可按株数计算。

抽样调查法。由于灾害损失面积较大，难以进行每木核定，可采取抽样的方法核定，再推算整个受灾地的林木损失。抽样的样本应根据林相、树种、森林类型和林木受损等级情况在整个受灾地区选定具有代表性的样地，抽取的面积一般不少于受灾面积的 1%，而且要分布均匀。根据林木受损认定标准记录不同受损程度的林木数量，并分别统计不同受损程度的林木株数和材积，最后推算整个林木损失。公式如下：

$$\text{整个受灾地林木材积损失}=\frac{\text{灾害发生面积}}{\text{样本发生面积}}\times\text{样地立木材积损失}$$

理论上：

$$\text{损失程度}=\frac{\sum\text{样地林木某一受损登记林木株数}\times\text{受损程度}}{\text{样本林木总株数}}\times 100\%$$

森林保险实务中一般规定：

$$\text{损失程度}=\frac{\text{单位面积平均死亡株数}}{\text{单位面积平均实际株数}}\times\text{受灾面积}$$

$$\text{整个受灾地林木株数损失}=\frac{\text{样地死亡立木株数}}{\text{样地立木总株数}}\times\text{受灾面积}$$

（2）森林保险赔款理算方法。

由于各地的承保方式不同，其赔款计算方法也不同，具体方式应以条款规定为准。几种常见的计算方式如下。

第一，按损失程度计算：

$$\text{赔偿金额}=\text{每亩保险金额}\times\text{损失面积}\times\text{损失程度}-\text{免赔额}$$

$$\text{损失程度}=\frac{\text{单位面积平均死亡株数}}{\text{单位面积平均实际株数}}\times 100\%$$

第二，按造林成本计算。

造林成本一般包括挖树根、清地、挖树坑、树苗、施肥到树木成活所需的一次性总费用。赔款计算公式如下：

赔偿金额 = 国家标准造林成本 × 实际受损面积
× （被保险林木实有密度 ÷ 国家森林标准种植密度）× 损失程度

赔偿金额=每亩保险金额×（样本地烧毁株数 ÷ 样本地林木株数）×实际受损面积

第三，按蓄积量的成数计算。

若免赔为面积，公式为

赔偿金额=每亩保险金额×（样本地烧毁株数 ÷ 样本地林木株数）×实际受损面积

若免赔为金额，公式为

赔偿金额=每立方米价格×（每亩蓄积量×承保成数−每亩材积）
×实际受损面积−免赔金额

第四，按评估价格或估价计算：

赔偿金额=（实际受灾面积−免赔面积）×每亩保额
×（林木实际密度 ÷ 国家森林标准种植密度）
×损失程度−残值−免赔金额

林木火灾保险赔款理算时应注意条款中是否有关于免赔、残值等方面的规定，注意残值和林间空地以及未受害面积的核定。

（3）残值处理方法。

森林灾害导致死亡、主梢折断、树干劈裂或折断、翻兜倒伏或倾斜导致无法正常生长的林木具有木材残值。残值处理方法是把尚能做用材的木材折价给被保险人，在赔款中扣除。对于政策性森林保险业务，原则上保险机构不得主张标的残值权益。

第四节 森林保险的防灾防损

森林保险是为保护森林资源，保障林农利益，促进林业再生产的顺利进行而开展的。为了减少不必要的财产和人身安全损失，提高森林风险防范意识，促进保险公司完善经营管理，提高经营效益和业务质量，开展森林保险防灾防损工作非常重要。

一、森林保险防灾防损的原则

（一）预防为主，防保结合

森林火灾危害大，波及范围广，扑灭工作难度较大。因此，在对森林保险进行防灾防损时，应坚持“预防为主、防保结合”的思路。防灾防损有关人员必须密切关注森林灾害可能发生的情况，加强预防，以阻止或减少自然灾害引发的事故。

（二）专业协作，共同推动

林业灾害具有类型多，专业性强的特征。其防灾工作要依托当地林业部门，利用专业力量加强防范灾害工作的效果，才能起到防灾减损的作用。

（三）持之以恒，及时有效

林业生产周期长，生产环节复杂，林木生长期内遭受损害的概率大，对于防灾防损工作必须常抓不懈，要能够保持经常性、及时性；经常性的防灾防损工作应积极开展，切实提高防灾减损效果。

二、森林保险防灾防损的参与者

防灾防损是投保人也是被保险人应尽的义务，更是保险人（保险公司）经营过程中的重要环节。投保人和被保险人、保险人（保险公司）在保险期间都应遵守有关安全法律法规，共同做好防灾防损工作，减少社会财富的浪费或损失，提高保险效益。

（一）保险人（保险公司）

保险公司应设立森林保险业务防灾防损工作管理部门，负责协调、指导和监督公司防灾防损工作进行。保险公司基层单位应根据业务开展和岗位编制情况，有针对性地设立专门或兼职的防灾防损工作岗位，指定熟悉森林保险业务，具有一定组织、协调能力的员工承担该岗位工作。

（二）投保人与被保险人

投保人是与保险公司签订保险合同，并按照合同支付保险费的人。被保险人是按照合同受保险合同保障，在事故发生后，享有保险赔偿额请求权的人。投保人往往是被保险人。

作为保险主体，投保人在防灾防损工作中也有着重要的作用，也应履行应尽的义务。当投保人不是被保险人时，被保险人作为保险客体，同样在防灾防损工作中具有保护保险标的、不得蓄意破坏保险标的的责任和义务。

三、森林保险的主要内容

（一）对保险人（保险公司）而言

保险人（保险公司）的主要工作内容如下。

1. 加强森林风险的识别和评估

（1）建立森林保险防灾防损档案和灾害事故档案。可采取实地勘察所处环境及防灾防损情况、查阅承保地区历史灾害及损失记录、走访询问历年灾害发生情况、了解历年投保及赔付情况等方法，重点掌握承保区域森林基本情况，承保区域历年森林灾情发生情况、承保森林区域内防火机构设置情况，利用实际数据建立防灾防损档案，在充分了解投保人基本情况和承保标的的风险状况的前提下，科学判断和评估森林风险，提出应对和改进措施，形成风险评估报告。

（2）建立防灾防损信息网络数据库等资源进行共享。利用快捷便利的信息数据实现信息数据共享，利用多种数据来源综合评估风险及损失的发生概率、损失程度等，为把握防灾防损工作的有利时机提供支持。

2. 制订和执行防灾防损目标规划

（1）制订防灾防损计划。在风险评估的基础上，科学制订防灾防损计划。可根据实际情况进行短、中、长期的防灾防损步骤，订立必要的防灾防损方案和实施制度。

（2）制定森林保险防灾防损预案，与客户签订防灾防损协议。

（3）定期为投保人提供安全检查、风险识别和评估、技术咨询及其他防灾防损的专业技术服务。

（4）适时开展森林保险防灾防损检查，解决存在的问题。

（5）建立森林保险防灾防损考评制度，对客户进行分类分级管理。

（6）开展森林保险防灾防损宣传。

（7）开展森林保险防灾防损演练。

3. 要处理好与同业组织及其他合作单位的关系

保险公司要处理好与同业组织及合作单位的关系，还要与财政、林业、水利等多个部门坚持合作，协同作战。此外，还要注意与投保人的关系，二者应互相监督，互相帮助，做到信息对称，做好防范工作，减少不必要的损失。

（二）对政府而言

在现有补贴政策扶持下，政府还可以建立森林保险巨灾基金。森林一旦受灾，往往危害巨大。可以建立防灾基金，形成以政府为主导、以商业保险体系为主体、社会力量广泛参与的多层次森林风险保障模式，为巨灾损失提供有效的财政后盾。通过风险转移机制，缓解林业经济压力的同时也保障了林农利益。

（三）对投保人而言

投保人应学习防灾防损专业知识，重预防；定期检查森林相关防灾防损设施情况，加强与保险公司的联系；积极配合保险公司为防灾防损所做的工作，听取和采取保险公司提出的防灾防损意见和建议，做到不隐瞒、不欺骗、不推脱；满足保险公司提出的防灾防损要求，认真开展防灾防损工作，积极参与抢险救援，防止灾害进一步扩大；切实保障森林资源和自身财产安全，减少不必要的财产损失和人身伤亡。

四、森林保险防灾防损的措施与方法

（一）森林防火

1. 建立监控系统，提前分析和预测火险形势

地面巡护、瞭望台监测、无人机巡护、卫星监测等多种手段要有机结合，全方位、全天候、全覆盖地监视，做到提前分析和预测火险形势，确保火险早知道。人员安排上则要加强值班和领导带班制度，确保火灾早处理。

2. 建立智能预警系统

建立智能预警系统是森林防火的大势所趋，同时，还要加强气象、水文、市（区、县）林业局、当地政府、森林防火指挥部门之间的联系，建立各方联动的森林火灾智能预警系统。

3. 定期开展保险标的防灾检查

对投保标的进行定期检验，尤其是火灾高发期及火灾频发地域、旅游景点和保护区等重点地域；森林防火人员、护林人员安排数量；森林病虫害防控制度与措施；检查林火阻隔工程情况（包括防火隔离带、防火沟、防火林带等）是否完善；对于林火检测系统是否运转正常等。

4. 开展灾害天气预警

应联合气象、水文等部门建立全方位的森林火灾预警系统，及时发布火灾预警信息，做好灾害防御工作。

5. 建立大数据统计分析制度

建立数据库，充分收集林木保险风险数据，提高防灾防损的针对性和有效性。

（二）林业有害生物防治

1. 增加森林防治科技含量，改进防治手段

一是坚持搞生态林业。二是遵守安全合理使用农药的制度，降低对环境和水源的影响。

2. 加强林木检疫，严防危险性病虫传入

重点加强源头管理，通过防灾检查，观察已承保林木是否属于新引入品种，应提请林业部门对此类品种加强产地检疫。

（三）森林台风暴雨防灾防损

1. 完善防汛组织，建立值班制度

台风暴雨夏季较为频繁，应在汛期到来前完善防汛组织机构，建立 24 小时值班制度，明确责任人，落实责任制。

2. 制订应急预案，及时通报预警信息

制订具有可操作性的防灾防损应急预案，包括有效的财产抢救和紧急转移预案等，在台风暴雨来临前，及时通报预警信息，保障信息有效传达，把握防灾防损有利时机。

3. 对台风暴雨，做好"疏、堵、排"等防御工作

疏，是指疏通泄洪沟渠，消除障碍物，不能堵塞；堵，是指加固防水堤，准备沙袋等将洪水或内涝积水堵住；排，是指排水，通过排水沟渠进行排水，防止水大量围积。

本章小结

本章通过对林业、森林灾害、森林保险的相关概念及特征意义的介绍，对涉及的各类森林保险的技术要点进行了系统总结与介绍，还对森林保险的防灾防损的原则、技术措施等进行了归纳总结。

关键词

林业　森林　资源　森林灾害　森林保险　保险标的　政府补贴　防灾防损

思考题

1. 什么是林业？林业具有哪些特点？
2. 简述森林保险的概念、作用和意义。
3. 森林保险具有哪些一般特征及特殊性特征？
4. 森林保险的种类有哪些？
5. 如何理解森林保险的承保及理赔流程？
6. 如何确定森林灾害的受损程度及赔款金额？
7. 分别从保险人、政府、投保人的角度理解如何防范森林风险。
8. 森林保险防灾有哪些措施和办法？

专业术语

林业：培育、保护和利用森林资源以取得林产品和生态服务的物质生产部门。

森林：以乔木为主体的植物群落，乔木及与其共同生长的植物、动物、微生物和土壤的总体。

林地：又称林业用地，即用于林业生态建设和生产经营的土地和潮间带的红树林地，包括郁闭度 0.2 以上的乔木林地及竹林地、疏林地、灌木林地、未成林造林地、苗圃地、无立木林地、采伐和火烧迹地、林业经营单位辅助生产用地和县级以上人民政府规划的宜林地。

蓄积量：一定面积的森林（包括幼龄林、中龄林、近熟林、成熟林、过熟林）中，生长着的林木总材积（用立方米表示），主要是指树干的材积。

林业风险：在林业生产和经营过程中，资源条件、自然环境、市场环境、政策环境，以及林业内部等不利因素对林业生产、增收和林业带来的持续性的危害和损失。

森林保险：以具有经济价值的各类林木为标的，保险人按照保险合同规定向被保险人提供经济补偿的一项保险业务。

参考文献

常宏. 2011. 我国森林保险法律制度探析[D]. 东北林业大学硕士学位论文.

程欣炜，林乐芬. 2020. 特色林产品保险、电商收入比重与小农户收入增长——基于非规模梨果种植户调查数据的实证分析[J]. 林业经济，（4）：78-91.

韩茜. 2012. 我国政策性森林保险制度的构建[D]. 东北林业大学博士硕士学位论文.

黄文才. 2008. 森林保险问题探讨[J]. 中国林业经济，（3）：60-62.

蒋丽斌. 2010. 湖南省政策性森林保险机制探讨[D]. 中南林业科技大学硕士学位论文.

冷慧卿. 2011. 我国森林火灾风险评估与保险费率厘定研究[D]. 清华大学博士学位论文.

刘洋. 2011. 福建集体林区森林保险事业发展机制研究[D]. 福建农林大学硕士学位论文.

王林娟. 2012. 我国集体林区政策性森林保险需求研究[D]. 北京林业大学硕士学位论文.

张长达. 2012. 完善我国政策性森林保险制度研究[D]. 北京林业大学博士学位论文.

郑凡. 2009. 浅谈森林保险[J]. 安徽林业，（2）：29.

周莹莹. 2012. 我国森林保险立法问题研究[D]. 浙江农林大学硕士学位论文.

本章拓展阅读

第九章

渔业保险

第一节　渔业保险的概念与分类

一、渔业保险的概念

渔业保险是指保险机构为渔业生产者在水产养殖及捕捞作业过程中，因遭受自然灾害及意外事故而造成的经济损失提供经济补偿的一种制度安排。水产养殖是指在海洋水域、滩涂和内陆水域中对鱼、虾、贝类等经济作物进行人工投放苗种、饲料和管理，以期获取产品的活动。水产养殖按照区域的不同可划分为淡水养殖和海水养殖。如果按照投入的人力、物力来分，可以划分为粗养、精养和高密度精养。一般在中小型天然水域中投放幼苗，完全靠天然饵料养成水产品的方式称为粗养，如水库养鱼、浅海养贝等。在较小水体中用投放饵料的方法养成的水产品称为精养，如网箱养鱼、池塘养鱼等。在采用流动水流及把控温度和含氧度的同时加以投放饵料等，可以在较小养殖区域内获得高产水产品的方法称为高密度精养，如流水高密度养鱼。

政策性渔业保险是政府为了保护渔业的稳定发展，由政府经办或由专门的保险经营主体按照市场规则经营的保险业务，一般是由政府补贴保费的同时，政府与保险公司共同承担部分出险赔付以及享受部分保费收益的一种调节投保人保费支出的保险。这种保险有助于减轻投保人保费负担、推广保险、调节风险、保护渔民利益、稳定渔业产业的健康发展。

二、渔业保险的分类

（一）按标的物和风险类型分

渔业保险按照标的物和风险类型的不同可以划分为渔船保险、渔船船东雇主责任险、渔民人身平安险和渔业养殖保险。

渔船保险是以渔船为保险标的的一种船舶保险。具体来说，渔船遭受损失，势必会带来生产作业的暂停或中止。为了确保意外发生后能够尽快恢复生产，渔船所有人或经营管理者选择与保险公司签订合同，按照规定缴纳保费。当渔船发生保险事故后，保险公司将严格按照合同规定进行赔付，从而通过为所有人或经营者提供经济补偿的方法，维护其经济利益。

渔船船东雇主责任险是责任保险的一种。在船东投保后，本应由船东依法承担的对雇用船员的经济赔偿责任，转移到保险机构（互助协会），当船员发生人身损害时，保险机构（互助协会）按规定赔偿；既帮助船东解决事故之后的巨额赔偿带来的经济压力，又能够切实确保船员的合法利益得到合理、充足的保障。

渔民人身平安险是人身意外伤害险的一种，是指在保险期间内，被保险人在从事渔业生产作业时遭受意外事故而导致伤残或死亡的，保险人需在规定限额内赔偿的一种保险。不过该险种与普通人身意外伤害险最大的不同点在于该保险承保的是在从事渔业活动时所产生的意外事件。

渔业养殖保险是指对利用水域进行商品性人工养殖水生动植物在发生保险责任事故造成经济损失时，对被保险人提供经济补偿的一种养殖保险。保险对象主要包括鱼类、虾、蟹、贝类等。被保险人投保的水产品在养殖过程中因自然灾害和意外事故等原因造成水产品死亡或损失的，保险人负责经济赔偿。

（二）按性质分

渔业保险按照性质来分可以划分为商业保险、渔业互助保险和政策性渔业保险。

1983 年，农牧渔业部和中国人民保险公司联合发布了《关于开展国内渔船保险工作的通知》《国内渔船保险条款》两个文件，并将其作为指导国内渔业保险建设的主要政策方针。在政策背景的推动下，保险公司逐渐开始经营渔业保险，将其纳入农业保险范围内。自渔船保险和渔业捕捞的商业保险在我国推广以来，这是中国渔业保险发展历程的第一次高潮，但渔业保险并没有完全取得成功，主要有两个因素：一是渔业保险风险大、赔付率高、费率厘定困难造成保险公司亏损严重；二是商业保险公司一般远离渔区，在标的物受灾后无法及时勘察，而且渔业灾害现场难以保存，使得运营成本太高。过高的运营成本和持续的亏损使得保险公司在 1992 年后基本退出了渔业保险市场，只保留了大型渔船保险。

在商业渔业保险退出渔业市场后，渔业保险市场出现了产品空白期，在此期间内渔民的风险只能自身承担，造成了许多重大损失。之后，中国吸取西方及日韩国家的先进经验，1994 年 7 月成立了由农业部主管的中国渔船船东互保协会。中国渔船船东互保协会又演变成为中国渔业互保协会，并与各地渔业监管机构进行合作，开展渔业互助保险业务。渔民可以通过自愿购买保险成为互助会员，同时兼具保险人和被保险人的身份。由于保险人和被保险人利益的一致性，渔业保险的保费得到了大幅度降低，同时解决了道德风险和逆向选择问题。

2008 年，农业部率先成立了七个政策性渔业互助保险试点渔区，采用保费补贴办法，具体对渔船险和渔民人身险补贴 25%，总补贴金额达一千万元。一方面来自中央补贴，另一方面鼓励地方政府对政策性渔业互助保险实施补贴。虽然补贴力度不大，但因为具有一定的政策性，较容易被渔民接受，使得许多渔民开始正式认知渔业保险，具有较强的示范作用。

三、渔业保险的特点和实施的难点

渔业保险是渔民通过投保而在渔业生产过程中受到灾害或意外事故后获得补偿的一种制度安排。渔业保险与普通的保险具有一定的相似性，但又有所区别。渔业保险有自身实施的难处，所以目前渔业保险的发展相对落后。

（一）渔业保险的特点

（1）渔业保险地域性强。因为各个海域和内陆水域的气候温度等自然环境存在较大差异，每个地区的渔业险种的具体条款不能一应相同，只能因地制宜。这无形中增加了保险机构的运行成本和保险设计的难度。

（2）渔业保险季节性强。一是渔业具有明显的季节性，同时海洋捕捞也有禁渔期，这就要求保险机构要掌握各个保险标的的状况，考虑到不同保险标的的季节性和时效性。二是保险对象较为分散，渔业保险的对象散布在各个渔村，不像人身保险和财产保险主要集中在城镇地区，渔船大多处于交通不便的地区，为开展理赔工作带来很大的困难。

（3）渔业保险具有高赔付率和高风险性。渔业保险对象所面临的期望损失远远低于一般人身保险和财产保险对象。人身保险和财产保险的期望损失率一般在百分之一以内，而渔业保险少则百分之一二，多则百分之一二十。渔业保险的风险很大，许多保险机构不愿意轻易尝试，因此需要政府的参与。

（二）渔业保险实施的难点

（1）由于渔业产业风险很高，渔船标的价值很大、赔付高、费率高，从而导致完全商业化的商业保险难以运行。

（2）保险费率难以确定。渔船、不同海域和池塘所面临的风险都不一样，保险公司难以获得具体数据，从而难以测量预算赔付率。相关的原始资料和统计数据也不完整，水生动植物的损失数量难以确定，这都对保险精算有着巨大的挑战。

（3）保险责任难以确定。渔业活动大多在水里，事故现场一般无法保存，甚至不留痕迹，这对保险公司勘察来说是一项巨大的难题，而且水面一般距离保险公司相对较远，路程上也要花费不少时间。另外，一些水生生物的损失难以具体衡量确定。

（4）道德风险难以防范。水生动植物生长状况很大程度上取决于管理人员的养护。所以，渔业损失中的道德风险因素难以分辨，增加了保险公司的经营难度。

（5）容易出现逆向选择问题。除了道德风险，渔业保险中也更容易出现逆向选择问题。逆向选择是指当交易的某一方能够利用另一方的信息，致使自己获利而对方受损，则会更倾向进行交易。在保险市场上，投保人往往是最可能获得直接损失的人。因此，保险公司的赔偿概率将会超过公司统计得到的总体损失发生费率，即保险公司的逆向选择。

四、渔业中的风险

渔业风险是指在渔业生产活动过程中，由一些意外事故造成的使得经营者的收益或权益受到损失的可能性。渔业风险具体可以分为捕捞渔业风险和养殖渔业风险。

（一）捕捞渔业风险

捕捞渔业分为淡水捕捞、近海捕捞和远洋捕捞，其灾害的种类主要包括以下几点。

风灾：船只遭受强风而导致的损失，造成的人员伤亡或渔船翻沉。

火灾：船舶遭受雷击、爆炸、失火等使船舶燃烧造成损失，造成人员伤亡或渔船翻沉。

碰撞：船舶与船舶之间互相碰撞造成损失，造成人员伤亡或船舶翻沉。

触礁：船舶触碰到礁石或搁置在礁石上造成损失，造成人员伤亡或船舶翻沉。

触损：船舶触碰水上固定物，如岸壁、桥墩、码头、航标、钻井平台等；或触碰上下障碍物，如沉船、木桩、渔棚等致损，造成人员伤亡或船舶翻沉。

搁浅：船舶搁置在浅滩上造成损失，造成人员伤亡或船舶翻沉。

自沉：船舶因装载不当、船体进水或其他不明原因，造成船舶沉没或人员伤亡（徐小怡，2012）。

（二）养殖渔业风险

养殖渔业分为淡水养殖和海水养殖。养殖渔业保险是渔业保险中相对薄弱的部分，对养殖渔业所面临的风险有必要进行分析。养殖渔业是根据水生生物自然生存的条件，人为地通过模拟、创造、利用区域性的环境，有目的性地达到获取更多渔业资源的过程。养殖渔业相对于捕捞渔业来说风险更大，造成养殖渔业损失的灾害种类包括以下几种。

自然灾害：如台风、洪涝、赤潮、低温、高温、海啸、地质灾害等。

环境危害：如细菌病毒污染、水体污染、石油泄漏等。

人为事件：如投毒、偷盗、管理不善等。

第二节　淡水养殖保险及主要险种

淡水养殖保险是一种将淡水水域人工养殖产品作为标的的水产养殖类保险，可以按照养殖场所的不同进行分类。具体包括江河水库养殖保险、湖泊养殖保险、池塘养殖保险、稻田养殖保险、流水养殖保险和深水网箱养殖保险。特别地，现实作业中池塘结构、养殖方式存在一定差异，可根据这种不同，将池塘养殖保险再细分为土塘养殖保险、水泥池塘养殖保险。

一、保险对象

水产养殖保险对象主要有精养和集约化养殖的鱼类、虾类及少数贝类。对于在大面积自然水域中粗养的一般不予承保，鱼苗一般不保。由于鱼虾的品种繁多，生物学特征各异，特别是本地品种与外地品种或进口品种之间的生活习性、环境适应性、抗风险能力的差异可能很大。因此，作为水产养殖保险对象的水产品，要明确品种和产地来源，了解其生活习性，环境适应性，现有的饲养管理条件下的抗风险能力和成活率。对于新引进养殖的品种要慎重承保。

二、承保条件

（1）淡水养殖作业中的成鱼池至少是15亩，必须根据科学养殖宗旨严格把控放养鱼苗规格、养殖密度和各层鱼类的比例，育苗池一般不进行承保。

（2）淡水养殖作业中的养殖池必须处于当地警戒水位以上或五年一遇洪水水位以上，选址、建设等需符合技术质量要求，如堤基牢固、排灌良好、防损抗灾设施齐全（如抽水机、增氧机等），且运行正常。不可承保低洼地段，即经常发生水淹的养殖池。

（3）淡水养殖作业的水源需充足，水质良好，符合要求，附近无诸如农药厂、化工厂、印刷厂等常见污染源。

（4）投保的淡水养殖水产品必须已经在当地饲养至少2周年，投保人必须是具有饲养该品种条件和技术的养殖者。

（5）投保的淡水养殖水产品必须处于常规养殖状态，且无伤残疾病。

（6）归属于同一养殖者如一个村或一个养殖场内的成片水面必须全面投保，不能部分水域投保（丁少群，2015）。

三、保险责任

（一）自然灾害责任

目前水产养殖保险条款主要承担因自然灾害造成的保险标的的流失或群体死亡损失。一般是指限于人力不可抗拒的特大风险，如暴雨内涝、洪水和台风造成潮水上岸及倒灌超过警戒位水位等风险灾害。承保责任采取列明式，要有明确的气象和水文标准。例如，“暴雨”表述为“连续12小时降水总量超过30毫米的暴雨淹没池堤塘基”。洪水要达到当地五年或十年一遇以上的水位。气象灾害的证明以国家指定的具有法律效力的县以上气象台（站）实测的数据为准，非国家指定的气象台（站）及县以下气象台（站）观测的数据证明要慎用。城市中心气象台的设备先进、技术可靠，因此要尽量采用城市中心气象台的技术数据。

（二）意外事故责任

可承保他人投毒、他人投掷爆炸物、中毒、触电、雷击、气候反常的缺氧泛塘等原因造成保险标的的群体性死亡损失。在没有承保疾病责任的情况下，他人投毒、中毒、触电等意外事故要注意和疾病死亡相区别，防止发生道德风险。

（三）疾病责任

内陆地区的精养鱼虾因疾病造成的损失最大，承保疾病责任的风险也是最大的。过去不少地方开展的水产养殖保险都保过疾病死亡责任，赔付率都很高，出现经营亏损。近年来，多数地方已经停办了疾病保险业务。鱼病与被保险人的管理技术等人为因素关系密切，对因疾病引起的死亡一般不予承保。

以 2017 年浙江省水产养殖互助保险为例具体介绍各项淡水养殖保险的保险责任，如表 9-1 所示。

表 9-1　保险产品保险责任

保险产品名称	保险责任
淡水虾类养殖保险	9 级以上风灾、暴雨、洪/涝灾、泥石流、滑坡、雷击等自然灾害；暴发性疾病
淡水鱼类养殖保险	9 级以上风灾、暴雨、洪/涝灾、泥石流、滑坡、旱灾、极端高温、极端低温、雷击等自然灾害；暴发性疾病；因天气突变导致应激、缺氧死亡
淡水龟鳖类养殖保险	风灾、暴雨、洪/涝灾、泥石流、滑坡、旱灾、极端高温、极端低温、雷击等自然灾害；暴发性疾病

资料来源：浙江省海洋与渔业局《2017 年水产养殖互助保险试点实施方案》

四、保险期限

我国水产养殖业具有覆盖范围广阔、气候差异较大、养殖品种繁多的特点，因此淡水养殖保险期限不固定，具体根据保险标的的养殖周期、保险标的所处地区的气候条件等最终确定。一般来说，养殖周期不足一年的水产品，如甲鱼、鳜鱼等，通常按照实际养殖天数确定保险期限。特殊情况下适当延长一到两个月的保险期限，相应增加保费。值得注意的是，无论保险期限长短，10~15 天的承保观察期是必需的，保险人对承保观察期内出现的任何损失不承担赔偿责任。保险标的中途捕捞、收货、出售或调离约定的保险地点，保险责任自行终止。

五、保险金额

由于各个地区受不同自然条件、经济条件、饲养管理水平和方式的影响，在养殖成本投入、产量、经济效益等方面都有着较大的差异。因此，水产养殖保险金额的确定要结合当地实际情况，深入掌握当地拟保养殖品种的成本投入情况，以及产品市场的销售价格，坚持保成本的原则，一般不保产品的预期产值，最好让被保险人自保一部分。鱼和养虾保险一般都按单位养殖水面确定保险金额，集约化精养一般以尾为单位确定保额，分为鱼种保额和饲料费用保额两部分，饲料费用保额按养殖周期的实际总成本来确定。

投保额的确定分为两个步骤：第一，根据投保养殖品种的各类现实因素对单位保额的投保限额进行核对，主要参考依据包括苗种费、饲料费、药物费、场地的租金费、能源费、设施折旧费、人工费等。第二，再由投保人与保险公司协商确定，并将规定限额内约定好的投保额在保险合同中载明。一般协商约定标准如下：①根据养殖品种、规格、投保单价、单位面积产量进行约定，常见于淡水鱼类、龟鳖类等保险；②根据养殖单位面积进行约定，常见于虾类、水池塘蟹虾贝养殖；③根据养殖品种、规格、投保单价、投苗量进行约定，常见于其他特优水产品等保险[①]。

六、保险费率

水产养殖保险费率厘定方法与其他养殖保险类似，需综合考虑投保标的的风险发生概率，可能带来的损失及在保时间等因素。由于现阶段我国淡水养殖保险的密度非常低，新型养殖品种又比较多，损失率资料缺乏，要全面科学地测量标的物的损失率相当困难。因此，费率难以厘定，更不能搞全国统一费率。要从当地的实际情况出发，在损失率资料不全和不可靠的情况下，以过去本地或附近区域试办中取得的损失率资料为依据，参考外地的费率来制定本地的试行费率。在试行费率的基础上，根据经营需要每隔三年左右调整一次。

七、保险赔偿

水产养殖保险的标的不仅具有陆上生物的动态生命财产的属性，而且因为他们生活在水里，难以看见和确定数量，所以标的物所遭受的损失难以确定，故而淡水养殖保险的赔偿处理是一项非常艰巨的任务。

定损方式、起赔点和赔款理算是各类保险合同中不可或缺的部分。对于水产养殖保险，常见的定损方式如下：第一，针对自然灾害后出现养殖生物逃逸情况，采用逃逸比例评估法，如淡水鱼类和龟鳖类等保险；第二，针对自然灾害或爆发性疾病后出现养殖生物死亡情况，采用死亡生物称重法，如淡水鱼类、龟鳖类等保险；第三，针对养殖生物死亡但无法捕捞的情况，采用死亡比例评估法，如虾类；第四，针对受气候影响而造成损失的情况，采用气象指数定损法，如水池塘蟹虾贝养殖。

第三节　海水养殖保险及主要险种

海水养殖保险是一种将人类在海水水域人工养殖产品作为保险标的的水产养殖保险（刘亚楠和安冉，2010），可根据具体养殖对象的差异进行分类，如鱼类养殖保险、虾类养殖保险、贝类养殖保险、藻类养殖保险和海带养殖保险等；也可根据养殖方式、养殖场所的不同进行分类，如扇贝笼养保险、滩涂养殖保险、海上贻贝吊养保险、海上网箱养殖保险。

一、承保条件

海水养殖保险的承保条件与淡水养殖保险的承保条件大致相似，具有较多共同之

① 中国人民财产保险股份有限公司《农业保险》。

处。特别地，针对海水养殖区内水质，除要求水质良好无污染外，还要求最近 2~3 年内没有发生赤潮情况，避风条件较好，养殖管理正常。

二、保险责任

海水养殖保险主要承保热带风暴、强热带风暴、台风、海啸、异常海潮、海水淡化造成的保险标的的流失或死亡损失。在赤潮常发的海域（如东南沿海近几年每年都发生大面积的赤潮）一般不予承保赤潮责任。在南海和东海部分水域应尽量避免承保高温责任。对于网箱养殖保险主要承保十级以上的暴风、龙卷风等造成的翻箱、沉箱所致保险标的的跑漏，因为其所造成的保险标的的损失与投保人故意转移保险标的的行为难以区分，同时也不利于投保人加大防灾投入，所以不予承保，另外水中动物咬破网造成的流失一般不予承保。

以 2017 年浙江省水产养殖互助保险为例具体介绍各项海水养殖保险的保险责任，如表 9-2 所示。

表 9-2　保险产品保险责任

保险产品名称	保险责任
海水鱼类养殖保险	基本险：11 级以上风灾及其引发的风暴潮、3 米以上海浪； 附加险：赤潮、爆发性疾病
海水池塘蟹虾贝养殖保险	台风引发的风暴潮，暴雨、洪/涝灾等自然灾害
浅海贝类养殖保险	10 级以上风灾及其引发的风暴潮、3 米以上海浪； 分设全损险（倒排）和综合险（含贻贝脱落）
浅海藻类养殖保险	10 级以上风灾及其引发的风暴潮、3 米以上海浪
海水虾类养殖保险	9 级以上风灾、暴雨、洪涝灾、泥石流、滑坡、雷击等自然灾害； 爆发性疾病

资料来源：浙江省海洋与渔业局《2017 年水产养殖互助保险试点实施方案》

三、保险期限

一般来说，台风多在下半年七到十月着陆我国东南沿海城市。当投保人选择在八月投保的话，假如按照周年计算，保险期限时长为十二个月，那么在保时间将到第二年的八月截至，保险公司则要承担起两年的台风赔偿责任。因此针对海水养殖保险的承保台风责任期限，规定无论何时起保，保险期限均以当年 12 月 31 日为止，而不像其他保险期限按周年计算，以此来避免出现跨年度保险，避免保险公司仅收取一次费用却需要承担两个灾害期风险赔偿责任的情况发生。

海水养殖保险的保险金额、保险费率及保险赔偿方面与淡水养殖保险基本类似。保险金额受不同自然条件、经济条件、饲养管理水平和方式的影响，具体需结合当地实际情况进行确定。保险费率厘定方法同样是综合考虑投保标的的风险发生概率、可能带来的损失及在保时间等因素。定损方式、起赔点和赔款理算也在海水养殖保险合同中提前给定写明。

第四节 渔业互助保险

一、渔业互助保险发展概况

我国渔业保险工作正式开始是在渔业经济体制改革后。1983 年，农牧渔业部和中国人民保险公司联合发出《关于开展国内渔船保险工作的通知》，希望通过政府干预市场，来推广渔业保险，因此形成了中国第一次渔业保险的尝试。第一单渔业保险是在中国丹东市签订的。农业部渔政渔港监督管理局和中国人民保险公司先后在山东和福建召开了全国渔船保险工作会议，这种渔船保险提高了人们对渔业保险的认知水平，便于以后工作的开展。但是第一次尝试经验不足，诸多因素没有考虑到，中国的渔船保险不断萎缩，保险公司也逐渐退出渔船保险市场。许多承保重点渔场的保险公司陆续退出，只剩个别保险公司承保船况较好、风险较小的大型渔船。1994 年中国渔船船东互保协会成立，在全国范围内组织船东渔民开展渔民人身相互保险和渔船相互保险。进入 21 世纪后，2002 年 11 月 20 日农业部和国家安全生产监督管理局联合下发《关于加强渔业安全生产的紧急通知》，其中第四条规定："要贯彻实施《中华人民共和国安全生产法》，渔业船舶所有人必须切实履行为所有出海人员购买人身保险的义务。"2003 年 12 月 22 日农业部后又印发了《南沙渔业生产管理规定》（农渔发〔2013〕50 号），规定申请南沙渔用柴油补助和南沙渔业涉外损失补助的渔业船舶和所有人，必须参加渔船全损附加南沙生产涉外责任保险和渔船船东雇主责任附加南沙渔业生产涉外责任险。《浙江省渔港渔业船舶管理条例》《广东省渔业管理条例》《辽宁省海洋渔业安全管理条例》等都规定要鼓励和支持渔业互助保险工作。

按照《农业部办公厅关于印发全国渔业互助保险发展"十二五"规划（2012—2015 年）的通知》给出的定义，渔业互助保险是由各级渔业合作保险组织在渔业行业内开展的以互助共济为目的非营利保险形式，是农业保险事业的重要组成部分，在现代渔业建设过程中发挥了稳定器的作用。实践证明，渔业保险采用互助保险的模式符合我国渔业生产实际。自 1994 年开展渔业互助保险工作以来，渔业互助保险事业 20 多年来不断发展壮大、健全完善，2020 年 1 月 15 日，于康震副部长在农业农村部召开的全国渔业改革创新高质量发展推进会上指出，渔业互助保险已经成为我国渔业安全管理和防灾减灾工作的重要抓手，发挥了渔区经济社会"稳定器"和"安全阀"的重要作用。2019 年 10 月 11 日，农业农村部渔业渔政管理局局长张显良在全国渔业互助保险事业发展 25 周年座谈会指出，25 年来渔业互助保险发展主要取得了四方面的成就和经验：一是渔业互助保险走出了一条符合实际的渔业风险保障之路，促进了有关各方的保险理念更新，提高了渔民的保险意识，培育了渔业保险市场。二是渔业互助保险已经成为渔业安全生产和防灾减灾工作的重要抓手，对降低事故发生概率，减轻渔民生命财产损失，有效化解渔区社会矛盾发挥了重要作用。三是渔业互助保险成为政策性渔业保险的重要平台和依托，在全国范围内基本确立了以渔业互助保险为主体的政策性渔业保险格局。四是渔业互助保险建立了相对完善的服务制度体系和“全国一盘棋”发展模式，确保了渔业保险事业持续健康发展，从未发生偿付危机。

二、中国渔业互保协会渔船互助保险条款

《中国渔业互保协会渔船互助保险条款（2017 版）》规定：“凡在中华人民共和国境内（不含港澳台地区，下同）登记注册，具有合法有效的检验证书、捕捞许可证（仅适用捕捞渔船），拥护本会章程①，有加入本会意愿的渔业船舶所有人、经营人或管理人，均可参加本保险，成为本会会员。”

保险合同由本保险条款、保险凭证、特别约定及批改单等组成。凡涉及本保险合同的约定，均应采用书面形式。

（一）保险标的

保险标的是指投保的渔业船舶（以下简称保险渔船）的船体及检验证书上载明的机器、设备和仪器。

（二）保险责任

（1）本保险合同分为全损保险和综合保险。在保险期间内，由于下列原因造成会员的损失、费用或责任，本会按保险凭证上载明的承保险种承担赔偿责任：①风灾、洪水、地震、海啸、雷击、崖崩、滑坡、泥石流、冰灾；②火灾、爆炸；③碰撞、触碰、搁浅、触礁；④航行或生产过程中失踪两个月以上。

（2）本保险合同的全损保险，是指由于第五条列明的原因造成保险渔船全损，以及会员为避免发生全损事故而采取施救或救助措施所支付的必要的、合理的施救或救助费用，本会负责按本保险合同约定给予赔偿。

（3）本保险合同的综合保险，是指由于第五条列明的原因造成会员的下列损失、费用或责任，本会负责按本保险合同约定给予赔偿：①保险渔船全损或部分损失；②保险渔船因发生碰撞事故导致其他船舶的船体和证书上载明的机器、设备和仪器的损失，依法应由会员承担的经济赔偿责任；③保险渔船因发生触碰事故导致码头、航标损坏，依法应当由会员承担的经济赔偿责任；④会员为防止或减少损失而采取施救或救助措施所支付的必要的、合理的施救或救助费用。

（4）在本保险合同项下，保险渔船的损失、碰撞触碰责任、施救救助费用的赔偿分别以保险金额为限。在保险期间内，其中一项或多项的累计赔款金额达到保险金额时，该保险渔船的保险责任即行终止，本会不退还保险费。

（三）责任免除

（1）下列原因造成的损失、责任和费用，本会不负责赔偿：①船舶不适航；②会

---

① 见 http://www.cfmi.org.cn/。

员及其代表或其船员的故意行为或重大过失行为；③擅自改变保险渔船作业性质或利用保险渔船从事走私、偷渡、抢劫、盗窃等犯罪行为；④战争、军事行动、政府征用或扣押、没收；⑤违反禁渔或休渔规定等违法违规行为；⑥浪损、座浅；⑦触碰水产养殖物和养殖设施、水下设施、船坞、港口设备、桥梁及其他固定设施；⑧保险责任中未列明的其他原因。

（2）保险渔船的下列损失、责任和费用，本会不负责赔偿：①正常维修、保养费用，以及自然磨损、易耗易损部位损坏、锈蚀、油漆剥落；②清理航道（含强制打捞）、清除或防止污染；③船期损失、渔汛损失等间接损失；④机器、设备、仪器自身故障导致的损坏；⑤锚（含链）、舵、螺旋桨、缆、子船的单独损坏或丢失；⑥油污责任；⑦渔网、渔具、燃料、渔获物、生活给养及船上所有人员的私人财产；⑧会员支付的诉讼费、律师费、仲裁费、鉴定费、执行费、保全费、罚金、罚款；⑨本保险合同中约定的免赔额。

（3）其他不属于保险责任范围内的损失、费用和责任，本会不负责赔偿。

（四）保险价值和保险金额

（1）保险价值按照投保时保险渔船船体、机器、设备和仪器的实际价值确定，不包括保险渔船马力指标数的价值。

（2）除特别约定外，本保险实行不足额承保，保险金额由会员和本会在保险价值范围内协商确定。无论如何，保险金额不得超过保险价值。超过保险价值的，超过部分无效，本会退还相应的保险费。保险金额占保险价值的比例称为承保比例。

（五）保险费率和保险费

保险人根据船质、功率、船龄等因素确定保险渔船的保险费率，保险费等于保险费率乘以保险金额。

（六）保险期间

除另有约定外，保险期间为一年，以保险凭证载明的起讫时间为准。

（七）保险人义务

（1）在订立保险合同时，本会应对会员就有关合同内容提出的询问进行说明，并对合同中有关免除本会责任的条款以书面或口头形式向会员做出明确说明。本会未对免除本会责任的条款做出明确说明的，该免除本会责任的条款对会员不产生效力。

（2）本会收到会员提供的完整索赔材料后，应当及时做出是否属于保险责任的核定。情形复杂的，应在30日内做出核定。本会未能在30日内做出核定的，应与会员商定合理期间做出核定。核定结果应及时通知会员。

对属于保险责任的，在与会员达成赔偿协议后10日内，本会履行支付赔款的义务。保险合同对支付赔款的期限有约定的，本会按照约定履行支付赔款的义务。对不属于保险责任的，本会自做出核定之日起3日内向会员发出拒绝赔偿保险金通知书，并说明理由。

（3）本会认为会员提供的索赔材料不完整的，应当及时一次性通知会员补充提供。

（4）自收到完整索赔材料之日起 60 日内，对其赔偿的部分数额不能确定的，本会对可以确定的数额先予支付；最终确定赔偿数额后，本会支付相应的差额。

（八）会员义务

（1）会员应在签订本保险合同时一次性交清保险费。除另有约定外，本保险合同在会员交付保险费后才能生效，保险费交付前发生的保险事故，本会不承担保险金赔偿责任。

（2）订立保险合同时，本会就保险标的或者会员的有关情况提出询问的，会员应当如实告知。

会员故意隐瞒事实，不履行如实告知义务的，或者因过失未履行如实告知义务，足以影响本会决定是否同意承保或者提高保险费率的，本会有权解除保险合同。

会员故意不履行如实告知义务的，本会对于保险合同解除前发生的保险事故，不承担赔偿责任，并不退还保险费。

会员因过失未履行如实告知义务，对保险事故的发生有严重影响的，本会对于保险合同解除前发生的保险事故，不承担赔偿责任，但可退还保险费。

（3）会员及其代表应当严格遵守中华人民共和国法律、法规和政府管理部门制定的各项安全航行或作业的规则和制度，加强管理，按期做好保险渔船的检验和修理，确保保险渔船的适航性。

本会可以对保险渔船的安全状况进行检查，向会员提出消除不安全因素和隐患的书面建议，会员应当认真付诸实施。但前述检查并不构成本会对会员的任何承诺。

会员及其代表未遵守上述约定的，本会有权要求增加保险费或者解除保险合同。会员未遵守上述约定而导致保险事故的，本会不承担赔偿责任；会员未遵守上述约定而导致损失扩大的，本会对扩大部分的损失不承担赔偿责任。

（4）在保险期间内，保险渔船转让、转借、出租或改变所有人、经营人、管理人、作业航区等重要信息的，会员应及时通知本会并办理批改手续。未办理批改手续的，本会不承担赔偿责任。

（5）发生保险事故后，会员应当：①尽力采取必要、合理的措施，防止或减少损失。否则，对因此导致损失扩大的，本会对扩大部分的损失不承担赔偿责任。②在到达第一港口后 24 小时内向本会报告事故的原因、经过及损失情况；故意或者因重大过失未及时报案，致使保险事故的性质、原因、损失程度等难以确定的，对无法确定的部分，本会不承担赔偿责任。③接受并协助本会对事故进行调查，如实回答本会就事故有关情况提出的询问。对于拒绝或者妨碍本会进行事故调查导致无法确定事故原因或核实损失情况的，本会对该部分不承担赔偿责任。

（6）发生保险事故的，会员应与本会商定后，方可进行修理、承担责任和支付费用，否则，本会有权重新核定。

（7）当会员接到与本保险合同有关的法院传票或其他法律文书后，应将其副本或复印件及时送交本会，本会可以会员的名义对诉讼进行抗辩或处理有关仲裁事宜，会员应给予协助。

因会员过错未履行前款义务而导致本会无法界定事故责任的，本会不负赔偿责任；

对因此而导致本会无法核实损失情况的，本会有权对无法核实部分拒绝赔偿；对因此而导致赔偿责任扩大的，本会有权对扩大的赔偿责任部分拒绝赔偿。

（九）赔偿处理

（1）会员向本会申请赔款的时效为 2 年，自其知道或者应当知道保险事故发生之日起计算。

（2）会员向本会申请赔款时，应提交下列材料：①索赔申请书；②会员身份证明、出险渔船所有权证书、渔船检验安全证书（正反面）、船舶户口簿和职务船员证书（内陆渔船提供“三合一”证书）；③保险渔船实际全损的，应提供船舶注销证明，推定全损的，应提供委付申请和船舶残值证明；④保险渔船部分损失的，应提供事故损失清单和修理费用清单，渔船修理、外购设备和材料的发票，残值清单；⑤保险渔船发生碰撞或触碰事故的，应提供他船或码头、航标的修理项目清单和修理费用发票，海事调解、仲裁（判决）书或双方签订的赔偿协议；⑥对保险渔船进行施救或救助的，应提供救助合同或协议，救助物品清单，施救或救助费用清单，救助费用支付凭证和票据；⑦保险渔船损失部位和整体（带船名号）照片；⑧会员委托他人申请赔款的，应提供授权委托书、身份证明；⑨所能提供的与确认保险事故的性质、原因、损失程度等有关的其他证明和资料。

会员未履行前款约定的索赔材料提供义务，导致本会无法核实损失情况的，本会对无法核实的部分不承担赔偿责任。

（3）保险渔船全损的，按以下公式计算保险渔船的赔款。

实际全损：赔款=保险金额×（1−免赔率）×事故责任比例。

推定全损：赔款=保险金额×（1−免赔率）×事故责任比例−残值×承保比例。

保险渔船发生碰撞事故，无法提供肇事船情况的，免赔率为30%；保险渔船未按规定进行有效瞭望，或操作不当引起除碰撞以外的保险事故的，免赔率为20%；保险渔船因生活用火使用不当引起火灾的，免赔率为10%。事故责任比例仅在碰撞事故中适用。

（4）保险渔船部分损失的，按以下公式计算保险渔船的赔款。

碰撞事故：赔款=本船损失×事故责任比例×承保比例×（1−免赔率）−残值×承保比例。

其他事故：赔款=本船损失×承保比例×（1−免赔率）−残值×承保比例。

保险渔船发生碰撞事故，无法提供肇事船情况的，免赔率为30%；保险渔船未按规定进行有效瞭望，或操作不当引起除碰撞以外的保险事故的，免赔率为20%；保险渔船因生活用火使用不当引起火灾的，免赔率为10%；任何其他原因造成保险渔船部分损失的，免赔率为5%。

（5）保险渔船发生碰撞事故，根据以下公式计算对他船的赔款：

赔款=他船损失×事故责任比例×承保比例×（1−免赔率）

保险渔船事故责任比例由渔港监督或海事部门确定；保险渔船负事故全部责任的，免赔率为20%；保险渔船负事故主要责任的，免赔率为15%；保险渔船负事故同等责任的，免赔率为10%；保险渔船负事故次要责任的，免赔率为5%。

（6）保险渔船触碰码头、航标，按以下公式计算对第三者的赔款：

赔款=（码头或航标的损失−残值）×承保比例×（1−免赔率）

式中，免赔率为 10%。

（7）保险渔船的施救救助费用，按以下公式计算赔款：

赔款=施救救助费用×承保比例×事故责任比例

事故责任比例仅在碰撞事故中适用。

（8）保险渔船失踪的，本会按实际全损赔偿。若本会赔偿后会员重新获得该船，会员应于重新获得该船 30 日内退还赔款。

（9）保险事故发生后，被施救或救助的财产中含有本保险合同未承保财产的，本会按保险渔船的保险金额与全部被施救或救助财产价值的比例分摊施救或救助费用。

（10）保险事故发生后，如果存在重复保险，本会按照本保险合同的保险金额与其他保险合同及本保险合同保险金额总和的比例承担赔偿责任。

其他保险人应承担的赔款，本会不负责垫付。若会员未如实告知导致本会多支付赔款的，本会有权向会员追回多赔偿的部分。

（11）发生保险责任范围内的损失，根据法律、法规应由其他责任方负责赔偿的，本会自向会员赔偿之日起，在赔偿金额范围内代位行使会员对其他责任方请求赔偿的权利，会员应当向本会提供必要的文件和所知道的有关情况。

会员已经从其他责任方取得赔偿的，本会在赔偿保险金时，可以相应扣减会员已从其他责任方取得的部分。

保险事故发生后，在本会赔偿保险金之前，会员放弃对其他责任方请求赔偿权利的，本会不承担赔偿责任；本会向会员赔偿保险金后，会员未经本会同意放弃对其他责任方请求赔偿权利的，该行为无效；由于会员故意或者因重大过失致使本会不能行使代位请求赔偿的权利的，本会可以扣减或者要求返还相应的保险金。

三、中国渔业互保协会雇主责任互助保险

《中国渔业互保协会雇主责任互助保险条款（2017 版）》规定：“凡在中华人民共和国境内（不含港澳台地区，下同）从事渔业生产或为渔业生产服务，拥护本会章程（见 http://www.cfmi.org.cn/），有加入本会意愿的单位和个人均可参加本保险，成为本会会员。保险合同所称雇工，是指会员雇佣的 16 周岁（含）至 70 周岁（含）、身体健康、具有正常工作能力的劳动者，可包括个人会员本人。”

保险合同由本保险条款、保险凭证、特别约定及批改单等组成。凡涉及本保险合同的约定，均应采用书面形式。

（一）保险责任

（1）在保险期间内，雇工因下列情形导致死亡或伤残，根据中华人民共和国法律法规应由会员承担的经济赔偿责任，本会按本保险合同约定予以赔偿：①在工作时间和工作场所内，因工作原因受到事故伤害的；②工作时间前后在工作场所内，从事与工作有关的预备性或者收尾性工作受到事故伤害的；③在工作时间和工作场所内，因履行工作职责受到暴力等意外伤害的；④被诊断、鉴定为职业病（仅限减压病）的；⑤因工外

出期间，由于工作原因受到伤害的；⑥在上下班途中，受到非本人主要责任的交通事故或者城市轨道交通、客运轮渡、火车事故伤害的；⑦在工作时间和工作岗位，突发疾病死亡或者在 72 小时之内经抢救无效死亡的；⑧在抢险救灾等维护国家利益、公共利益活动中受到伤害的；⑨在本条第①、②、③款所列时间和场所，发生事故失踪的。

（2）保险事故发生后，为确定雇工伤残程度，会员支付的必要的、合理的伤残鉴定费用、职业病鉴定费用，本会按照本保险合同的约定也负责赔偿。

（二）责任免除

（1）下列原因造成的损失、费用和责任，本会不负责赔偿：①会员或其雇工的违法、犯罪或故意、重大过失行为；②会员或其雇工违反禁渔、休渔规定等违法违规行为；③雇工自伤、自杀；④雇工因挑衅或故意行为而导致的打斗、被袭击或被谋杀；⑤雇工醉酒或服用、吸食、注射毒品；⑥雇工酒后或服用国家管制的精神药品、麻醉药品后驾驶机动车；⑦雇工无驾驶证，驾驶证失效或者被依法扣留、暂扣、吊销期间驾驶机动车，驾驶与驾驶证载明的准驾车型不相符合的机动车；⑧行政行为或司法行为；⑨核辐射、核爆炸、核污染及其他放射性污染；⑩战争、敌对行动、军事行为、武装冲突、罢工、暴动、民众骚乱、恐怖活动。

（2）任何情况下，下列损失、费用和责任，本会不负责赔偿：①罚款、罚金及惩罚性赔款；②精神损害赔偿；③医疗保险（指职工基本医疗保险、城镇居民基本医疗保险、新型农村合作医疗，下同）和工伤保险诊疗项目目录、药品目录、医疗服务设施范围和支付标准之外的医疗费用；④其他保险（包括医疗保险、工伤保险、任何商业保险等）已支付的医疗费用；⑤会员支付的诉讼费、律师费、仲裁费、执行费、保全费；⑥本保险合同中约定的免赔额。

（3）其他不属于保险责任范围内的损失、费用和责任，本会不负责赔偿。

（三）赔偿限额和保险费

（1）本保险合同的赔偿限额包括每人死亡赔偿限额、每人伤残赔偿限额、每人医疗费用赔偿限额、每人误工费用赔偿限额和累计赔偿限额。各项赔偿限额由会员和本会协商确定，并在保险凭证中载明。

除特别约定外，每位雇工的伤残赔偿限额与其死亡赔偿限额相等。

（2）每位雇工的保险费等于其死亡赔偿限额乘以保险费率，保险费总额等于全部雇工保险费之和。

（四）保险期间

除另有约定外，保险期间为一年，以保险凭证载明的起讫时间为准。

（五）本会义务

（1）在订立保险合同时，本会应对会员就有关合同内容提出的询问进行说明，并对合同中有关免除本会责任的条款以书面或口头形式向会员做出明确说明。本会未对免除本会责任的条款做出明确说明的，该免除本会责任的条款对会员不产生效力。

（2）本会收到会员提供的完整索赔材料后，应当及时做出是否属于保险责任的核定。情形复杂的，应在 30 日内做出核定。本会未能在 30 日内做出核定的，应与会员商定合理期间做出核定。核定结果应及时通知会员。

对属于保险责任的，在与会员达成赔偿协议后 10 日内，本会履行支付赔款的义务。保险合同对支付赔款的期限有约定的，本会按照约定履行支付赔款的义务。对不属于保险责任的，本会自做出核定之日起 3 日内向会员发出拒绝赔偿保险金通知书，并说明理由。

（3）本会认为会员提供的索赔材料不完整的，应当及时一次性通知会员补充提供。

（4）自收到完整索赔材料之日起 60 日内，对其赔偿的部分数额不能确定的，本会对可以确定的数额先予支付；最终确定赔偿数额后，本会支付相应的差额。

（六）会员义务

（1）会员应在签订本保险合同时一次性交清保险费。除另有约定外，本保险合同在会员交付保险费后才能生效，保险费交付前发生的保险事故，本会不承担保险金赔偿责任。

（2）订立保险合同时，本会就会员或雇工有关情况提出询问的，会员应当如实告知。

会员故意隐瞒事实，不履行如实告知义务的，或者因过失未履行如实告知义务，足以影响本会决定是否同意承保或者提高保险费率的，本会有权解除保险合同。

会员故意不履行如实告知义务的，本会对于保险合同解除前发生的保险事故，不承担赔偿责任，并不退还保险费。

会员因过失未履行如实告知义务，对保险事故的发生有严重影响的，本会对于保险合同解除前发生的保险事故，不承担赔偿责任，但可退还保险费。

（3）会员应严格遵守国家有关消防、安全生产、劳动保护等方面的规定，加强管理，采取合理的预防措施，尽力避免或减少责任事故的发生。

本会可以对会员遵守前款约定的情况进行检查，向会员提出消除不安全因素和隐患的书面建议，会员应该认真付诸实施。但前述检查并不构成本会对会员的任何承诺。

会员未遵守上述约定的，本会有权要求增加保险费或者解除保险合同。会员未遵守上述约定而导致保险事故的，本会不承担赔偿责任；会员未遵守上述约定而导致损失扩大的，本会对扩大部分的损失不承担赔偿责任。

（4）在保险期间内，因变更会员、雇工及保险凭证所载其他信息或增减雇工的，会员应及时通知本会并办理批改手续。未办理批改手续的，本会不承担赔偿责任。

增加雇工的，本会从办理批改手续并收取相应保险费后的次日零时开始承担保险责任，责任终止时间同保险凭证上所载的保险期间终止时间一致。

增收保险费 =（年保险费-财政补贴金额）
×责任开始日至保险期间终止日对应短期费率系数

减少雇工的，本会办理批改手续并退还相应未满期保险费，对该雇工的保险责任自提出减少申请当日 24 时终止。

未满期保险费=（年保险费-财政补贴金额）
×（1-保险期间起始日至提出申请日对应短期费率系数）

（5）发生保险事故后，会员应当：①采取一切必要、合理的措施，减轻伤害程度，使伤员得到及时救治。否则，对因此导致损失扩大的，本会对扩大部分的损失不承担赔偿责任。②在到达第一港口后 24 小时内向本会报告事故的起因、经过和伤害情况。故意或者因重大过失未及时通知，致使保险事故的性质、原因、损失程度无法确定的，对无法确定的部分，本会不承担赔偿责任。③接受并协助本会对事故进行调查，如实回答本会就事故有关情况提出的询问。对于拒绝或者妨碍本会进行事故调查导致无法确定事故原因或核实伤害程度的，本会对该部分不承担赔偿责任。

（6）会员收到雇工的赔偿请求时，应立即通知本会。未经本会同意，会员自行对其雇工做出的任何承诺、约定或赔偿，本会有权重新核定或拒绝赔偿。

（7）当会员接到与本保险合同有关的法院传票或其他法律文书后，应将其副本或复印件及时送交本会，本会可以会员的名义对诉讼进行抗辩或处理有关仲裁事宜，会员应给予协助。

因会员过错未履行前款义务而导致本会无法界定事故责任的，本会不负赔偿责任；对因此而导致本会无法核实损失情况的，本会有权对无法核实部分拒绝赔偿；对因此而导致赔偿责任扩大的，本会有权对扩大的赔偿责任部分拒绝赔偿。

（8）会员在申请赔偿时，应当如实向本会说明与本保险合同保险责任有关的其他保险合同的情况。会员未如实说明情况导致本会多支付保险赔偿金的，本会有权向会员追回应由其他保险人负责赔偿的部分。

（七）赔偿处理

（1）会员向本会申请赔款的时效为 2 年，自其知道或者应当知道保险事故发生之日起计算。

（2）会员向本会申请赔款时，应提交下列材料：①索赔申请书；②会员和伤残、死亡（失踪）雇工的身份证明；③会员与伤残雇工本人或与死亡（失踪）雇工家属签订的赔偿协议，仲裁机构裁决书或人民法院判决书、调解书；④雇工发生交通事故的，应提供有效的机动车驾驶证、行驶证和公安交通管理部门出具的交通事故责任认定书；⑤雇工死亡的，应提供公安部门出具的户口注销证明，以及公安部门或医疗机构出具的死亡原因证明；⑥雇工失踪的，应提供人民法院宣告死亡的法律文件或公安部门出具的户口注销证明；⑦雇工伤残或患减压病的，应提供具备资质的机构根据《劳动能力鉴定 职工工伤与职业病致残等级》（GB/T16180-2014）出具的伤残鉴定书或职业病诊断证明（职业病诊断鉴定书）、鉴定费用发票；⑧雇工接受治疗的，应提供医疗机构出具的病历、诊断证明、医疗费用清单、医疗费用收据或医疗费用分割单；⑨会员委托他人申请赔款的，应提供授权委托书、身份证明；⑩所能提供的与确认保险事故的性质、原因、损失程度等有关的其他证明和资料。

会员未履行前款约定的索赔材料提供义务，导致本会无法核实损失情况的，本会对无法核实的部分不承担赔偿责任。

（3）发生保险事故后，本会的赔偿金额以按照下列方式之一确定的会员的经济赔偿责任为依据：①会员和向其提出损害赔偿请求的雇工或其他索赔权利人协商一致，并经本会确认；②仲裁机构裁决；③人民法院判决；④本会认可的其他方式。

（4）在确定会员对其雇工的经济赔偿责任后，对应由会员承担的各项赔偿金和费用，本会在保险责任范围内按以下约定赔偿：①死亡赔偿金。雇工因保险事故死亡或失踪，本会在保险凭证所载的该雇工死亡赔偿限额以内据实赔偿。失踪的雇工若在本会赔偿后生还的，会员应于知道或应当知道其生还后 30 日内退还赔款。②伤残赔偿金。雇工因保险事故伤残，本会依据伤残鉴定机构出具的伤残鉴定书载明的伤残等级，结合本保险合同所附《伤残等级赔偿限额比例表》确定赔偿比例，并在该赔偿比例乘以保险凭证所载该雇工伤残赔偿限额所确定的数额内据实赔偿。③医疗费用。雇工因保险事故在医疗保险定点机构接受治疗发生的下列医疗费用，本会在扣减每人每次事故 100 元免赔额后，在保险凭证中载明的该雇工医疗费用赔偿限额内据实赔偿：一是符合保险合同签订地医疗保险或工伤保险诊疗项目目录、药品目录、医疗服务设施范围和支付标准的医疗费用；二是急救车费；三是安装假肢、矫形器、假牙、假眼和配置轮椅等残疾辅助器具所需费用。对伤残鉴定费用、职业病鉴定费用，本会按照 50%的比例在医疗费用赔偿限额内赔偿。④误工费用。雇工因保险事故暂时丧失工作能力超过 5 天的，本会在保险凭证中载明的该雇工误工费用赔偿限额内按以下公式计算误工费用赔偿金，且误工费用最长赔付天数不超过 365 天：误工费用赔偿金=保险合同签订地最低工资标准÷30×（暂时丧失工作能力天数−5 天）。雇工住院的，暂时丧失工作能力的天数为住院天数；门诊和出院后暂时丧失工作能力的天数凭就诊的医疗保险定点机构证明确定。

（5）在本保险合同项下，无论发生一次或多次保险事故，本会对每位雇工所赔付的死亡赔偿金、伤残赔偿金之和不超过保险凭证上载明的该雇工死亡赔偿限额；对每位雇工所赔付的医疗费用、误工费用分别不超过保险凭证载明的该雇工医疗费用、误工费用赔偿限额；对全部雇工所赔付的死亡赔偿金、伤残赔偿金、医疗费用、误工费用之和不超过保险凭证上载明的累计赔偿限额。

（6）以记名投保的，本会按照保险凭证和批改单中的雇工名单承担赔偿责任。会员对名单范围以外雇工承担的赔偿责任，本会不负责赔偿。

经本会同意按约定人数投保的，如发生事故时实际人数多于投保人数，本会按投保人数与实际人数的比例核定赔偿金额。

（7）如果会员为其雇工投保了工伤保险，对根据本保险合同的约定可以赔偿的部分，本会只赔偿工伤保险基金负责支付的各项赔偿金和会员应当承担的经济赔偿责任的差额；如果会员投保了除工伤保险之外的与本保险合同保障相同的其他保险，对根据本保险合同的约定可以赔偿的部分，本会按照本保险合同累计赔偿限额占全部相关保险合同累计赔偿限额总和的比例承担赔偿责任，应由其他保险人承担的赔偿金额，本会不负责垫付。

（8）发生保险责任范围内的损失，根据法律、法规应由其他责任方负责赔偿的，本会自向会员赔偿之日起，在赔偿金额范围内代位行使会员对其他责任方请求赔偿的权利，会员应当向本会提供必要的文件和所知道的有关情况。

会员已经从其他责任方取得赔偿的，本会在赔偿保险金时，可以相应扣减会员已从其他责任方取得的部分。

保险事故发生后，在本会赔偿保险金之前，会员放弃对其他责任方请求赔偿权利的，本会不承担赔偿责任；本会向会员赔偿保险金后，会员未经本会同意放弃对其他责任方请求赔偿权利的，该行为无效；由于会员故意或者因重大过失致使本会不能行使代位请求赔偿的权利的，本会可以扣减或者要求返还相应的保险金。

（9）保险赔偿结案后，本会不再负责赔偿任何新增加的与该次保险事故相关的损失、费用或赔偿责任。

本章小结

渔业保险是农业保险的一个重要组成部分。本章主要从渔业保险的基本概念入手，介绍渔业保险的定义、分类、特点、风险识别及发展历程，并从保险对象、承保条件、保险责任、保险期限、保险金额、保险费率、保险赔偿等方面，对淡水养殖保险和海水养殖保险涉及的主要险种进行了介绍。重点介绍了中国渔业互助保险发展，以及渔船互助保险和雇主责任互助保险的相关条款。

关键词

渔业保险　风险识别　发展历程　淡水养殖保险　海水养殖保险

思考题

1. 什么是渔业保险？
2. 渔业保险如何划分？
3. 渔业保险和其他保险相比具有哪些特点？
4. 简述渔业保险的发展历程。
5. 淡水养殖保险主要有哪些险种？
6. 淡水养殖保险的承保条件有哪些？
7. 海水养殖保险主要有哪些险种？
8. 海水养殖保险的定损方式有哪些？
9. 结合我国现状，论述我国未来渔业保险的发展方向。

专业术语

渔业保险（fishery insurance）：是指保险机构为渔业生产者在水产养殖及捕捞作业过程中，遭受自然灾害及意外事故所造成的经济损失提供经济补偿的一种制度安排。

政策性渔业保险（policy fishery insurance）：是政府为了保护渔业的稳定发展，由政府经办或由专门的保险经营主体按照市场规则经营的保险业务。

渔业互助保险：是由各级渔业合作保险组织在渔业行业内开展的以互助共济为目的的非营利保险形式，是农业保险事业的重要组成部分，在现代渔业建设过程中发挥了稳定器的作用。

逆向选择（adverse selection）：是指当交易的某一方能够利用另一方的信息，致使自己获利而对方受损，则会更倾向进行交易。

渔业风险（fishery risk）：是指在渔业生产活动过程中，由于一些意外事故造成的使得经营者的收益或权益受到损失的可能性。

淡水养殖保险（freshwater aquaculture insurance）：是一种将淡水水域人工养殖产品作为标的的水产养殖类保险。

海水养殖保险（mariculture insurance）：是一种将人类在海水水域人工养殖产品作为保险标的的水产养殖保险。

参考文献

丁少群. 2015. 农业保险学[M]. 北京：中国金融出版社.

李志跃. 2015. 广东省建立南美白对虾养殖保险的影响因素与对策研究[D]. 集美大学硕士学位论文.

刘祥祥. 2013. 我国海水养殖保险的探析[J]. 上海保险，（9）：42-46.

刘亚楠，安冉. 2010. 关于海水养殖保险供给中信息不对称问题的探讨[J]. 中国经贸，（16）：137-138.

《农业保险》编写组. 2012. 农业保险[M]. 北京：首都经济贸易大学出版社.

庹国柱，李军. 2005. 农业保险[M]. 北京：中国人民大学出版社.

王艳玲，蒋海山. 2007. 中国海洋渔业保险制度的建立[J]. 大连海事大学学报（社会科学版），6（5）：11-14.

徐小怡. 2010. 中国渔业保险研究文献综述[J]. 中国渔业经济，28（3）：170-176.

徐小怡. 2012. 渔业保险参加者行为研究[M]. 北京：中国农业大学出版社.

徐小怡，宁凌. 2010. 广东省渔业保险财政补贴问题研究[J]. 中国渔业经济，28（6）：152-159.

赵美景. 1987. 浅谈渔船保险[J]. 海洋渔业，9（3）：129-130.

本章拓展阅读

第十章

农业风险区划与农业保险费率精算

第一节　农业风险区划

一、农业风险区划的定义

农业保险是在广阔田野里进行的，不同地域的自然、地理和气候条件并不相同，遭受灾害损失的程度和机会也不一样，要准确厘定保险费率，就需要对风险做出区划，并根据风险区划厘定有差别的保险费率。同一地域农业灾害损失在不同年份也存在差异，且波动性很大，如果不同地区的费率不加区分，就容易诱发逆向选择和道德风险问题。农业风险区划不仅是必要的，也是可行的。

农业风险区划是指以农业生产风险评估为基础，以风险区域内部相似性与区域间差异性为原则，从区域的特质、差异及规律等方面归类风险区域，最终在空间上形成多等级、多类型的风险区域。

二、农业风险区划的内容

农业风险区划的内容主要包括如下两个方面。

（1）从时间与空间维度掌握各个地区历年农业灾害的发生情况，总结农业灾害的发生规律，寻找各个区域灾害发生的关联点，并划分危险单位。科学的危险单位划分为后续建立有效的风险分散机制提供了依据。

（2）以合理的依据与指标为基础划分风险区域，利用科学的保险计量方法得出每个风险区域的年均农业损失率与保险费率。农业风险区域划分后，可以利用得到的结果更精准地解决农业保险发展的一些障碍，如得出的各个区域保险费率可以用于确定区域内农民应缴纳的保费，灾害的时空分布状况可以用于分析再保险制度、自愿保险与强制保险的区分等。

三、农业风险区划的理论基础

（一）经济理论基础

1. 风险分散理论

为保持经营的稳定性，保险人会寻求各种方式分散风险，也就是将众多损失风险集于一身而又分摊给众多被保险人，使农业保险的损失责任不至于只由少数人承担。风险可以从时间和空间两个维度进行分散。时间上的风险分散，是保险人在足够长的时期内进行保险业务的开展，将同一风险单位的风险损失平均分摊到长期业务时段内。从长期来看，预期收支达到均衡，财务稳定性得到维持。空间上的风险分散，是保险人在独立同分布风险单位的区域内拓宽保险业务范围，增加被保险群体。当局部地区发生风险时，该风险可以在大范围内得到有效分散，保证保险人的稳定经营，控制年财务风险波动幅度。

农业保险中，由于农业的特殊性，当遭遇如风灾、雹灾、洪涝、干旱等灾害时，各个保险单位之间高度相关，农业风险的系统性风险往往很强。空间上的风险分散方式不一定能够有效地分散农业风险，当遭遇范围较大的灾害时甚至可能会加剧集中农业风险。因此，在农业保险中使用扩增保险范围的方式需要建立在风险区划的基础上，需要将风险性质和发生概率相似、灾损事件相关或相似的区域划分在同一个风险单位里，识别不同保险单位的风险等级。

2. 对价交换原则

在物质商品交换中，遵循的是等价交换原则，货币和交换的商品的价值都是确定的。但在保险交易中，保险费支出换来的是不确定的风险保障，农户通过支付保费购买农业保险，使其投保的标的在遭受风险损失时，能获得一定的产量或者收入补偿，但这个补偿是依据合同约定和实际损失来确定的，可能高也可能低，在一定程度上保障被保险标的的产量或者收入。当然，虽然支出了保险费，购买了保险，但如果没有发生保险责任内的风险损失，就不会得到赔偿。所以，农业保险和其他保险一样，不是一一对应的等价交换，只是在总体上保费支出和保险赔款是价值相等的，我们把这种关系叫作对价交换关系。简而言之，对价交换就是保险公司承担的风险责任与投保人的保险费负担相一致。

理论上，若想实现绝对的对价交换，保险人需要对每个被保险人单独计算费率并收保费才能实现，但在现实中很难做到。

（二）自然理论基础

1. 农业地域分异规律

不同的地区有着不同的自然资源和社会资源，农业生产就存在地域差异性，具体体现在以下两个方面：①农业生产的资源开发与利用地域差异显著，自然环境、地理条件的地区差异决定了不同地区农业生产的走向，土壤、阳光、雨水、温度、气候等自然条件决定了适宜在当地开展农业生产的作物选择。②农业生产部门组织的分布与架构，社会资源的差异性也会或多或少地影响到当地农业生产。

2. 农业气象学理论

农业生产过程中，农民面临多种风险，农业保险承保的主要是自然灾害导致的风险，其中气象灾害对农业生产造成的危害频次最多、损失最大。气象灾害是气候的异常甚至极端变化导致的农业生产受损，当气候条件突然恶劣至不适合农作物生长时，农作物因无法适应气候的恶性变化而衰败死亡。农业灾害的发生呈现一定的区域性特点，需要对气象灾害的产生及分布原理、各类农作物的气象适应性形成充分的认知，才能更好地研究农业风险的空间分布规律。气象对农业生产的影响横跨气象学、栽培学、经济学等学科研究领域，需要多学科的协同研究，帮助划分农业风险区域，分析气候变化与作物产量变动的关系。

四、农业风险区划的方法

农业风险区划方法包括定性方法与定量方法。定性方法是分类分析农业风险类型与农业风险区域，寻找它们的质的差异，一般有主导指标法、套叠法、经验法等。定量方法是利用计量方法，依据指标定量分析风险类型与区域的差异，一般有因子分析法、聚类分析法、线性回归分析法等。

（一）主导指标法

主导指标法是一种定性方法，是按照农业风险区划的标准，从许多指标中挑选最具有代表性、区域特征最明显的指标，使用这些指标划分风险区域的方法。

主导指标的选择因区划种类、区划等级不同存在差异。例如，学者一般使用畜禽结构区划畜牧业，而温度和水量作为气候区划的主导指标，单产和种植面积作为粮食区划的主导指标。

根据对区域差异的概括程度，区域划分存在等级，不同等级的同种农业区划下，划分区域的主导指标也应不同。在农业机械化区划中，一级机械化区的主导指标为最能影响农机类型的农业生产部门和地貌，可以有效概括全国性的地域差异，而二级机械化区的主导指标为农业部门、草原或水域类型。

（二）因子分析法

因子分析法是由英国心理学家Karl Pearson和Charles Spearman等提出来的，最初用于研究智力差异。因子分析法是一种用于降维的多元统计分析方法，它根据变量相关性对变量分组，分组结果是组内变量相关性较大，组间变量相关性较小，从而达到降维的效果，最终将许多关系复杂的变量综合成几个公共因子，同时确保变量与因子的相关关系保持不变。得到的公共因子与特殊因子的线性函数就能用来描述原变量组想解释的原研究问题。

因子分析法的模型为

$$\begin{cases} X_1 = a_{11}F_1 + a_{12}F_2 + \cdots + a_{1m}F_m \\ X_2 = a_{21}F_1 + a_{22}F_2 + \cdots + a_{2m}F_m \\ \vdots \\ X_p = a_{p1}F_1 + a_{p2}F_2 + \cdots + a_{pm}F_m \end{cases} \tag{10-1}$$

其矩阵形式为

$$\begin{bmatrix} X_1 \\ X_2 \\ \vdots \\ X_p \end{bmatrix} = \begin{bmatrix} a_{11} & a_{12} & \cdots & a_{1m} \\ a_{21} & a_{22} & \cdots & a_{2m} \\ \vdots & \vdots & & \vdots \\ a_{p1} & a_{p2} & \cdots & a_{pm} \end{bmatrix} \begin{bmatrix} F_1 \\ F_2 \\ \vdots \\ F_p \end{bmatrix} + \begin{bmatrix} \varepsilon_1 \\ \varepsilon_2 \\ \vdots \\ \varepsilon_p \end{bmatrix} \tag{10-2}$$

简记为 $\boldsymbol{X}_{p*1} = \boldsymbol{A}_{p*m} * \boldsymbol{F}_{p*1} + \boldsymbol{\varepsilon}_{p*1}$，且模型的成立需满足以下条件：①$m \leqslant p$；②$\sigma(F,\varepsilon)=0$，即 F 和 ε 不相关；③ $F_1,F_2,\cdots,F_p$ 不相关，且方差皆为 1；④ $\varepsilon_1,\varepsilon_2,\cdots,\varepsilon_p$ 方差不同。其中，$\boldsymbol{X}=(X_1,X_2,\cdots,X_p)$ 是可实测的 p 维随机向量。$(F_1,F_2,\cdots,F_p)$ 为公共因子，共同出现在各个原观测变量中，相互独立且不可观测。

（三）聚类分析法

聚类分析的核心是“物以类聚”，就是使用多元统计分析方法聚集同质的样本或指标为一类。在现实的经济与社会问题研究中，研究对象往往比较复杂，这时如果能先归类相似的样本或指标，将大大降低处理的烦琐度，有助于厘清样本或指标之间的关系。聚类分析就是度量样本或指标相似度的统计指标，根据这些统计指标的统计量将相似度较大的样本或指标分作一类。相似度较小的样本或指标将聚类为一个小的分类单位，相似度较大的为大的分类单位，最终形成一个由大到小的分类系统。

五、农业风险区划的国外经验

农业保险风险区划是发展农作物保险必不可少的基础研究工作，是农作物保险自身发展的客观要求。国外经验普遍表明：发展农业保险必须进行风险区划。

（一）美国

在美国，农业保险分为保险责任区和保险费率区，保险责任区主要代表地区农业发展情况与当地农业生产力水平，保险费率区主要代表地区农业风险。美国以县为单位划分保险责任与保险费率，由 FCIC 保险统计处制定。FCIC 收集地区的农作物历史产量数据，计算平均数确定保险责任额。同时，依据地区农作物历史损失数据，结合当地农业产业情况，如地形、经济、气候、农机、人力等资源情况，确定各县平均费率。当县级的费率确定后，根据土地生产能力，各县会被划分成不同等级的保险责任区。

（二）加拿大

加拿大没有划分责任区，只有风险区，它的农业保险采用的保险费率是按照风险区来确定的，每一个风险区的费率都有差别，投保的农场在哪个风险区，就以该风险区的费率为基础，再根据农产土地、自然环境、经营水平等情况进行微调。曼尼托巴省是加拿大实行农业保险历史最悠久的省，全省被划分为 15 个风险区，根据土地生产能力及作物历史产量确定各风险区费率。阿尔伯塔省借鉴曼尼托巴省的费率制定经验，将全省区划分为 14 个风险区。

（三）日本

日本将风险划分等级，风险等级编号为 6~18。日本划分风险等级的主要做法如下：一方面，确定标准费率，标准费率依据日本农林省收集的可保作物历史损失率确定；另一方面，确定风险等级，风险等级细分到各个村、镇或市，划分风险等级的依据为各个村、镇或市的历史作物情况和当地作物生产的物质情况，如农业基础设施的建设、农业灌溉系统发达情况、土地种植效率高低、水库保有量大小、排水道铺排情况等因素，各个村、镇或市被评估为不同的风险等级，再确定相应的对照标准费率。同时，日本会考虑当地农民的投保意向与支付能力，完善费率确定。

第二节　农业保险费率精算

一、农业保险费率精算的定义

农业保险费率就是农业保险的价格，是保险公司承担农业保险责任并在出现保险赔付情况时进行赔偿向投保人收取的费用，也是投保人为转嫁自身农业风险给保险公司并在保险合同约定情况下获取保险赔偿向保险公司支付的费用。

农业保险费率精算就是对农业保险产品定价。保险公司综合考虑保险标的所面临风险的规律、保险公司自身经营状况和保险市场的供求状况等，确定每单位保险金额应收取的保费数额。

二、农业保险费率的组成

保险费率一般由纯保险费率和附加保险费率组成。

纯保险费率也称净费率，是保险费率的基本组成部分。在财产保险中，纯保险费率主要是根据标的的损失概率来确定的，农业保险中纯保险费率主要是根据标的农作物的损失率确定的。不同地区的不同作物或者家畜家禽的灾害损失服从不同的概率分布，根据样本足够多的损失数据，就能计算出各种作物的损失概率或者家畜家禽的死亡率。因为农业风险的系统性风险很容易形成巨灾损失，所以农业保险的纯保险费率会比一般的财产保险的纯保险费率要高。

附加保险费率是指保险人的业务经营管理费用、税费、利润等的和与保险金额之间的比率。附加保险费率主要取决于保险人的经营运作水平。

三、农业保险费率精算的理论基础

（一）大数法则

大数法则是保险费率精算之基。在随机事件的大量重复出现中，往往呈现几乎必然的规律，这个规律就是大数定律。在保险中体现为损失的不确定性，如果大量重复，损失不确定性将相对稳定。投保人通过签署保险合同，将个人的风险转嫁给保险公司。在大多数情况下损失发生存在相对稳定性，保险公司利用这种损失相对稳定性分散损失风险。实际上，总的风险损失的分散还是由投保人共同分担的。从单个投保人而言，风险只是转嫁不是消失，但保险公司通过聚集分散损失风险，从整体上看，损失发生的不确定性消失了。保险公司根据保险精算原理，评估损失并给保险定价，向所有投保人收取一定的保险费用，消除这种损失的不确定性。

（二）风险的期望效用理论

经济学理论认为，作为理性经济人，个人利益最大化是其最终目标。农业保险市场中，投保人期望通过购买农业保险来实现个人效用的最大化。当所有投保人的效用最大化（即所有投保人的边际效用为零）时，保险公司效用也最大化，农业保险市场实现均衡。

具体来说，就是投保人在面临农业风险时，会放弃一部分收入去购买农业保险，保证期望效用最大化。如果某农民其初始财产是 W，财产面临损失的风险，风险发生概率为 p，损失为 L。

该农民此时以购买农业保险的方式来保护自己的财产，降低可能遭受的损失。在风险发生后，保险公司会支付给他的赔偿为 q，但他必须事前支付给保险公司一定的保险购买费 πq，其中 π 为购买每一单位保险的支出。那么，该农民为了期望效用最大化，会选择最优保险金额。

从农民的角度来看，在购买农业保险的条件下，农民最大化自己的期望效用，数学表达式表示为

$$\mathrm{Max}\left[pU\left(W-L-\pi p+q\right)+\left(1-p\right)U\left(W-\pi p\right)\right] \tag{10-3}$$

其中，$\left(W-L-\pi p+q\right)$ 为消费者投保以后在发生灾害后拥有的财产量，$\left(W-\pi p\right)$ 为消费者购买保险后在不发生灾害的情况下拥有的财产量。

消费者期望效用最大化的一阶条件为

$$pU'\left[-L+\left(1-\pi\right)q\right]\left(1-\pi\right)-\left(1-p\right)U'\left(W-\pi p\right)\pi=0 \tag{10-4}$$

$$\frac{pU'\left[-L+\left(1-\pi\right)q\right]}{\left(1-p\right)U'\left(W-\pi p\right)}=\frac{\pi}{\left(1-\pi\right)} \tag{10-5}$$

从保险公司的角度看，如果风险发生，保险公司将获得 $\pi q-q$。如果风险不发生，

保险公司将获得 πq 。在这里假定保险公司的经营成本为零，所以此时保险公司的期望利润为 $(1-p)\pi q+p(\pi-1)q$ 。

再假定保险行业是完全竞争的，故所有保险公司的长期利润为零，于是有 $(1-p)\pi q=p(1-\pi)q$ 。

得到 $\pi=p$ ，也就是说保险公司所规定的每单位保险的购买价格 π 等于风险发生的概率 p。

四、农业保险费率精算的方法

（一）经验费率法

国外常用经验费率法厘定保险费率，这种方法对数据要求高，需要保险公司拥有某地区较长一段时间的农作物保险经营数据及历史赔付数据。

设农作物损失率为 r，定义公式为

$$r=(y_0-y)/y_0 \tag{10-6}$$

其中， y_0 表示正常年景的单位面积产量，y 表示受灾情况下单位面积产量。经验费率法下，保费通过计算地区或个人多年的平均损失率取得。目前我国尚不具备利用经验费率法厘定保险费率的条件，我国农作物保险历史较短，且缺少农户层面的保险经营数据，相关赔付数据不完善。

（二）单产分布模型法

单产分布模型法是运用概率论知识，利用单产数据拟合单产概率密度函数从而厘定保险费率的计量方法，主要包括参数估计法和非参数估计法。这种方法理性逻辑性强，在国内外被广泛采用。

1. 参数估计法

参数估计法是假定序列服从特定分布，并对分布参数进行估计的费率厘定方法。这是在缺乏经验损失数据条件下的较好方法。主要是将经过处理（剔除生物因素、技术因素等影响）之后的产量变动数据，看作产量受灾害影响的随机损失数据，根据这些数据可以估计出不同的损失经验分布的期望和方差等参数，根据这些参数来确定费率。包括正态分布、对数正态分布、Logistic 分布、Beta 分布、Weibull 分布和 Gamma 分布等经验分布函数。

2. 非参数估计法

非参数估计法不直接假设序列服从某一类分布，而是使用非参数拟合样本数据的信息对费率进行厘定。非参数估计法可以很好地解决参数估计法带来的分布估计偏差，核密度估计法及以核密度估计为基础的信息扩散模型是目前较为经典的方法。

第三节　中国农业风险区划与市场定价实践

一、农业风险区划实践

2019 年，财政部、农业农村部等四部委联合印发《关于加快农业保险高质量发展的指导意见》，明确提出，“加强农业保险风险区划研究，构建农业生产风险地图，发布农业保险纯风险损失费率”“实现基于地区风险的差异化定价，真实反映农业生产风险状况”。

2020 年 6 月 28 日，在中国农业科学院农业信息研究所主办的第十期中国农业保险论坛（China Agricultural Insurance Forum，CAIF）上，《中国农业生产风险区划地图册》发布，这是我国第一部全面反映各省（区、市）主要农作物生产风险空间差异的大型图册，由中国农业科学院农业风险管理研究创新团队，在运用农情灾情险情大数据对中国农业生产风险现状进行评估与区划的基础上编制而成。

该地图册以国家统计局农业统计数据、农业农村部中国县级农业农村经济统计数据、银保监会的农业保险业务数据、典型农户调查数据和一些典型案例研究数据为数据来源，使用了国际认可的风险损失评估方法。地图制作中，使用国际通用农作物配色标准区分每一类农作物，并使用分位数分级法划分风险等级。地图册分省级及县级两级，涵盖农业保险中央补贴的水稻、玉米、小麦、棉花、大豆、马铃薯、油菜、花生、芝麻、甜菜、甘蔗这 11 种作物品种。内容涉及农业生产风险评估、区划和地图展示，全方位展示了中国主要农作物生产风险的区域分布特点，为各级政府和保险机构制定农业生产风险管理策略、科学厘定农业保险费率、优化农业保险财政补贴提供参考标准。

二、农业风险市场定价实践

在农业发展初期，我国农业保险普遍采用“一省一费”（即在一个省域范围内，对同一种保险标的收取相同金额的亩均或头均保费）的简单做法，同时，各省份对农业保险产品的费率厘定基本受农业保险是政策性业务的限制，由财政部门、农牧部门和开展农险业务的保险企业等多方协商而定，而不是以保险机构风险测算为依据。由于我国幅员辽阔，各省内地区间农业生产环境区别较大，风险不同，“一省一费”这种定价体系会导致风险与保费的不对等。

2020 年 4 月，中国银保监会财产保险监管部牵头中国银行保险信息技术公司、中国精算师协会、中国保险行业协会，成立农业保险风险区划工作小组，协同开展 2020~2022 年农业保险风险区划和费率分区工作。其中，中国银保监会财产保险监管部负责整体规划、组织协调，推动成果落地；中国银行保险信息技术公司负责提供数据和软硬件环境，研发整合测算模型，形成测算结果；中国精算师协会负责组织精算专家研究论证，受托发布工作成果。2020年11月10日，中国精算师协会发布《稻谷、小麦、玉米成本保险行业基准纯风险损失率表（2020版）》，该文件以2007~2019年全国农业保险业务数据为基础，形成了31个省（区、市）338个地市的三大主粮成本保险纯风险损失率，填补了行业农业保险基准纯风险损失率的空白。

本章小结

农业风险区划是科学合理厘定农业保险费率的基础和基本依据，保险费率是保险合同的关键。本章介绍了农业风险区划的定义、内容、理论基础、方法及国外经验，从定义、组成、原则、原理及方法五个方面阐释了农业保险费率精算，最后考察了中国农业风险区划与市场定价的实践。

关键词

农业风险区划　农业保险费率精算

思考题

1. 什么是农业风险区划?
2. 农业风险区划的内容体现在几方面?
3. 农业风险区划的理论基础是什么?
4. 如何区划农业风险?
5. 什么是农业保险费率精算?
6. 农业保险费率精算的原则是什么?
7. 如何精算农业保险费率?
8. 中国目前开展了哪些农业风险区划与市场定价实践?

专业术语

保险责任（insurance liability）：是指保险合同中约定的风险保障额度，对农作物保险来说，就是单位面积保险产量或者收入额。

保险责任区（insurance liability area）：是指根据几年（如5年）平均产量确定的区域，同一个保险责任区内，单位产量大致相同。

大数法则（law of large numbers）：是指在每次独立的实验中偶然性随机事件发生的次数将在大量重复试验过程中呈现出必然性的规律，即随机事件的发生频率及平均结果的稳定性规律。

参考文献

郭忠义. 2010. 农业风险区划的必要性与可行性[J]. 中国保险，（4）：42-44.

卢纹岱. 2010. SPSS 统计分析[M]. 4 版. 北京：电子工业出版社.

牛浩，陈盛伟. 2015. 玉米风雨倒伏指数保险产品设计研究——以山东省宁阳县为例[J]. 农业技术经济，（12）：99-108.

庹国柱，丁少群. 1994. 论作物风险区划及其理论根据[J]. 当代经济科学，（3）：64-69.

庹国柱，李军. 2005. 农业保险[M]. 中国人民大学出版社.

邢鹂，钟甫宁. 2006. 粮食生产与风险区划研究[J]. 农业技术经济，（1）：19-23.

叶晓凌. 2007. 信息不对称与农业保险有效供给的经济分析[J]. 商业研究，（2）：115-119.

郑军，曹翀. 2016. 冬小麦天气指数保险产品优化设计：旱涝风险和产量损失的相关性分析[J]. 重庆工商大学学报（社会科学版），33（1）：1-8.

Carlin B P，Louis T A. 2000. Bayes and Empirical Bayes Methods for Data Analysis[M]. Boca Raton：Chapman & Hall，CRC Press.

Davis S B，Price T J，Wetzstein M E，et al. 1997. Reducing yield variation in peach orchards by geographic scattering[J]. American Journal of Agricultural Economics，79（4）：1119-1126.

Ramirez O A. 2007. Estimation and use of a multivariate parametric model for simulating heteroskedastic，correlated，nonnormal random variables：the case of corn belt corn，soybean，and wheat yields[J]. American Journal of Agricultural Economics，（78）：101-105.

Takeshi O，Hiromune M. 2017. Trial for area zoning in Japanese agricultural area based on ecological functions[J]. Ecology & Civil Engineering，19（2）：211-220.

本章拓展阅读

第三篇

新型农业保险产品

第十一章

区域产量保险

农业保险作为分散农业生产经营风险的重要手段，对促进乡村产业振兴、保障农民收益等具有重要作用。世界各国都在积极推动农业保险发展，大部分农业保险险种符合 WTO “绿箱政策”的规定。我国自 2007 年至今实施中央财政农业保险保费补贴试点已经十多年，走过了他国百年发展之路。但农业保险发展目前面临一些困难和瓶颈，包括农业保险保障水平过低、产品缺乏灵活性、联动的农业保险机制倘若省级财政无法安排时中央财政补贴难以落实、承保后的理赔机制薄弱等，与服务“三农”的实际需求相比仍有较大差距，农业保险制度亟待改革和优化，农业保险产品需要不断创新，全国各地都在试点摸索中，2017 年 8 月青海省推出适合青海实际、符合养殖户需求的新型农业保险产品——冷水养鱼保险，积极征求和采纳了各方意见，一切从农业生产实际出发的研发模式为青海农业保险新品种的各项试点工作积累了宝贵经验。该尝试保障了养鱼农户的利益，也为当地的养鱼业带来发展动力。

农业保险产品种类创新要细化、实现多种多类的品种选择、差异化补贴、多档多级的风险评价保障，鼓励各地创立与区域特色及优势农产品和作物相关的农业保险品种，从本章开始进行新型农业保险产品的介绍，主要了解区域产量保险、指数保险、收入保险等。

第一节　区域产量保险概述

一、区域产量保险的概念

区域产量保险是以农民的农作物产量损失作为保险标的，以实际产量低于合同预定产量为保险事故即构成保险金给付条件的一种财产保险。

我们传统的农作物产量保险是以每个生产者的实际产量损失来确定赔偿数额的，称为个体产量保险，属于保产量的一种农业保险产品。产量保险不等于区域产量保险，其是以农户产量损失为赔付条件的农业保险，保障产量为农户耕地的平均产量。

已有文献研究普遍认为产量保险属于传统农业保险产品，针对其缺陷，主要存在两种观点。

第一，传统产量保险产品不仅保障程度低，而且保险范围窄，种子和农资质量风险、粮食品质风险、灾害引起的相关费用增加等农户日常较为敏感的风险均未列入赔偿范围。

第二，对于种植大户，目前已经有了专门为新型农业主体和专业种植大户开发的高保障种植险，深受规模种植户欢迎。但保费较高的高保障种植险并不适合广大小农户，小农户因其种植规模小、收益低，并不愿意支付高保费。

作为农作物保险的创新形式，区域产量保险实质上是一种以临界产量为执行价格的看跌期权。当现实的区域产量低于某一临界产量时，参保者获得赔偿，而不论其个体产量是多少。区域产量保险又叫团体产量保险，保障产量是一个区域的平均产量，存在基差风险（basis risk）。由于区域产量信息比个体产量信息更透明、更准确，区域产量保险减少了逆向选择和道德风险问题，也降低了管理成本。

个体产量保险与区域产量保险皆是产量保险，但赔付的激发条件不同，当多次发生保险责任范围内的损失时，按发生最终一次保险灾害后的实际收获产量与保险产量的差额赔偿。

二、区域产量保险的特征

区域产量保险引入了一切险式赔偿方式，对除弃种、管理不善等人为因素外的任何原因造成的减产损失都给予赔偿，同时增加灌溉费用补偿和粮食品质风险保障。

农户最关心理赔能否做到客观公正，区域产量保险将区域产量下降作为理赔触发条件，保险机构与地方政府成立区域测产联合工作组，通过卫星遥感技术，并选点实测，测产结果公开透明，理赔直接明了。

20 世纪 80 年代，国际农业保险界开发了指数保险，一类是区域产量指数保险，另一类是天气指数保险（将本书在十二章中介绍）。

（一）优点

区域产量保险的最初是为了应对传统的农业保险（以个体实际损失为理赔依据）所面临的道德风险高、逆向选择严重、管理成本偏高、服务效率偏低等问题而设计的。与传统的农业保险产品相比，区域产量保险具有以下优势。

1. 避免了道德风险和逆向选择问题

传统农业保险只有在准确获取农户的历史产量数据，并以此制定不同的保险费率的情况下，才有可能克服逆向选择。但在实际情况下，很难做到，且成本高昂，而区域产量保险仅需要一定区域的历史产量数据，以此制定保费。因此，对同一区域的所有农户而言，缴纳的保费和预期获取的赔偿都是相同的，可以避免逆向选择问题。

2. 赔款及时

区域产量保险的赔付条件是区域产量的下降，不需要将特定灾害的发生作为赔偿的前提，可以很好地保障隐性和累积性灾害所造成的产量损失。

3. 管理成本低

保险公司无须进行个体核保，也无需对个体产量历史进行验证，这会大大降低保险公司的管理成本。

4. 产品标准化

区域产量保险在系统性风险越明显的地方越有效。当一家农户因自然灾害导致农作物减产时，整个区域内的所有农户将很可能遭受同样的灾害而受损。在这样的情况下，农户就可以通过购买区域产量保险有效规避风险。

5. 结构透明，可得性与流通性强

区域产量保险是一种保产量的产品。在美国和印度，农户可以自由选择区域产量保险的保额，最大保额可达区域期望产量的 150%。可见，这一产品的保障水平比较高，能够满足农户保收入的需求。

6. 再保险接受程度高

区域产量保险更容易向全球再保市场分保，可以有效降低因系统性风险带来的负面影响。区域产量保险是基于市场的角度来提高效率的，能够减少资源配置市场的扭曲，满足农民对于扩大承保风险范围的需求，最小化或消除道德风险、逆向选择，提高再保险市场应对系统性风险的能力。

基于以上优点，部分研究学者认为，区域产量保险在转移天气等自然风险方面为传统农业保险提供了又一可行的选择。

（二）局限

区域产量保险在理论上被视为农业生产风险管理中的重要创新性工具，且国际上很多国家和地区都在积极地探索区域产量保险。但区域产量保险产品也有其局限性。

（1）存在基差风险。保险运作受到基差风险的影响，一般基差风险越高，保险运作的成效越差，在灾害发生的情况下，投保人获取赔偿的概率就越低，由此造成区域产量保险的接受度不高。影响区域产量保险基差风险的主要因素有地形地貌、海拔高度、土壤质量、气候环境等自然禀赋的同质化程度。另外，还包括田间管理的差异化程度。

在此情况下，保险公司需要认真设计区域产量保险保单的各参数，以便降低基差风险带来的影响。另外，小气候的变化往往在小区域地方发生，这将使区域产量保险在实际经营中变得很困难。而且，生产区域异质性越高，基差风险就越大，最终导致区域产量保险的问题越多。

（2）指数是否能够被真实、客观、精确地测量，极大地影响了区域产量保险运作是否可行。

若区域内个体农户间生产的条件越相近，那么该区域的产量风险的系统性越强且基差风险越小。在实践中，若缩小保险区域来增加区域生产的同质化程度，虽会降低基差风险，但会增加大量的管理成本。因而，区域产量保险适合在产量风险系统性较高的地方开展。

（3）区域产量数据的获取还需保证及时、真实可靠。

三、区域产量保险的设计

（一）方案设计

区域产量保险能否成功运作，方案设计至关重要。在灾害风险发生的情况下，单个农户所遭受的产量损失应与区域内产量损失具有高度相关性，即基差风险不能太高。区域产量保险运作的核心就是最小化基差风险，保障区域内产量风险的系统性，确保灾害风险对于区域内所有农户造成的影响相近。

区域产量保险的方案设计要点包括以下几个环节。

（1）进行区域的选择。在选择区域时，应尽可能地保证所选区域的土壤及气候等较为相近。然而，保险区域的选择却受到各种因素的限制。例如，可保种植面积的影响，如果所选区域可保种植面积较小，那么人为操纵理赔的可能性就越大，即存在道德风险。又如，行政区划的限制，因官方产量统计数据是以行政区域划分而进行统计的，若选择不同行政管辖的区域作为保险区域，则无法获取有效的数据支撑。

（2）估算中间趋势产量。任意给定产量结果均可划分为中间趋势和偏离中间趋势。前者主要取决于管理和资源禀赋（栽培技术和土壤质量等），后者则主要是自然因素作用的结果（如干旱、洪水、冰雹等）。对于选择估算中间趋势产量的方法，应确保在各种条件下都比较稳定，能够有效降低显著异常值的影响。虽具有统计特征（均值、方差）的估算模型优于未知统计特征的模型，但也需考虑那些已经通过时间考验并广泛用于相似条件下的估算方法。另外，模型不宜过于复杂，尽量简单、易懂，有利于农户和保险销售人员的解读，管理部门可以用此来直接估算未来的产量情况，不需要每年重做分析。

（3）确定保障水平。最优方案设计是区域产量保险研究的热门议题，即研究为实现效用最大化（以合理保费成本尽可能降低产量系统性风险），投保人应选择的最优保障水平。参保农户的风险偏好及保费价值并不影响保障水平，而投保人的效用函数决定最优基准产量。

（4）费率厘定。区域产量保险的费率源于对期望损失的计算，期望损失可用收支平衡费率减去管理成本。保险精算师运用历史产量数据来计算农作物未来产量的预期分布。另外，不可仅通过计算所得的期望值和方差值来确定费率，因为农作物的产量分布是偏态而非正态分布，因此易造成损失的不合理估计。此外，学界对于农作物产量分布偏态是正是负暂时还没有一个统一的认识，因而针对产量分布参数的不确定性，主要采用历史产量数据下降来计算费率。

（二）产量保险合同的设计

产量保险合同的设计包括赔偿支付规则、保险金额的设定等。计算区域产量保险每一亩的保额，等于每亩土地的期望产量乘以价格再乘以赔偿比例。设定赔偿比例是为了降低基数风险，如若在保额设计当中没有设定赔偿比例，那么一旦出险，赔偿就会简单地等同于触发产量和期望产量之间的差额，即整个区域的每亩平均产量损失。

从前面的设计规则可知，触发产量是一定比例的区域期望产量，这个比例为保障水平。但区域产量保险的原理是触发产量应该等于区域的期望产量，保障水平为100%。

1. 条款通俗化

保单条款通俗化主要指以下几个方面。

语言方面，要保证保险条款语言通畅、文字浅显易懂，且内容完整。例如，在保险合同中可以示例以100斤作为单位，给出区域实际产量对应的最终理赔情况表，这可以在一定程度上以最通俗的方式提高农户对区域产量保险产品的认知。

结构方面，主要从投保人的角度来设计目录、索引、文字格式（字体、字号、字间距、行间距等）、保险条款顺序及重要提示内容。

内容方面，合理增加服务条款、行政运作原则等内容，利于投保人了解可以享受的增值服务及不同情况下的变更手续等。

2. 明示基数风险

区域产量保险的赔偿与个体农户的产量并不直接相关，而是与区域产量挂钩，因此存在基数风险。

3. 区域产量保险与传统的农业保险可以互补

对区域产量保险而言，基数风险是客观存在的，该类保险承保的是系统性风险，而传统的农业保险更适合承保局部性灾害。由此，就可以将传统农业保险和区域产量保险搭配在一起进行承保，既能有效防御系统性风险发生给农户带来的灾害损失，又能防御局部性风险发生给个别农户带来的损失，从而降低了基数风险带来的影响。

第二节　国外区域产量保险发展实践

20世纪50年代，区域产量保险就已经被提出。在经过60多年的研究探索之后，区域产量保险的相关理论体系已基本成型。综合现有相关文献可知，对于区域产量保险的研究主要集中在与传统农作物保险的比较、费率厘定方法、最佳保障水平等领域。

一、区域产量保险理念探索

巴纳比和斯基斯在1990年介绍了区域产量保险的运作方式。1991年，米兰达为了检验区域产量保险和传统农业保险对个体净产量（个体产量+保险理赔–保费）的影响，提出了区域产量保险降低农户产量风险的条件，丰富了区域产量保险理论研究，另外，他还得出区域产量保险相对于个体产量保险可以给大多数的种植者提供更加全面的产量风险保障。

之后，史密斯、乔伊纳德和巴奎特以及斯基斯、布莱克和巴涅特也进行了相关研究。另外，斯基斯等还提出了具有可操作性的区域产量保险方案设计和费率厘定程序。

二、区域产量保险实践

1952 年，瑞典便对区域产量保险进行了初步试点。1970 年，加拿大魁北克的官员研究了瑞典的区域产量保险方案后于 1977 年将其引入魁北克。1989 年，美国联邦农作物保险委员会提出区域产量保险（area-based crop yield insurance）这一概念，1993 年，美国农业保险部开展了农作物区域产量保险，在部分县启动了区域大豆产量保险试点计划，该计划是以县产量下降作为赔付条件的，县产量由农业部国家农业统计服务中心（National Agricultural Statistics Service，NASS）测算。

2008年，全球农业保险调查报告显示，2007年全球大约有9个（占被调查国家总数的 15%）国家有区域产量保险，其中包括美国、加拿大等。

美国是全球范围内区域产量保险业务规模最大的国家，印度是唯一的农业保险以区域产量保险为主导的国家，二者在区域产量保险方面的实践经验非常值得我国借鉴。

（一）美国农作物团体风险计划

针对传统农作物保险面临的挑战，美国联邦政府于 1993 年开始推行农作物区域产量保险——团体风险计划（Group Risk Plan，GRP），1994 年，美国总统提出，在切实可行范围程度上推广 GRP，强力支持 GRP 替代多重灾害作物险（Multiple Peril Crop Insurance，MPCI）。在此条件下，GRP 扩大至 1 875 个县农作物计划，包括小麦、玉米、大豆、高粱、棉花、大麦、牧草和花生，涵盖 27 个州。

GRP 以县为承保区域单位，以农业部国家农业统计服务中心的统计数据为费率厘定和保险赔付的计算依据。投保人可灵活选择保障水平，包括 70%、75%、80%、85% 和90%。《联邦农作物保险改革和农业部门重组法案1994（P.L.103-354）》规定最高可达 95%。此外，考虑个体的实际产量可能存在较大差异，为满足不同保障需求，GRP 还提供了一个可选参数区间，投保人可在区域预测产量基础上选择相应的区间（最低 90%，最高 150%）来确定自身保障额度。

GRP 的理赔规则如下：

$$y_c = y_f \times \text{Cov}$$

当 $y < y_c$ 时，投保人得到赔偿。其中，y_c 为基准产量，y_f 为区域预测产量，y 为区域实际产量，Cov 为保障水平。

保险理赔计算如下：

$$\text{indem} = \max\left\{\left(\frac{y_c - y}{y_c}\right) y_f \text{scale}, 0\right\}$$

与米兰达、史密斯等的理赔规则计算方法不同，GRP 的百分比计算方法消除了免赔额，使最低保障水平的保险计划显得更具吸引力。1993~2012 年美国农作物区域产量保险计划主要指标如表 11-1 所示。

表 11-1　1993~2012 年美国农作物区域产量保险计划主要指标统计

年份	承保面积/万英亩	保险金额/万美元	保费收入/万美元	政府补贴/万美元	保险赔款/万美元	简单赔付率
1993	12.6	2 564.7	81.8	24.1	104.7	1.28
1994	177.3	32 173.5	831.8	245.5	51.8	0.06
1995	147.0	40 130.8	869.9	335.4	215.0	0.25
1996	190.2	51 970.4	1 191.7	529.0	706.7	0.59
1997	140.4	40 896.5	979.0	393.3	268.2	0.27
1998	183.3	54 853.9	1 368.5	495.4	217.5	0.16
1999	448.1	62 511.0	1 883.2	562.0	2 272.8	1.21
2000	568.4	82 663.2	2 305.0	688.9	2 549.7	1.11
2001	881.4	109 890.6	3 900.6	2 216.8	4 528.4	1.16
2002	1 193.1	130 524.5	4 625.2	2 610.7	6 807.9	1.47
2003	1 361.4	163 087.3	5 753.1	3 233.5	6 788.8	1.18
2004	1 635.4	256 153.5	11 848.2	6 607.6	17 629.3	1.49
2005	4 296.6	376 940.4	22 840.5	12 667.8	14 554.0	0.64
2006	4 555.5	678 257.5	47 361.5	26 209.9	7 993.5	0.17
2007	4 331.2	882 153.7	65 337.0	36 153.4	25 350.2	0.39
2008	3 492.7	840 869.9	69 333.8	34 436.6	81 758.8	1.18
2009	819.2	541 206.1	50 061.8	22 583.7	7 307.4	0.15
2010	611.8	420 418.9	29 469.9	13 256.4	4 212.0	0.14
2011	530.9	531 783.7	45 599.3	20 433.2	15 289.4	0.34
2012	393.4	369 433.6	25 615.8	11 567.9	1 851.8	0.07

资料来源：根据美国农业部风险管理局网站资料整理

从表 11-1 的赔付数据可知，美国区域产量保险的赔付率有一定的周期性特征，1993~2012 年总体简单赔付率①为 66.55%。这个数据体现了保险公司财务绩效较好，而区域产量保险业务的萎缩也反映了其缺乏市场吸引力。

（二）印度国家农业保险计划

印度政府一直都非常重视农业保险，国家农作物保险计划（National Agriculture Insurance Scheme，NAIS）被作为农业生产自然灾害最重要的转移机制，其方案类型就是区域产量保险。

NAIS 的主要运作机理如下：当保险区域内投保的农作物每亩产量比触发保险赔偿的产量低时，该区域的所有参保农户均可得到相等的保险补偿。印度随机选择测试点进行产量测定，印度的测试点大约有 50 多万个，进而得出农作物的实际生产量。NAIS 的保险区域单元主要是选取一个乡或一个村，如果选择一个乡，测试点至少需要设置 16 个；若选择一个村，则测试点至少需要设置 8 个。保险赔付比例公式如下：

$$\text{保险赔付比例}=\text{Max}\left(0,\text{TY}-\text{AY}\right)/\text{TY}$$

其中，TY 为触发产量，AY 为实际产量。

$$\text{TY}=\text{赔付水平}\times\text{预测产量}$$

① 简单赔付率是指一个时期内的赔款数占保费收入的百分比。

$$\text{预测产量}=\begin{cases}\text{3年实际产量移动平均值(水稻和小麦)}\\ \text{5年实际产量移动平均值(其他农作物)}\end{cases}$$

$$\text{赔付水平}=\begin{cases}60\%,\ CV>30\%\\ 80\%,\ 15\%<CV\leqslant 30\%\\ 90\%,\ CV\leqslant 15\%\end{cases}$$

其中，CV 为农作物近 10 年实际产量的协方差。

NAIS 针对不同的农作物采用不同的费率。粮食作物、秋收作物、所有油料作物和珍珠粟为 3.5%，其他粮食作物 2.5%；早春作物、小麦费率为 1.5%；其他作物为 2%。经济作物和园艺作物则采用正态分布理论确定，均值和方差利用保险区域单元 10 年数据。对于所有作物，小农和边际农可获得 10%的保费补贴。2008 年，NAIS 总保费达 1.78 亿美元，其中粮食作物占比 75%，小农和边际农占比约一半。从一开始，保险赔付率［总赔偿金/农户总保费（含政府补贴）］一直高于 100%，2000~2008 年赔付率为 3.5，其中非涉贷农户赔付率为 6.4，涉贷农户赔付率为 3，这是因为自愿参保的非涉贷农户更倾向选择高风险作物投保。保险赔付率高的主要原因是 NAIS 没有将不同的风险进行区分，且没有精算费率，最终引发一系列的逆向选择和道德风险问题；财政方面对超额损失进行了兜底赔偿，由此引发出险赔付管理不严格的问题。此外，因自然灾害发生后的超额赔偿资金筹集所需的行政和预算流程很长，以及各邦开展的农作物估产存在迟报、数据不一致等问题，导致理赔周期往往长达 9~12 个月（陈晓峰，2014）。

针对 NAIS 的缺陷，2010 年 9 月印度政府又推出了改进方案 mNAIS，由公共农作物保险转变为政府为投保人提供适当的保费补贴，实施精确合理的费率计算和产品设计的市场化农作物保险计划。因从 NAIS 过渡到 mNAIS 存在一定的技术和经营挑战，所以先进行了 3 个季度的试点，约 34 万户农民参保，总保费近 1 000 万美元，长期可能扩展至印度的 1.1 亿户农户。mNAIS 有许多创新之处，特别是过渡到精算方式，农户保费和政府补贴在作物耕种季节开始时支付给保险公司，后者负责到期理赔。

（三）美国和印度实践小结

美国和印度在区域产量保险的实践，很难就成功与否做定论。我们不能简单地将区域产量保险视为传统农业保险的替代品，或者作为农业保险的未来发展方向，而更应将之视为限制条件下一种可行性选择的农业保险。任一国家或地区都应该根据自身实际情况选择适合的农业保险方案。该原则同样适用于区域产量保险计划。例如，在理赔方面，美国 GRP 以农业统计数据为依据，而印度的则以测产结果为依据，这与两国统计基础完备程度有很大关系；又如，在定价方面，美国 GRP 一开始就采取精算费率方式，而印度在很长一段时间内都是采取简单的数学回归方式。这可能与两国农民的文化程度有很大关系，定价方法越复杂则越难理解，往往也就越难被接受。两国的实践经验也反映，正式实施前对方案的严谨设计和充分论证可以让我们少走弯路。

第三节　中国区域产量保险的发展

区域产量保险作为一种创新型保险产品，是以风险区域划分为保险基础的，其针对不同风险区域进行了差异化、精细化的费率厘定，从而有效避免了逆向选择行为的发生。而且该险种是基于区域的产量来进行赔偿的保险。当一个区域的实际产量低于预先设定的触发产量时，该区域所有投保的农户都能获得按触发产量和实际产量差额的一定比例计算得到的赔偿。这种赔付方式可以有效解决传统农业保险的信息不对称问题。同时，相对于传统的农业保险，区域产量保险还具有保险费率低、产品标准化、管理成本低、再保险接受程度高、减少政府财政负担等优势，一直以来受到印度、美国等国家和地区的大力推广。近年来，中央一号文件中多次提出要建立和增加农业保险险种、创新农业保险开展形式、探索农作物区域产量保险试点等内容，可见区域产量保险产品的创新性研发已经成为农业保险领域的重大课题。

一、区域产量保险与农业保险的关系

风险高、成本高、道德风险易发生是农业保险面临的重大问题，因而股份制保险机构在开办农业保险时很谨慎，在保险产品方面缺少部分特色农产品保险，而且可承保的范围也比较窄。首先是可承保的风险少，其次是所开展业务范围窄，进而造成很多地方出现“投保难、投保贵”等问题。

农作物区域产量保险对于保险公司来说确实是一个比较难承保的保险险种，因为农作物的产量是一个比较难估测的数字，加上农作物区域产量保险的范围非常广，只靠保险公司自己的力量是很难承受的。可以做适当的调整，具体内容如下：农业保险的保费一部分由政府承担，剩下一部分由投保农户承担，且主要是通过收取各类生产性费用的方式来承担。另外，将从农户手里收取的资金用于建立某一类保险的灾害损失基金，该基金也将得到政府的补助，构成农业保险的流动资金和准备金。具体估算，其中 1/3 来自生产性收费，2/3 来自政府财政拨款。

二、区域产量保险在中国的试点

在我国上海等部分省份，农作物区域产量保险已经是一个比较普遍的保险险种，效果不错。

试点一：2017 年江西省水稻保险保额提高到 400 元/亩。

2016 年，为进一步完善水稻种植保险财政补贴政策，建立健全农业支持保护体系，增强保险保障水平，减轻投保农户负担，提高种粮积极性，江西省财政厅会同该省农业厅、中国保险监督管理委员会江西监管局对江西省水稻保险有关事项进行调整，决定从 2017 年起，水稻每亩保险金额由 200 元或 300 元统一调整为 400 元；保险费率由 6%调整

为 5%，县（市、区）财政承担比例由 5%增至 10%，农户自缴比例由 30%降为 25%。

试点二：浙江省试点蜜梨产量保险。

浙江省政策性农业保险又增添新的品种。2017 年初，为进一步健全政策性农业保险体系，扩大保险品种范围，浙江省在嘉兴秀洲区开展试点，试办政策性蜜梨产量保险。试点期间省财政给予保费的 20%“以奖代补”支持。试点行政区域内，具有一定蜜梨种植经验和管理能力的种植户是该保险产品的保险对象。在保险期间，因风灾直接造成保险蜜梨果实坠落损失率达到 15%（含）以上的，保险人将按照保险合同的约定负责赔偿 15%（不含）以上部分的损失。

三、区域产量保险的运行机制分析

区域产量保险作为我国重要的农作物农业保险创新工具，能很好地弥补传统农业保险存在的管理和技术难题。本章通过系统梳理区域产量保险的研究文献成果发现，区域产量保险在与传统农业保险的比较研究与合同设计方面基本达成共识，但在理论层面的研究比较匮乏，多依托国际发展经验，缺乏自主创新，特别是区域产量保险的运行机制分析方面研究不多，包括风险指标考虑、区域范围选择、费率水平与风险等级、区域产量保险产品的设计和运行等方面。只有探究清楚区域产量保险的运行机制才能提高产量保险的实际应用价值，才能测算区域产量保险是如何降低生产者收益风险的，并进一步提高区域产量保险的有效性。

（一）综合风险区划

针对综合风险区划进行的研究，现阶段主要形成了三大风险区划指标体系：一是包括气候、地理、设施、产量等与农业生产相关的综合指标体系；二是仅从产量变化出发的包含产量、农作物面积在内的产量指标体系；三是只包括单产变异系数、农作物成灾概率、专业化指数和效率指数的主导指标体系。

（二）区域产量保险的费率厘定

区域产量保险的费率厘定是建立在风险区划的基础上的，针对不同风险等级区域进行差异化的费率厘定。现阶段，国内纯保费率的厘定方法主要分为经验费率法和单产分布模型法两大类。经验费率法是将历史损失率的平均值作为预测损失率，费率精确性高，适用于历史数据长期连续、完整精确的情况。单产分布模型法则通过确定作物单产波动的概率密度函数进行费率厘定，数学推理性强，适用于历史数据质量较低的情况。

综上所述，当前我国区域产量保险的研究广度及深度不断扩大加深，但就我国农业区域产量保险的长远发展来看，如何使理论观点与产品设计服务于实践才是区域产量保险研究的最终目标。在政府层面，要积极进行农业保险制度创新，保证区域险以低保障和低保费的方式开展，有效处理农业保险的风险分区与行政区域不重合的问题。区域产量保险的发展离不开政府强制力实施，具体措施有科学制定风险分区、确保理赔依据的客观性等。学界也有学者针对农作物区域产量保险财政补贴的补贴额、补贴方式、补贴资金来源、补贴资金分摊等问题进行了具体分析。学界主张从销售渠道、理赔服务水平、巨灾防范等方面探索完善区域产量保险的运行机制。

四、区域产量保险的国内适用性分析

风险单位发生损失的互不相关性是大多数保险产品具有可保性的前提条件。对区域产量保险而言，风险在空间上的相关性是其运作的前提条件。正因如此，区域产量保险和传统农业保险相比，具有有效避免道德风险和逆向选择，以及降低交易成本的相对优势。当然，区域产量保险也有其局限性，尤其是天然存在的基数风险。一般情况下，小区域会因为小的气候变化产生损失，增加了区域产量保险运营的难度。若保险区域存在高度异质性，那么基数风险将很高，区域产量保险的问题也比较大。另外，对于区域产量保险实施的可行性，在很大程度上还取决于指数本身的客观性、真实性，且区域产量数据要能够及时得到，并真实、可靠。

发达国家的经济水平较高，农业人口占总人口的比重低，因而能够承受高昂的成本，继续维持该区域产量保险制度。对于中国这样的发展中国家而言，经济发展水平很有限，同时农业人口占总人口的比重较高，因而区域产量保险制度的成本及其可持续性发展能力需进行认真考量。因而，对于像中国这样的发展中国家，不能简单复制该保险制度，而需学习其保险制度的设计，以构建高效的农业保险保障体系，创新农业保险制度。

在中国农业保险领域的研究与实践中，对于政府大规模补贴的财务可持续性考察较为缺乏。另外，对于政府补贴给市场机制造成的扭曲程度的研究也不足。因此，在探讨政府介入农业保险的必要性时要从农业保险的可持续发展出发，对其成本进行测算，避免陷入传统农业保险的困境。区域产量保险对于中国的意义非常重大，尤其是农业保险技术与制度的创新。

第一，中国的农业保险大部分不承保旱灾之类的系统性非常强的自然灾害，而旱灾恰恰是与国内很多地区受灾面积和粮食产量相关性最强的自然灾害。因此，发展区域产量指数保险对于国内很多地区都具有非常现实的意义。

第二，区域产量保险是一种指数保险产品，可以很好地降低交易成本。然而，现实中还存在如下问题：如何兼顾中国农业生产者占总人口比重较大，且主要是小农户，人均种植面积非常小这一现实情况；如何避免传统农业保险的交易成本太高，信息不对称所引发的逆向选择、道德风险问题；如何化解区域产量保险的基数风险；如何让保险公司、农户接受区域产量保险的技术创新与制度安排；试点地区是否具有较为完备的区域产量数据资料等。

本章小结

本章介绍了区域产量保险的理论及其在国内外的实践。在理论上，目前很多学者都

将区域产量保险视为农业生产风险管理的重要创新性工具；在实践中，国际上也有很多国家和地区在积极地探索区域产量保险。

关键词

区域产量保险　风险保障　产量保险合同

思考题

1. 什么是区域产量保险？
2. 区域产量保险有哪些优势？
3. 简述产量保险的概念和意义。
4. 设计区域产量保险方案时需要考虑哪些问题？
5. 国外区域产量保险有哪些具体实现方案？
6. 发展区域产量保险对农业发展有什么意义？

专业术语

区域产量保险：农作物产量保险是以农作物的产量损失作为保险标的（即保险对象），以农作物实际产量低于合同预定产量为保险事故，即构成保险金的给付条件的一种财产保险。该险种将区域产量下降作为理赔触发条件。属于一切险式保障，对除弃种、管理不善等人为因素外的任何原因造成减产的损失都给予赔偿。区域产量保险是属于保产量的一种农业保险。

风险：本章的风险主要是指农户生产种植的目标成果和实际劳动成果的不确定性。主要表达了两层含义：一是强调风险表现为未来收益的不确定性；二是表明风险带来的成本不确定性。如果风险表现为收益或成本的不确定性，说明风险产生的结果可能带来损失、获利或无损失也无获利，属于广义风险，金融风险属于此类。

基差风险：是指农户遭受的损失与根据区域产量保险保单计算出的赔款不能形成完全对应关系的风险。本章所描述的影响区域产量保险基差风险的主要因素有地形地貌、海拔高度、土壤质量、气候环境等自然禀赋的同质化程度。另外，还包括田间管理的差异化程度等。

保险合同：是投保人与保险人约定保险权利义务关系的协议。

参考文献

陈晓峰. 2014. 农作物区域产量保险：国际实践及适用性分析[J]. 金融发展研究，（2）：10-16.

黄正军. 2016. 我国农业保险产品的创新与发展[J]. 金融与经济，（2）：76-81.

姜春海. 1999. 美国 GRP 农作物保险计划简介及启示[J]. 南方农村，（4）：37-38.

李艳，陈盛伟. 2018. 农作物区域产量保险研究进展[J]. 山东农业科学，50（7）：161-166.

梁来存，陆峰. 2020. 粮食作物区域产量保险、天气指数保险定价的比较[J]. 区域金融研究，（1）：

78-82.

聂荣，沈大娟. 2017. 影响农户参保农业保险决策的因素分析[J]. 西北农林科技大学学报（社会科学版），17（1）：106-115.

彭建林，徐学荣. 2014. 我国农业指数保险的探索研究——兼论对美国的经验借鉴[J]. 价格理论与实践，（7）：92-94.

彭澧丽，龙方. 2014. 我国政策性农业保险水平对粮农收入的影响分析——以湖南省为例[J]. 农村经济，（1）：69-72.

庹国柱，朱俊生. 2016. 论收入保险对完善农产品价格形成机制改革的重要性[J]. 保险研究，（6）：3-11.

王保玲，孙健，江崇光. 2017. 我国引入农业收入保险的经济效应研究[J]. 保险研究，（3）：71-89.

吴银毫. 2017. 我国经济作物收入保险定价研究——以阿克苏棉花为例[J]. 金融理论与实践，（1）：102-106.

肖宇谷，王克. 2013. 中国开展农作物收入保险的意义和可行性初探[J]. 农业展望，（10）：29-32.

徐婷婷，孙蓉，崔微微. 2017. 经济作物收入保险及其定价研究——以陕西苹果为例[J]. 保险研究，（11）：33-43.

游悠洋. 2015. 关于推广扩大我国农作物收入保险的可行性研究[J]. 云南农业大学学报（社会科学版），9（2）：20-24.

张崇尚，吕开宇，李春肖. 2015. 农户参保行为的影响因素研究[J]. 江苏社会科学，（4）：65-71.

朱俊生，赵乐，初萌. 2013. 北京市农业区域产量保险研究[J]. 保险研究，（2）：76-86.

Miranda M J，Glauber J W. 1997. Optimum area yield crop insurance[J]. American Journal of Agricultural Economics，81（1）：75-82.

Skees J R，Black R，Barnett B J. 1997. Designing and rating and area yield crop insurance contract[J]. American Journal of Agricultural Economics，79（2）：430-438.

Smith V H，Chouinard H H，Baquet A E. Almost ideal area yield crop insurance contracts[J]. Agricultural and Resource Economics Review，23（1）：75-83.

本章拓展阅读

第十二章

指数保险

第一节 指数保险概述

指数保险是农业保险的一种创新发展，它将损害程度指数化并以该指数为基础设计保险合同，如果实际计算的指数达到合同规定水平，投保人就能够获得相应赔偿。

一、指数保险发展史

（一）指数保险的概念

1. 指数保险

指数保险的赔偿并非基于被保险人的实际损失，而是基于预先设定的外在参数是否可以达到合同规定水平来确定赔付水平。指数保险中的指数一般是表征某灾害强度的指标。例如，地震的震级、干旱等级、产品价格等。指数保险赔付机制包含不赔、全赔和分层赔付。常见的指数保险包含：干旱、强风、降雨、洪水、高温、低温、价格指数保险等。指数保险是依据区域产量或一些天气指标（如气温、降雨量等可观测的气候变化）进行赔偿的农业保险产品。

2. 指数保险起源

指数保险是近二三十年出现的新险种，是在传统农业保险基础上创新发展起来的，最早可追溯至20世纪50年代瑞士首次推出的气象指数保险产品。国际农业保险界针对传统农业保险的缺陷，在20世纪80年代开发了一种金融创新产品——指数保险，后来在世界银行的推动下，指数保险在很多发展中国家开始试点，作为平滑发展中国家农业风险的手段得到了长足的发展（Skees et al.，1999）。

3. 指数的设计

指数的设计需要有多重考量。首先，应选取由中立的第三方如政府机构公布的数据，以此规避道德风险；其次，最好选用向大众公开的数据，减少合同双方对赔案金额的争议；最后，为了保证精算计价的准确性，指数至少需要有 20 年的历史数据累积（对于不同的灾害，观测期长度的要求差异很大），并且数据的测量口径不应发生变化。

4. 指数保险的特征

指数保险最大的特征是将保险标的物（农作物）损害程度指数化，在这个基础上设计相关保险合同确定相应标准水平，若灾后实际计算出来的指数达到合同标准，那么投保人就能得到相应赔偿（吕开宇等，2014）。

指数保险的赔偿与传统农业保险产品不同，它并不是基于单个农户的实际损失进行赔偿，而是基于预先设定的参数是否达到合同规定水平（谢玉梅，2012）。指数保险能在某种程度上缓解或避免传统农业保险存在的一系列问题，在实施的过程中其标准化程度较高，因此一些学者认为指数保险是一种创新、有效的风险管理工具（张宪强和潘勇辉，2010；吕开宇等，2014；牛浩和陈盛伟，2015）。

（二）基差风险

基差风险是被保险人实际经济损失与指数保险赔付金额之间的差别，通过合理的触发机制和赔付结构的设计，能够尽可能减小基差风险。

主流观点认为基差风险并非指数保险的“原罪”，也并非只有指数保险才存在基差风险：对于传统的保险产品，被保险人的经济损失与保险产品的赔付金额也并不能做到100%的匹配。其中既受到保单条件（限额、免赔）影响，又受到实际操作因素的影响（不足额投保，定损人员因数据资料不足做出假设）。对于大宗的赔案，赔款金额最终是被保险人和保险公司通过协商而达成一致的。

二、指数保险的分类

指数保险的赔偿与传统农业保险产品不同，它并非基于实际损失，而是基于预先设定的参数是否能够达到合同规定水平来确定赔付。依据指数类型，区域平均产量、降雨量、气温、卫星图像和价格一般都可作为触发参数。相应地，其产品主要有天气指数保险、卫星指数保险和价格指数保险等多种类型。国际农业保险界 20 世纪 80 年代以来开发了农产品价格指数保险、天气指数保险和收入指数保险，本章将重点介绍农产品价格指数保险和天气指数保险。

（一）农产品价格指数保险

农产品价格指数保险是对农业生产经营者由于市场价格大幅波动、农产品的价格低于目标价格造成的损失给予经济赔偿的一种创新产品模式。该模式的创新点主要体现在如下两个方面。

一是将农产品生产的市场风险纳入农业保险保障范畴，保险服务领域得到拓宽。促进了农业生产和农产品市场价格基本稳定，农民利益得到保障，对当前农业生产自然风险保障进行了有益补充。

二是通过探索推广农产品价格指数保险，能逐步向收入保险进行过渡。有利于实现农业保险由保成本向保收入转变的目的。

2011 年安信保险和上海市农村工作委员会在全国率先推出蔬菜价格指数保险，2012 年安华农业保险公司和北京市农村工作委员会开展了生猪价格指数的保险试点。到 2016 年末，农产品价格指数保险试点地区已扩展到了全国的 31 个省份，试点品种包括蔬菜、粮食作物、生猪和地方特色农产品共 4 大类 50 种，保费收入超过 10 亿元，提供风险保障 154.81 亿元①。

（二）天气指数保险

天气指数保险的理赔依据是一个特定气象站测量的事先规定时段内的特定天气指数，该天气指数的变化有可能对农作物造成损失。若指数值高于或者低于设定的阈值，就会进行赔付。赔付金额由事先确定的每一指数单位的保险金额来确定（如美元/毫米降水量）。

1. 优势

与传统的农业保险产品相比，天气指数保险具有以下优势。

1）可以有效避免道德风险问题

天气指数保险可以有效地克服逆向选择和道德风险问题。尽管投保人比保险人更加清楚自己的农作物状况，但是天气指数保险并非以个别的生产者所实现的产量作为保险赔付的标准，而是根据约定天气指数和现实天气指数之间的偏差进行赔付。所以在同一农业保险风险区划内，所有投保人都根据同样的费率购买保险，当灾害发生时得到相同的保险赔付，额外的损失责任由被保险人自己来承担。这种严格规范的赔付标准极大解决了信息不对称问题，进而能够有效地解决逆向选择和道德风险问题。

2）能够降低交易成本

天气指数保险管理成本要远低于传统农业保险，主要有以下三点原因：第一，天气指数保险无须对单个农产品进行监督。第二，天气指数保险合同是标准化合约，不需要根据参保人的变化来调整合同内容。第三，如果发生保险责任损失，保险公司并不需要复杂的程序和理赔技术，而只需从气象部门获取统计的气象数据，投保人就能够直接根据公布的指数领取赔偿金。这样既可以降低对损失的政治干预和操纵，也便于执行和操作，管理和交易成本也比较低。因此，私营保险公司可以提供这种保险，需要的政府补贴更少甚至不需政府补贴。

3）保单结构统一

指数保险的保单结构统一，能够以各种形式销售。天气指数保险合同条款更易理

① http://www.moa.gov.cn/ztzl/jrfwnyxdhgflt/sdms_a1012/201710/t20171012_5838724.htm.

解，各种利益相关者均可进行购买，也方便人们获取保单，而且定价过程更加遵循市场供求规律。由于指数保险合同是透明与标准化的，指数保险能够在二级市场进行交易，从而可以向该地区与国家之外转移系统性风险，并与资本市场连通，使得指数保险具有流动性。较强的流动性有利于在条件成熟时将其引入资本市场，通过强大的资本市场将农业风险进行全球分散。

4）赔付标准更加简单易懂

指数合约保险所依据的赔付标准更加简单易懂，农民接受程度高，同时也减少了政府和相关部门对农民的宣传成本。指数保险作为农业保险的产品创新，是对传统农业保险运行机制存在弊端的矫正，属于技术创新的范畴。这种产品与技术创新的背后是制度与机制的创新，其通过基于市场的方法来提高效率，减少对资源配置市场的扭曲，满足农民日益增长的扩大承保风险的需求，最小化或消除传统产量保险面临的逆向选择、道德风险问题，提高再保险市场应对巨灾系统性风险的能力。

2. 局限

天气指数保险与传统农业保险相比，虽然有着上述优势，但也存在着不足。

1）存在基差风险

基差风险是指保险公司的赔付可能和农户的实际损失不相一致。赔付的根据是现实天气指数与约定天气指数之间的偏差，因此，在同一农业保险风险区划内，所有的投保人以同样的费率购买保险，当灾害发生时投保人获得相同的赔付。

基差风险是指被保险人出现损失但得到的赔款不足以弥补损失；或者根本得不到赔款；或者被保险人获得了赔款却没有发生损失；或者所得的赔款超过了损失本身。指数保险作为风险管理工具的有效性取决于被保险人的损失在多大程度上与指数呈正相关关系。基差风险主要源于如下两点。

第一，作物减产的原因除了天气风险之外，还可能有病虫害或其他灾害。所以实施天气指数保险必须是在天气灾害是影响作物产量的主要因素的区域，否则这种基差风险会很高。因此，并非所有地区都适合开展天气指数保险。

第二，基差风险来自天气变量的空间差异性。在同一农业保险风险区划内，所有的投保人以同样的费率购买保险，当灾害发生时投保人获得相同的赔付。但由于部分地区小气候的存在，村与村之间、村民与村民之间的实际受灾程度并非完全一致。这会导致天气指数保险的公平性受到质疑。

2）天气指数的制定难度大

首都经贸大学庹国柱教授认为，天气指数保险的最大问题是天气指数很难制定。现在其他国家包括印度，做的都是单项灾害保险，如雨涝或者干旱，而实际上对于大部分地区来说，灾害不只是一种，要综合考察多种天气所造成的农作物减产，要准确确立指数，目前的技术还达不到，这就大大限制了气象指数保险的应用。天气指数是这种保险进行赔付所依据的标准，其准确与否与保险公司的费率确定及盈余亏损息息相关。我国幅员辽阔，自然环境和气候条件复杂多变，再考虑到部分地区的小气候的存在和我国气象技术的有限性，要想确定与农作物产量准确相关的天气指数难度很大。

3）存在局限性

并非所有的地区都适合开展天气指数保险，或者说它存在局限性。某些高风险的地域，那里的风险不具有可保性，或者说用保险的方式不经济，因此在这些地区用救灾的方式可能更有效。天气指数保险也不适用于某种耕作方式或某种作物，如某些受天气风险影响很小且灌溉系统十分发达的地域，因为那里作物的产量变化与天气指数变化的关联度很小。

三、指数保险的应用领域

近年来，有越来越多的政府意识到自然灾害、人为灾害对被保险人的资产负债表带来的压力。为降低灾害对政府财政的冲击，许多国家和地区都选择了指数保险作为其风险转移、灾后融资的重要手段。指数保险没有理赔定损的过程，与传统的保险产品相比操作简单，赔付金额能够迅速到位，因此在很多领域都有应用。一般来说，指数保险适用的场景包括以下几个方面。

一是对赔款时效有很高的要求。

二是所需保障无法通过购买传统保险的方式获得。例如，“台控区”企业的台风保险，一部分农业保险，一部分中小企业的营业中断险等。

三是被保险人灾后的费用增加很难通过传统形式定损。例如，灾难发生后对个人家庭的日常生活工作学习带来冲击；企业安置员工、转移生产线的额外费用，原材料价格因交通受阻而上涨；政府需要支出额外的施救费用，抢修基础设施、安置灾民等。

四是灾害会对被保险人的资产负债表产生冲击（非物质损失）。例如，地震会使当地地产公司的楼盘贬值；飓风过后对当地经济产生冲击，银行坏账率增加；极端天气（大风，暴雨）使旅游景区收入减少等。

第二节　价格指数保险

一、价格指数保险的概念

价格指数保险是一种新型的农业保险，是对农业生产经营者由于市场价格大幅波动、农产品价格低于目标价格或者价格指数造成损失而给予经济赔偿的一种制度安排。农产品价格指数保险承保的是市场风险，根据价格指数进行赔付。

指数保险以某种客观、公开、透明的指数为保险赔付依据，因此可以降低农业保险实际工作中的交易成本，最大限度地避免道德风险和逆向选择问题。但同时指数选择也会直接影响指数保险产品的基差风险和实施效果，所以理解农产品价格指数保险实际做法的关键在于了解它的价格指数是如何设计与选择的。

（一）农产品价格指数保险相较于期权的优势

农产品价格指数保险的运行机制与看跌期权非常相似，国内外也有很多学者将价格指数保险视为一种类似于看跌期权的市场价格风险管理工具，保费类似于期权的期权费。但与期权相比，农产品价格指数保险有以下三个优势。

（1）期货期权专业性较强，普通的农业生产者不具备相关的专业知识，因此害怕从事期货期权交易，即使美国农民也是这样。但是农户和农业保险公司的关系通常比较紧密，并且会建立除了价格保险之外的其他合作关系，所以更易达成合作。

（2）期货期权的每手交易量很大，普通的农业生产者不能达到期货期权交易所需要的量，对于发展中国家来说，农民直接利用期货期权市场更是不现实，却相对容易购买农产品价格保险。

（3）虽然价格或收益保险的原理与看跌期权非常相似，但是成本没有期权高，收益保险的成本相反会更低一点。有学者进行了模拟分析，认为价格保险与期权的效果一样好，甚至会比期权更加有效。

（二）农产品价格指数保险的优势

从国内外农业保险发展情况来看，农业保险正向指数保险方向发展，为农业发展提供了一种更为有效的风险管理工具。目前主要的指数保险产品包括价格指数保险、产量指数保险和天气指数保险。农产品价格指数保险是以农产品价格为标的、以价格指数为赔付依据的一种农业保险产品，是对农业生产经营者因市场价格大幅波动，农产品价格低于价格指数或既定价格造成的损失给予经济赔偿的一种制度。产量指数保险和天气指数保险需要在特定区域内对天气数据、历史产量进行客观、安全的测量，具有技术、区域和信息资源的局限性，但是农产品价格指数保险在应对市场风险时具有以下优势。

（1）无须了解被保险人的实际损失情况，从而降低了保险公司的业务成本。

（2）可以打破农业生产的原始记录，即灾害发展的种类、时间及灾害情况等数据资料对厘定费率的限制，即与具体农业生产行为没有关系，是为防范农产品市场风险而提供的一种风险保障。

（3）保险赔付使用的是与农业损失紧密相关的、易于观测且难以人为干预的随机变量（价格指数），不仅保证了保险赔付的客观、公正和透明，还有利于防范逆向选择和道德风险。

（4）指数保险的购买者并不局限于农业生产者，从事市场经营的商户主体也可以购买，有利于扩大农业保险保障范围，使农业保险的经营更符合大数定律。

二、农产品价格指数保险的可行性分析

可保风险是保险业务发展的根基，也是保险公司确立其经营范围的重要约束条件。农产品价格指数保险是对市场价格风险进行管理的一种工具，那么价格风险是否属于可保风险？根据保险学理论，适合承保的风险应当具备以下条件：经济上具有可行性（指损失发生的频率较低，但是一旦发生损失程度很高）；有独立、同分布的大量风险标

的；损失的概率分布可以确定，损失可以确定和计量；损失的发生具有偶然性。但是，随着市场经济改革的不断深入，我国农产品市场一体化程度提高，同种农产品在不同地区间的价格走势基本一致，因此，我国农产品市场价格具有明显的系统性特征，很显然并不满足风险独立性要求。

但我们并不能仅根据上述理论分析就认定农产品价格指数保险没有可行性，因为在现实生活中，保险承保的风险并不完全严格满足可保风险的条件，且可保风险的内涵随着技术进步和经济发展而改变，原来不可保的风险随着某些技术的应用或政策的干预可能变为可保风险。笔者看来，一种保险产品是否可行的关键在于它的风险是否能够有效分散、赔付风险是否控制在可承受范围之内。所以，本章对农产品价格指数保险可行性的分析是通过对农产品价格指数保险可能的风险分散途径及其可行性分析得到的。保险公司经营农产品价格指数保险可能的风险分散方式如下。

（1）增大承保数量，在空间和时间上分散风险。这是保险公司最典型的风险分散途径，如果承保风险是独立、同分布的，那么这种风险分散方式是有效的。但价格指数保险承保的价格风险具有系统性，所以价格风险不可能在空间上得到分散。在时间上分散价格风险同样存在两个问题：一是如果在积累足够资本金前有较大程度的价格下跌，则保险公司无法赔付；二是如果空间上不能分散风险，则时间上分散风险要求保险公司将保户缴纳的全部或大多数保费用于防备损失赔付，但是从保险公司运营角度讲是不现实的。

（2）设置不同的保障水平，通过保户间赔付机会和金额的不同分散风险。由于设置了不同的保障水平，对任何一次风险事故来说，也许有些农户获得了赔付，有些没有，且赔付的金额也不相同，这种风险分散方式似乎可以使风险在保户间分散。但是，虽然选择低保障的农户获得赔付的可能性小、赔付金额少，但其缴纳的保费也低，所以从赔付率角度看该方法并未降低保险公司的赔付风险。

（3）承保不同的标的，在标的间分散风险。由于不同农产品的价格并不是完全相关的（如牛奶价格和作物价格可能是独立的），因此，如果保险公司同时承保不同的农产品，就可以实现风险的分散化。从理论上说，这种风险分散方式具有可行性。但由于价格风险的系统性，单一标的的赔付额度可能性很大，赔付额可能超过所有保费收入，所以利用该方式分散风险时需特别注意不同标的的搭配比例。

（4）设置低保额，控制赔付金额上限。有人认为，通过将农产品价格指数保险的保额设定在较低水平上能够有效控制风险。因为在较低保额的情况下，即便发生大范围同时赔付的巨灾事件，保险公司的总赔付额也不会太高。这种说法似是而非，因为该风险转移的方式并没有真正解决价格指数保险可能面临的巨灾赔付问题，而只是将赔付总额控制在低水平上，因此从赔付率的角度来看该方法不具有可行性。此外，过低的保障水平同样会降低农户的参保积极性及农户的保险需求。

（5）购买再保险，将承保风险进行分保。购买再保险是直保公司常用的风险分散的方法，但因为价格风险具有系统性，农产品价格指数保险可能出现大范围的同时赔付。所以如果农产品价格指数保险在大范围推行的话，可能再保险人不会对该种风险进行再保，即使会进行再保，再保险费用也会很高。

（6）在期货期权市场进行风险对冲。从理论上讲，保险人在期货市场上通过期权工具对承保风险进行分散具有一定的可行性，但在期货期权市场转移风险的同时也要求保险人将保费收入进行转移，若保险公司将风险全部转移到期货期权市场，那么公司经营该产品就失去了意义。若指数保险保费远高于公平保费，保险公司利用期货对冲可以赚得利润，但农民的保险需求及投保的积极性将会下降，政府提供补贴就涉及财政资金的使用效率问题。所以，如果以利润最大化的目标来衡量，保险公司在期货期权市场对承保农产品价格指数保险的风险进行分散同样是不可行的。

三、国内外价格指数保险的实践情况

（一）发达国家农产品价格指数保险实践

发达国家的实践证明，市场需求是现代农业中决定农民收入和农业效益的主导因素。所以欧美发达国家农业政策都将着力点放在农民利益保护上。目前，美国、加拿大都开办了相应的价格指数保险，为养殖、种植者的利益提供保障。

美国价格指数保险主要产品包括：一是毛利润保障保险。美国超过 20 个州提供畜牧毛利润保险，该保险可适用于奶牛、肉牛、生猪等品种，主要用于防止畜牧产品市场价格波动及饲养成本浮动给养殖业带来的损失，对抑制饲料价格上涨及畜牧产品市场价格波动起到了很大的作用。在保单结束前，当投保人投保的养殖毛利润高于实际的养殖毛利润时，投保人将获得相应的赔偿。二是养殖业价格保障保险。该类保险可适用于牛犊、肉牛、生猪等，只保障由于市场价格波动对养殖者造成的损失，不考虑饲料等其他养殖成本。此险种只保障投保人的现金流稳定而不参与期货和期权的买卖。

加拿大生猪价格指数保险主要有加拿大阿尔伯塔省生猪价格保险。该保险是为阿尔伯塔省生猪养殖户而设计的，是用来应对生猪价格波动的一种保险。当一定时期内该省生猪价格出现突降时为养殖户分散或转移市场风险。承保时，为保险标的建立一个底价，如果交易时市场价格（或综合市场指数）低于底价，那么养殖户可以获得差价部分的赔偿。交易时市场价格的计算公式如下：市场交易价格=美国主要市场价格×汇率×调整因子（出肉率等）。此产品实质上是一个带汇率转换的加拿大猪肉价格看跌期权，其保额和保费由美国、加拿大的期货和金融市场（汇率等）来决定。

（二）中国农产品价格指数保险实践

目前国内价格指数保险试点在种植业方面主要体现为蔬菜价格指数保险试点，在畜牧业方面主要体现为生猪价格指数保险试点。

1. 蔬菜价格指数保险试点

蔬菜价格指数保险保障的是生产者所面临的风险，而非经销商、消费者等其他群体；蔬菜价格指数保险是规避在市场交易中产生的价格风险，所以保障的是已经或者将要形成商品的蔬菜，而不是自产自销的蔬菜；对生产者由于农产品价格过低而产生的经济损失能够给予补偿。

我国农产品价格指数保险首先发起于蔬菜并不是偶然，这和蔬菜产业的重要地位及本身的产销特点有很大关系。与其他农产品相比，大多的蔬菜保质期比较短，不容易储存，需求弹性和供给弹性都很小，产量变动易导致价格的频繁波动。同时，蔬菜既是居民重要的生活必需品，也是主产区农民收入的主要来源，“菜贱伤农”“菜贵伤民”，蔬菜价格的剧烈波动会危害到供求双方的利益。我国陆续出台了一系列政策来平抑蔬菜价格波动，涉及生产、流通等方面，蔬菜价格保险与这些政策手段相互配合，利于稳定蔬菜价格，从而保证蔬菜供应。

2011 年 1 月 1 日，上海市推出的“冬淡”“夏淡”绿叶菜综合成本价格保险开了先河；2013 年，中国人民财产保险股份有限公司在北京市大兴区和江苏省张家港市，锦泰财险在四川省成都市也相继推出了各具特色的保险产品，对蔬菜价格指数保险进行试点。农产品价格指数保险试点受到各界广泛关注，多地也开始推进类似的试点。

北京市在大兴区试点秋播大白菜成本价格保险，基准价格综合参照生产者价格和市场批发价格，只要市场日平均价格低于基准价格，参保农户就可以得到赔付。江苏省在张家港市试点夏季保淡绿叶菜成本价格保险，保险期为 3 个月，保险基准价格为零售价格，当市场日平均零售价格低于同期平均保险日零售价格时，参保农户就可以得到赔付。四川省成都市的蔬菜价格指数保险分保收期和保淡期两类责任期，以蔬菜离地价格即生产者价格作为保险责任触发参数，为多宗蔬菜价格提供保险。

2. 生猪价格指数保险试点

生猪产业是我国农业的重要组成部分，猪肉是我国城乡居民主要的“菜篮子”产品。为避免生猪养殖过程中的各种自然风险，发挥政策性农业保险在引导扶持生猪产业发展方面的重要作用，从 2007 年起，我国在全国范围内建立了能繁母猪因自然灾害、疾病、意外事故而死亡的保险制度，正式启动了政策性生猪保险制度，后来又在部分省份试点推行育肥猪保险，进一步推动生猪保险制度的不断完善。

除了自然风险外，生猪产业还面临市场风险（价格风险）。为稳定猪肉市场，缓解生猪市场价格周期性波动，国家出台了包括发布预警、开展收放储、调节进出口、调整补贴等在内的一系列调控措施。但这些措施预见性弱、滞后性强，造成价格形成机制扭曲、财政压力增加等问题，无法从根本上解决生猪价格的剧烈波动问题。

利用期货市场可锁定远期价格，能够有效规避现货市场的价格风险。但期货要求标准化合约，我国生猪产业的标准化程度远远不够，无法实现交易。另外，期货运行机制和操作复杂，需要具备一定知识和技能的主体参与，而农民往往力不从心。目前，推出生猪期货的条件还不成熟。

社会各界开始探索利用保险手段对生猪市场的价格风险实施保障，拓宽保险服务领域，将承保范围从自然风险扩展到市场风险。2012 年，北京市农村工作委员会和安华农业保险公司首次推出生猪价格指数保险；2013 年，四川省启动生猪价格指数保险。二者均以生猪价格指数为保险责任，以猪粮比为赔付依据。

2014 年中央一号文件提出，“逐步建立农产品目标价格制度”“探索粮食、生猪等农产品目标价格保险试点”。紧接着浙江、湖北、山东等地也陆续开展了生猪价格指数保险试点工作。

生猪价格指数保险作为创新型农业保险产品，对由于生猪市场价格下跌造成损失的养殖者给予补偿，能够解决或缓解“猪贱伤农”问题，对保护养殖户的生产积极性具有良好的促进作用。同时，生猪价格指数保险能够稳定生猪的生产和确保养殖户的预期收入，可以在一定程度上稳定猪肉价格和生猪供给，缓解或避免“肉贵伤民”问题。

事实上，从国内外的实践来看，应对生猪的市场价格风险，更传统的方式是采取订单农业、购买看跌期权、在生猪期货市场进行对冲交易、政府实行生猪临时收储和目标价格差额补贴等。这些工具和政策虽然也有效果，但生猪价格保险自身具有独特的优势，从而使其具有存在的现实必要性和发展的可能性。生猪价格指数保险的优势表现在以下几个方面。

第一，有效发挥市场机制。相比政府临时收储等直接干预市场价格的措施，生猪价格指数保险是市场化的风险管理手段，充分发挥市场机制作用，不会妨碍市场价格形成机制，不会扭曲养殖户的生产行为，能够充分发挥市场调节生产的机制作用，建立生猪产业市场风险的防范和分散机制。

第二，准入门槛较低。以期货和期权作为价格风险管理的工具，需要在期货市场上进行交易。期货市场拥有严格的准入制度，参与者必须通过才能完成交易，且单手交易额很大；普通农户一般生产规模比较小，资金有限，所以很难直接参与。生猪价格指数保险的单户承保规模要求远低于期货与期权合约的交易规模要求，且不需要交纳经纪人佣金费用，有助于降低风险保障的交易成本，普通养殖户基本都可以直接参与。因而，相对于生猪期货、期权等市场化价格风险管理工具，生猪价格指数保险的准入门槛会低得多。

第三，符合 WTO 规则。相对于政府的目标价格差额补贴政策，生猪价格保险属于 WTO 规则中的“绿箱政策”，而前者则属于“黄箱政策”，因此推行生猪价格指数保险不会受 WTO 制约。

第四，能够使养殖户保留以较高价格获利的权利。生猪价格指数保险类似于看跌期权，投保的养殖户交纳的保费类似于期权交易中的期权费，投保人通过交纳保费获得了在市场价格低于保障价格时获得相应赔偿的权利，但在市场价格高于保障价格时，没有任何机会可以获得市场高价格带来的收益。

第五，能够降低交易成本。在我国推行生猪价格指数保险，与政府的目标价格补贴和期货、期权等市场化风险管理工具相比，可以在已有的生猪死亡保险基础上开展，能够充分利用已有保险服务体系的各类资源，从而节省大量的交易成本。

第六，理赔公正透明，简便高效。相较于育肥猪保险存在保险标的不清、难以界定死亡原因、带菌作业可能造成疫情扩散、查勘定损耗费大量人力物力等问题，生猪价格指数保险理赔则相对简便高效，减少了传统保险理赔的报案、资料收集、现场查勘定损等环节。农户足不出户，只需提供相关的银行账号和投保信息，就能拿到理赔款。另外，由于作为保险赔付依据的猪粮比价（生猪出场价格与玉米批发价格的比值）等价格信息由国家发展和改革委员会或地方权威统计部门收集发布，公信力强，是否应该理赔，能够拿到多少赔款，保险公司和农户一清二楚，保险赔付也更加公正、客观和透明。

四、价格保险的未来发展趋势

（一）价格保险是中国农产品目标价格改革的重要探索

我国的粮食最低收购价等价格支持政策造成农产品价格形成机制扭曲、国内外农产品价格倒挂、农业资源环境形势非常严峻。因此，要坚持市场定价原则，完善农产品价格形成机制。2014 年中央一号文件提出："完善粮食等重要农产品价格形成机制。继续坚持市场定价原则，探索推进农产品价格形成机制与政府补贴脱钩的改革，逐步建立农产品目标价格制度，在市场价格过高时补贴低收入消费者，在市场价格低于目标价格时按差价补贴生产者，切实保证农民收益。2014 年，启动东北和内蒙古大豆、新疆棉花目标价格补贴试点。"2015 年中央一号文件提出，"完善农产品价格形成机制""总结新疆棉花、东北和内蒙古大豆目标价格改革试点经验，完善补贴方式，降低操作成本，确保补贴资金及时足额兑现到农户"。

按照中央一号文件精神，我国按照市场定价、价补分离原则，正在推进完善粮食等重要农产品的价格形成机制，即逐步建立目标价格制度。

价格保险是一种市场化风险管理工具，管理的是不可预期的、随机性的、中等的价格波动；目标价格补贴保障的是目标价格，价格保险保障的是预期价格。因此，价格保险与目标价格补贴制度可以结合起来，相互联系、相互配合，共同构成农业生产安全网。

（二）价格保险与目标价格补贴制度的结合

价格保险与目标价格补贴有相似的价格与收入支持功能，可以部分取代目标价格补贴。与目标价格补贴相比，价格保险具有如下优势。

第一，价格保险是市场化的农业支持政策，不易引发贸易争端。2015 年中央一号文件要求，要"健全国家对农业的支持保护体系。保持农业补贴政策连续性和稳定性，逐步扩大'绿箱'支持政策的实施规模和范围，调整改进'黄箱'支持政策，充分发挥政策惠农增收效应"，并要求"提高补贴的导向性和效能"。为了贯彻落实中央一号文件精神，必须创新补贴方式，改革农业支持政策机制，更多地运用包括价格保险在内的市场化的农业支持政策，建立既符合我国基本国情农情，又适应国际规则的国家农业支持保护体系。

第二，价格保险能够更好地发挥市场机制在价格风险管理中的作用。农产品价格保险的运行机制和看跌期权非常相似，事实上国内外也有许多学者将价格指数保险看作看跌期权，保费相当于期权的期权费。但相比于期权，农产品价格指数保险有三个优势：①期货期权的交易量太大，普通农业生产者不能达到期货交易需要的量。对于发展中国家而言，农民直接利用期货期权市场更是不太现实，而农业生产者可以很容易购买农产品价格保险。②虽然农产品价格保险的原理和看跌期权十分相似，但成本并不比期权高，收益保险的成本反而更低一些。另外，有学者进行了模拟分析，认为价格保险的效果和期权一样好，甚至比期权更有效。③期货期权专业性较强，农业生产者普遍不具备相关的知识，也害怕从事期货交易，即使美国农民也是如此。但农业保险公司与农户的关系往往比较紧密，且会建立除价格保险以外的其他合作关系，因而更利于达成合作。

第三，价格保险可以发挥政府补贴的杠杆作用。通过政府对价格保险的保费补贴，可以带动投保人的保费投入，从而可以发挥政府补贴的杠杆作用，为农业安全网筹集更多的保障资金。在经济增速和财政收入放缓的背景下，有助于减轻政府的预算压力。

我国目前试点的生猪价格指数保险与蔬菜价格指数保险都属于纯粹的价格保险，虽然试点范围相对有限，但在一些地区已经面临系统性风险的考验。未来要进一步加强对这类试点的评估，在遵循价格保险科学规律的基础上审慎发展。

（三）农产品价格指数保险要与期货市场协同发展

期货市场的发展对于农产品价格指数保险非常重要。首先，期货市场可以为价格保险的保障价格确定提供科学的依据。期货市场的价格是市场交易者在集合当前信息的基础上对未来价格做出的判定。根据有效市场假说，期货价格对于现货价格具有价格发现的功能。以农产品期货价格作为农产品价格保险中保障价格制定的参照标准具有以下三个方面优势。

第一，农产品期货价格有较强的信息包容性。农产品批发市场价、农户出售价、政策性收储价、综合成本价均是对过去信息的反映，不具有对将来价格的指引；但是期货价格除了反映出对价格有影响的过去的信息，还包含市场参与者对未来价格的共同预期。所以，期货价格作为农产品价格保险中保障价格确定的主要参考点更具信息包容性。

第二，农产品期货价格具有对现货价格的指引性。期货价格由市场上众多套期保值者及投机者的价格预期共同决定，且随着期货合约的到期，期货价格向到期日的现货价格逐渐收敛，有指引未来现货价格的功能。我国农产品期货市场交易规模不断扩大，期货品种体系逐渐丰富。相信随着现货市场和农产品期货市场联动性的增强，期货价格将对其他农产品现货价格的形成产生重要的参考和指引作用。

第三，期货市场的梯度定价和期货价格的完备性。期货市场形成的价格是针对标准等级的农产品而言的，对于非标准等级的农产品，可以在标准期货品种基础上进行升水或贴水操作，从而实现不同等级农产品科学的梯度定价。故此期货市场形成的农产品标准等级与价格相挂钩的机制可对农户的种植决策和农产品的市场交易提供较为完备的定价指导。

保险公司可以利用期货市场对冲风险。在为农产品提供价格保险以后，保险公司面临农产品价格下跌的系统性风险。由于价格风险具有系统性，农产品价格保险可能出现大范围的同时赔付。如果农产品价格保险大范围推行的话，再保险人可能并不愿意对该种风险进行再保，即使愿意接受，再保险费用也会很高。传统的再保险难以接受这样的风险，可以考虑通过农产品期货市场对冲价格保险的风险损失。基于期货市场的套期保值功能，保险公司与参保农户签订农产品价格保险合同后，同时在农产品期货市场上卖出与承保品种相同、数量相当的期货合约，从而构成所承保的农产品现货与期货市场之间的盈亏冲抵机制，达到规避农产品市场价格波动风险的目的，将保险公司承保的农产品价格的市场风险转移到期货市场。

（四）加大对农产品价格指数保险的政策支持

为了支持农产品价格保险的发展，鼓励其在服务现代农业发展方面的积极探索，有关部门要进一步完善政策环境，加大政策支持力度。

首先，将价格保险纳入中央财政补贴范畴。

其次，保费补贴向规模化经营的新型农村经营主体倾斜。

再次，完善农产品价格保险的巨灾风险分散机制。

最后，建立农产品价格保险产品创新保护机制。建议我国保险监管部门建立农产品价格指数保险的产品创新与产权保护机制与开发的激励机制，鼓励商业保险公司积极进行产品创新。

第三节 天气指数保险

一、天气指数保险概述

1. 定义

天气指数保险（又称气象指数保险）是指以一个或者几个气象要素为触发条件，如风速、降雨量、温度等，当达到触发条件后，无论投保户是否受灾，保险公司都将根据气象要素指数向保户支付保险金。属于财产险中的费用补偿险。

2. 特点

（1）天气指数保险所依据的气象学指数完全可以量化，并且由第三方公允机构来提供，目前可用于设计天气指数保险的主要有降雨、降雪、温度、风力四个维度。

（2）个人天气指数保险与日常生活息息相关。以37℃高温险为例，温度超过37℃后，个人在防暑降温方面的开支增加，如空调电费。保险公司基于这个生活开支来设计保额。

（3）个人天气指数保险的可保利益不是巨大财产损失，而是天气变化造成的个人开支。

3. 分类

天气指数保险按照在农业风险管理中的应用，主要分为单指数保险产品、多指数保险产品和卫星指数保险产品三类。

单指数保险产品是根据相关灾害确定单个指数进行赔付，包括单一型和综合型单指数保险产品。

多指数保险产品是指一个保险产品存在多个不同的指数，以承保不同的风险引起的损失，如印度的综合天气指数保险，在提供降雨指数保险的同时还提供霜冻、风速等指数保险，保障更为全面。

卫星指数保险产品是以反映气温与作物或牲畜生长状态的卫星遥感图像作为指标，对因气温偏高而生长不良的农作物产量损失或畜牧产奶量损失进行赔付。

对天气风险进行管理的保险产品，此前主要面向企业和机构。2014 年，国内首家互联网保险公司——众安保险，推出了 37℃高温险，标志着我国的天气指数保险开始面向个人用户。

二、天气指数保险产品的设计

天气指数保险的地域特征较明显，不同地区农业生产面临的主要天气风险存在差异，天气风险因素与农业损失之间的相关性也存在差异，因此要因地制宜设计天气指数保险产品。

在选择保障的风险类别时，应剔除发生频繁且损失较小的风险及罕见但损失幅度巨大的风险；要量化天气风险因素对保险标的的影响。

天气指数保险产品设计的关键就在于通过对历史数据的考察和统计计算出科学的保险合约触发指数，即确定特定农产品针对特定天气指数的损失率，确保农业生产实际损失与所选取的指数之间具有充分的相关性。

三、天气指数保险合约的构建和合约的定价

天气指数保险产品作为新型农业保险产品，其合约的构建应遵循简明易懂的原则，便于产品的初期推广。合约的定价要合理，既要考虑产品经营的财务持续性，又要考虑投保人的经济承受力。

第四节 国外天气指数保险的实践

一、实践概况

世界银行 2008 年对 63 个开展了种植业保险的国家和地区进行了调查，调查显示，有 14 个国家主要以试点的方式开展农作物天气指数保险。亚洲、非洲和中美洲的低收入国家正在试点这种保险。

目前大规模商业化经营该产品的国家包括加拿大、印度、墨西哥和美国；其他几个国家也在试点推行这种产品，如中国、埃塞俄比亚、危地马拉、洪都拉斯、马拉维、尼加拉瓜、秘鲁和泰国。

除了适用于种植业保险，天气指数保险也开始在畜牧业保险中运用。例如，蒙古国已经运用天气指数保险承保牲畜的死亡风险，在蒙古国，牲畜的死亡率与一个可以指数化的极端天气参数（低温）有很高的相关性。

二、类型

在应用层面上，天气指数保险可以分为政府和国际组织（宏观层次）、企业和中介（中间层次）、个人和家庭（微观层次）三种不同的风险水平。

宏观层次上的天气指数保险用来衡量一种风险对整个地区的影响。天气指数保险及再保险能够帮助政府或者国际组织在更大范围内通过更多手段建立灾害损失分摊机制。

中间层次的天气指数保险可以用来保护金融机构或其他企业因气象灾害而造成的农业价值链损失。

微观层次的应用中，天气指数保险的目标市场是个体投保人，为个人提供气象灾害风险的管理。天气指数保险也可与农业贷款等其他金融服务捆绑，通过投保，农民可以获得更高额度的贷款或者以较低利率获得贷款。

总体来看，天气指数保险大多集中在发展中国家。农业占这些中低收入国家国民经济生产总值的比重较高，由自然灾害带来的系统性风险往往是农业生产的最大威胁。天气指数保险可以为众多农户保障农业生产，抵御干旱、霜冻、洪涝、风灾等多种灾害风险。

此外，世界银行、国际农业发展基金、联合国粮食及农业组织、联合国粮食计划署等国际机构，美国、加拿大和法国等发达国家，均在该领域投入了大量财力和人力开展研究和推广实施。

三、印度的天气指数保险

2003 年，伦巴德通用保险公司（Lombard General Insurance Company，ICICI）和 BASIX 小额信贷机构在世界银行的技术支持下合作开发了降雨量指数保险，将过度降雨引起的洪涝灾害作为天气风险，以单一的降雨量作为指数。该天气指数保险以嵌入形式组成农业贷款合约的一部分，当气象灾害致使农业贷款抵押作物发生损失时，降雨量指数保险保障农户能够继续获得农业贷款。嵌入式天气指数保险采用银保一体化的产品组合和运行结构，实现了银保一体化的销售模式。

2004 年，印度农业保险公司（Agriculture Insurance Company of India Limited，AICIL）推出了纯保险型天气指数保险产品。目前，印度 AICIL 将降雨指数保险大致分为三类：第一类是覆盖全国各类主要农作物的降雨指数保险；第二类是同农业部门联手合作的经济作物降雨—产量保险；第三类是 2007 年开始尝试的小麦卫星图像保险，该产品目标客户是与百事公司签订马铃薯订单合同的农民，用于补偿由晚疫病和一种与温度、湿度相关的真菌病引起的损失，从而支持契约农业的发展。

自 2003 年以来，印度天气指数保险市场迅速发展，成为全球最大的天气指数保险市场，是发展中国家实施气象指数保险成功的案例之一。世界银行统计，2008 年，印度大约有 70 万名农民购买该险种。截至 2012 年，印度的农民可以为约 40 种农作物寻求极端天气下的保险保障。随着指数保险计划在印度的不断扩大，其所覆盖的天气风险也逐渐扩展到干旱、洪涝、高温，以及与天气相关的作物疾病、雾及湿度等方面，从而更好地保障了印度的农业发展。

四、墨西哥的天气指数保险

墨西哥的天气指数保险计划开始于2002年，该项目由国有保险公司Agroasemex设计和实施，然后该公司把农业保险业务转给联邦和州救济署。墨西哥的天气指数保险将洪涝和干旱作为风险事件，以降雨量为指数。该产品触发值分为干旱和过量降雨两个水平，触发值的设定依作物、地区和作物生长阶段而定。每年Agroasemex都会评估并调整触发水平和覆盖期间，以改善即将到来的季节性灾害引发的费用支出情况。如果触发值不能反映赔偿损失的真实情况，政府则使用应急资金来弥补天气指数保险未能赔偿的剩余损失。

墨西哥还开发了国家和国际级指数保险，墨西哥政府通过指数保险为当地的两个救灾基金提供保护，从而保障这两项灾害救济计划的可持续性和偿付能力。此外，墨西哥还将天气指数保险用于相互保险和再保险，促进天气衍生品市场的发展。

2002年来，墨西哥的天气指数保险试点平稳实施。2010年，墨西哥33个州的天气指数保险覆盖率为77%，约有320万名低收入的农民受益。与以前政府直接在干旱年份提供援助补助金相比，天气指数保险这一新方案成本效益更好，有更好的针对性和快捷性（范红丽和刘玮，2015）。

第五节 中国天气指数保险的实践及未来发展

一、指数保险的试点情况

近年来，我国一些保险公司开始探索天气指数保险。

安信保险是国内最早进行天气指数保险试点的公司。2007年，该公司在上海南汇等4个区县试点西甜瓜梅雨强度指数保险。

安徽国元农业保险公司与国际机构开展的合作。2007年6月，我国农业部与国际农业发展基金、联合国世界粮食计划署共同商讨开展农村脆弱地区农业天气指数保险的合作。2008年三方签订合作项目谅解备忘录，当年安徽国元农业保险公司与三方机构开展合作，共同研发天气指数保险产品，并选定长丰县、怀远县分别进行干旱和洪水指数保险试点。2009年，水稻种植天气指数保险在长丰县开始试点。

中国人民财产保险股份有限公司也先后研发天气指数保险产品，如北京的蜂业气象指数保险，江西的柑橘气象指数保险及海南的橡胶风灾指数保险等。

二、天气指数保险的未来发展

目前，中国人民保险公司、中国太平洋财产保险公司等已经在各地开展各种形式的天气指数保险的研究和试验，并取得了初步的经验。我国也应充分借鉴印度等国家农业保险发展的做法。

在印度的农业生产中，小农经济占有统治地位，印度人均耕地面积少，仅为0.16公顷。农场总数达到 1.155 亿个，60%的规模不足 1 公顷，只有 1%的规模达到或超过 10 公顷。在一些人口密集的地区，户均占有土地面积更少。由于小农户和边缘农户占比高，人均耕地面积有限，基于个别农场的多种风险保险的交易成本非常高昂。因此，印度主要采用区域产量保险，以降低交易成本。同时，印度还在积极探索天气指数保险，创新产品形态，以适应其特殊的农作方式。对中国而言，目前大多数农户的经营规模仍然很小，要充分考虑利用区域产量保险及天气指数保险等创新方案，探索适合中国的农业保险（范红丽和刘玮，2015）。

本章小结

本章介绍了指数保险的概念，详细介绍了价格指数保险和天气指数保险的理论及其在国内外的实践，这些国家对农产品价格风险的承保大都是通过收入保险来完成的。一些国家对于同质性很强、但产量确定非常困难的畜牧产品实施了价格指数类保险或收益保险。指数保险是农业生产风险管理的重要创新工具，主要包括天气指数保险与价格指数保险。与传统农业保险产品相比而言，指数保险可以有效避免道德风险与逆向选择，降低交易成本。指数保险为传统的农业保险提供了另外一种可行的选择。我国农业保险必须引入创新机制，未来应大量发展指数保险产品，在更大的程度上取代当前的物化成本保险，以降低农业保险定损与赔付环节的高成本，提高其供给效率，从而实现可持续发展。

关键词

指数保险　指数保险分类　价格指数保险　天气指数保险

思考题

1. 什么是指数保险？指数保险有什么特点？
2. 指数保险相对有什么优势？
3. 指数保险有哪些分类？
4. 如何保证相关指数的准确性？
5. 价格指数保险如何分担风险性？
6. 设计天气指数保险要注意哪些方面？
7. 指数保险在我国有哪些发展试点？

专业术语

指数保险：是农业保险的一种创新发展，其将损害程度指数化，并以该指数为基础设计保险合同，当实际计算的指数达到合同规定水平时，投保人就可以获得相应赔偿。

它的赔偿不是基于被保险人的实际损失，而是基于预先设定的外在参数是否达到触发水平来确定赔付水平。指数保险中的指数一般指的是表征某灾害强度的指标，如干旱等级、地震震级、产品价格等。指数保险赔付机制包含不赔、全赔和分层赔付。不赔：指数未被触发，没有任何赔款。全赔：指数被触发，赔款金额为保额。分层赔付：根据触发等级给予相应赔付。常见的指数保险包含干旱、强风、降雨、洪水、高温、低温、价格指数等。

价格指数保险：是一种较为新颖的农业保险产品，是对农业生产经营者因市场价格大幅波动、农产品价格低于目标价格或价格指数造成的损失给予经济赔偿的一种制度安排。农产品价格指数保险承保的是市场风险，以价格指数为赔付依据。

天气指数保险：它是指把一个或几个气候条件（如气温、降水、风速等）对农作物损害程度指数化，每个指数都有对应的农作物产量和损益，保险合同以这种指数为基础，当指数达到一定水平并对农产品造成一定影响时，投保人就可以获得相应标准的赔偿。

参考文献

陈俊聪，王怀明，汤颖梅. 2016. 气候变化、农业保险与中国粮食安全[J]. 农村经济，（12）：9-15.

陈晓峰. 2012. 农业保险的发展、挑战与创新——全球天气指数保险的实践探索及政府角色[J]. 区域金融研究，（8）：62-67.

董晓林，吕沙，汤颖梅. 2018. "信贷联结型"银保互动能否缓解农户信贷配给——基于选择实验法的实证分析[J]. 农业技术经济，（6）：71-80.

范红丽，刘玮. 2015. 天气指数保险在发展中国家的应用及启示[J]. 上海保险，（1）：12-15.

冯文丽，杨美. 2011. 天气指数保险：我国农业巨灾风险管理工具创新[J]. 金融与经济，（6）：92-95.

林乐芬，等. 2020. 现代农业保险产品机制创新研究[M]. 北京：中国农业出版社.

林乐芬，刘贺露. 2018. 规模养殖户购买生猪价格指数保险的决策响应及影响因素分析[J]. 河北经贸大学学报，（4）：87-94.

刘晓玲，胡宇菲，谢小惠，等. 2017. 江苏省生猪价格指数保险推行趋势研究[J]. 中国保险，（8）：40-46.

吕开宇，张崇尚，邢鹂. 2014. 农业指数保险的发展现状与未来[J]. 江西财经大学学报，（2）：62-69.

牛浩，陈盛伟. 2015. 玉米风雨倒伏指数保险产品设计研究——以山东省宁阳县为例[J]. 农业技术经济，（12）：99-108.

齐皓天，彭超. 2015. 美国农业收入保险的成功经验及其对中国的适用性[J]. 农村工作通讯，（5）：62-64.

汤颖梅，陈建升. 2019. 农户天气指数保险支付意愿的研究——基于实地试验的方法[J]. 江苏农业科学，47（9）：319-326.

汤颖梅，杨月，刘荣茂，等. 2018. 基于 Oaxaca-Blinder 分解的异质性农户天气指数保险需求差异分析[J]. 经济问题，（8）：90-97.

王克，张峭，肖宇谷，等. 2014. 农产品价格指数保险的可行性[J]. 保险研究，（1）：40-45.

王克，张旭光，张峭. 2014. 生猪价格指数保险的国际经验及其启示[J]. 中国猪业，（10）：17-21.

夏益国，刘艳华，傅佳. 2014. 美国联邦农作物保险产品：体系、运行机制及启示[J]. 农业经济问题，（4）：101-109.

谢玉梅. 2012. 系统性风险、指数保险与发展中国家实践[J]. 财经论丛，（2）：70-76.

张宪强，潘勇辉. 2010. 农业气候指数保险的国际实践及对中国的启示[J]. 社会科学，（1）：58-63，188-189.

朱俊生. 2011. 中国天气指数保险试点的运行及其评估——以安徽省水稻干旱和高温热害指数保险为例[J]. 保险研究，（3）：19-25.

Barnett B J. 2004. Agricultural index insurance products：strengths and limitations[R]. Agricultural Outlook Forum 2004.

Skees J R，Hazell P B R，Miranda M. 1999. New Approaches to Public/Private Crop-Yield Insurance[R]. Environment and Production Technology Division（EPTD）Discussion Paper 55，International Food Policy Research Institute（IFPRI），Washington，DC，November.

World Bank. 2007. China：Innovations in Agricultural Insurance—Promoting Access to Agricultural Insurance for Small Farmers[R]. Sustainable Development，East Asia & Pacific Region Finance and Private Sector Development. The World Bank，Washington DC.

Zhu J S. 2011. Evaluation of an insurance scheme based on the weather index：a case study of Anhui province[J]. The Chinese Economy，44（6）：56-72.

本章拓展阅读

第十三章

收入保险

现代农业具有高科技、高投入、高价值、规模化、专业化等生产特征，近年来在全国各地迅速推广发展，传统的“低保费、低保额”的单纯成本保险产品已不能完全满足农业和农民发展的需求。为适应现代农业需要，在中央和地方政府的支持下，一些经营农业保险的保险公司已经开始推行农业保险产品的试点和创新，并推出了农产品价格指数保险、收入保险、区域产量保险、天气指数保险等新型农业保险产品。同时，随着现代农业的不断发展和规模化经营的新型农业经营主体的不断增加，农业保险产品创新将成为农业保险发展的重要趋势。

第一节 农产品收入保险

我国正在推进农业现代化进程，农业生产者的收入受到市场风险的影响不断扩大。此时，农业保险应该充分发挥其管理农业风险的作用，将农产品市场风险特点和保障需求相结合，为我国农业现代化进程减少风险。我国自 2007 年开始中央财政农业保险保费补贴试点，农业保险提供的农业风险保障金额从 2007 年的 1 126 亿元提高到 2017 年底的 2.79 万亿元，同比增长 29.24%；支付赔款 334.49 亿元，增长 11.79%；4 737.14 万户次贫困户和受灾农户受益，增长 23.92%[①]。

我国自2007年对农业保险进行保费补贴，但由于巨灾保险和再保险机制仍不健全，出现了保险公司经营农业保险难度较大、投保逆向选择显现、农民不满理赔结果、精算数据比较匮乏等问题。国家在 2016 年的中央一号文件中就已经提出了完善农业保险制度的要求，其中便包括探索主要农产品的目标价格保险、收入保险及天气指数保险试点。2017 年的中央一号文件明确要“探索建立农产品收入保险制度”。随后，2018 年的中央一号文件

① 牟严君. 我国财政补贴的农业保险对农民收入的影响. 东北财经大学，2016 年.

又提出“探索开展稻谷、小麦、玉米三大粮食作物完全成本保险和收入保险试点”。

2019 年中央一号文件提出：按照扩面增品提标的要求，完善农业保险政策。推进稻谷、小麦、玉米完全成本保险和收入保险试点。扩大农业大灾保险试点和“保险+期货”试点。探索对地方优势特色农产品保险实施以奖代补试点。

2020 年中央一号文件提出：抓好农业保险保费补贴政策落实，督促保险机构及时足额理赔。优化“保险+期货”试点模式，继续推进农产品期货期权品种上市。这一系列的文件，无论对农业生产者，还是对保险业而言，都是十分重要且明确的政策信号，意味着农业生产中的市场风险将主要通过保险机制来转移。我国中央政府相关部门和多家经营农业保险的保险公司近年也加快了对收入保险的研究和探索。除此之外，从国际经验来看，美国等发达国家在农产品价格风险管理的过程中，也是主要选用收入保险来分散农业生产中的市场风险。

一、农产品收入保险的概念界定

1. 定义

农产品收入保险是以历年农业生产的平均收入水平作为确定保障程度的基础，根据产品产出量和目标价格水平两方面因素综合确定保险金额的农业保险，收入保险被认为是更高级别的农业保险产品。由于农产品的产量和价格通常呈现负相关关系，收入保险便是利用这一关系形成对冲，使原本不可保的价格风险具有可保性。农业保险业界和学界认为收入保险在农业未来的生产发展过程中会发挥重要的作用，具有较大的发展潜力和推广价值。

2. 内涵

农业风险根据环节的不同，主要分为两类：产量风险（生产环节）和价格风险（销售环节）。其中，产量风险是由地质、气象、病虫害等自然原因造成农产品产量下降的一种风险。价格风险则是由市场供求、经济形势变动、政策变革等因素造成的农产品市场价格波动的风险。

3. 特征

农产品收入保险对农业生产者的保护作用最强，该险种既保障自然灾害等导致的产量损失风险，又保障市场因素导致的价格下跌风险，对农业生产者而言，保障最全面。

农业收入风险受到产量和市场价格两种风险的共同影响。农户在农业生产经营过程中，若是遇到自然灾害、农产品价格波动、农业政策变动等状况，会引起农业收入的减少。传统的产量保险和价格保险只把单个风险的损失情况纳入考核范围，而收入保险则是综合考量了产量与价格的对冲效应。

但是，农产品收入风险的本质为经济风险，所以具备系统性风险的特征，一般商业保险公司不愿意主动供给农产品收入保险产品。此时，国家可出面对农产品收入保险产品进行补贴，有以下几点原因。

一是收入保险的保费补贴在 WTO 的农业协议规则中归属于不需要做出减让承诺的农业补贴政策，即“绿箱政策”。该类政策不易在国际市场上引发贸易争端，同时也与我国农业补贴政策的改革发展趋势相契合。

二是收入保险综合产量与价格两类保险，可以更加全面地减少农户的收入风险，而这一特点与我国农业现代化发展过程中新型农业经营主体的实际需求更加贴近，所以可以通过灾前的风险管理机制来稳定农民的预期，从而可以更加有效地鼓励新型农业经营主体对农业生产的投入，有利于培育新型农业经营主体及促进现代农业的发展。

三是农产品的价格风险系统性强，所以商业保险公司可以选择直接承保价格风险，这一特点对于商业保险市场属于不可保风险。但是，收入保险在考虑农产品价格风险的基础上，考虑了农产品产量波动的风险，产量波动属于相对独立的随机事件，在商业保险行业属于可保风险。所以，收入保险相对于价格保险而言，更具有可保性。从长期看，农产品收入保险将替代并升级现有的传统农业保险。

4. 发展近况

美国、加拿大等国家近十多年来不断试点农产品收入风险，并在此领域获得巨大成功，农产品收入保险已经成为各个国家农业保险的发展趋势。我国部分保险公司近年来开始重视收入保险，并经历着由传统的产量保险到价格保险再到收入保险的发展变化过程。

收入保险在面对“两个天花板（价格、补贴）、一个地板（成本）、两道紧箍咒（环境、资源）”的农业发展困境时，可以更加有效地保障农户收入、稳定农业生产。所以，我国近年来不断发展农业收入保险，把其作为支持农业发展的重要手段，不仅与“黄箱政策”转“绿箱政策”的补贴改革方向相符合，还能提供更为全面的农产品风险保障。

二、农产品收入保险的功能定位

（一）扩展农业保险补偿功能

探索开展农产品收入保险，可以提高农业保险保障程度，进而拓展农业保险的补偿功能。农业保险保障水平是指农业保险为农业生产经营者和农业产业提供风险保障的程度。一般用保障水平、保障广度和保障深度三个指标来计量农业保险保障水平。即

$$\text{农业保险保障水平}=\frac{A_1}{A}\times\frac{B_1}{B}=\text{保障广度}\times\text{保障深度}$$

其中，$A\times B$ 代表农业产业产值，A 代表农作物种植和动物养殖总的数量规模，B 代表单位规模农业产值，A_1 代表农业保险的承保数量规模，B_1 代表单位规模保险金额，B_1/B 代表农业保险的保障深度，A_1/A 代表参加保险的农产品占比。

收入保险以收入为保险标的，当保险责任范围内因素导致的农作物产量价格波动导致投保人实际收入低于保障的收入水平时保险给予赔偿，保障更全面。

（二）增强对农业生产者吸引力的功能

我国现在实行的以“低保费、低保障、广覆盖”为原则的农业保险已经难以满足不

断发展的现代化农业的需求。

我国已有的农业保险产品只能覆盖农作物的直接物化成本，其保障程度较低。对于小农户，保险的赔款额度较低，小农户的投保积极性低。与此同时，对于对农业保险真正有购买需求和购买能力的大户，现有的低保障型农业保险不足以覆盖其较高的土地流转成本和人工成本。因此，我国农业保险的转型升级便是要在政策目标和功能作用上从保产量转向保收入，同时也可达到保障农民收入的目标。

（三）实现维护国家粮食安全的功能

农产品的收入保险在发展方向上需要从政策和供给推动转为需求拉动，特别是需要重视新型农业经营主体对金融和保险有需求这一特点，最终使得农业保险可以更加有效地服务农业现代化发展。

（四）美国农业收入保险的运行机制与市场运行

农作物收入保险最先出现在美国 1996 年的农作物保险项目计划中，起初只是在部分州试点有关玉米、大豆、小麦等作物的收入保险。在之后的发展过程中才逐步扩展到油菜、大麦、向日葵等其他作物。2014 年，美国农作物收入类保险的纯保费占农业保险总纯保费收入的比例由 1996 年的 8%增加到 83%，提供的保险保障达 831.57 亿美元，占全部农业保险保障的 75.87%（冯丽娜，2017）。

在农作物收入保险推行之后，农民参与农业保险的程度加深，美国农业保险的发展也在此之后步入了成熟、快速的发展模式。美国农民对农作物收入保险接受程度加深的原因在于以下几个方面。

第一，相对于传统的农业保险，农作物收入保险可以给农民提供更加全面的风险保障，进而达到保障国家粮食产量，提高国家农业在国际上竞争力的目的，更能够满足政府发展农业保险的政策目标。因此，政府加大了对农作物收入保险的重视程度，并不断提高收入保险的保费补贴力度，降低农民的投保成本。

第二，从农民的角度进行分析，收入保险使他们能够直接实现收入和生产经营的稳定。同时，与传统的产量保险相比，收入保险的保障水平更加全面，可以切实解决农民的需求。

三、美国农作物收入保险的主要产品体系

目前，美国已经形成了一个较为成熟的保险产品体系，在农业保险产品方面大致分为五大类，分别是产量类保险、收入类保险、区域性保险、指数类保险和其他保险，其中收入类保险规模最大也最受农民欢迎。收入类保险概括为两大类：一是将单一的农作物收入作为标的的收入保险；二是将农场的总收入作为标的的收入保险。其中，针对单一作物的农业收入保险又可以细分为个体农作物收入保险和区域农作物收入保险。其做法经验值得我国借鉴学习。美国农作物收入保险产品体系如表 13-1 所示。

表 13-1　美国农作物收入保险产品体系

划分维度		以农场平均单产为基础	以区域平均单产为基础
针对农作物	附带收获期价格期权	含收获期价格期权的个体农场作物收入保险（RP-HPO）	含收获期价格期权的区域作物收入保险（ARP-HRO）
	不带收获期价格期权	不含收获期价格期权的个体农场作物收入保险（RP-HPE）	不含收获期价格期权的区域作物收入保险（ARP-HPE）
针对农场		以调整总收入为基础的农场收入保险（AGR、AGRLT）	
		以收入报告认定的收入为基础的农场收入保险（ARH）	

资料来源：根据美国农业部风险管理局网站资料整理

（一）个体农作物收入保险

个体农场作物收入保险（revenue protection，RP）是为被保险人由于农作物产量或实际获得的价格下降而导致的收入损失提供保障。其中，农作物收入保险的保障收入水平等于实际历史平均产量（actual production history，APH）、保障价格和所选保障水平的乘积。保障价格采用的则是芝加哥期货交易所（Chicago Board of Trade，CBOT）期货合约的月平均价格，包含期货的基期和收获期价格。例如，玉米期货合约的基期预测价格指的是在二月份签订，并在十二月份到期的玉米期货合约的月度平均交易价格。收获期价格为十月份签订的十二月份到期的玉米期货合约的月度平均交易价格。按照保险保障的价格不同，个体农作物收入保险可以被分为不含收获期价格期权的个体农场作物收入保险（RP-HPE）和含收获期价格期权的个体农场作物收入保险（RP-HPO）。含收获期价格期权是指保障价格可以选取基期预测价格和收获期价格中较高者用于计算农作物收入保险的保障收入水平。两种不同类别的具体计算公式如下所示：

单位面积的 RP-HPE 保障收入水平=实际历史平均单产×基期预测价格×保障水平

单位面积的 RP-HPO 保障收入水平=实际历史平均单产×Max（基期预测价格，收获期价格）×保障水平

在这两种类别的收入保险计算方式中，RP-HPO 可以更加灵活地保障农民收入，但与此同时，其费率也会高于 RP-HPE。

（二）团体农作物收入保险

与个体农作物收入保险不同的是，团体农作物收入保险（group risk income protection，GRIP）是当全县的平均单位面积农作物收入低于所选择的收入保障水平时，无论个体的单位面积农作物收入是否低于收入保障水平，被保险人都可以获得赔偿。单位面积收入保障水平等于全县的平均历史产量、预测价格和所选保障水平的乘积。其中，全县的平均历史产量是根据自 1962 年以来的历史产量数据进行计算，所选的保障水平是最大收入保障水平的 60%~100%。最大收入保障水平是指预测价格的 150%与全县平均历史产量相乘后形成的收入保障水平。近年来，团体农作物收入保障保险在美国农作物收入保险中的比例不断提高，并且已经成为联邦农作物收入保险中十分重要的险种。

（三）全农场收入保险

全农场收入保险（whole-farm revenue insurance）指的是对全农场所有作物的收入

（包括养殖收入）提供保障，而不再是保障单一的作物收入。美国农业部的风险管理局主要提供两种形式的全农场收入保险，主要包括调整总收入保险（adjusted gross revenue，AGR）和调整总收入保险的简化形式（AGR-Lite）。其中，一般通过纳税记录单获取农场主的历史产量和收入等信息。部分学者认为，虽然全农场收入保险的概念较为简单，但在实际中对所有的农场都推行该类保险却很难。例如，在全农场收入保险的费率测定过程中，需要考虑每一个农场种植作物的产量、价格及它们之间的相互关系。除此之外，由于该类收入保险需要对养殖收入提供保障，还要将养殖风险纳入考虑范围。所以，调整的总收入保险现在仍然处于试点阶段，尚未全面推广。

四、美国收入保险的运行机制

收入保险必须是基于被保险人的潜在产量和潜在收入，而保险公司是以被保险人提供的历史产量纪录来预估这两个数据。若投保人无法提供至少连续四年的产量纪录，就需要按照一定的规则由过渡产量（transition yield，T-yield）替代缺失的产量。过渡产量由美国国家农业统计局（national agricultural statistical service，NASS）确定的该县过去10 年的平均历史产量决定。

缺失产量确定的具体规则如下：对于在过去两个种植年度内在该县种植作物的农民，没有任何产量记录的，实际历史产量等于过渡产量的65%；有一年产量记录的，其他三年缺失的产量等于过渡产量的80%；有两年产量记录的，其他两年缺失产量等于过渡产量的90%；有三年产量记录的，另外一年的实际历史产量由过渡产量与另外三年的实际产量平均值确定。对于在该县两年以上都没有种植作物的新农民，实际历史产量等于过渡产量的 100%。实际历史产量每年只能降低 10%，这个特征也限制了年度之间的变化。另外，农民现在可以以过渡产量的60%替代任何产量小于替代产量的年份。

从 2012 年农作物保险年度开始，农场主被允许对 APH 进行趋势调整（夏益国等，2014a，2014b）。

较多的农场主认为由于近年引入新技术提高了农作物产量，若是简单地使用过去十年平均产量来决定其保障水平，会严重低估当前的潜在产量。例如，使用近十年历史产量计算得出的 APH 与近四年历史产量计算出的 APH 相比便处于不利地位。在这种情况下，趋势调整 APH 有助于解决上述问题。

美国建立了完善的农产品交易市场和价格采集系统，预测价格和收获期价格是由商品交易价格条款（Commodity Exchange Price Provisions，CEPP）规定的期货市场价格决定。

美国农作物保险单位被分为以下四个层次。

第一个层次是基本单位，是指农场主在某县范围内在自己拥有的土地和以现金地租承租的土地上所种植的某种农作物的全部土地；或农场主在某县范围内以同一比例的收成分成地租（share rent）所租种的某种农作物的全部土地。可见，基本单位由土地的所有权确定。现金地租和自己所有的土地通常被视为一个基本单位，而不同的分成地租安排则在同一个县内形成多个基本单位。如果投保人投保基本单位，则投保人可以享受10%的保费折扣。

第二个层次是选择单位（optional units）。选择单位是把基本单位中的土地依所在的某县不同市镇地区（township section）划分成更小的单位，美国不同市镇土地具有不同的农场服务署（farm service agency，FSA）和农场序列号（farm serial numbers，FSN）。在划分选择单位时，该单位要能够独立提供实际的历史产量纪录，与此同时投保人不能够享受10%的保费折扣优惠。例如，一个农场的一种农作物在不同城镇中种植在两个完全不同的环节中（如灌溉种植与旱地种植的稻谷），此时就可以划分为不同的选择单位。由此可以看出，选择单位是对基本单位的细分。由于农户可以根据选择单位更好地使保险适合风险管理需要，选择单位在保险市场上更受欢迎。

第三个层次是企业单位（enterprise units）。企业单位是农场主把在某县具有经济利益的某种作物合并成一个保险单位向保险公司投保，而无论种植该作物的土地是自己拥有的还是租来的，也无论是现金地租还是收成分成地租。由于企业单位的被保险农作物的地理位置更分散，有利于风险分散，保险公司会给予10%的费率折扣和更高的保费补贴。企业单位是农作物保险计划中相对比较新的，最初是和收入保险计划一道引入的，后来扩展至多重灾害作物险。

第四个层次是全农场单位（whole farm units）。全农场单位只适用于某些种类的收入保险，将同一县内所有可保的作物整合在一起投保。例如，同时种植玉米和大豆的农场主可以把两者合并成一个全农场的保险单位进行投保，这样农场主便可以获得比企业单位更高的保费折扣和保费补贴。因为以全农场单位进行划分，被保险标的会更多且更分散，这样有助于保险人进行风险管理。

为了激发农场主的投保积极性，政府对投保人进行一定比例的保费补贴。该类保费补贴比例经过了1980年、1994年和2000年的三次上调，目前补贴的比例为38%~80%。比例的具体数值取决于投保人选择的保障水平与保险单位。

美国联邦农作物保险费实施差别补贴政策。该类政策指的是同一保险单位的保费补贴率伴随着保障水平的上升而降低，是为了支持经济状况较差的农场主。因为经济状况较差的农场主一般会选择保费较低的保险种类，所以该类农场主获得的保障水平也较低。经济状况良好的农场主所选择的高保障水平保险，虽然补贴率较低，但是补贴的绝对额较高。同一保障水平下的补贴率按照基本单位、企业单位和全农场单位的顺序依次上升。美国收入保险产品的保费补贴率如表13-2所示。

表13-2 美国收入保险产品的保费补贴率

产量保障水平	50%	55%	60%	65%	70%	75%	80%	85%
基本单位保费补贴率	67%	64%	64%	59%	59%	55%	48%	38%
选择单位保费补贴率	67%	64%	64%	59%	59%	55%	48%	38%
企业单位保费补贴率	80%	80%	80%	80%	80%	77%	68%	53%
全农场单位保费补贴率	80%	80%	80%	80%	80%	80%	71%	56%

资料来源：根据美国农业部风险管理局网站资料整理

五、美国收入保险的运行趋势

近年来，美国联邦农作物保险主流产品由产量保险向收入保险转变的趋势非常明显。收入类保险产品在近年活跃度不断提高主要是因为该类保险产品保障更全面，更加适合农场主的风险管理需求。

（一）附带收获期价格选择权的个体收入保险最受农民欢迎

从发展历程看，自收入保险开发后美国农业保险才真正走上快车道。农作物收入保险以收入作为保障对象，可以同时应对自然风险和市场风险，尤其是基于农场实际产量的个体收入保险能紧密结合农场经济效益，特别是 RP-HPO 最受美国农户欢迎，截至 2016 年，美国有 11 种收入保障保险，合计业务占比为 80.6%（田菁等，2018）。我国农业保险也应加快产品创新，重点研发收入保险产品，并积极开展试点探索。

（二）有效的信息采集与数据积累是重要的硬件基础

美国建立了完备的农业生产和价格数据采集系统。在耕地数据方面，美国每一块耕地都经过规划整理、分块编号，每块地的位置、形状、面积、基础设施、产权、种植计划等都可以实现动态化的数据采集和监测管理。在农业产量方面，美国农业法案要求农场建立农业生产数据库，农场在购买保险时可以提供过去 10 年可信的单产记录。在价格形成方面，美国建立了较为完善的农产品期货市场和现货市场，预测价格和收获期价格可以较准确地制定。在费率厘定方面，美国拥有每块耕地所属的风险区划、灌溉条件等数据，能较准确地厘定地块费率。

（三）科学的管理制度是农业保险有序开展的软件保证

在产品管理上，美国农业部农业风险管理局对全国所有农业保险产品的标准化编号进行管理，保证了每种保险产品的具体内容和政策都可以在其官网上直接检索。在业务管理上，私营保险公司按照 FCIC 要求，设置统一的农业保险业务表格、运用标准化合同、遵循相关规程和指令，有序开展农业保险的销售和服务，并将投保人信息按照规定的格式通过电子信息系统全部提交给 FCIC。在资金管理上，私营保险公司向 FCIC 转交部分保费作为再保险基金，FCIC 依照规定为私营保险公司提供再保险和经营管理费用补贴。

（四）信息技术应用是降低交易成本的有效途径

美国每个农场和农场主都有一套完备的信息库，农场信息（如面积、耕地特征、产权结构、种植计划、财务销售记录等）和农场主信息（如身份证号、社会保险账号、个人税号、收入等）等统统采集进入美国农业部农业风险管理局的信息管理系统，通过信息的互联互通构成了完整的信用体系数据库。农户一旦被发现有瞒报、谎报信息等失信行为，将记入信用体系数据库，较好控制了保险中的逆向选择与道德风险问题。美国还通过建立投保人、私营保险公司和联邦中央保险公司三方衔接高效的资金结算系统，较好地保障了保费能够“收上去”以及赔款能够“付下来”。

六、收入保险在中国的实践与试验

（一）江苏省常州市武进区的水稻收入保险试验

农业是弱势产业，尤其水稻作为主要粮食作物，需要面对自然灾害和市场的双重风险。从全国范围来看，由于我国粮食生产连年丰收，粮食价格面临较大下行压力。从江苏常州武进区实际情况分析，由于水稻高风险、低收益的生产特性，水稻种植面积以每年 1.5 万亩的速度递减①。为保护农民种粮的积极性，促进粮食生产良性发展，作为第二批全国农村改革试验区，江苏省常州市武进区把帮助农民抵御市场风险作为全新课题，在全国率先探索开展水稻目标收入保险改革。中国江苏网2017年1月7日讯，江苏省常州市武进区 2016 年 6 月选择前黄镇、礼嘉镇和雪堰镇的 1 600 多亩水稻作为目标收入保险试点区，并依托江苏省物价局价格监测中心发布的水稻（粳稻）最低收购价和前五年稻谷平均产量，确定水稻 2016 年每亩的目标收入为 1 800 元。前黄镇君臣农业合作社社长李臣与中国人民财产保险股份有限公司武进支公司签订了水稻目标收入保险，这也是江苏省水稻目标收入保险第一单，对稳定区域粮食生产安全具有重要意义。水稻收入保险已被江苏省常州市武进区纳入政策性保险范围，农户只需要承担 20%的保费，剩下的 80%由政府财政补贴。

农产品目标价格保险是欧美等发达国家通用的分散农产品市场风险的制度安排，也是中国维护农业生产秩序、保障农民利益的一项重要改革内容。根据农业部改革试验要求，江苏省常州市武进区从 2014 年 12 月起，正式承担国家赋予武进区的重要农村改革试验任务，开始水稻收入保险改革试验。江苏省常州市武进区与中国人民财产保险股份有限公司武进支公司按照“联办共保”的模式开展合作试点，并聘请专家精心设计了保险条款。2016 年 6 月通过保监会审批水稻收入保险条款后，江苏省常州市武进区进行了运行模拟，2017 年又进一步扩大试点对象，具体情况见表 13-3。

表 13-3　江苏省常州市武进区水稻收入保险模拟运行情况

年份	参保对象	数量	投保面积/亩	收取保费/万元		赔款/万元	预计赔付率
2016	水稻种植专业合作社	4	1 690	18.25	农户缴纳 3.65	预计赔款 5.97	预计赔付率 32.7%
					政府补贴 14.6		
2017	新型农业经营主体	11	3 691	39.86	农户缴纳 7.97	实际赔款 63.6	赔付率 160%
					政府补贴 31.89		

资料来源：林乐芬《常州市武进区农产品（水稻）收入保险“联办共保”模式研究》成果概要，2018 年 5 月

从运行绩效看，收入保险大幅提高了稻谷生产保障水平，也发挥了保险的收入补偿功能，保障金额由传统种植险的每亩 700 元增加到每亩 1 800 元，保障水平提高了 1.6 倍。江苏省常州市武进区的试验经验已经复制到江苏张家港市，目前张家港市共有 67 户农户（农业企业）、1.85 万亩水稻参加试点，保险金额 1 295 万元，保费 32.38 万元（林乐芬，2019）。

当前我国的粮食最低收购价制度面临巨大困境，江苏省常州市武进区创新推行水稻

① 资料来源：2016 年 06 月 29 日，中国鸡蛋网、水稻价格信息网。

目标收入保险改革，以市场之手来保障农民利益，避免了粮食生产和市场风险，对稳定粮食产业良性发展具有显著意义，试点经验成熟后值得在全国推广。江苏省常州市武进区的改革试验工作将在现有工作的基础上，继续完善价格形成机制、信息发布机制、风险防控机制、保险理赔机制，确保改革试验各项任务有序推进，真正让农民享受到水稻收入保险改革带来的益处。

（二）河北省小麦收入保险实践与探索

从 2016 年中央一号文件提出收入保险试点，到 2017 年中央一号文件明确提出建立农产品收入保险制度，再到 2018 年、2019 年、2020 年中央一号文件连续提出探索开展稻谷、小麦、玉米三大粮食作物完全成本保险和收入保险试点，我国不断探索对玉米、小麦、水稻等粮食作物进行收入保险定价试点改革。探索主粮作物收入保险是新形势下完善中国农业特别是粮食作物支持保护政策、保障粮食安全、顺应现代农业发展趋势的重要举措。

小麦是我国三大主粮作物之一，是我国居民的主要口粮，对于保障国家粮食安全具有重要意义。首先，从 1950 年开始，我国便开始统计小麦和水稻等粮食作物的县级产量，小麦成本收益调查数据也超过了 30 年。同时，自 2007 年我国政策性农业保险实施运行以来，保险公司积累了大量农户粮食作物灾情和赔付数据，也可以作为设计小麦收入保险产品的数据来源。其次，采集和发布粮食价格的渠道也得到了不断完善。长期以来，我国都在对小麦、水稻等粮食作物进行连续监测，数据最细可以达到县（区）一级。除此之外，郑州商品交易所（郑商所）强麦、普麦的期货价格也为小麦收入保险产品提供了参考价格指标。最后，我国已经建立了农业保险的运作和监管体系，并且有充分的财政资金来支持粮食收入保险的开展。

（三）河北省首单小麦“保险/期权+期货”精准扶贫模式落地生根

2017 年 8 月 15 日永安期货网信息，河北省证券期货业协会、浙江永安资本管理有限公司、永安期货股份有限公司石家庄营业部、任县军平农作物种植专业合作社四方签订《精准帮扶协议》，各方协助任县军平农作物种植专业合作社开展“保险/期权+期货”试点工作，试点品种为小麦。项目保护价格为 2 650 元/吨，运行期间平均价格为 2 575 元/吨，每吨赔付合作社近 75 元。该试点项目通过“保险/期权+期货”等金融手段实现多方共赢的目标，是河北省首个“保险/期权+期货”服务“三农”、服务精准扶贫工作的试点。

可以借鉴该试点经验，将该试点模式在河北省大面积推广，使受益农户增加、受益面积提高。在普遍粮食增收、供过于求、价格下跌的情况下，收入得到保障，大幅度提升河北省“三农”经济实体抵御“谷贱伤农”风险的能力，实现金融服务“三农”、助力脱贫攻坚的最大效果。不仅能实现收储本身财政资金的最大化效果，还会产生一系列的衍生效应，增强了农户抵御风险能力后，收入可预期性大大增强，有利于增强投资人信心，进而提升在资本市场的估值；消除银行在给农业企业、贫困地区企业放贷中因价格不稳定的顾虑，有利于提高其银行授信额度。

第二节　收入保险是未来农业保险发展的趋势

从我国现有农业保险的实践经验来看，收入保险将是未来农业保险产品的主导形态，它不仅是改革我国农产品定价机制的重要手段，也是实现国家宏观和微观多重农业政策目标的重要途径，探索建立农产品收入保险制度将是农业保险发展与创新的新方向。

从世界范围的农业保险发展经验来看，大部分国家的农业保险发展都经历了成本保险、产量保险、价格保险和收入保险四个阶段。农业收入保险产品是我国第一个以保障农业收入为目的的保险产品，这一保险产品的推出说明我国农业保险产品正逐步地由保障农作物成本转向保障农户收入。传统的产量保险主要目的是保障农产品产量，价格保险则是为了保障农产品的价格不受市场波动的影响，而收入保险可以同时覆盖农户的产量、价格和收入风险。国内农业收入保险的推行说明我国农业保险行业步入了新的发展阶段，在保产量和保价格之后，现已步入第四阶段——保收入。而且收入保险的保费补贴属于“绿箱政策”，是 WTO 的农业协议规则中明确指出属于不需要进行简让承诺的农业补贴政策。

一、探索开展农产品收入保险试点的思考

（一）政府引导，市场运作

农产品收入保险具有正外部性与准公共品属性，所以应该由政府进行引导建立健全收入保险的保费补贴机制，发挥财政补贴资金的杠杆作用，从而提高农户的参保意愿和市场主体的积极性，并通过市场自由机制“由上而下”找到有效的、可推广的收入保险模式。同时，开展农产品收入保险时还需要将政府和市场明确区分开。政府不应该对市场机制可以发挥影响的领域进行限制；市场也不应该涉足超出自身承受范围的领域从而导致出现市场机制失灵的风险。我国在探索收入保险制度时，应完善农业保险运行机制，逐步解决在成本保险阶段显现出来的因为保障水平不高而被忽视的“边界模糊”问题，从而保障农业保险体系的稳定运行。

（二）结合实际，因地制宜

我国主要农产品所选用的价格体系并不相同，如三大粮食作物中，国家仍然对小麦和水稻价格进行政策支持，但是却已经在玉米主产区取消了临储政策。农产品收入保险的试点方案不适宜使用一刀切的方案，应与农产品的实际情况和政策现状相结合，与国家的农产品价格形成机制改革工作协同推进。在落实农产品收入保险的过程中，需要对农产品的主产区和非主产区进行区分，将国家的总体试点原则与各省实际相结合，考虑试点方案的多样化以寻求最佳效果，在推行试点的过程中不断完善保险机制和产品。1996 年，美国首次进行收入保险试点时，还推出了 CRC（crop revenue coverage）、RA （revenue assurance）和 IP（income protection）等三款不同保障方式的收入保险产品进行试点。农户可以根据自身情况自行选择投保险种，并通过市场机制优胜劣汰、更新迭代，最终得到一款主流保险产品。

（三）合理设计产品

与我国 2007 年开展成本保险情况不同的是，开发收入保险产品的过程中，还需要考虑以下四方面的因素。

一是合理设定保障水平。与成本保险相比，收入保险的风险波动性更高。并且近年来市场环境变化巨大，与之前相比，投保主体的风险意识也有所提升，对保险赔付是否合理、足额更加敏感，对保险公司而言是一个巨大的挑战。若是保险公司对保障水平的设定不合理，定价不充足，最终将损害投保农户的利益。例如，在 1999 年由于美国市场份额最大的美国种植者保险公司的一款水稻收入保险产品保障水平不合理、定价不足，该保险公司意图违背农户意愿撤销保单失败后，美国发生了旱灾，使得保险公司的业务经营亏损巨大，公司不具备偿付能力，最终由州政府接管，联邦政府也被迫临时拨款弥补农户赔款，对美国农业保险业造成了巨大的负面影响。

二是建立灵活调节机制。通过在不同产品、不同区域进一步分类、细化，设置分层次的保障水平，以及根据经营情况设计年际间的费率调节系数，在确保费率充足的前提下，统筹试点规模、各级财政补贴资金规模、农户接受度之间的关系。同时，通过灵活的调节机制，引导农户主动提高生产防灾水平，也避免保险公司获得与其承保风险不相称的超额利润，抑制农户和保险公司的道德风险，提高财政资金的使用效率。

三是加强基础建设。保险公司在推行农产品收入保险时，应掌握完整的农业生产和农产品价格数据、价格发现机制和公开即时的信息查询系统。因为收入保险的保障对象一般是大宗农作物，所以保险公司应该提前收集大宗农作物的生产数据（地块位置、面积、单场等）和价格数据，并且与期货市场的价格发现功能相结合，处理好期货市场与农业生产者实际价格间的关系，搭建收入保险“大数据”平台，为收入保险提供可靠稳定的数据和定价依据。

四是注重风险防范。保险公司在实行农产品收入保险时，要为可能发生的巨额赔付风险做好准备。2012 年，美国发生了自 1956 年以来最严重的旱灾，玉米产量与前十年的平均产量相比减少了 20%，收入保险共计收取保费 86 亿美元，支付赔款 144 亿美元，承保损失高达 58 亿美元（田菁等，2018）。但是，由于保险公司在收入保险前便与联邦政府建立了政策性农业再保险体系，该年的保险公司损失由政府与商业保险公司共同承担，不仅有效防范了大灾风险对保险公司可能造成的巨大打击，保障了农业保险体系持续运行，也通过商业保险公司的服务体系第一时间对农户支付赔款，提高了政府财政资金的使用效率。

二、建立符合中国特色的农业保险——大灾风险分散机制

随着农产品收入保险试点的不断推行，保险行业承担的保障责任和大灾风险也在不断增加。同时，由于农产品收入保险与农产品的市场价格挂钩，市场风险也会提高保险行业整体风险的系统性与波动性，使农产品收入保险所面临的风险变得更加复杂。我们

应结合我国财政特色，建立出与国情相符合的农业保险大灾风险分散机制。但是根据我国现有的商业市场运作规则，难以与依托商业保险公司承保能力的农业再保险体系进行对接，急需建立政策性农业再保险体系，充分发挥再保险承上启下的功能，多层次、多主体地对农业风险进行分散，以保障农业保险可以持续稳定地运行。

依据美国、加拿大等国再保险的实践经验，我们可以得知：一方面，需要充分利用再保险独特的大灾风险管理能力，建立标准化和制度化的再保险机制，解决单一商业保险公司在农业保险业务经营及再保险安排中的风险难以分散的问题，在行业层面有效分散风险，起到“稳定器”的作用；另一方面，通过建立财政支持的农业保险大灾风险基金和融资预案，调节年度间的波动并进一步分散系统性风险，发挥“节拍器”的功能。

为了更好地发展收入保险，完成农产品价格形成机制改革，需要从以下几个方面巩固收入保险的发展：第一，大力探索产量保险，不仅可以不断提高农业保险的保障水平，还可以为收入保险的发展奠定坚实基础；第二，不断推进农产品的价格改革，充分发挥市场价格形成机制的作用；第三，发展农产品期货市场，充分利用期货市场的价格发现功能为设定保障价格提供科学依据和数据支持，也为收入保险的产品设计奠定基础。

本章小结

本章对农产品收入保险的概念及功能定位进行了详细的介绍，对个体、团体农作物收入保险及全农场收入保险也进行了介绍。另外，还介绍了美国收入保险的运行机制及市场运行情况，也列举了收入保险在我国的一些实践与实验情况。提出收入保险是未来农业保险发展的趋势。

关键词

农业保险　收入保险　农产品收入保险

思考题

1. 简述农产品收入保险的概念以及功能。
2. 简述个体农作物收入保险、团体农作物收入保险、全农场收入保险。
3. 美国联邦农作物保险单位分为几个层次？分别是什么？
4. 对于开展农产品收入保险试点有哪些思考？
5. 农业保险经历了哪些发展阶段？
6. 如何看待收入保险对我国农业保险发展的意义？

专业术语

农产品收入保险：以历年农业生产的平均收入水平作为确定保障程度的基础，根据产品产出量和目标价格水平两方面因素综合确定保险金额的农业保险。

产量风险：是由地质、气象、病虫害等自然灾害造成的农产品产量下降的风险。

价格风险：是由市场供求、经济形势变动、政策变革等因素造成的农产品市场价格波动风险。

个体农作物收入保险（revenue protection，RP）：为被保险人因产量下降或实际收获价格下降而导致的收入损失提供保障。

团体农作物收入保险（group risk income protection，GRIP）：当全县的平均单位面积农作物收入低于所选择的收入保障水平时，被保险人即可获得赔偿，无论个体的单位面积农作物收入是否低于收入保障水平。

全农场收入保险：是指为全农场所有作物的收入，甚至包括一些养殖收入提供保障，而不再对单一作物收入进行保障。

参考文献

程杰. 2015. 经济作物收入保险对农户收入的影响研究[J]. 辽宁行政学院学报，（6）：41-44.

冯丽娜. 2017. 美国农业收入保险经验及其在中国的发展性分析[J]. 中国管理信息化，20（2）：89-91.

冯文丽，苏晓鹏. 2016. 我国天气指数保险探索[J]. 中国金融，（8）：62-64.

付磊. 2018-02-13. 关于开展农产品收入保险试点的思考[N]. 中国保险报（004）.

郝宗张. 2013. 种植业保险大面积灾害定损法探析——以陕西苹果保险理赔实践为例[J]. 经济研究导刊，（7）：141-142.

郝宗张. 2018. 苹果收入保险研究——以陕西省为例[J]. 保险理论与实践，（2）：13-28.

何小伟，方廷娟. 2015. 美国农业收入保险的经验及对中国的借鉴[J]. 农业展望，（1）：26-30，36.

林乐芬，陈燕，刘贺露. 2019. 水稻收入保险试验效果与复制推广的政策建议——基于江苏省常州市武进区国家农村改革试验区的调查[J]. 保险理论与实践，（6）：13-34.

林乐芬，等. 2020. 现代农业保险产品机制创新研究[M]. 北京：中国农业出版社.

林乐芬，李远孝. 2020. 风险因素、经营特征对规模农户水稻收入保险响应意愿的影响——基于江苏省33个县的经验证据[J]. 保险研究，（5）：50-65.

林乐芬，刘贺露. 2020-04-15. 促进农作物收入保险试点与推广[J]. 中国社会科学报.

刘峰. 2016. 农业保险的转型升级[J]. 中国金融，（8）：56-58.

齐皓天，彭超. 2015. 美国农业收入保险的成功经验及其对中国的适用性[J]. 农村工作通讯，（5）：62-64.

石践. 2016. 收入保险与现代农业转型[J]. 中国金融，（8）：67-68.

石践，周元希. 2017. 收入保险在农产品风险管理上的应用[J]. 上海农村经济，（10）：31-33.

田菁，魏柏林，张琅，等. 2018. 美国农业保险发展及收入保险研究[J]. 保险理论与实践，（2）：75-105.

庹国柱，朱俊生. 2016. 论收入保险对完善农产品价格形成机制改革的重要性[J]. 保险研究，（6）：3-11.

王克，张峭. 2013. 基于数据融合的农作物生产风险评估新方法[J]. 中国农业科学，46（5）：

1054-1060.
王云魁，杨红丽. 2020. 农业收入保险：美国的经验与启示[J]. 经济论坛，（7）：141-146.
吴敌，明洋. 2004. 略论农业的弱质性[J]. 农村经济，（11）：74-76.
吴银毫. 2017. 我国经济作物收入保险定价研究——以阿克苏棉花为例[J]. 金融理论与实践，（1）：102-106.
夏益国，刘艳华. 2014. 美国联邦农业安全网的演变、特点及发展趋势[J]. 中国农村经济，（1）：87-96.
夏益国，刘艳华，傅佳. 2014a. 美国联邦农作物保险产品：体系、运行机制及启示[J]. 农业经济问题，（4）：101-109.
夏益国，孙群，刘艳华，等. 2014b. 建构农业安全网：美国经验和中国实践及政策建议[J]. 农业现代化研究，（3）：257-262.
肖宇谷，王克. 2013. 中国开展农作物收入保险的意义和可行性初探[J]. 农业展望，（10）：29-32.
谢凤杰，王尔大，朱阳. 2011. 基于 Copula 方法的作物收入保险定价研究——以安徽省阜阳市为例[J]. 农业技术经济，（4）：41-49.
徐婷婷，孙蓉，崔微微. 2017. 经济作物收入保险及其定价研究——以陕西苹果为例[J]. 保险研究，（11）：33-43.
徐雪高，齐皓天. 2017-11-06. 美国农作物收入保险的主要做法与经验启示[N]. 农民日报.
叶明华，丁越. 2015. 农作物保险的他国镜鉴与启示[J]. 改革，（12）：94-103.
游悠洋. 2015. 关于推广扩大我国农作物收入保险的可行性研究[J]. 云南农业大学学报（社会科学版），9（2）：20-24.
袁祥州，程国强，朱满德. 2015. 美国新农场安全网的主要内容和影响分析[J]. 农业现代化研究，（2）：174-180.
曾勤. 2016. 试点农作物收入保险助推农业供给侧结构性改革[J]. 中国粮食经济，（4）：37-39.
张峭，李越，张晶，等. 2017a-07-05. 美国农业风险管理政策体系及其演变（上）[N]. 中国保险报（004）.
张峭，李越，张晶，等. 2017b-07-07. 美国农业风险管理政策体系及其演变（下）[N]. 中国保险报（006）.
张峭，王克，李越，等. 2015. 中国主粮作物收入保险试点的必要性及可行方案——以河北省小麦为例[J]. 农业展望，（7）：18-24.
张峭，王克，汪必旺，等. 2016. 农业风险综合管理：一个理论框架[J]. 农业展望，（3）：59-65.
朱俊生，庹国柱. 2016a-06-30. 财政补贴型农险的两难困境[N]. 中国保险报.
朱俊生，庹国柱. 2016b. 农业保险与农产品价格改革[J]. 中国金融，（20）：73-75.

本章拓展阅读

第十四章

其他新型农业保险

第一节　农业贷款保证保险

一、农业贷款保证保险的含义

（一）农业贷款保证保险的概念

农业贷款是为了缓解农业经营主体在农业生产经营中面临的融资约束而向银行等金融机构申请的贷款。农业贷款包含涉及农民个人的小额贷款和涉及农业企业的农业贷款，其中，涉及农民个人的小额贷款以支持农户的生产和生活为目的，涉及农业企业的农业贷款则以解决和农业企业经营有关的原料收购、设备扩充、技术引进、扩大生产与销售等问题为目的。

农业保险是对保险标的在生产、哺育、成长过程中因遭受自然灾害、疫病、意外事故等导致的经济损失提供损失补偿的一种保险。农业保险标的既包括农户在生产过程中农作物遭受的自然风险，也包括农民遇到意外事故身体健康遭受损失的风险，还包括农业企业在生产经营过程中原料供给不足、农产品价格波动的风险等。

农业贷款保证保险（或称“保险+信贷”）是指保险公司与商业银行之间达成某种合作，以保单作为担保方式，辅以政府设立的风险补充专项资金，构建“政银保”合作贷款模式，既缓解了农户或农业经营主体“融资难”“融资贵”问题，又避免了农户农业生产经营的风险和银行的贷款违约风险。

（二）农业贷款保证保险的主体

1. 保险公司

保险人又称承保人，是指经营保险业务，与投保人订立保险合同，享有收取保险费的权利，并对被保险人承担损失赔偿或给付保险金义务的保险合同的一方当事人。农业贷款保证保险的保险人是经有关机关批准开办某项保险业务的商业保险公司。

2. 贷款农户

投保人是指与保险人订立保险合同并有交付保险费义务的保险合同的另一方当事人。农业贷款保证保险中投保人为申请贷款的农户或农业企业，以及申请贷款的借款人。

3. 金融机构

被保险人是受保险合同保障的人，即有权按照保险合同规定向保险人请求赔偿的人。农业贷款保证保险中被保险人是指向农户发放贷款的商业银行等金融机构。

4. 政府

政府通常会通过财政补贴设立风险补充专项资金，扩充资金蓄水池，在贷款保证保险中起到重要的作用。

二、农业贷款保证保险的特征

农业贷款保证保险实施以来，银行与保险公司的互动合作呈现出良好的发展势头。主要体现在以下几点。

（1）我国农业贷款保证保险起步较晚，但发展速度快。我国“保险+信贷”模式产生于 1995 年，至今不过二十多年的时间，相较于西方国家起步比较晚。但该模式在中国出现之初就显现出了强大的生命力，这得益于政府的大力支持。到 1999 年已有国内五大保险公司和包括国有商业银行及部分股份制银行在内的十家银行建立了业务合作关系，其中大多数银行或保险公司都有一个以上的合作伙伴（陈健，2009）。涉及“三农”的贷款保证保险在2006年才开始迅速发展，2008~2010年，各大保险公司相继推出农业贷款保证保险的相关产品，如小额信用贷款保证保险等。

（2）保费较低，增强了农户和农业企业融资可获得性。农业贷款保证保险的运行主要借助保险公司的信誉以及资金实力，规避贷款农户及企业的违约风险，从而使得他们更容易获得金融机构贷款。保险公司通过收取较低的保费并采用“以险带险，以险养险”的方式来吸引客户进行一揽子投保（李丹等，2017），实现了扩大保险业务规模及保险范围的目的。政府财政补贴进一步降低了农户参加农业贷款保证保险的保费，正是由于政府给予农业贷款保证保险在资金方面的大力支持，才确保了该保险顺利开展。

（3）贷款资金及贷款渠道的安全性较高。首先，农业贷款保证保险促使农户在缺乏资金时通过正规渠道获得贷款，资金来源更加安全；其次，正规金融机构的放款利率较低，相比于其他融资渠道，农户的还款压力较小；最后，“保险+信贷”模式的担保方是保险公司，增强了担保的可靠性，金融机构不必担心贷款无法收回。

（4）兼顾经济效益与社会效益。一方面，在农业贷款保证保险中，保险公司收取保费，积累了大量社会资金并分散了风险，产生了一定的经济效应，获得贷款的农户因融资约束得到释放，通过扩大再生产或引进新技术等手段增加了收入；另一方面，农户通过农业保险获得资金用于生产，从而获得利润，提高了生活水平，有利于社会安定，带来了相应的社会效应。

三、农业贷款保证保险运行机制和作用

（一）农业贷款保证保险的运行机制

农业贷款保证保险通过金融机构与保险公司之间的合作能够实现彼此之间的优势互补，既做到了顺应多元化金融服务的时代潮流，又使得保险公司、金融机构、贷款农户三方都能够在该模式下受益，其运行机理如图 14-1 所示。

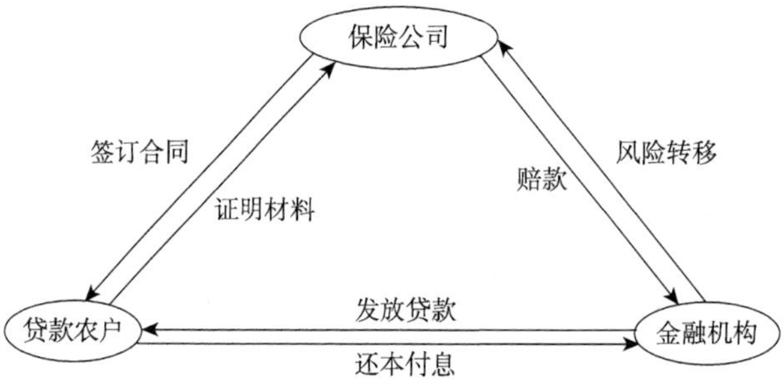

图 14-1　农业贷款保证保险模式运行机制图

作为保险人的保险公司通过“保险+信贷”这一业务模式拓宽了业务渠道，它充分利用广泛分布在农村各处的网点和具有高信誉度的金融机构，来宣传新型涉农保险产品，进一步发展和完善了农村保险市场。不仅如此，保险公司还通过借助农村网点和高信誉度的金融机构，降低销售及相应的营运成本，达到增加利润的目的。在“保险+信贷”这一模式中，保险公司设计出更多契合农业发展现状的新型涉农保险产品，通过与贷款农户签订合同，当农户到期不能向银行还本付息时，保险公司将按期支付赔款给贷款银行。农业保险在农村地区的发展还不够成熟，保险公司通过“保险+信贷”这一模式可以逐渐完善农村保险市场，为保险在农村地区开拓市场的同时促进农村经济的发展。

作为投保人的贷款农户，也从农业贷款保证保险运作过程中受益。一方面，由于农业的脆弱性，农户的生产经营常常面临更多的不确定性而遭遇“贷款难”。农业贷款保证保险的出现，使得金融机构可以通过保险公司分摊农户的违约风险，因而有效缓解了“贷款难”问题，满足了农户的贷款需求。另一方面，农户贷款的安全性得到了保障，通过农业贷款保证保险购买保险，农户的财产及其他各项权益受到相应保障，也降低了农户贷款后如果遭遇风险导致违约的可能性，缓解了还款经济压力。在农业贷款保证保险运行过程中，贷款农户向保险公司递交相应财产、信用等证明材料，与保险公司签订合同，从而获得保险公司的担保，在金融机构获得贷款，到期需还本付息。这一严谨有序的过程确保了农民在遭受巨灾时不易被大额债务所累，同时也维护了自己的信用记录，维护了农村经济环境的安全。

农业贷款保证保险有效提高了作为被保险人的金融机构的放款意愿。保险公司将各金融机构的信贷风险集中起来再进行大规模的分摊，还为有融资需求和风险规避需求的农户进行担保并收取一定保费。当发生导致贷款农户违约的保险事故时，保险公司则按照合同要求支付赔款给金融机构。通过“保险+信贷”这一模式的运作，商业银行将风险转嫁给保险公司，商业银行面临的违约风险减少，因此更愿意放款给有融资需求的农户。

（二）农业贷款保证保险的作用

（1）农业贷款保证保险作为一种新型的农业保险业务模式，起到了降低贷款违约风险的作用。传统的业务模式下，当借款人由于不可抗力发生的各种灾害遭受损失时，会带来还款违约风险。“保险+信贷”模式下，以保险公司的信用提供担保，从而实现了贷款风险的分散和转移，确保了银行信贷资产的安全。

（2）保险公司业务与银行贷款业务相互促进。从市场竞争角度来看，农业贷款保证保险是保险公司与银行合作发放的农业贷款，因此保险公司业务与银行贷款业务不存在市场竞争关系。一方面，两者的服务对象不同，保险公司开展此项业务的服务对象大多是从事农业生产的农户，而银行贷款的服务对象为标准客户，这一客户群体差异使双方能够在农村贷款市场上实现协同发展，相互促进；另一方面，保险公司服务的客户具有高成长性，获得了银行贷款的极大支持，有力地推动了农业贷款保证保险的发展。

（3）促进保险公司保险业务发展和范围的扩大。农业贷款保证保险的快速发展为保险公司带来保费收入，带动了种植业保险、渔业保险、畜牧业保险等其他农业保险的快速发展。此外，在农业贷款保证保险的实施过程中，保险公司会采取一系列政策，如对已投保其他农业保险的申请人采取优先予以承保的政策，以此带动保险公司其他保险业务的发展，并有利于保险业务范围的扩大。

（4）提高金融机构的放贷意愿，缓解农户的融资约束。农业贷款保证保险使贷款人的贷款金额及形式与农户的需求实现契合，该业务采取的受理模式包括柜面直售和信贷员上门服务等多种模式，便利了贷款人办理相关业务。这种方式提高了银行放贷的意愿，保证了银行信贷资金的安全性。

四、农业贷款保证保险的运行状况

（一）相关政策文件

近年来我国农业贷款保证保险相关政策文件如表 14-1 所示，这些政策文件促进了该模式的发展。

表 14-1　农业贷款保证保险相关政策文件总结

年份	文件	相关内容
2009	《中共中央　国务院关于 2009 年促进农业稳定发展农民持续增收的若干意见》	探索建立农村信贷与农业保险相结合的银保互动机制
2010	《关于加强涉农信贷与涉农保险合作的意见》	引入涉农保险机制，分散银行业金融机构涉农信贷风险，提高农村借款人贷款的可获得性，进一步改善农村“贷款难”问题

续表

年份	文件	相关内容
2012	《农业保险条例》	鼓励金融机构对投保农业保险的农民和农业生产经营组织加大信贷支持力度
2013	《中共中央　国务院印发〈关于加快发展现代农业进一步增强农村发展活力的若干意见〉》	加强涉农信贷与保险协作配合，创新符合农村特点的抵（质）押担保方式和融资工具，建立多层次、多形式的农业信用担保体系
2014	《中共中央　国务院印发〈关于全面深化农村改革加快推进农业现代化的若干意见〉》	探索开办涉农金融领域的贷款保证保险和信用保险等业务
2015	《中共中央　国务院印发〈关于加大改革创新力度加快农业现代化建设的若干意见〉》	鼓励开展“三农”融资担保业务，大力发展政府支持的“三农”融资担保和再担保机构，完善银担合作机制
2016	《中共中央　国务院印发〈关于落实发展新理念加快农业现代化实现全面小康目标的若干意见〉》	完善财税、信贷保险、用地用电、项目支持等政策，加快形成培育新型农业经营主体的政策体系，进一步发挥财政资金引导作用，撬动规模化经营主体增加生产性投入。探索建立农业补贴、涉农信贷、农产品期货和农业保险联动机制，积极探索农业保险保单质押贷款和农户信用保证保险。创新发展订单农业，支持农业产业化龙头企业建设稳定的原料生产基地、为农户提供贷款担保和资助订单农户参加农业保险
2017	《中共中央　国务院关于深入推进农业供给侧结构性改革加快培育农业农村发展新动能的若干意见》	鼓励金融机构积极利用互联网技术，为农业经营主体提供小额存款、支付结算和保险等金融服务。扩大银行与保险公司合作，发展保证保险贷款产品
2017	《中共中央办公厅　国务院办公厅印发〈关于加快构建政策体系培育新型农业经营主体的意见〉》	积极推动厂房、生产大棚、渔船、大型农机具、农田水利设施产权抵押贷款和生产订单、农业保单融资
2019	《关于加快农业保险高质量发展的指导意见》	推进农业保险与信贷、担保、期货（权）等金融工具联动，扩大“保险+期货”试点，探索“订单农业+保险+期货（权）”试点
2020	《关于进一步加大“三区三州”深度贫困地区银行业保险业扶贫工作力度的通知》	探索开展农业保险保单质押贷款、农户信用保证保险贷款等，鼓励创新“银行＋保险”扶贫产品。大力加强基层银行保险机构和基层党组织“双基联动”，在行政村基础金融服务、信用体系建设、贷款清收等方面发挥各自优势，形成工作合力
2020	《关于做好2020年银行业保险业服务“三农”领域重点工作的通知》	探索“信贷+保险”合作模式，加强银行、保险信息共享，发挥保险保障功能，对已投保的涉农项目在信贷额度、利率、期限等方面予以倾斜

（二）试点运行状况

农村信贷与农业保险互动发展的模式能够促进农村地区的经济发展。2009~2010 年连续两年的中央一号文件均对我国农村信贷与农业保险互动发展模式做了明确规定。2013 年 3 月 1 日施行的《农业保险条例》进一步规定“国家鼓励金融机构对投保农业保险的农民和农业生产经营组织加大信贷支持力度”。目前，我国部分地区已实践农业保险与信贷相结合的发展模式。2013 年中央一号文件提出：加强涉农信贷与保险协作配合，创新符合农村特点的抵（质）押担保方式和融资工具，建立多层次、多形式的农业信用担保体系。2014 年中央一号文件提出：探索开办涉农金融领域的贷款保证保险和信用保险等业务。2016 年中央一号文件提出：探索建立农业补贴、涉农信贷、农产品期货和农业保险联动机制，积极探索农业保险保单质押贷款和农户信用保证保险。2017 年中央一号文件提出：扩大银行与保险公司合作，发展保证保险贷款产品。

2019 年 5 月通过的《关于加快农业保险高质量发展的指导意见》提出，推进农业保险与信贷、担保、期货（权）等金融工具的联动。2020 年 3 月发布的《关于进一步加大“三区三州”深度贫困地区银行业保险业扶贫工作力度的通知》提出，探索开展农业保险保单质押贷款、农户信用保证保险贷款等，鼓励创新“银行＋保险”扶贫产品。2020年4月发布的《关于做好2020年银行业保险业服务“三农”领域重点工作的通知》提出，探索“信贷+保险”合作模式，加强银行、保险信息共享，发挥保险保障功能。农业贷款保证保险部分试点地区总结如表14-2所示。

表14-2　农业贷款保证保险部分试点地区总结

年份	试点地区	模式
2004	河北省廊坊市霸州市	小额信贷保险
2008	江苏省南京市	个人信用保险+银行小额贷款
2009	江西省	财产保险+意外伤害险+农业信贷
2009	广东省佛山市三水区	政银保（政策性农业保险+小额信贷）
2009	陕西省咸阳市泾阳县、西安市长安区	银保富（农户+财政+保险+银行）
2011	浙江省宁波市、舟山市	小额贷款保证保险+小额信贷
2012	安徽省蚌埠市	农业保险+小额信贷
2012	重庆市	小额贷款保证保险+小额信贷
2012	辽宁省辽中县（今辽宁省沈阳市辽中区）	个人消费信用保险+小额信贷
2012	新疆维吾尔自治区	农业保险+银行信贷
2013	山东省寿光市	订单农业贷款保证保险+小额信贷
2013	安徽省庐江县	农业保险+小额经营性贷款
2014	江苏省徐州市铜山区	贷款保证保险+家庭农场主小额信贷
2015	湖南省	新型农业经营主体贷款+保险
2016	山东省	农户贷款+意外伤害保险
2016	山东省青岛市平度市	以农地经营权为基础的新型涉农贷款保证保险
2017	广西壮族自治区玉林市	农村承包土地经营权抵押地贷款保证保险
2020	四川省	生猪活体抵押贷款+生猪价格保险

农业贷款保证保险在各地实践中有所不同，但无一例外地强烈依赖地方政府的支持，如政策支持和财政补贴等。政策支持对地方开展农业贷款保证保险起到了良好的保障，财政补贴则为农村开展农业贷款保证保险提供了资金支持。保险公司与信贷机构的合作，丰富了农村保险市场保险产品的供给品种，满足了农户的信贷需求，促进了保险公司和金融机构共同发展。

（三）中国农业贷款保证保险实施过程中的难点

农业贷款保证保险在我国发展尚不成熟，实施过程中存在一些困难。

（1）保险的有效需求不足。在我国广袤的农村地区，小农经济的地位根深蒂固，其保守性仍然阻碍着农村的经济发展。农户的保险意识淡薄，虽有贷款需求，但因思想保守和认知能力有限，缺乏通过保险来分担风险的认识，对新事物的接受程度较低。农业贷款保证保险是一种新型农业保险，并未达到人身保险等险种的普及程度，加之农村信息相对闭塞，农户获取信息的渠道有限，大多农户对其仍持观望态度，不敢付诸实践。农户想要购买农业小额贷款保证保险需要选择就近的网点进行办理，但保险公司在农村地区设立数量过多的网点显然不切实际，也需要一定的时间，这给农户办理保险业务带来不便，限制了农户投保的积极性。农户若选择投保，不仅要偿还贷款本息，还需要支付保险费，因此一定程度上也会增加自身的融资成本。

（2）理赔效率低。根据相关要求，保险公司进行赔付的过程比较烦琐。在一些地区的实践中，保险公司进行赔付不仅需要投保农户申请，还需要银行出具相关证明；保险公司在出险与理赔中也要进行逐级申报和审批，这大大降低了保险金的赔付效率；与其他保险业务相比，农业贷款保证保险需要保险公司投入更多的时间和精力来调查确认保险事故。这些因素共同导致保险公司的理赔效率较低。

（3）金融机构、保险公司及贷款农户三方利益难以协调。当前我国实施的农业贷款保证保险中，提供涉农贷款的金融机构是最大的受益者。金融机构不仅收取利息，还能够转移贷款违约风险；农户不仅需要承担保险费用，还要承受利息偿还压力；保险公司在贷款保障保险中面临更高的风险、承担更大的责任，一是农村信贷风险的赔偿责任，二是由保险公司与银行在客户选择上的目标差异产生的投保人的逆向选择行为给保险公司带来的经营风险的增加。因此，农业贷款保证保险的三方主体在风险分担和利益共享方面较难实现均衡。

农业贷款保证保险这一新型农业保险业务模式的发展在我国仍处于起步阶段，在一些地区，由于各方利益主体的关系难以协调，试点一两年后又停办。尽管农业贷款保证保险在实践中面临很多困难，但其机制是科学有效的。在很多农业保险发展较早的国家，常常都将购买保险作为农业贷款取得的重要条件之一，实际上就是“保险+信贷”模式。因此，农业贷款保证保险在我国要取得长远发展，必须妥善协调好各方利益主体的关系，理顺并完善运作机制及监管体系。

第二节　农产品期货价格保险

一、农产品期货价格保险的含义

（一）农产品期货价格保险概念

农产品期货价格保险（或称“保险+期货”）中的保险是指农产品价格保险，主要规避农产品在市场中面临的价格波动的风险，它是指为了规避市场价格波动导致农产品价格下降的风险，农户或合作社向保险公司购买农产品期货价格保险，将价格风险转移给保险公司，保险公司为了转移价格风险，又向期货公司购买相应的场外农产品期权产品，期货机构利用期货产品的对冲机制从而实现套期保值功能。农产品期货价格保险利用了金融期货的套期保值功能，从而有效分散和转移了农产品的价格风险。

农产品期货价格保险利用期货市场的价格发现和套期保值功能，有效连接保险产品和期货工具，从而达到分散农产品价格风险的目的。

（二）农产品期货价格保险的主体

1. 农户

在农产品期货价格保险中，农户或合作社是农产品期货价格保险的投保人，为保障自身基础收入水平而向保险公司购买相关期货价格保险产品来锁定农产品价格，当农产品市场上农产品价格低于目标价格时，可以从保险公司获得赔偿，投保农户能够实现有效规避农产品市场价格波动风险的目的。

2. 保险公司

在农产品期货价格保险中，农户和期货公司的直接交易对象都是保险公司。在保险公司和农户之间，保险公司是销售方，销售的产品是农产品期货价格保险；在保险公司和期货公司之间，保险公司是场外期权产品的购买方。保险公司的“一卖一买”行为实现了农产品价格风险的分散和对冲。

3. 期货公司

在农产品期货价格保险中期货公司主要是向保险公司出售场外期权产品，从而承担了原本由保险公司承担的农产品价格风险。期货公司分散风险的措施是通过风险管理子公司，在期货交易所利用创新衍生工具全面覆盖合约承接保险公司的标的风险。

4. 期货交易所

在农产品期货价格保险中，期货交易所起到为期货交易搭建平台的作用，为保险市场和期货市场的合作提供政策支持。此外，期货交易所还承担着宏观调控市场运行的职能，在期货交易失灵时，期货交易所需要进行风险预警。

二、农产品期货价格保险的特征

农产品期货价格保险是一种创新型的农业保险，具有以下特征：一是专业性强，不易被农户接受。期货市场上普遍存在的衍生品都具有很强的专业性，农户认知不足，但农产品期货价格保险产品的需求方主要来源于农户，专业性过强的保险产品很难为农户所接受。二是农产品期货价格保险连接了农户、保险市场、期货市场三方，农户通过购买农产品期货价格保险转移价格波动风险，保险公司通过购买农产品期权产品转移一定程度的风险责任，期货市场通过期货产品的套期保值机制实现风险对冲。此外，期货市场的价格发现功能，使得其可以提供具有公信力的农产品价格，该价格可作为农户、保险市场和期货市场之间交易的价格参照标准（李华和张琳，2016）。我国农产品期货价格保险起步较晚，国内对这一模式的相关理论研究最早可追溯至 2014 年。但是农产品期货价格保险的专业性和复杂性特征决定了该新型保险的试点规模较小，试点模式相对较为单一。

三、农产品期货价格保险的运行机制和作用

（一）农产品期货价格保险的运行机制

在“保险+期货”这一模式中，农户或农业企业向保险公司购买农产品期货价格保险来规避农产品价格风险，确保经营收益；保险公司向期货公司风险管理子公司购买场外看跌期权产品来转移价格风险，从而对冲农产品价格下跌给保险公司带来的赔付风险；期货公司在期货交易所进行相应的期货交易复制看跌期权操作，进一步地达到分散风险的目的。该模式运行机制如图 14-2 所示。

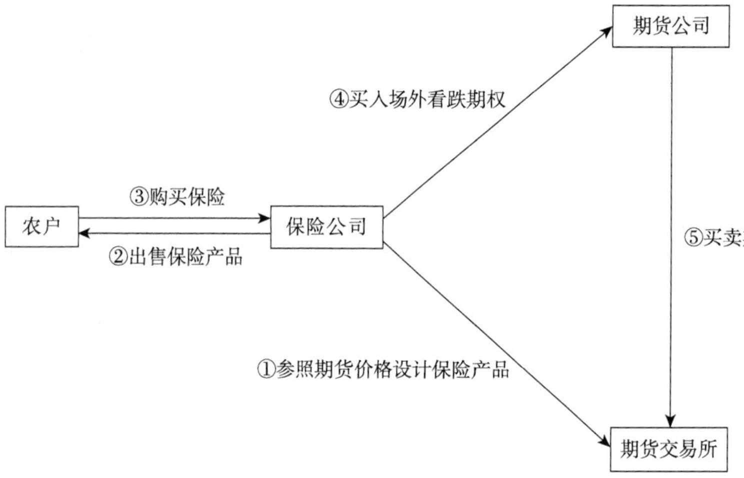

图 14-2　农产品期货价格保险运行机理图

在“保险+期货”模式下，保险公司参照期货市场上的期货价格来设计保险产品。除此之外，主要考虑的因素还包括投保时间、所投保农产品的历史价格波动情况、区域间价格差异及国家相关政策等。在设计保险产品时需要制定目标价格和相应保费，以设计出更符合投保农户需要的保险产品。农户出于规避农产品市场风险、保障收入的目的而选择购买农产品价格保险产品，这一过程中政府或其他部门还会提供保费补贴，相当于降低了农户购买保险产品的价格，促进了保险产品需求。保险公司完成保险产品的出售之后，将所得保费用于购买场外看跌期权，这一过程实质上是“再保险”，保险公司通过再保险操作来对冲农产品价格波动可能带来的损失风险。期货公司也会选择在期货市场上买卖期货合约来分散自身所面临的风险，这主要通过复制期权的方式实现（蔡胜勋和秦敏花，2017）。

普通农产品价格指数保险是对农业生产经营者因市场价格大幅波动、农产品价格低于目标价格造成的损失给予经济赔偿。与普通农产品价格指数保险相比，“保险+期货”模式虽然并没有改变农户和保险公司之间的保险关系，但是将期货公司纳入保险业务的参与者范围，实现了对农作物价格风险的多重分担保护。利用期货公司的价格发现和套期保值功能，“保险+期货”模式有效分散了农户的农产品价格风险，降低了保险公司的承保风险，将价格风险由农产品市场转移到资本市场，各参与方均受益。相比于

普通农产品价格指数保险，“保险+期货”模式成功地实现了制度创新。

（二）农产品期货价格保险的作用

除自然风险外，农业生产还面临着一系列的市场风险。一般来说，农户面临的市场风险主要可以概括为以下三种：一是生产资料价格上涨；二是农产品价格下降；三是生产资料和农产品价格不同步变化。“保险+期货”模式为农业保险提供了有效的价格风险保障，稳定了农作物的生产经营。农产品期货价格保险将财产保险加以衍变，以农业生产中农作物的价格为保险标的，发生风险事故时农户可获得价格差的赔偿，从而有效保障了农户收益。在收益获得保障的情况下，农户相当于拥有了农作物价格的“保护伞”，从而将精力放在提高农业生产率和农作物质量上，这将对农作物的生产经营起到稳定作用，并促进农业发展。

农产品期货价格保险降低了农产品价格波动带来的风险，农民收入得到切实保障。在农产品市场上，农户面临着产品价格波动的市场风险，“保险+期货”模式可以利用期货市场对冲农产品价格下降带来的经济损失。

在“保险+期货”模式下，保险公司可以利用期货公司的价格发现功能，参照期货公司提供的价格来制定保险产品从而对冲价格风险。此外，保险公司可以通过购买场外看跌期权将农作物价格风险转移到期货交易中去，这种风险转移不存在同业竞争的不良影响，因为期货交易可以实现规避风险和套期保值的功能（郭惠荞，2016）。通过该模式，保险公司承保农业保险的渠道不再局限于自身，而是充分利用期货市场的经营特点有效分担自身的赔付风险，使保险基金更安全，丰富了资产管理渠道。

农产品期货价格保险有利于完善我国农产品价格的形成机制。在中国实行家庭联产承包责任制的情形下，农业生产主要依靠粗放的小农经营模式，从而导致人力成本高昂、农业生产者收入有限等问题。为应对此类问题，政府主要依靠财政补贴来提高农民的生产积极性，但往往适得其反，不仅不能提高农民生产积极性，还会使市场经济的优势丧失（顿姣等，2017）。“保险+期货”模式使农产品价格与其真实水平更为接近，用期货保险来转移分散市场风险，就可以减少相应的财政补贴而使价格形成机制更可靠。

农产品期货价格保险加快了我国农业现代化进程。在传统的农业生产环境下，农业生产者普遍依靠传统的生产观念和经验来决定种植什么，在这样的大环境下所面临的自然灾害风险和价格波动风险都是由农户独自承担。近年来，“三农”问题受到越来越多的关注，农业现代化已是大势所趋，为此就必须进行农业生产方式的变革。农产品期货价格保险在传统农业中引入了专业化的金融机构，通过期货市场来进行风险对冲，从而降低风险，大大加快了农业现代化的进程。

四、运行现状

（一）相关政策文件

由于农产品期货价格保险相比普通的农产品价格指数保险更具有优势，因此近年来政府鼓励各地区进行试点，相关政策文件总结如表 14-3 所示。

表 14-3 “保险+期货”模式的相关政策文件总结

年份	文件	相关内容
2014	《中共中央 国务院印发〈关于全面深化农村改革加快推进农业现代化的若干意见〉》	支持符合条件的农业企业在主板、创业板发行上市，督促上市农业企业改善治理结构，引导暂不具备上市条件的高成长性、创新型农业企业到全国中小企业股份转让系统进行股权公开挂牌与转让，推动证券期货经营机构开发适合“三农”的个性化产品
2016	《中华人民共和国国民经济和社会发展第十三个五年规划纲要》	完善农业保险制度，稳步扩大“保险+期货”试点，扩大保险覆盖面，提高保障水平，完善农业保险大灾风险分散机制
2017	《中共中央 国务院关于深入推进农业供给侧结构性改革加快培育农业农村发展新动能的若干意见》	鼓励地方多渠道筹集资金，支持扩大农产品价格指数保险试点。探索建立农产品收入保险制度。支持符合条件的涉农企业上市融资、发行债券、兼并重组
2017	《农业部办公厅关于开展 2017 年度金融支农服务创新试点的通知》	金融支农服务创新试点应重点围绕解决农业现代化建设以及新型农业经营主体发展面临的融资难、融资贵、风险高等问题。农业保险支农模式创新主要包括收入保险、指数保险、“保险+期货”、保险资金支农融资等
2018	《中共中央 国务院关于实施乡村振兴战略的意见》	深入推进农产品期货期权市场建设，稳步扩大“保险+期货”试点，探索“订单农业+保险+期货（权）”试点
2019	《中共中央 国务院关于坚持农业农村优先发展做好“三农”工作的若干意见》	扩大农业大灾保险试点和“保险+期货”试点。支持重点领域特色农产品期货期权品种上市
2020	《中共中央 国务院关于抓好“三农”领域重点工作确保如期实现全面小康的意见》	优化“保险+期货”试点模式，继续推进农产品期货期权品种上市

（二）中国农产品期货价格保险试点的运行状况

长期的托市收购政策导致农产品价格与市场脱钩，当前农产品价格政策改革的核心是让农产品价格和收储回归市场。农产品期货价格保险将农产品价格与市场相联系，将价格风险从农产品市场转移到资本市场。近年来我国农产品期货价格保险主要试点地区总结如表 14-4 所示。

表 14-4 “保险+期货”模式主要试点地区总结

年份	试点地区	种类	特点
2015	上海市	鸡蛋价格保险	安信保险开展的鸡蛋价格保险，其保险价格以上海市蛋品行业协会的中准价为基础，保险数量为 1.1 万吨鸡蛋，是“保险+期货”模式的全国第一单
2015	辽宁省锦州市义县	玉米价格保险	中国人民财产保险股份有限公司大连分公司与锦州市义县桂勇玉米种植专业合作社、义县华茂谷物种植专业合作社签订玉米价格保险合同。保险价格参照玉米期货市场价格，保险数量为 1 000 吨玉米
2016	广西壮族自治区	糖料蔗价格保险	安信保险联合太平洋财产保险公司开展糖料蔗价格保险，保险数量为 40 万亩。财政针对该项目给予了 80%的保费补贴
2016	黑龙江省、吉林省、辽宁省、内蒙古自治区、安徽省	玉米、大豆等价格保险	大连商品交易所在黑龙江、吉林、辽宁、内蒙古、安徽等 5 个省（区）开展了“保险+期货”试点，涉及玉米、大豆现货 20 万吨，为 4 158 个农户提供价格保险服务，共理赔 482 万元，有效保障了农民的基本收益
2017	海南省	天然橡胶期货价格保险	2017 年 6 月，国内首张天然橡胶期货价格保险保单在海南省正式签发，为国家贫困县白沙黎族自治县南开乡全体橡胶种植户的年产量为 1 482.72 吨的橡胶提供风险保障 2 090.64 万元
2017	云南省	橡胶价格保险	2017 年下半年，国内天然橡胶价格持续低迷，按照该项目当初设立的扶贫赔付机制，最终总赔付 217.10 万元，单个投保农户最高赔付 14 654.25 元，人均赔付 3 101.43 元，涉及橡胶种植面积 2 万亩，覆盖了汉、傣、哈尼、布朗、彝、回、基诺、布依、讫佬等 9 个民族的胶农

续表

年份	试点地区	种类	特点
2018	甘肃省	苹果期货价格保险	2018 年银河期货和静宁县人民政府、大地保险三方紧密合作，针对苹果种植农户面临的产业风险，大力探索“保险+期货”扶贫新模式，帮助静宁县成为郑商所确定的全国第一批苹果“保险＋期货”试点。期间，中投公司投资 160 万元开展试点项目，为 300 户贫困户和 1 家果品合作社投保苹果 3 000 吨，其中贫困户的 1 500 吨保费 80 万元由银河期货帮扶资金全额补助
2019	山东省	棉花期货价格保险	2019 年山东省首次启动棉花价格保险试点工作，安排财政资金 4 875 万元，为夏津、鱼台等 6 个试点县的 8.66 万户棉农提供保险保障 4.94 亿元。截至 2019 年底，保险公司按每吨 2 415 元进行赔付，共赔付棉农 7 850 万元，每亩赔付额达 193 元，赔付率 161%，显著降低了棉花种植市场风险
2019	新疆维吾尔自治区	红枣期货价格保险	郑商所在库车、阿拉尔、若羌、麦盖提四地开展五个红枣“保险+期货”试点项目，总承保 13 800 吨红枣，折合红枣种植面积 5.2 万亩，保障金额约 1.5 亿元，有效规避了红枣价格波动带来的风险

某种农产品是否具有“保险+期货”模式的可操作性主要取决于该产品在期货市场上的活跃程度。由试点结果来看，保险对冲风险所衍生的成交量占期货市场交易量的比例低于 5%时不会对期货市场产生冲击。白糖、玉米、鸡蛋等品种具备较强的可操作性，试点地区的期货价格保险种类集中在这几类农产品上。

在“保险+期货”模式的实际交易方式中，只有少数规模较大且具备期货交易资格的农业企业才会通过套期保值实物交割的方式来交易，绝大部分农产品的交易都是通过现货市场来进行的。因此农户更倾向以现货市场价格为基础价格保险目标价。这就导致期货与现货之间的价格差异成为一个问题，因此保险公司应当做好期货与现货之间价格差异的研究，才能将风险控制在预期之内。

“保险+期货”模式之所以能够转移风险，是因为期货公司能按照约定履行合同，当价格下跌至低于期权执行价时，期货公司将按时支付相关差价。但这一过程存在两点问题：第一，保险公司无法对期货公司所有交易进行实时监控并难以对期货公司操作的准确性和科学性做出有效判断；第二，期货公司的履约能力往往容易受到经营状况的影响。这两点使得保险公司不能做到百分之百地转移风险，因此，为最大限度转移风险，保险公司往往会选择经验丰富、实力雄厚的期货公司进行合作（胡巍，2017）。

（三）中国农产品期货价格保险实施过程的难点

我国农产品期货价格保险实施时间短，实施过程中存在以下难点问题。

（1）场外交易缺乏有效监督，监管平台建设不到位。期货交易所的场内交易商品的品种和定价需要满足品质标准化和规模大宗化这两项要求。然而，“保险+期货”作为一项新生事物，无法满足这两项要求，所以只能通过场外市场进行交易。因而“保险+期货”模式是一种委托套保的形式，需要场外交易平台进行有效监督。“保险+期货”模式出现时间短，有关监督的法律政策还不完善，监管平台的建设仍需进一步努力。

（2）农产品期货价格保险的相关政策扶持力度不够。由于缺乏对“保险+期货”模式的政府补贴政策，农户受到经济条件约束，面对保险费率较高的农业保险，往往不堪重负。但对于保险费率较低的农业保险，保险公司则需要承担较高的赔付率，因而保险公司对于保险费率较低的农业保险的承保意愿非常低，农户与保险公司就保险费率产生的意见差异在阻碍保险公司的农产品价格险种创新进程，阻碍中国农业保险进一步发展的同时，还会导致农业保险市场与期货市场的合作不通畅，运行机制不健全。这两方面的问题对文化水平不高的农户群体造成了市场壁垒，农户的农产品价格保险的投保意愿降低，从而使农户难以享受到由期货公司带来的避险保值优势。

（3）农产品期货价格保险的操作规则尚不完善。我国保险与期货市场的合作还处在起步阶段。为了加快保险市场与期货市场的合作进程，市场应当针对该模式下的每一操作环节建立相应的监管机制，如对农产品期货价格保险的品种确定、目标定价、权利金的列支、赔款收益的税务缴纳等环节加强监管，但国家相关部门和机构还没有做出统一的操作规定。

（4）保险公司、农户、期货公司三者之间的合作未形成良好的循环机制。“保险+期货”模式的有效运转离不开保险公司、农户和期货公司三者之间的密切合作和相互配合。保险公司需要参照期货市场上的期货价格，并考虑所投保农产品的投保时间、历史价格波动情况、区域间价格差异及国家相关政策等来设计保险产品，制定合理的目标价格和保险费率（秦萍，2016）。“保险+期货”模式在我国尚处于起步探索阶段，保险公司和期货公司之间关于定价规则、定价程序和实体操作等方面的信息共享机制尚不健全。

（5）我国农产品期货价格保险的期货期权品种较为单一。国外有几百种与农产品有关的期权、期货产品，而我国的农产品期货仅有十几种，农产品期权尚未有创新。所以保险公司仅能参照期货市场上仅有的十几种农产品期货价格来设计农业保险，农产品保险所需价格数据有待进一步完善。因此必须加快农产品期货期权品种的开发设计进程。

（6）场内期权建设进程缓慢。我国的“保险+期货”模式作为一项新生事物，相应的农产品期货无法满足品质标准化和规模大宗化的要求，只能通过场外市场进行交易。所以对于保险公司转移的农产品价格风险，期货公司只能选择在场外进行风险对冲，而不能通过场内交易实现目的。因此，场内期权建设进程的缓慢也导致了对冲手段单一、风险流动性较弱、风险对冲成本过高等问题。

第三节 土地流转履约保证保险

一、土地流转履约保证保险的含义

（一）土地流转履约保证保险的概念

土地流转履约保证保险是指当农户将土地经营权流转给规模经营业主，土地转入方和土地转出方为了有效规避双方的违约行为而参加的商业保险。一旦土地流转双方当事人的任何一方违背了土地流转约定，保险公司参照保险合同约定，对当事人的违约行为产生的经济损失进行赔付。

土地流转履约保证保险不是简单地在农业生产中引入商业保险，而是在农业生产中以“合作社+农户+土地流转履约保证保险”的形式引入保险机制。政府给予保费补贴，合作社负责提供交易平台，通过多方的努力来共同实现土地流转市场的稳定运行。土地流转履约保证保险充分利用保险的风险分散机制，一旦土地转入方不按照合同约定支付土地使用权转让租金，或产生转出方不按合同约定随意上调租金等违约行为时，保险公司对转出方或转入方承担理赔责任，而后保险公司依法享有追偿权利。

（二）土地流转履约保证保险的主体

1. 农户

在土地流转履约保证保险中，农户实际上就是对应的土地流出人，在该保险合同中农户也就是被保险人。由于农户数量较多，单个农户拥有的土地面积有限，且受到自身文化水平及维权知识匮乏等约束，农户在土地流转过程中常处于弱势地位。特别是当农户转出土地后不能按照合同约定获得租金时，农户会变得非常被动。为了保障农户在土地流转过程中的利益最大化，零散的农户往往选择“抱团取暖”的方式——成立专业合作社。

2. 专业合作社

由零散的农户聚集成立的专业合作社在土地流转履约保证保险中居于重要地位。它的力量不再是分散的，而是在土地流转中成为一支具有规模力量的队伍。专业合作社在土地流转履约保证保险中的身份为投保人，专业合作社通过“预流转”的方式将农户分散的土地集中，然后对集中起来的待流转土地进行整体规划，最后实行整体集中流转。

3. 保险公司

土地流转履约保证保险的保险人为保险公司。在政府的号召下，保险公司设计专门的土地履约保证保险产品，为土地转入方和土地转出方共同投保。特别是当土地流入方出现违约时，保险公司会向土地流出方支付赔付金，此时土地流转履约保证保险实际上是保险公司为农户等土地流出人提供保障。保险公司在向土地流出人赔付完成后，可以向土地承租方行使追偿权。

二、土地流转履约保证保险的特征

土地流转履约保证保险是针对土地流转过程中出现的一系列失约、拖欠租金等现象而设计的新型农业保险产品。土地流转履约保证保险主要呈现出如下特征。

（1）土地流转履约保证保险具有较强的针对性。我国土地流转的时间始于 20 世纪 90 年代，随着土地流转的规模与范围越来越大，流转的方式也呈现出多样化趋势，土地流转对农业制度的创新存在迫切需求。土地流转过程中出现的失约、拖欠租金、弃耕等问题严重危害社会诚信体系、威胁粮食安全、挫伤生产积极性、损害农民利益和社会稳定。在这样的背景下，政府必须进行农地流转管理的创新，土地流转履约保证保险应运而生。政府试图通过市场化的方式来解决土地流转中的信用缺失问题，因此土地流转履约保证保险的出现具有较强的针对性。

（2）坚持市场运作、因地制宜及自主自愿的原则。土地流转履约保证保险的实施坚持以政府扶持引导，并通过市场化运作来推进。考虑到不同地区的异质性，各地区的实践活动在具体实施程序、政府补贴标准及土地流转履约保证保险的开展形式等方面存在差异。例如，尚不具备开展土地流转履约保证保险的地区，首先探索建立土地流转风险保障金制度，即通过土地经营权入股组建土地股份合作社的方式开展土地流转收益保证保险，以确保在推行土地流转履约保证保险的过程中做到因地制宜、循序渐进及稳妥有序。更重要的是，土地流转履约保证保险充分发挥了土地流转双方的主体作用，充分尊重其在土地流转履约保证保险参保过程中的主观意愿。政府部门和保险公司通过建立激励政策及完善相应的配套措施来充分调动土地流转双方参与土地流转履约保证保险的积极性。

（3）政府补贴力度较大。以成都试点地区为例，土地流转履约保证保险保费占土地流转交易额的3%。保费由土地转出方、土地转入方及政府部门共同承担，承担比例分别为10%、40%和50%。政府承担的保费不是以直接补贴的方式进行，而是“以奖代补”的方式。一旦土地流转双方当事人的任何一方发生了违约行为，保险公司即向受害方赔付经济损失，并享有对违约方的经济追偿权利。政府承担50%保费的行为体现了政府对土地流转履约保证保险的支持及治理土地流转过程中信用缺失问题的决心。

三、土地流转履约保证保险的运行机制和作用

（一）土地流转履约保证保险的运行机制

土地流转履约保证保险是缓解土地流转过程中信用缺失问题的重要风险规避手段。在土地流转履约保证保险运行过程中，先由农户将土地聚集起来，继而成立专业合作社，合作社通过对整合起来的土地进行整体规划、集中流转。合作社引入资本成功后由业主经营土地，并由业主支付租金。

为了防止土地流转过程中业主拖欠租金及农户突然涨租金的风险，土地流转双方当事人同时向保险公司申请购买土地流转履约保证保险，然后由保险公司对双方当事人提交的农村土地经营权流转合同、备案证明及交易鉴证书等相关资料进行审查核实。在对双方当事人的土地流转情况进行调查之后，邀请行业专家对项目进行评审。对于符合参保条件的土地流转双方当事人，保险公司会与其签订土地流转履约保证保险合同，并由土地转入方和土地转出方共同支出保险费用。当土地流转双方中任意一方出现违约行为时，保险公司会向受到损失的一方支付赔偿金。土地流转的违约风险在转移到保险公司的同时，保险公司享有追偿权利，有效降低了土地流转过程中的违约风险，从而使土地流转中的信用链条更加牢固。

（二）土地流转履约保证保险的作用

在推进土地流转政策中引入土地流转履约保证保险意义重大。具体来说，土地流转

履约保证保险的作用如下。

（1）化解了土地流转风险，保障了农民利益。土地流转履约保证保险采用“土地预流转+非融资性担保”的模式，成立专业合作社将农户手中分散的土地集中起来，相比于弱势农户个体，专业合作社的专业性与风险承担能力更强大（张艳玲，2016）。此外，土地流转履约保证保险由政府提供非融资性担保，土地流出者便不用再担心土地流入者失约或者拖欠租金，这一保障使土地流转过程中的信用风险得以化解，农民的租金收入也得到了相应保障。

（2）丰富了保险公司的涉农保险产品库，有利于保险公司的业务创新，开拓农村保险市场。土地流转履约保证保险是保险公司针对土地流转过程中的信用风险设计的一项保险产品，该险种也成为保险公司涉农保险产品库中的一支新生力量。在土地流转履约保证保险实施过程中，保险公司要具备强大的应变能力来应对可能出现的问题，不断进行保险业务的创新，理顺土地流转机制，从而开拓农村保险市场。

（3）提高了农民收入，调动和激发了土地流转双方的创造性和积极性（韩清华和张丽，2015）。土地流转履约保证保险大大降低了土地流转过程中转入方和转出方的违约风险，农户只需给每亩地缴纳几块钱的保费，就可以确保土地流转的安全性，获得土地流转带来的收益。此外，保险公司支付赔付金后，有权对违约方进行追偿，这一规定确保了土地经营者不会轻易违约，大大减少了土地流转过程中的“失约弃耕”现象。同时也解决了“适度规模经营”及“地由谁来种”的问题。农户愿意把土地流转出来，想要进入农业领域的工商资本可以更容易地获得土地经营权，这样，土地流转双方的积极性都被调动起来，能够不断优化农村土地流转市场化服务体系，提升农业效益。

（4）有利于高效配置土地资源，构建农村土地良性流转机制。土地流转履约保证保险对土地流转的流出方和流入方都是有利的：农户不必担心业主因为经营不善而“跑路”以致租金不保，业主也不必担心农户突然涨租金而影响产业长远规模化发展。土地流转双方实现了双赢，土地作为一种稀缺资源也得到了高效配置。此外，由于土地流转履约保证保险使土地流转双方的合作更为通畅，政府不必担心土地流转过程中的诸多问题影响社会稳定。同时，土地流转参与方的权益得到合法保障也有利于构建农村土地良性流转机制，大力促进农业规模化经营和现代农业的发展。

四、土地流转履约保证保险的运行现状

（一）相关政策文件

近年来有关土地流转履约保证保险的相关政策文件总结如表 14-5 所示。

表 14-5　土地流转履约保证保险相关政策文件总结

年份	文件	相关内容
2008	《中共中央关于推进农村改革发展若干重大问题的决定》	农民土地经营权的流转可以按照转包、出租、互换、转让、股份合作等形式进行，且必须遵循依法自愿有偿的原则
2013	《中共中央　国务院关于加快发展现代农业进一步增强农村发展活力的若干意见》	鼓励和引导城市工商资本到农村发展适合企业化经营的种养业

续表

年份	文件	相关内容
2014	《关于引导农村土地经营权有序流转发展农业适度规模经营的意见》	在工商企业租赁农户承包地经营的过程中，承包商违约及经营不善的情况时有发生，因此要注重监管及防范风险
2014	《中共中央　国务院印发〈关于全面深化农村改革加快推进农业现代化的若干意见〉》	继续保持耕地保护制度的严格施行，规定农民对相应的承包地享有占有、使用、收益、流转、抵押及担保的权利
2015	《中共中央　国务院关于加大改革创新力度加快农业现代化建设的若干意见》	农村集体经营性建设用地经判断后，若符合规划和用途管制，则该地拥有出让、租赁、入股的权能
2015	《农业部 中央农办 国土资源部 国家工商总局关于加强对工商资本租赁农地监管和风险防控的意见》	建立健全租赁农地风险保障金制度；有条件的地方可以探索与开展农业保险、担保相结合的发展模式，从而不断提高风险保障能力
2016	《中共中央　国务院关于落实发展新理念加快农业现代化实现全面小康目标的若干意见》	完善工商资本租赁农地准入、监管和风险防范机制。健全县乡农村经营管理体系，加强对土地流转和规模经营的管理服务
2016	《关于完善农村土地所有权承包权经营权分置办法的意见》	要深化农村土地制度改革，实行土地所有权、承包权和经营权“三权分置”
2017	《中共中央　国务院关于深入推进农业供给侧结构性改革加快培育农业农村发展新动能的若干意见》	大力培育新型农业经营主体和服务主体，通过经营权流转、股份合作、代耕代种、土地托管等多种方式，加快发展土地流转型、服务带动型等多种形式规模经营。鼓励地方探索土地流转履约保证保险。研究建立农业适度规模经营评价指标体系，引导规模经营健康发展
2017	成都市《人民政府办公厅关于推进农村土地流转履约保证保险的意见》	鼓励多元发展。在开展农村土地流转履约保证保险的基础上，鼓励保险机构从土地流转双方的需求出发，创新保险品种，突破单一格局，向多元化发展，促进土地流转商业性保险业的发展
2018	启东市《市政府印发关于开展农村土地流转履约保证保险实施意见（试行）的通知》	坚持以政府引导、支农惠农、市场运作、风险共担为前提，按照建立机制、协同服务、稳妥推进、逐步完善的工作原则，积极稳妥地开展土地流转履约保证保险试行工作

（二）中国土地流转履约保证保险的试点运行状况

农村土地流转有利于优化土地资源配置和发展现代农业，土地适度规模经营有利于提高劳动生产率，从而有利于保障粮食安全。由于农村土地制度的局限性、经济波动、社会问题、自然灾害等外源性风险因素，以及流转客体、主体等内源性风险因素，农村土地流转中蕴藏着大量风险，制约了农村经济发展。在这种现实背景下，土地流转履约保证保险通过规避土地流转时转入方和转出方的违约风险，为土地流转提供了重要保障。土地流转履约保证保险自出现以来，先后在四川成都、江苏海门等地进行了试点，其运行状况总结如表 14-6 所示。

表 14-6　土地流转履约保证保险主要试点地总结

年份	地区	地位	做法	结果
2015	四川省成都市邛崃市等地	2015 年 12 月 6 日四川省邛崃市冉义镇 100 余名业主代表和合作社代表与保险公司签订土地流转履约保证保险保单，这是全国首单农村土地流转履约保证保险合同	保费按土地流转交易额的 3%收取，其中农民承担 20%，业主承担 80%，财政将对自愿参加履约保证保险的行为采取以奖代补的方式分摊 50%的保费	2017 年 5 月四川省邛崃市完成农村土地流转履约保证保险首单赔付；此单赔付的完成具有重要意义：一是土地流转的失约风险有所下降；二是通过该保险土地资源配置效率得到提升；三是长远来看农民收入及农业效益均有所提升
2017	四川省遂宁市	遂宁市第一单土地流转履约保证保险合同	保费按土地流转交易额的 2.5%收取，其中业主承担 60%，政府风险保障基金承担 40%	遂宁市安居区为农业大区，土地流转履约保证保险使该地区的土地规模经营流转风险得到控制，使该地区的农业保险范围扩大到土地流转领域

续表

年份	地区	地位	做法	结果
2017	江苏省海门市	海门市创建省级“三权分置”创新示范县建设的重点内容	土地承包经营权流转履约保证保险标的以经营主体实际缴纳的土地流转费为准，保险费率为土地流转费的3%，其中土地流出方承担1.5%，市财政补贴1.5%	实施土地流转履约保证保险的成效：一是土地流转工作得以快速推进；二是土地流转行为日益规范；三是土地流转风险有所降低；四是促进农民增收，推动高标准农田和现代农业园区建设
2020	江苏省无锡市	无锡市土地流转履约保证保险工作取得突破性进展	创新保费奖补方式：保险期间若未出险，市财政将给予20%的保费奖补；改革保险费率，保险费率不得超过2.5%	首单土地流转履约保证保险支付保费1 000元，投保面积40亩，保险金额40 000元，保险期间1年

由试点地区的土地流转履约保证保险运行状况可以看出，虽然该保险保费在不同的地区略有差别，但试点成功的经验大都相仿。首先，通过成立专业合作社来扭转农户在土地流转中的弱势地位是必要的，专业合作社可以通过民主选举，成立董事会、监事会，制定完善合作社章程，充分保障农户土地流转的知情权、参与权和监督权，有效约束少数基层干部“乱作为”或者“权力寻租”行为；其次，专业合作社通过做好土地项目规划来引进优秀的投资企业，农民合作社根据现有土地状况，确定适合的产业发展方向，有针对性地引进资本；最后，试点地区的政府补贴力度都非常大，政府不仅邀请保险公司专门为土地流转履约设计保险产品，为农户和经营者共同投保，还补贴一半左右的保费。

（三）中国土地流转履约保证保险实施过程中的难点

土地流转履约保证保险在我国还是一个新生事物，运行过程中仍存在以下难点。

（1）农户对土地流转履约保证保险缺乏足够认识。根据试点地区的实施状况，政府与业主承担了保费的绝大部分，农民只承担了较小部分，所以农户每亩地只需要缴纳几块钱保费。尽管已经出台了如此优惠的政策，保费收取情况却仍然不佳，许多农户认为“一手交钱一手交地”的情况下不存在什么失约风险，因而不愿意参加保险，导致许多保险单都是由业主代付。

（2）保险公司前期调查的支持力度不足。在实行土地流转履约保证保险之前，农村均按照自愿原则进行土地经营权登记的颁证工作，自愿原则下导致极少业主申请了颁证，因此当前的形势是大多业主尚未进行土地经营权登记，这就给保险业务的前期审查工作增添了许多难度。此外，一些业主对土地流转履约保证保险的本质缺乏足够的认知，不愿意接受保险公司的财产调查，给保险公司的业务推进造成极大不便。

（3）违约出险处理机制尚未建立。土地流转履约保证保险与一般的农业保险不同，保险事故发生时，出险涉及的处理对象具有特殊性，包括对地面物的处理、对土地的再流转的处理等，在当前土地流转程序中，处理流程仍不明确，所以应当以政府相关部门为主导，尽快建立一套标准科学的处理流程。

第四节　农机保险

随着我国农业现代化进程的加快及政府对农业发展的大力支持，越来越多的农村家庭开始使用农机设备来提高农业生产效率。对普通农村家庭来说，一台农机具（如拖拉机）的成本较高，若再因为碰撞或误伤行人等意外事故发生，巨额经济赔偿可能使农户致贫或返贫。“十年致富奔小康，一场事故全泡汤”正是对发生农机事故之后农村家庭现实生活最贴切的描述，而农机保险能够为农机具造成的事故损失给予相应的保障，有效防范农机具事故带来的风险。本节将从农机保险的定义、特征、作用及经营模式等方面进行阐述。

一、农机保险的定义

农机保险是涉及农机损失、机上人员及第三方损失者相关险种的统称，是指由保险公司为农机所有者或使用者在田间作业、道路运输、农业生产、农产品加工等生产经营过程中，遭受自然灾害或者意外事故所造成的损失提供经济补偿的保险保障制度（农业部农业机械化管理司，2015）。首次提及农机保险这一概念的文件可追溯至国务院2010年发布的《国务院关于促进农业机械化和农机工业又好又快发展的意见》，该文件明确指出“积极开展农机保险业务，有条件的地方可对参保农机给予保费补贴”。2012年国务院颁布的《农业保险条例》中明确指出农机保险属于涉农保险的范畴，适用《农业保险条例》中的有关规定，这就给农机保险的定义及所属范畴做出了一个明确的界定。

20世纪80年代，为了保持我国农业的持续发展、保障农民的生产经营活动，政府决定不予征收农业保险业务的营业税。当时作为国内唯一的保险公司，中国人民保险公司响应政府的号召，积极开展农业保险业务，农机保险正是在这样的契机之下逐渐发展起来的。20世纪90年代开始，我国的保险企业纷纷进行股份制改造，商业化程度越来越高。由于农机事故大多集中于农忙时节，保险公司需要赔付的金额较高但收取的保费数额又较低，承保农机保险的保险公司常常在农机保险业务方面入不敷出。这使市场上大多数保险公司都不愿意承保，农机保险业务呈现出逐渐萎缩的趋势。我国成功加入WTO后，农业面临来自经济全球化带来的冲击，农机保险作为农业生产的非价格支持政策之一，既符合“绿箱政策”的许可范围，又能够保障我国农业机械化的稳步发展，受到了政府重视。2006年，农业部与保监会在参考了国务院颁布的《机动车交通事故强制责任保险条例》后，制定了《拖拉机交强险费率方案》，这是我国第一份关于农机保险费率制定的政策文件。2007年，保监会批准了《拖拉机交强险费率方案》，明确了拖拉机交强险的基础费率标准。同年3月，农业部联合保监会下发了《农业部 中国保监会关于切实做好拖拉机交强险实施工作的通知》，决定从2007年4月1日起全面实施拖拉机交强险制度，并要求各保险公司严格执行《拖拉机交强险费率方案》。拖拉机交强险的实施，既保障了农户的生命财产安全，又刺激了我国低迷的农机保险业务，为农机保险业务的再次兴起打下了坚实基础。在农机保险赔付金额高、保险费用低、农户收入水平较低、保险公司利润空间被极大压缩的背景下，为了既能保障农机的安全操作和农业安全生产，又能助推保险公司开展相关农机保险种类业务，多地政府都积极开展农机保险业务试点工作。2005 年，上海市率先开展农机具综合保险业务试点；2008 年，江苏省开展农机互助险工作；2011 年北京市也进行了安全互助保险的尝试与探索；2013 年湖南省借鉴陕西省、湖北省等地经验，也开展了农机安全互助保险。我国各地根据自身情况，因地制宜，探索实施了不同模式的农机保险，同时农机管理部门也对农机保险的实施给予大力支持。

二、农机保险的特征

农机保险作为一种新型农业保险，不仅具备普通农业保险的特征，由于农机使用方法的独特性和与之相联系的农民生产作业方式的独特性，还具有有别于其他农业保险的特征。

（1）农机作业环境复杂，事故现场勘测困难。农机具在进行田间作业时常常要面对田地中残留的木桩、暗沟等障碍物，如果农机手在作业之前未能对作业环境进行仔细勘探，发生农机事故的可能性会大大提高。此外，还有不少拖拉机承担着运输作物及跨区作业的职责，这些拖拉机经常会在道路上往返通行，农间小道地形复杂，极易发生道路交通事故，对拖拉机驾驶员以及路边行人和田间劳动人员造成危害。此外，农机事故发生地点多集中于山区、田间等地带，距离市区较远，一旦发生事故，保险勘察人员不能及时赶到现场开展事故勘测工作，加之事故地带环境复杂，使勘测工作难上加难。

（2）农机作业期短且集中，保额赔付期也较为集中。农作物的耕种和收割大多集中于春秋两季，且作业时间较短，农户需要根据时节进行耕种和收割。在收割时遇到天气恶劣的情况时要加大作业力度，以避免农作物因天气原因遭受损失，进一步损害到农户的利益。农机具在这样恶劣的天气情况下运作，发生翻车、碰撞等事故的概率大幅度增加。此外，由于作业期较短，为了不耽误农作物的最佳耕种和收割时机，农机手经常会熬夜开展作业。连续多日作业会导致农机手睡眠严重不足，这也会加大农机事故发生的概率。农机意外事故的发生大多集中于农作物耕种或者收割的时节，这使得保险金额的赔付也较为集中，导致该段时间保险公司的经营利润大幅下降。

（3）信息不对称，易发生逆向选择现象。由于农户居住地较为分散且距离保险公司在农村的营业点较远，一旦发生农机事故，保险公司不一定能第一时间赶到现场进行勘探并发放理赔款项。再者农机事故的类型较多，保险公司掌握的信息并不能完全覆盖这些事故原因，这就会使农机具持有人更加倾向购买农机保险以期获得赔付金额，形成骗保情况，损害了保险公司的利益。

（4）农机具种类繁多，农机保险险种很难覆盖所有农机具风险事故。我国目前农机种类较多，包括：耕整机械、植保机械、排灌机械、动力输送机械、种植施肥机械、收获机械、粮油机械、果蔬机械、饲料机械、畜牧饲养机械、棉花机械、茶叶机械、肥料机械、农机配件共 14 种类型。然而我国目前以农机具为保险标的的农机保险主要还是拖拉机交强险、拖拉机第三者责任险等覆盖面较小的险种，其他常用的农机具如插秧机、卷帘机等还未能纳入承保范围。开发农机保险，需要保险公司保险设计者既要懂保险学知识，又要了解农业机械特点和有关技术，特别是在发生农机保险事故时，勘探人员要能够准确地辨明事故发生的原因并确定应该赔付的金额。

三、农机保险的作用

农机具在农忙时期经常要进行田间作业和粮食运输，易发生机器碰撞事故并导致人员伤亡，因此农机生产作业属于高风险行业。随着我国农业现代化进程加快，越来越多的农村家庭开始拥有农机具。随着农机数量的增加，农忙时期收割机异地作业过程中出现机器损毁、人员伤亡、财产损失等事故发生的数量也在逐渐增加，而农机保险则为农机驾驶员的人身安全和机器设备的财产安全提供了保障，同时也为监管农机具的安全使用提供了便捷的途径。

在农忙时节，农民需要驾驶农机具在环境复杂的田间耕种或者收割农作物，同时还有相当一部分农民不仅要耕作自己家的农田，还要驾驶联合收割机到异地去帮助其他农户开展农业生产活动。复杂的田间环境及异地之间的往返交通，都会导致农机事故的发生，给农机具和农户造成财物及人身的经济损失。农民的收入有限，尤其是对于那些以农业收入为主要经济来源的家庭，一旦发生农机事故，轻则农机损坏，导致农户家中的农业生产停滞不前；重则造成人员伤亡，使农户家中十几年的积蓄都因这一次农机事故而付之东流，甚至还有可能引发社会矛盾。考虑到农机事故可能引发的一系列后果，农机保险的开展非常必要。农机保险对发生事故的农机户进行经济补偿，从而帮助农户缓解因农机事故带来的致贫返贫。

保险公司在与农户签订农机保险合同时，会就合同中的条款向农户进行讲解，并向农户普及农机作业中可能存在的风险和这些风险带来的危害。当地农机管理部门会向每个购买农机具的农户宣传农机具的安全生产要领。在这样的宣传活动下，农户的风险防范意识得到提升，他们能了解到更多防范农机事故发生的手段，可以减少农机事故的发生。

狭义的农业保险主要包括种植业保险和养殖业保险，广义的农业保险在此基础上还囊括了在农作物种植、收割、运输、加工整个流程中使用的生产资料的相关保险。这些生产资料包括：机器设备、农作物的存放仓库和农田耕种工具等。作为农业保险的一个子系统，农机保险的开展，使农机具这类生产资料得到了相应的保障，完善了我国农业保险的体系。

四、农机保险经营模式

我国农机保险由于开展时间尚短，经验不足，且每个地区的农业生产水平不同，无法形成全国统一的保险模式。各个省份依据自身农业生产的特点，参考国外农机保险的运营模式，结合当地实际情况，因地制宜开展农机保险的相关试点工作。当前我国各省份农机保险试点的经营模式大致可以归纳为三类：政府主导下的专业保险公司经营模式，如上海；政府扶持下的商业保险公司经营模式，如江苏、北京；互助保险模式，如陕西、湖北、湖南。

（一）政府主导下的专业保险公司经营模式

2004年9月，上海市委、市政府合力组建了安信保险，开始进行农业保险的相关工作探索。作为一家商业保险公司，安信保险除了经营传统的农业保险之外，还经营财产保险、责任保险、健康保险等由上海保险监管部门批准的保险业务。然而，作为由政府出资设立的专业性保险公司，安信保险的主要经营业务仍然是农业保险。上海市人民政府为推动当地农业发展水平的提高，发布了相关政策文件，给予农业保险、农机保险一定的财政补贴并免除这些险种的营业税。自 2005 年安信保险《农机具综合保险条款》审核通过以来，上海市各区纷纷响应上海农业委员会的号召，敦促本地区积极开展农机保险业务。

政府主导下的专业保险公司经营模式的优点如下：第一，政府出资建立的专业农业保险公司有着雄厚的财力支持，能够有力地保障农业保险和农机保险长远、健康的发展；第二，政府对其主导建立的农业保险公司提供大量的保费补贴，这既能增强农民的投保意愿，又能保障保险公司的经济收益；第三，政府的有效干预可以解决“市场失灵”等问题。该模式的局限性在于要求政府要有强大的经济实力。

（二）政府扶持下的商业保险公司经营模式

政府扶持下的商业保险公司经营模式主要是指政府与市场上的一家或者几家保险公司开展合作，各司其职。政府的主要工作如下：一是制定相关政策法规规范保险公司的经营行为；二是给农机保险提供一定比例的财政补贴。保险公司的主要职责是经营各类保险业务。

2008 年，江苏省确定开展农机政策性保险试点工作。在省政府的领导和支持下，农机政策性保险规模逐步扩大，到 2012 年已实现 13 个省辖市的全覆盖。江苏省政策性农机保险可以分为四类：兼用型拖拉机交强险、运输型拖拉机交强险、联合收割机第三者责任险和农机驾驶人员意外伤害险。在四类农机保险中，各级财政提供的保费补贴不低于保费总额的 50%。2011 年，北京开始推行农机政策性保险，目的是为拖拉机和联合收割机提供全方位的保险保障，包括三个险种：农机损失保险、农机具机上人员责任保险和农机具第三者责任保险。北京农机政策性保险保费采取市级补贴 50%、区（县）累加补贴 20%～40%的方式，在减轻农户负担的同时，有效降低了农业生产风险，受到广大农户的欢迎。

政府扶持下的商业保险公司经营模式的优点主要包括：第一，在该模式下，政府通过利用商业保险公司的技术、人才、业务网络和管理体系等开展农机保险工作，不必单独设立保险机构，从而实现对资源的节约和有效利用；第二，政府将大量财力、人力花费在政策指导和资金扶持方面，而不必像政府主导下的专业保险公司经营模式那样消耗大量政府资源，从而能够更好地发挥政府功能；第三，利用现有的商业保险公司开展农机保险业务，能够降低农机保险的业务成本。此外，商业保险公司相较于政府更加了解保险市场的行情，能够做出更准确的判断，在现场勘探及资金理赔方面都更具优势。

但如果出现以下两类情况，该种模式就不能很好地推动当地农机保险事业的发展：①当地政府的财政收入不足，无法提供农机保险财政补贴，这会挫伤保险公司开展农机保险业务的积极性，阻碍当地农机保险业务的开展；②如果当地的商业性保险公司财务实力薄弱且缺少对市场的把控能力，则无法配合政府开展农机保险业务，无法有效推动当地农机保险业务的发展。

（三）互助保险模式

农机安全互助保险是农民自愿开展的一种合作保险，其设立目的是“互助共济”，即防范在农业机械作业过程中发生的机具损毁、机手意外人身伤害等风险。农机安全互助保险成立的基础是会员互助，不以营利为目的。服务保障功能体现为“三位一体”模式，主要通过政府鼓励、协会搭台、农民自愿、行业自保、专家管理、风险共担，把农机的安全生产监理、技术推广应用与事故损失补偿有机结合实现。

陕西省于 2009 年开展农机安全互助保险试点工作。在陕西省农业机械管理局的支持下，在多方政府机关的努力下，陕西省农业机械安全协会成立。该协会还与保险经纪公司签订合作协议，共同成立了陕西省农业机械安全协会风险互助管理委员会，以此来解决资质核发及保险监管支持问题。湖北省 2010 年借鉴陕西省的经验，开始开展农机安全互助保险。2013 年 7 月，湖南省农机局在民政厅与保监部门的支持下，借助江泰保险经纪公司技术支持，创办了农机安全互助保险。陕西、湖北、湖南及河南驻马店经过长达 6 年对农机保险的不断探索创新，最终在 2015 年成功创新农机安全互助合作保险，实现了三省一市联动的战略突破，并成功覆盖 12.59 万台农机。2015 年，三省一市一共发生了 4 439 起农机事故，保险公司支付高达 1 816.1 万元的保险金额（方华，2016）。

互助保险模式的优点主要包括：第一，农机互助保险主要是对参加农机互助保险的成员进行保障，成员之间都非常熟悉，对于其他农机户家庭中的农机情况相当了解，因此农机户之间可以相互监督，防止出现骗保等情况，因而有效遏制了道德风险。第二，农机安全协会依托农机监理系统开展农机保险。农机监理系统的优点是基层组织体系较为完善，技术力量较为专业、雄厚，该系统不仅确保了农机互助保险在农机专业合作社和农机户中得到广泛宣传，会员发生事故后能够及时组织救援，还能合理确定补偿数额，管理成本较低。此外，互助保险模式在大幅度降低展业、定损成本的同时，还维护了农民利益，增强了互助保险的公信力。

相较于前两种模式，农机互助保险模式在防范道德风险方面确实具有较大优势，但也存在一些问题。该模式下农机保险业务的开展主要依赖于农机安全协会，虽然商业保险公司作为顾问可以提供意见或者方案，但是相较于商业保险公司直接开展农机保险业务所获得的利润，农机安全协会支付给商业保险公司的费用较少。这导致商业保险公司不愿意为农机安全协会提供农机保险。此外，在互助保险模式下，农机保险业务的开展存在着保障水平较低和监管主体不明确的问题。

五、农机保险主要险种

目前我国农机保险试行的险种主要包括：农机损失险、农机具机上人员意外伤害险、拖拉机交强险及责任险。

（一）农机损失险概述

农机损失险主要是指农机具在田间作业或者公路运输过程中，发生了在保险合同约定范围内的意外事故而造成机具毁损的经济损失，由保险公司给予经济补偿。目前，我国农机损失险主要分为两类：农机损失保险和农机机身损失互助保险。

1. 农机损失保险

（1）保险标的。

农机损失保险的保险标的需满足以下几个条件：一是该农机必须是已经在农机管理部门登记检验合格的农机；二是申请农机损失保险的日期与农机初次登记日期应在 10 年（不含）以内；三是农机类型应为从事田间作业的拖拉机、联合收割机等农机具。

（2）承保范围。

农机损失保险的保险事故包括以下三类：①火灾、爆炸、雷击、碰撞、倾覆；②外界物体倒塌、空中物体坠落、行驶中坠落；③暴风、暴雨、洪水、龙卷风、雹灾、地陷、崖崩、山体滑坡、泥石流、雪灾、沙尘暴。在农机保险的保险期限内，因以上任何一项保险事故发生，被保险人或者其允许的合法驾驶人、操作人从事田间作业过程中发生的农机具的全部损失或部分损失，应由保险人依法按照农机保险合同约定加以赔偿。

（3）责任免除。

当以下任何一种情况发生时，不论任何原因造成投保农机的任何损失和费用，保险人均不负责赔偿：①肇事后逃逸。驾驶人、操作人、被保险人、投保人故意破坏现场、伪造现场、毁灭证据，被保险人或其允许的驾驶人、操作人的故意行为、犯罪行为。②驾驶人有下列情形之一者：饮酒、服用国家管制的精神药品或者麻醉药品；无驾驶证，驾驶证失效或者被依法扣留、暂扣、吊销期间；驾驶与驾驶证载明的准驾机型不相符合的农机；法律法规规定的其他属于无有效驾驶资格的情况。③违反安全装载规定行驶。④地震及其次生灾害、战争、军事冲突、恐怖活动、罢工、暴乱、污染、核反应、核污染、核辐射。⑤自燃或人工直接供油、高温烘烤、不明原因产生火灾。⑥保险农机全机被盗窃，以及在此期间受到的损坏，或机上零部件、附属设备丢失。⑦自然磨损、锈蚀、故障、本身质量缺陷。⑧轮胎（包括钢圈）单独损坏，玻璃单独破碎，机身表面油漆单独损伤，水箱或发动机单独冰冻损坏，以及配套农用机械损坏。

2. 农机机身损失互助保险

农机机身损失互助保险的保险标的、承保范围、责任免除与农机损失保险一致，不同的是农机安全协会只承担不超过最高补偿限额的 1.5%的合理施救费用。

（二）农机具机上人员意外伤害险概述

在农机驾驶或者农机运作中，农机驾驶人员或者机上其他人员常常会因为一些不确定因素而遭受意外伤害事故。农机具机上人员意外伤害险正是针对这些情况，为保障农机具驾驶人员及随机作业人员生命财产安全而推出的一款险种。农机具机上人员意外伤害险主要分为以下两种。

1. 农机具机上人员意外伤害险

（1）保险标的。

农机具机上人员意外伤害险的保险标的为农机驾驶人员及随机作业人员的身体健康安全。

（2）承保范围。

农机具机上人员意外伤害险的承保范围包括：驾驶人及随机作业人员的头部、双目、躯干、肢体的残疾，听觉、嗅觉、味觉的损害，内脏器官与泌尿系统损害等。

（3）责任免除。

被保险人因以下因素导致遭受意外伤害或者存在以下情况之一的，属于保险除外责任，即保险机构不予赔偿：①被保险人、投保人的故意行为、欺诈行为或犯罪行为；②机上人员饮酒、服用国家管制的精神药品或者麻醉药品；③无驾驶证、驾驶证失效或者被依法扣留、暂扣、吊销期间；④驾驶与驾驶证载明的准驾机型不相符合的农机具；⑤法律法规规定的其他属于无有效驾驶资格的情况；⑥发生保险事故时保险农机具没有农机监理部门及其他相关管理部门核发的行驶证、号牌，或未按规定检验或检验不合格；⑦保险农机具被转让，被保险人或受让人未及时通知保险人，且因转让导致保险农机具危险程度显著增加而发生保险事故；⑧地震及其次生灾害、战争、军事冲突、恐怖活动、罢工、暴乱、污染、核反应、核污染、核辐射；⑨机上人员疾病、分娩、自残、斗殴、自杀行为（农业部农业机械化管理司，2015）。

2. 驾驶操作人意外伤害互助险

驾驶操作人意外伤害互助险的保险标的、承保范围及责任免除都与农机具机上人员意外伤害险一致。

（三）拖拉机交强险概述

拖拉机交强险是一种强制性责任保险，其赔偿责任主要是受险拖拉机因发生道路交通事故造成的本车人员、被保险人以外的受害人的人身伤亡和财产损失（张惠龙，2012）。以前实行的机动车第三者责任保险具有商业性质，投保人可以根据自身情况选择购买与否。现实中，大多数机动车驾驶员都不愿意购买该款保险，导致第三者责任险的投保率较低，一旦发生交通事故，受害人往往因得不到及时补偿而与肇事者产生经济纠纷，影响社会秩序。因此，我国于 2006 年颁布《机动车交通事故责任强制保险条例》，该条例第二条规定“在中华人民共和国境内道路上行驶的机动车所有人或者管理人，应当依照《中华人民共和国道路交通安全法》的规定投保机动车交通事故责任强制保险”，拖拉机持有者也应当按照本条例投保拖拉机交强险。

1. 保险标的

拖拉机交强险的保险标的为兼用型拖拉机和运输型拖拉机，兼用型拖拉机包括各种收割机。

2. 承保范围

拖拉机交强险的承保范围包括：被保险人在使用受险拖拉机因发生道路交通事故而产生的人身伤亡和财产损失。其中死亡伤残的赔偿金额包括丧葬费、死亡补偿费、受害人亲属办理丧葬事宜支出的交通费用、残疾赔偿金、残疾辅助器具费、护理费、康复费、交通费、被抚养人生活费、住宿费、误工费。此外，被保险人依照法院判决或者调解承担的精神损害抚慰金。医疗费用的赔偿金额取决于医疗费、诊疗费、住院费、住院伙食补助费及其他一些必要的、合理的后续治疗费、整容费、营养费。

3. 责任免除

发生以下情况而造成的损失或者费用，保险公司不负责赔付金额或者垫付：①因受害人故意行为造成的交通事故损失；②被保险人所有的财产及被保险机动车上的财产遭受的损失；③被保险机动车发生交通事故，致使受害人停业、停驶、停电、停水、停气、停产、通信或者网络中断、数据丢失、电压变化等造成的损失，以及受害人财产因市场价格变动造成的贬值、修理后因价值降低造成的损失等其他各种间接损失；④因交通事故产生的仲裁或者诉讼费用及其他相关费用；⑤因驾驶人未取得驾驶资格、驾驶人醉酒、被保险机动车被盗抢期间肇事、被保险人故意制造交通事故所造成的损失和费用，交强险不负责赔偿，仅负责垫付符合规定的受害人的抢救费用（农业部农业机械化管理司，2015）。

（四）责任险概述

责任险是指由保险人承担被保险人的民事损害赔偿责任的险种，包括但不限于公众责任保险、第三者责任险、产品责任保险、雇主责任保险、职业责任保险等险种。考虑到任何可能造成他人人身伤亡或财产损失事件的发生，任何单位、家庭和个人均可以申请责任保险。在农机保险中的责任险主要有两大类别：一是第三者责任保险；二是第三者损害互助保险。

1. 第三者责任保险

第三者责任保险（简称三责险），涉及保险合同中的保险人和被保险人，还涉及保险合同以外的第三人。保险人的保险责任是被保险人或其允许的合格驾驶员在使用被保险车辆过程中因发生意外事故对第三者造成的人身伤亡或财产损失。保险人应对这种损失负赔偿责任。此外，在经保险公司同意并书面承诺的前提下，被保险人因意外事故可能衍生的仲裁或诉讼费用也在保险人的承保范围内。

（1）保险标的。

第三者责任保险的保险标的与拖拉机交强险的保险标的相同，都是以农机具驾驶员以外第三者的人身财产安全为保险标的，为因农机具肇事而受到伤害的第三者提供经济赔偿。

（2）承保范围。

第三者责任保险的承保范围如下：被保险人或其允许的合法驾驶人在使用保险车辆过程中因发生意外事故造成的第三方人身伤亡和财产直接毁损，依法应由被保险人承担经济赔偿责任，保险人对于超过交强险各分项赔偿限额的部分，按照保险合同规定负责赔偿。

（3）责任免除。

下列原因导致的意外事故，保险人不负责赔偿：①地震及其次生灾害。②战争、军事冲突、恐怖活动、暴乱、扣押、罚没、查封、政府征用。③受害人与被保险人或驾驶人恶意串通，或者故意导致事故发生的。④发生保险事故时无公安机关交通管理部门核发的有效行驶证、号牌，或临时号牌或临时移动证。⑤饮酒或服用国家管制的精神药品或麻醉药品的。⑥未依法取得驾驶证、持未按规定审验的驾驶证、驾驶与驾驶证载明的准驾车型不符的机动车；驾驶人在驾驶证丢失、毁损、超过有效期或被依法扣留、暂扣期间或记分达到 12 分，仍驾驶机动车的。⑦应当由交强险赔偿的损失和费用，保险人不负责赔偿。

2. 第三者损害互助保险

（1）保险标的。

第三者损害互助保险的保险标的与第三者责任保险一致，都是以农机具驾驶员以外第三者的人身财产安全为保险标的，为因农机具肇事而受到伤害的第三者提供经济赔偿。

（2）承保范围。

在安全互助责任期限内，会员本人或其允许的合法驾驶人在驾驶互助机具（拖拉机和联合收割机）或转移过程中发生事故，致使第三者人身伤亡或财产直接毁损，依法应当由会员承担的赔偿责任，协会按照互助合同的约定负责赔付。

（3）责任免除。

下列损失和费用，协会不负责赔付：①互助机具发生意外事故，导致第三者停业、停驶、停电、停水、停气、停产、通信或者网络中断、数据丢失、电压变化等造成的损失及其他各种间接损失；②因污染（含放射性污染）造成的伤害；③互助机具被盗窃、抢劫、抢夺期间造成的第三者人身伤害；④第三者财产因市场价格变动造成的贬值，修理后因价值降低造成的损失；⑤会员及其家庭成员的人身伤亡，所有或代管的财产损失；⑥会员或驾驶员的故意行为造成的损失；⑦装卸、运载过程中造成的损害；⑧仲裁或者诉讼费用及其他相关费用；⑨其他除外责任，同“驾驶操作人意外伤害互助”除外责任。

六、中国农机保险的相关政策

为促进农机保险的发展，政府为推广农机保险做出了巨大努力，主要颁布了如下文件，如表 14-7 所示。

表 14-7　农机保险的相关政策文件

年份	发文单位	文件名称	文件内容
2006	国务院	《国务院关于保险业改革发展的若干意见》	探索发展相互制、合作制等多种形式的农业保险组织
2010	国务院	《国务院关于促进农业机械化和农机工业又好又快发展的意见》	积极开展农机保险业务，有条件的地方可对参保农机给予保费补贴
2011	国务院办公厅	《国务院办公厅关于印发安全生产"十二五"规划的通知》	探索开展农机政策性保险，鼓励支持农机安全互助组织有序发展
2011	保监会	《关于做好 2011 年农业保险工作的通知》	要紧密围绕国家区域发展政策、产业发展政策以及发展农房保险、农机具保险、渔业保险、种业保险、设施农业保险等的宏观战略部署，深入调查，加强研究，创新产品，积极拓展保险服务"三农"新领域
2011	农业部办公厅	《全国农业机械安全监理"十二五"规划（2011-2015 年）》	探索多种形式的农机保险制度，加强农机综合保险和安全互助保险研究，推动将农机保险纳入农业政策性保险，争取财政资金对农机保险保费给予补贴，不断提高保险服务水平
2011	农业部农业机械化管理司	《关于做好 2011 年农机安全监理工作的通知》	要探索发展互助、合作等多种形式的农机保险方式，支持探索农机安全互助保险，协同保险工作部门开办特色农机安全保险业务
2011	农业部	《农业部关于进一步加强农机安全监理工作的意见》	探索多种形式的农机保险制度，加强农机综合保险和安全互助保险研究，推动将农机保险纳入农业政策性保险，争取财政资金对农机保险保费给予补贴，不断提高保险服务水平
2013	中共中央、国务院	《中共中央　国务院关于加快发展现代农业进一步增强农村发展活力的若干意见》	开展农作物制种、渔业、农机、农房保险和重点国有林区森林保险保费补贴试点
2013	农业部	《农业部关于大力推进农机社会化服务的意见》	鼓励引导农机社会化服务组织发展，争取金融机构为其提供融资贷款支持，同时争取将农机保险纳入农业政策性保险补贴范围
2015	农业部	《农业部办公厅关于做好 2015 年农机安全监理工作的通知》	要学习借鉴北京、上海、江苏、陕西等地开展农机保险保费补贴的做法，争取将财政补贴农业保险的范围扩大到农机保险，进一步总结农机互助保险工作，积极探索适合农机特色的保险体制机制
2016	国务院	《国务院关于印发全国农业现代化规划（2016—2020 年）的通知》	创新开发新型经营主体"基本险 + 附加险"的保险产品，探索开展收入保险、农机保险、天气指数保险，加大农业对外合作保险力度
2017	中共中央办公厅、国务院办公厅	《关于加快构建政策体系培育新型农业经营主体的意见》	推广农房、农机具、设施农业、渔业、制种保险等业务
2018	国务院	《国务院关于加快推进农业机械化和农机装备产业转型升级的指导意见》	鼓励发展农机保险，加强业务指导，鼓励有条件的农机大省选择重点农机品种，支持开展农机保险
2019	农业农村部	《农业农村部关于加快推进农业机械化转型升级的通知》	积极推进税费减免、设施用地、信贷担保、抵押贷款、融资租赁、财政补贴、跨区作业、农机保险、人才培养等方面扶持措施落实落地，帮助农机服务主体解决好融资难、用地难、维修难、请机手难等实际困难

续表

年份	发文单位	文件名称	文件内容
2019	财政部、农业农村部、银保监会、林草局	《关于印发〈关于加快农业保险高质量发展的指导意见〉的通知》	稳步推广指数保险、区域产量保险、涉农保险，探索开展一揽子综合险，将农机大棚、农房仓库等农业生产设施设备纳入保障范围

第五节　设施农业保险

一、设施农业保险的含义

设施农业是指为了创造出能够优化动植物生长的环境因子，采用人工技术手段，人为地改变自然光温条件，从而使其适应农业全天候生产。设施农业可以划分为设施园艺和设施养殖两个种类，其中设施养殖又包括水产养殖和畜牧养殖两类。相应地，设施农业保险包括设施园艺保险和设施养殖保险两个类型。设施农业保险的初衷是保障设施农业健康发展，其属于政策性农业保险范畴。

（一）设施农业保险的保险标的

设施农业保险的保险标的主要分为两类，一类是农业生产设施，还有一类是设施内的农作物。设施园艺可以按照技术类别划分为 4 个种类：①连栋温室；②日光温室；③塑料大棚；④小拱棚（遮阳棚）。这些温室或者大棚的表面绝大部分都覆盖着塑料农膜，其他温室或者大棚由于生产作物的需求，表面覆盖的是玻璃或者 PC（polycarbonate board）板。水产养殖和畜牧养殖属于设施养殖的两个种类。其中，水产养殖所涉及的设施包括养殖水产的网箱，水池底部的覆盖膜，以及水池中的保温、增氧、净水等装置；畜牧养殖的设施主要指的是养殖基地、门窗设备，以及为抵御寒冷而安装的供暖设备等。设施农业保险主要是对这些生产设备进行经济保障。除了对生产设施进行保障外，设施农业保险还会对设备内部的农作物等进行保险，但是两者的侧重点不同。以江苏省为例，设施农业保险的条款中虽然将设施大棚和棚内种植物都列为保险标的，但保险合同中的主保险是设施棚体，附加保险是棚内种植物，附加保险的生效以主保险的生效为前提。

（二）设施农业保险的保险责任

设施农业保险的保险责任包括低温冻害、大风、冰雹、暴雨、雪灾、沙尘暴等自然灾害，以及火灾和空中运行物坠落等造成温室、大棚内作物绝收和减产的；造成温室墙体、骨架、棚膜、大棚钢架受损的；造成温室墙体、骨架、棚膜、大棚钢架受损后引起棚内作物绝收和减产的损失。

（三）设施农业保险的除外责任

当下列情况发生时，保险公司不承担对相关损失和费用的赔偿责任：①投保人及其家庭成员、被保险人及其家庭成员、投保人或被保险人雇用人员的故意行为、管理不善；②行政行为或司法行为；③战争、敌对行为、军事行为、恐怖行动、武装冲突、罢工、骚乱、暴动；④修建违反设计和施工规范的不合格大棚。下列损失、费用，保险人不负责赔偿：①保险标的遭受保险事故引起的各种间接损失；②发生保险责任范围内的损失后，被保险人自行毁掉或放弃保险标的的损失；③按保险合同载明的免赔率计算的免赔额；④其他不属于保险责任范围内的损失、费用。

二、设施农业保险的特征

（1）与其他农业保险相比，设施农业保险的保险费用和保险金额均较高。设施农业保险的保险标的为塑料大棚的钢屋架、日光温室的墙体和骨架等农业生产设施，以及设施内部的农作物。这些设施的价值普遍较高，为了保障农民灾后再生产的顺利进行，保险公司对受损大棚等设备给予额度较高的赔偿，同时为了保证自身的经营收益，保险公司也将同步提高设施农业保险的保险费用。

（2）要求保险工作人员有较为全面的知识体系。设施农业保险属于政策性农业保险的范畴；设施农业保险的保险标的中包括结构复杂、技术含量高的农业生产设备，这不仅要求保险工作人员懂农业保险的相关知识，还要对高新技术设备有所了解，以确保发生事故之后能准确地确定农户的灾害经济损失。

（3）设施农业保险的政策性较强。设施农业保险属于政策性农业保险，虽然交由保险公司进行市场化运作，但是政府为了保障我国农民的生活经济水平，推动我国农业生产的进步，还是会制定相关政策文件并对设施农业保险提供比例较高的财政补贴来引导设施农业保险业务的开展。

三、设施农业保险的作用

设施农业保险作为一种新型政策性农业保险，其作用主要体现在以下四个方面。

（1）推动设施农业的发展。随着科学技术的进步，越来越多的高科技元素被应用到农业生产设备中，如设施农业中的棚膜、大棚钢架及增温设备等。这些设备价格不菲，对收入一般的普通农村家庭来说是较大的经济负担。一旦发生风险灾害事故，农户的损失可能达到几万元甚至十几万元。这使农户不敢承包大量土地来进行大棚生产，阻碍了设施农业的发展。设施农业保险的出现有效地解决了这一问题。农户在承包大面积土地进行生产作业时，如果担心风险灾害会给设施及其农产品造成较大的经济损失，可以购买设施农业保险来止损。

（2）完善农业保险体系。设施农业保险作为我国农业保险体系的一个子系统，若能实现其稳步发展，将对我国实施其他新型农业保险尝试提供借鉴，并增强创新农业保险险种的信心。从宏观层面来看，设施农业保险的发展不仅完善了现有农业保险体系，也对农村的经济发展起到促进作用。

（3）降低农户的风险损失。正如前文所述，设施农业的成本高，一旦发生风险灾害事故，农户将会面对设施的毁损及农作物大面积受灾等状况，这很可能会使那些主要依靠设施农业收入的家庭陷入经济困境，给农户农业收入带来较大波动。购买设施农业保险的农户可以通过保险补偿所受的经济损失，有利于更快地恢复生产活动，降低收入波动。

（4）提高农户的风险防范意识。保险公司在与农户签订设施农业保险合同时，会就合同中的条款向农户做出详尽的解释，并向农户普及设施农业生产过程中可能会遇到的各种风险灾害，希望能够引起农户的重视，提高他们的风险防范意识。除了保险公司，政府相关部门在宣讲设施农业保险的同时，也会向农户普及设施农业中潜藏的风险因素，并教授农户如何防范这些风险事故。在与设施农业相关的活动教育之下，农户的设施农业经营知识、风险防范意识、保险认知均会得到提高。

四、设施农业保险的运作模式

各个试点省份的设施农业保险运作模式大致相似，但也存在着一定的差异。下面选取设施农业保险发展较为完善的几个试点地区进行分析。

（一）上海市开展设施农业保险的主要做法

（1）政府大力支持。上海城市化发展迅速，农田面积逐年减少，一些保质期较短的生鲜蔬菜只能由本地生产供应。上海市人民政府虽然采取一系列措施保护农户免受价格风险等危害，但恶劣的天气环境仍是蔬菜生产的最大风险因素。在这种背景下，上海市人民政府鼓励农户种植大棚蔬菜，改善蔬菜生产条件，同时为分散天气因素对大棚设备及棚内作物带来的经济损失，确保农户在受灾后还有能力继续进行农业生产活动，上海市人民政府、市农业委员会及安信保险合力推行了设施农业保险。上海市、区两级分别成立农业保险委员会，为当地设施农业保险的开展制定相关政策文件。政府相关部门协同保险经办机构每年定期向农户开展宣传动员工作，向农户普及保险相关知识及设施农业生产活动中潜在的风险因素。基层农业委员会对农户的大棚设备等进行安全质量检审，只要发现大棚存在风险隐患，就会及时通知农户进行修补，并将这些审检信息都传达给当地的保险经办机构。

（2）高额财政补贴。上海市人民政府最初开始推行设施农业保险时，就规定市、区两级财政要给予大棚设施保险补贴，政府为农户购买全部的棚内蔬菜保险。随着中央大力推进农业现代化，上海市人民政府为了响应中央号召，推动当地农业生产的发展，决定提高对设施农业保险的财政补贴比例。2009 年，上海市人民政府发文要求市、区两级财政各自承担保费补贴的一半。由于各区在财政收入水平上存在着较大差异，上海市人民政府之后又调整了各区所要承担的财政保费补贴比例，最终农户所要缴纳的保险费用为保费总额的 30%。

（3）合作组织集体投保。以合作社、龙头企业、种植大户为主的规模生产户是上海市蔬菜市场的主要供应商。为了保障供应商的经济利益，确保当地蔬菜的充足供给，上海市人民政府在其投保设施农业保险时给予费率优惠等措施。除规模供应商之外，上海市还有较多的分散种植户，单个分散种植户在面对费率较高的设施农业保险时很可能因收入等因素的限制而拒绝参保。为解决这一问题，政府鼓励农户积极参加当地农业合作社，再由合作社共同为农户购买设施农业保险，这样农户就可以享受到集体组织购买保险时的优惠政策。

（4）商业保险公司经营。上海市设施农业保险业务由安信保险承保经营。安信保险按照市场化运作手段，在上海市各区乡镇设立营业网点，与当地的农技服务站、蔬菜办等基层涉农机构密切合作。某地一旦发生大棚毁损事故，当地涉农机构立刻通知安信保险，安信保险随后派出相关业务人员赶往事发地点开展事故现场的勘探工作。只要符合保险条款的赔偿责任，保险公司就会尽快将赔偿款项发放到农户手中，帮助他们恢复农业生产。

（二）江苏省开展设施农业保险的主要做法

（1）政府大力支持。江苏省是最早开展农业保险试点的省份之一。为了推动农业生产的发展，保障农户的经济生活水平，江苏省人民政府出台了一系列推动农业保险业务开展、合理制定农业保险保费补贴的政策文件。《江苏省农业保险补贴标准》考虑到各地差异，设施农业保险的补贴标准实施差异化补贴政策。该标准明确指出“有一定规模的经济作物、养殖项目、设施农业及其他高效特色农业项目的省级财政保费补贴为：苏南地区 20%，苏中地区 30%，苏北地区 50%。当省辖市高效设施农业保险保费收入达到该地区主要种植业保费收入的 5%、15%（含）以上时，省财政增加 10%、20%的保费奖励”。保费补贴的设定，降低了农户因较高的投保成本而产生谨慎投保的可能性。

（2）政府和保险公司共同合作。政府和保险公司依据自身在设施农业保险运作中的不同作用，分工合作，各司其职。通过研究江苏省近年来设施农业保险发展的状况，以及对比各地区保费收入的情况，制定财政补贴政策，并通过在补贴政策中增加奖励机制来支持保险公司开展设施农业保险工作。保险公司则依据政府的政策指示，运用市场化操作手段，开展设施农业保险业务。江苏省采用的是“联办共保”①的运作模式，但随着政策性农业保险体系的完善，“联办共保”模式的弊端也逐渐显露出来。当前江苏省设施农业保险业务的主要做法是根据《江苏省高效设施农业保险省级财政奖补险种目录管理暂行办法》和《江苏省省级财政农业保险保险费奖补资金管理暂行办法》制定并公布各年度的高效设施农业保险省级财政奖补险种目录。对于目录内的险种，江苏省财政采用以奖代补的方式，年度结算时根据预算安排资金情况，按因素法向各市县分配高效设施农业保险保险费奖补资金。对于省属单位，江苏省财政对在险种目录内的农业保险保单给予保险费补贴，补贴比例为 50%。在 2020 年新冠肺炎疫情期间，为支持新型农业经营主体有序恢复正常生产和农产品流通，江苏省减免政策性农业保险保费，其中高效设施农业保险省级财政奖补险种目录内的稳产保供产品实现应保尽保，财政给予不低于 60%的保费补贴。

---

① 每年的保费收入总额扣除一定的管理费用以及赔付数额后，剩余部分按照 5∶5 的比例由政府和保险机构平分，这笔资金不会被用作扩大业务范围，而是单独纳入保险发展基金专户。当某一年的保费收入不足以弥补当年的赔付支出时，保险公司可以动用基金账户中的资金来进行赔付，如果应赔付金额超过基金账户余额时，超额部分由政府部门和保险公司共同承担，分担比例分别为 50%和 50%。

（3）保险公司商业化运作。政府通过对保险公司的财产状况、业务能力、工作经验和公司信誉等指标的考核，选择中国人民财产保险股份有限公司、中华联合、紫金财险和太平洋财险等开展相关设施农业保险试点工作。与政府出资建立的专业农业保险公司相比，商业保险公司在市场化运作及险种开发方面更有优势。面对市场需求，商业性保险公司会更加积极地开发新型险种来满足农户的投保需求。

（4）强化保险服务。为了全面推进设施农业保险的发展，江苏省虽然做出很多努力，但是在设施农业保险的投保率方面仍然没有尽如人意。2012 年江苏省的设施农业保险投保率只有 26.29%，即使是设施农业保险较为普及的扬州市，其投保率也不到 45%。截至 2016 年底，江苏省基本实现了对高效设施农业保险的全覆盖，政策性农业保险保费收入约 173.5 亿元，高效设施农业保险保费占比超过 50%[①]。这得益于政府的宣传推广逐渐到位，更多的还是因为农户对保险公司的信任程度增加。为了进一步提高农户对保险公司的信任程度及满意度，江苏省保险公司在防灾防损、定损、理赔等环节都进行了创新，力求提高服务质量。在防灾防损方面，保险公司通过短信、电话等方式，提醒每一位投保农户近期可能存在的风险灾害隐患，同时有针对性地提出应对风险灾害的有效手段；在定损方面，一旦某地区发生了灾害事故，保险公司会立即组织相关专业人员及农业技术性专家组建勘测小组，及时赶往事故发生地点进行勘测、定损；保险公司在进行理赔事项时，将赔付金额打到农户的“一卡通”上，并且通过公司官网公示理赔情况，力求及时对农户进行赔偿，不拖欠农户赔偿款项。

（三）甘肃省肃州区开展设施农业保险的主要做法[②]

2012~2015 年，甘肃省肃州区通过农业设施保险的不断探索和实践，不仅在科技园区开展了设施农业保险，还将该险种的范围扩大到蔬菜重点生产区，使设施农业保险得到有效普及和推广。其主要做法有如下几点。

（1）注重组织领导的作用。实行设施农业保险期间，肃州区成立了专业工作小组，组长由区政府主管领导担任，组内成员包括来自农牧局、财政局、蔬菜中心、保险公司的工作人员及下属乡镇的主要领导。该工作小组负责农业保险具体任务安排及工作协调等，从顶层设计到具体业务开展，都有合理的人员安排。

（2）注重对设施农业保险的宣传。设施农业保险作为一项惠民利民的政策性保险，其实行有其必要性和重要性。肃州区为了让更多的农户了解设施农业保险的作用，提高农户的投保积极性，十分重视设施农业保险的宣传工作。一是通过发放宣传材料的方式宣传，不仅在保险公司各营业网点张贴海报、横幅等，还在小区公告栏张贴告示，印发 10 万册宣传材料；二是通过对乡镇领导进行培训教育来加深他们对设施农业保险的认识，从而在思想上提高认识，更好地指导设施农业保险工作的开展；三是通过建立保险服务站来进行宣传和解释，该保险服务站的站长由畜牧站、农技站及财政所的负责人担任，日常事务主要是宣传该险种并向农户解释相关的保险条款内容。

---

① 资料来源：江苏省农业农村厅网站 http://nynct.jiangsu.gov.cn/art/2017/7/7/art_12433_5542096.html。

② 该案例主要参照：殷学云等（2017）。

（3）注重保险业务的规范管理。这一做法主要是为了强化保险从业人员对设施农业保险的重视，因此，肃州区在遵照国家及省级相关法律政策的基础上，对本地设施农业保险执行过程及要求进行了具体的规范，有效促进了本地设施农业保险的科学运行。

（4）确保承保、理赔信息的公开。为了让设施农业保险在公平、公开、公正的环境下开展，也为了设施农业保险能够发挥其预期作用，肃州区通过建立公示登记簿的方式公开承保理赔信息，包含公示时间、地点、投诉事由及负责人信息。承保时，由“三农”保险站的工作人员向农户收取自己应当承担的保费并由农户签字确认，该签字信息公示 7 天之后方可承保签单，最终将保险凭证交给农户。理赔时，也会对相关农户的姓名、赔款金额及“一折统”账号公示 7 天以上，确保公开透明。

五、中国设施农业保险的相关政策

我国历来十分重视农业保险在农业生产及农村经济发展中的作用，设施农业保险作为一项重要的政策性农业保险，受到了极大重视。当前我国设施农业保险发展模式大多为各地政府因地制宜开展设施农业保险，为促进设施农业保险的高效开展，相关部门主要颁布了如下文件，见表 14-8。

表 14-8 设施农业保险的相关政策

年份	发文单位	文件名称	文件内容
2012	中共中央、国务院	《中共中央 国务院关于加快推进农业科技创新持续增强农产品供给保障能力的若干意见》	扩大农业保险险种和覆盖面，开展设施农业保费补贴试点，扩大森林保险保费补贴试点范围，扶持发展渔业互助保险，鼓励地方开展优势农产品生产保险。健全农业再保险体系，逐步建立中央财政支持下的农业大灾风险转移分散机制
2015	中共中央、国务院	《中共中央 国务院关于落实发展新理念加快农业现代化实现全面小康目标的若干意见》	支持地方发展特色优势农产品保险、渔业保险、设施农业保险。完善森林保险制度。探索建立农业补贴、涉农信贷、农产品期货和农业保险联动机制
2016	国务院	《国务院关于印发全国农业现代化规划（2016—2020 年）的通知》	支持发展特色农产品保险、设施农业保险
2017	中共中央办公厅、国务院办公厅	《关于加快构建政策体系培育新型农业经营主体的意见》	扩大保险支持范围，推广设施农业等保险业务
2019	中共中央办公厅、国务院办公厅	《关于促进小农户和现代农业发展有机衔接的意见》	拓宽小农户农业保险覆盖面，推广设施农业等保险品种

其他省份或相关部门也陆续颁布了一系列政策文件支持设施农业保险。例如，2016 年，浙江省发展和改革委员会颁布《关于进一步完善农业保险政策的通知》，该通知对农业保险的财政补贴比例做了以下调整：对大棚、大棚蔬菜、露地蔬菜、大棚西瓜、葡萄等农产品保险的财政保费补贴比例均由原来的 55%增加到 70%。对露地西瓜保险的财政补贴比例由原来的 60%增加到 70%。不同地区的财政补贴结构和财政补贴比例也存在较大差异。在浙江丽水等 29 个财政相对困难地区的保险费用由省级和县级财政分别负担 42%和 28%，农户自己承担 30%；对于其他地区的保险费用则由省级和县级财政分别承担 28%和 42%，农户自己承担 30%。

第六节　农业保险+科技

传统的农业保险面临农业数据不足，分析方法落后，核保、勘察成本高，信息不对称导致的道德风险和逆向选择等问题。科技进步带动了保险业的快速发展，保险行业逐渐出现数字化、智能化的发展态势。在农业保险领域，也开始积极探索由3S①技术和大数据等支撑的农业保险创新产品和运营模式，试图解决传统农业保险面临的困境，为农业保险产业链带来价值。

一、“农业保险+科技”的含义

“农业保险+科技”模式发起于农业保险信息化时期，至2013年主要表现为数字化和网络化特征。该阶段农业保险公司主要运用核心业务系统这一科技化手段：在公司管理上利用桌面端的互联网技术连接公司总部及下属各分支公司；在农业保险业务办理上实现表单数字化、自动化流程办理及保单纸质打印等。2013~2017年，移动互联网、物联网及3S等技术快速兴起和发展，农业保险行业以此为契机，转向核心业务系统以外的新科技，旨在集中该行业的大数据。“农业保险+科技”模式得以快速发展，农业保险行业普遍实现移动化与技术化业务办理。在此期间，各大保险公司的主要探索包括：承保和理赔上利用卫星遥感技术；业务办理上运用移动应用平台实现移动承保和移动查勘等；农业保险平台建设上运用大数据汇集全险种和业务数据等。2017年以来，“农业保险+科技”模式迎来爆发期，2017年被称为保险行业的科技元年。在这一年，科技在农业保险领域中的应用表现出惊人的发展形势，各种科技运用表现出愈加智能化的特征，带来了多种模式的创新。例如，“互联网+生猪价格指数保险”、“互联网+融租+保险+农业供应链”和“AI+农险”等。不仅如此，智能化科技手段的运用也催生出了一批从事农业保险科技服务的第三方企业，从而表现出“农业保险+科技”模式广阔的发展前景。

二、“农业保险+科技”的特征

1. 经营管理高效性

在农业保险的经营管理过程中，科技手段的应用一定程度上解决了传统农业保险经营管理的弊端。传统农业保险在伤害认证、赔款赔付过程中需要办理大量手续，花费大量时间对事实情况进行确认。农业保险的投保人和标的物多在农村，距离城市较远，为了办理一份农业保险花费大量时间来回于城乡之间，成本较高。同时，农户在保险赔付过程中需要填写许多表格，部分表格收集信息重复。由于许多农户文化程度不高，表格

① 3S，即遥感（remote sensing，RS）、地理信息系统（geographic information system，GIS）和全球定位系统（global positioning system，GPS）。

填写存在困难，导致错填、漏填的问题层出不穷，传统农业保险工作量增加，工作效率低下。针对这类经营管理的弊端，保险科技利用移动作业方式向农户及其他新型农业主体输出保险信息，优化农业保险服务；利用远程视频协作、专家在线等服务方式解决距离难题，实现“为农服务不必出户”，大大提高了农业保险经营管理的效率。

2. 承保理赔精确性

传统的农业保险在承保理赔过程中呈现粗放性特征，具体表现为投保过程中由于审核不到位，技术手段落后出现虚假投保和不足投保；理赔过程中由于流程不规范、技术手段受限出现虚假和重复理赔等。“农业保险+科技”模式利用农险平台大数据模式开展承保理赔等工作，主要包括前端数据采集和后端数据校验。前端确保投入数据的有效性，后端通过遥感技术等进行准确的灾害损失评估，确保承保标的的真实性和损失评估校验的准确性。此外，在开展相关基层农业保险需求调研时，充分运用科技手段进行核保验标，在数据分析处理时运用机器学习及图像处理技术等进行更为有效的数据处理，节省人力也提高承保理赔的准确性。

3. 定价科学性

传统农业保险在数据搜集、获取及处理方面，受到技术手段等多方面的限制，往往获得的数据并不能完全反映现实情况，从而无法保证数据及模型使用的科学性。随着互联网的快速发展，科技的应用改变了这一现状，农业保险凭借共享数据平台，实现政府与行业间的数据共享，将卫星遥感、物联网、气象大数据充分汇集，深度挖掘这类大数据的同时也充分利用人工智能算法进行农业保险定价，使得定价方式策略更为科学严谨。此外，科技的应用使得农业保险针对不同对象和不同地区进行定价成为可能，通过科技手段收集、分辨不同农户及不同地区的数据，从而实现按户定价和按地定价，从而使定价和定价对象都更加科学化、精细化。

4. 产品创新性

传统农业保险由于技术限制等原因，种类单一，大多基于种植业和养殖业进行产品设计。随着科技手段的加入，科技在农业保险中的应用催生了一大批创新险种。例如，引入生猪电子耳标技术来确认养殖标的；将多模态生物识别、声纹识别等人工智能技术应用于农业保险之中；运用区块链技术创立农业产品品牌并实现金融科技养殖等。除了农业保险的险种实现了创新，农业保险的保障范围也实现了创新。科技手段得以运用之后，农业保险拥有了更高的保障程度和更广泛的保障范围，满足了农户更高层次的保险需求。未来随着“农业保险+科技”模式的进一步发展，农业保险将呈现更加多元化的保险品种、更加精细化的保险服务和更加壮大的保险规模。

5. 业务智能性

业务智能性是指在农业保险行业工作人员在进行服务工作、办理各项业务时，通过运用相应的科技成果使其业务办理方式更加流畅，工作效率得以提升。传统农业保险大多依靠大量的人力办理保险过程中的大量业务，面对保险业务的烦琐和细致，一个细节的错误就可能带来巨大损失。因此大量耗费人力的同时，保险业务的定损、理赔结果也不尽如人意。“农业保险+科技”模式下，人工智能技术得到充分运用，从智能识别到智能分析、智能判别、智能计算和智能客服，人工智能技术几乎贯穿农业保险业务办理的始终，解放大量人力的同时大大提高了业务办理效率，使得农业保险业务办理实现了智能化。

三、“农业保险+科技”的运行机制

（一）运行框架

科技手段的运用贯穿于整个保险流程。图 14-3 主要从数据资源、关键技术、应用体系、业务流程、应用目标几个方面介绍了“农业保险+科技”模式的运行框架。

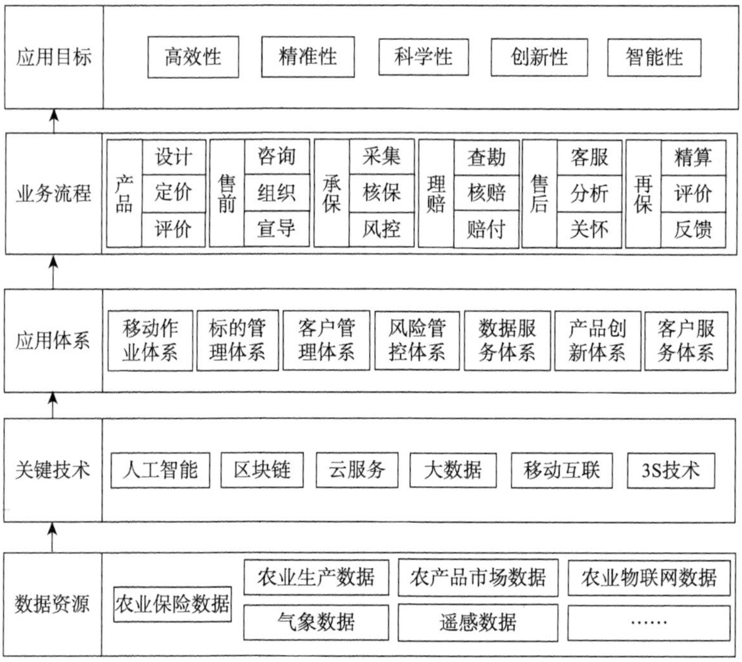

图 14-3　“农业保险+科技”模式运行框架

资料来源：赵思健和张峭（2018）

通过相关数据汇集形成农业保险大数据中心是将科技应用于农业保险的基础。运用科技手段既收集农业保险行业内部数据，如农险业务开展情况数据，也收集农业保险行业外部数据，如农业生产数据、气象数据、农产品市场数据、农业物联网数据等，从而做到数据收集的广泛性。对于收集而来的数据，将运用最新的科技成果加以处理。这些科技手段包括人工智能、区块链、大数据、3S 技术等。科技为农业保险的创新提供了可能，也形成了几大应用体系，包括：移动作业体系可实现远程协作；客户管理体系可进行更为高效的客户管理模式；产品创新体系可设计出更加贴合市场需求的产品。此外，还有风险管控体系和数据服务体系等在业务开展方面的作用。科技手段的运用贯穿于业务开展的始终：产品设计方面运用收集到的可靠数据进行农业保险产品的设计、定价及评价，使产品更加贴合市场需求的同时也能够及时收到市场反馈；售前事务方面从投保方咨询产品相关信息到销售组织组建、产品的宣导，都变得更为高效便利；承保方面则可以运用先进的科技手段让采集、核保、风控的过程更加严谨规范；理赔的查勘、核赔、赔付过程有了 3S 等技术的运用，大大提高了理赔效率，有效缓解了虚假理赔等问题；售后方面运用相关平台设置客服有针对性地解惑，对农业保险开展情况进行分析；科技的运用也让再保险过程中的精算、评价、反馈流程更为流畅简明。

（二）作用

1. 缓解现有农业保险交易过程中信息不对称问题

农业保险与其他保险种类的区别在于：一方面，农业保险的保险标的大多由投保人自行照管，且保险标的大多为可以生长的活物，如农作物等。保险标的的特殊性使投保户比保险机构掌握更多的有关作物生长的风险、信息等，保险标的的特殊性也使农业生产过程中的防灾减损及保险的勘测定损工作更为困难，而科技手段的使用可以化解这一难题，提供更加准确的勘测定损结果，缓解信息不对称问题。另一方面，农业保险由于其发展不够成熟，相关法律法规仍不完善，农业保险在运行过程中大多依照《中华人民共和国保险法》相关规定，而没有一部针对性的农业保险法，导致相关法律对农业保险运行的约束不够，对相关处罚的执行力度也不够，这种法律缺位的现状导致农业保险交易双方的诸多不确定性。科技手段投入之后，保险机构可以及时掌握风险、投保户等相关信息，也可以从这一角度缓解信息不对称问题。

2. 降低资产专用性程度

农业保险种类繁多，涵盖种植业、林业、畜牧业、渔业生产的方方面面，其种类复杂性更体现在种植业、林业、畜牧业、渔业这些大类保险下繁多的保险标的。农产品大多价格低廉，特别是对于单个保险标的而言，其价值低廉且表现为分散分布的特征，造成农业保险的评估理赔工作极为烦琐，对各项标的物的监督控制也较难实施，资产专用性程度较高。由于科技的发展，可以实现在相应农产品上设置包含产品相关信息的条形码装置等，实现复杂纷繁标的物到单一条形码的转化，有效降低资产专用性程度，提高了农业保险工作管理的效率，节省大量人力。

3. 提高承保理赔等工作服务的效率，助推农业保险发展

在先进的科技手段出现之前，农业保险的承保理赔方式非常落后，主要依靠人工记录，且勘察定损方面容易出现错漏情况，导致承保理赔等工作不够规范和严谨。保险勘察定损时科技的使用，使保险工作人员通过 3S 技术就可以识别出相应的地块，还可以利用 3S 技术实现按图承保、按图理赔，解放人力的同时极大地提升了工作效率。此外，保险机构与科技公司展开合作，共同开发农业保险专用 APP，可以在 APP 内完成数据的获取，完成承保、理赔等相关工作流程，通过 APP 实现自助理赔和查勘也极大

地提高了承保理赔的工作效率，推进农业保险的快速发展。

四、中国“农业保险+科技”的运行现状

（一）相关政策文件

科学技术应用于农业保险，得益于政府的支持政策和推动。表 14-9 归纳了政府支持科技保险的相关政策文件。

表 14-9 “农业保险+科技”的相关主要政策文件

年份	文件	相关内容
2013	《农业保险条例》	财政、保险监督管理、国土资源、农业、林业、气象等有关部门、机构应当建立农业保险相关信息的共享机制
2013	《中国保监会关于进一步贯彻落实〈农业保险条例〉做好农业保险工作的通知》	提高农业保险风险防范水平。积极研发各类防灾减灾手段，加大新科技、新技术的应用
2014	《国务院关于加快发展现代保险服务业的若干意见》	建立完善科技保险体系，积极发展适应科技创新的保险产品和服务。建立核保险巨灾责任准备金制度。建立巨灾风险管理数据库
2016	《农业保险服务通则》	保险公司业务系统应具备数据管理和统计分析功能，可实时监控承保理赔情况并实现与再保险的财务系统无缝对接
2016	《中国保监会、国务院扶贫开发领导小组办公室关于做好保险业助推脱贫攻坚工作的意见》	将保险纳入扶贫规划及政策体系，在政策指导、资金安排、工作协调、数据共享等方面支持保险机构开展工作
2017	《中共中央 国务院关于深入推进农业供给侧结构性改革加快培育农业农村发展新动能的若干意见》	鼓励金融机构积极利用互联网技术，为农业经营主体提供小额存贷款、支付结算和保险等金融服务
2019	《关于印发〈关于加快农业保险高质量发展的指导意见〉通知》	加大投入力度，不断提升农业保险信息化水平
2020	《中国银保监会办公厅关于做好 2020 年银行业保险业服务“三农”领域重点工作的通知》	健全数据统计和信息共享机制。探索建立银行保险机构与农业农村主管部门涉农信用信息共享机制，协调推动地方政府开展县域农户、中小企业信用等级评级，统筹整合乡村已有信息服务站点资源，推广一站多用
2020	《中国银保监会办公厅关于进一步加大“三区三州”深度贫困地区银行业保险业扶贫工作力度的通知》	银行保险机构要加强科技应用，创新金融服务方式，拓展推广网络银行、手机银行等线上服务。要充分发挥银行保险机构优势，协助解决“三区三州”深度贫困地区农畜产品卖难问题

（二）“农业保险+科技”在各地的实践与应用

1. 内蒙古运用科技手段开展农业保险承保理赔工作①

早在 2007 年，内蒙古自治区就被列为中央财政政策性农业保险的试点地区。十多年来，内蒙古自治区的农业保险业务规模始终位居全国前列。内蒙古自治区耕地面积广袤，农林牧业发达，因而农业保险发展的土壤较为肥沃。但同时，由于内蒙古东西跨度大，农户居住分散，以小农户为主。此外，内蒙古常年干旱，这些因素使农业保险的承保理赔工作更为复杂烦琐，也给干旱年份中受灾标的的识别和测量带来了困难。

面对传统农业保险模式下的重重困难，内蒙古自治区积极探索“农业保险+科技”的模式，以求实现精准承保及理赔。在这一探索过程中，原内蒙古保监局充分利用大数

① 主要根据徐志成等（2020）整理归纳。

据平台的优势，积极与保险机构展开合作。保险机构以省公司一把手为组长组建成立工作领导小组，安排相关的技术人员进入基层，调研基层的实际情况，克服当地存在的地块分散、信号不强、人力短缺等一系列问题。在此基础上结合当地实际情况，制定了唯一的数据采集标准和校验规则来反映当地的实际情况，包括农户汇集率、保单汇集率等。地块采集标准包括分户投保、单户投保和集中连片区域同一作物投保等。为确保承保数据的严谨规范，采用了唯一性标的。保险公司利用科技手段，如遥感监控、地块图等对异常数据进行及时的监控和处理，有效降低了承保风险。在核定灾害损失方面，利用旱灾遥感监测分级图层的技术手段预估年度损失金额，从而能够在决策层面预估理赔的总体分布，在此基础上进行有针对性、差别性的调配查勘资源工作。内蒙古自治区的试点尤其注重联合多方力量展开协作。一是保险公司的标的地块信息采集工作，在这一过程中保险公司利用科技手段展开了高效的保险地块及损失样本的采集工作。二是全国农业保险平台对关键技术环节的牢牢把控，全国农业保险平台进行遥感产品的集中生产和数据校验，在保证技术可控的同时也实现成本可控。

试点实施以来，内蒙古自治区的农业保险承保理赔工作的精准性开展取得了成效。但当前的承保理赔要素规范还需要进一步加以完善，运用科技手段实现精准性承保理赔将是今后农业保险工作的方向。

2. 中农阳光数据公司开发北方玉米降水指数保险①

吉林省中农阳光数据公司开发北方玉米降水指数保险，充分利用 3S 技术及大数据平台，有效降低了此前天气指数保险中存在的基差风险。运用科技手段后，天气指数更为客观，理赔阈值也更加合理。在相关指数到达理赔阈值时，整村赔偿程序相应启动，不再与农户个体产量损失挂钩，这一做法使农户对理赔结果的不满及逆向选择问题得到有效缓解。除主要运用 3S 技术之外，中农阳光数据公司还结合物联网、人工智能及气象监测等技术手段，在综合各项技术的基础上成功研发了“天地眼”智能感知与精准检测技术，智能识别测量农田地块。此外，中农阳光数据公司还构建了“天地库”数据网，全方位覆盖农田地块。通过这两项技术，有效缓解了以往天气指数保险中存在的基差风险。科技手段贯穿于中农阳光数据公司北方玉米降水指数保险产品研发、承保、理赔等业务开展的全过程，大大提高了保险机构的运营效率，同时也解放了人力，降低了成本，提高了保险测度的精准性。针对农业保险的投保户分散，需求呈现多样化的状况，中农阳光数据公司收集大量数据，对农户异质性需求设计了不同层次的产品，满足了不同风险偏好、不同需求的农户。

（三）“农业保险+科技”模式运行的难点

1. 数据共享困难

在数据共享过程中，既要保证数据能够真正被所需要的项目运用，又要保证数据的安全性。因此，数据共享面临严格的审查机制，尤其是一些较为珍贵的农业数据，往往

① 主要根据冯文丽和庹国柱（2018）整理归纳。

掌握在一些权威的部门手中，无法做到真正共享。因此，面对如火如荼的科技发展现状，在建立农业大数据平台的同时，需要注意数据的保护，才能为实现数据共享保驾护航。

2. 科技投入不足，缺乏总体规划

“农业保险+科技”的发展模式属于新生事物，其发展还不够成熟，尤其不能照搬发达国家模式，而是需要在我国自身农业发展实际情况的基础上做出探索。我国当前面临的情况就是农业 IT 资源非常匮乏，限制了科技应用于农业保险的进一步发展。同时，科技投入需要大量的人力及时间，很多保险机构没有这样的实力，科技投入不足，且缺乏相关规划，使得我国农业保险产品创新有限。

3. 缺乏复合型人才

“农业保险+科技”模式若想获得长足发展，应聚焦于产品的创新性及可行性上。因此，科技保险的发展不仅需要相关人才具备扎实的农业保险知识，还需要具备科技知识储备。但我国并没有相关培训课程，因此，复合型人才的缺乏也限制了科技在农业保险中的应用。

本章小结

本章在对“保险+信贷”、“保险+期货”、土地流转履约保证保险、农机保险、设施农业保险、“农业保险+科技”的基本概念介绍的基础上，对所涉及新型农业保险的特征、运作机制、运行现状进行了总结分析。

关键词

农业贷款保证保险　农产品期货价格保险　土地流转履约保证保险　农机保险　设施农业保险　农业保险+科技

思考题

1. “保险+信贷”模式的运行机制是什么？有什么优点？
2. 我国农产品期货价格保险的发展经历了哪几个阶段？
3. 结合我国土地流转履约保证保险的实践，谈谈其在未来可在哪些方面做出改进？
4. 请简要阐述农机风险的类型和特征，对比分析我国农机保险的几种经营模式。
5. 当前科技应用于农业保险体现在哪些方面？

专业术语

农业贷款保证保险：是指保险公司与商业银行之间达成某种合作，以保单作为担保方式，辅以政府设立的风险补充专项资金，构建“政银保”合作贷款模式，既缓解了农户或农业经营主体“融资难”“融资贵”的问题，又规避了农户农业生产经营风险和贷款违约风险。

农产品期货价格保险：是指农户或者合作社为了规避农产品市场价格波动风险，通过向保险公司购买期货价格保险产品来转移价格风险，保险公司再通过与期货公司的场外期权合约的买卖来转移自身的承保风险，利用期货市场的套期保值功能，期货公司通过风险对冲机制分散风险的一种农业保险。

土地流转履约保证保险：是指农户将土地经营权流转给规模经营业主时，如果转入方或转出方发生土地流转违约行为，由保险公司按照保险合同约定进行赔付。

农机保险：农机保险是涉及农机损失、机上人员及第三方损失者相关险种的统称，它是针对被保险人在持有或使用农机进行田间作业、道路运输、农业生产、农产品加工等生产经营过程中因遭受自然灾害或者意外事故而造成的经济损失，由保险人提供损失赔偿责任的保险保障制度。

参考文献

蔡胜勋，秦敏花. 2017. 我国农业保险与农产品期货市场的连接机制研究——以“保险+期货”为例[J]. 农业现代化研究，38（3）：510-518.

陈健. 2009. 浅谈我国银保合作面临的挑战和前景[J]. 现代经济（现代物业中旬刊），8（4）：135-136.

顿姣，魏君英，何蒲明. 2017. 农产品期货和农业保险联动机制研究[J]. 改革与战略，33（9）：81-83，126.

方华. 2016-01-27. 农机互助保险[N]. 金融时报.

冯文丽，庹国柱. 2018-06-12. 农业保险转型升级需要科技支撑[N]. 中国保险报（007）.

郭惠荞. 2016. “保险+期货”创新项目对我国农业保险发展的影响分析[J]. 现代经济信息，（30）：357.

韩清华，张丽. 2015-12-11. 土地流转保险的成都邛崃路径[N]. 中国经济时报（A07）.

胡巍. 2017. “保险+期货”是农业发展难题的一个可行解[J]. 生产力研究，（9）：39-78.

李丹，庹国柱，龙文军. 2017. 农业风险与农业保险[M]. 北京：高等教育出版社.

李华，张琳. 2016. “保险+期货”：一种服务国家农业现代化的新模式[J]. 保险实务，（7）：33-36.

农业部农业机械化管理司. 2015. 农机安全生产管理概论[M]. 北京：中国农业出版社.

秦萍. 2016. 保险与期货对接服务农业风险管理的模式分析[J]. 保险理论与实践，（9）：94-102.

徐志成，韩志花，王盾，等. 2020. 内蒙古利用科技手段开展农业保险精准承保理赔试点工作[J]. 保险理论与实践，（1）：1-6.

殷学云，蒋宏，崔海成，等. 2017. 肃州区设施农业保险承保办法及发展建议[J]. 农业工程技术，37（25）：23-27.

张惠龙. 2012. 拖拉机交强险及农机政策性保险问题探讨[J]. 农机管理，（4）：50-51，33.

张艳玲. 2016-08-09. 土地拴上“保险绳”转出转入都放心[N]. 农民日报（001）.
赵思健，张峭. 2018. 农业保险科技的现状、体系与展望[J]. 中国保险，（7）：28-35.

本章拓展阅读

第十五章

农业再保险

第一节 农业再保险概述

一、农业再保险的必要性

农业再保险的必要性：每家保险公司的承保能力都是有限的，其承保的农业保险金额不能超过其固有的资金能力。保险公司承保了超出其承保能力的保险，该保险一旦出险，保险公司的资金就难以偿付，造成公司破产，导致保险人的权益得不到保障。因此，保险公司只会承保在其承保能力范围内的保险。这种情况下，再保险和共保是最好的选择。农业保险如果缺乏再保险的保障，将是不完整的保险体系。

二、再保险及其内涵

再保险又名分保，指的是在遵循原保险合同各项规定的基础上，保险人通过与其他保险人签订分保合同，将原保险人承保的部分风险和责任转让给其他保险人的一种行为（丁少群等，2015）。其中，原保险人为保险业务的转让方，再保险人为保险业务的受让方。再保险可以实现保险人更大空间范围的风险分散。

再保险的特征表现如下：①订立合同的双方当事人都是保险人，一方是再保险分出人，另一方是再保险接受人；②再保险合同的标的是原保险人所承担的保险赔偿责任，是非物质性的；③再保险合同实行补偿原则；④当再保险人有意接受再保险业务时，按照规定其必须向原保险人提供履行其义务的保证，方法是由原保险人提供保费准备金，或是由再保险人提供信用证明等。

三、农业再保险及其内涵

农业再保险是再保险的一种，是再保险模式在农业保险领域的一个重要分支。农业再保险是农业保险公司进行风险管理的重要手段之一，是一种有效分散和分摊农业保险风险损失的经营形式，对于提高农业保险公司的风险保障能力和增强农业保险的可持续发展水平起着重要的作用。

四、农业再保险的模式

（1）在农业保险机构内部建立再保险体系，即由农业保险机构总部建立专门的农业保险分保体系，同时选取有条件地区建立分保分部，形成农业保险机构内部的循环互保体系，以满足机构业务范围不断扩展带来的新需求，从而实现经营风险的分散。中国人民财产保险股份有限公司新疆分公司在20世纪80年代就是采取了这种做法。该模式便于保险机构统一管理，在费率厘定等问题上易于达成一致。但是，由于只是其机构内部自身的再保险结构，风险依旧集中于该农业保险机构本身，不能实现风险的外部转移，风险始终较为集中。另外，保险机构总部及分部的再保险体系的构建及持续运行，需要耗费大量的人力、物力、财力。

（2）由国家建立的农业保险再保险公司承担农业保险再保险职能，即由政府部门建立专门的农业再保险公司，使得国家成为最后承保人，由该政策性再保险公司为全国范围内的农业保险经营机构提供再保险的保障和支持。该公司的资金来源主要依托于政府的财政拨款，农业保险的溢出风险最后由国家财政来承担。在该模式下，政府很好地进入了农业保险的循环互保体系当中，从政策角度为农业保险机构提供有力支持。但缺点在于需要建立一个新的财政性机构，这会增加国家的财政负担。

（3）在农业保险机构之间协商联合开展再保，即各农业保险机构间通过协商讨论，自愿通过建立如行业协会或联席会议机构，来实现农业保险机构间的联保、分保，使农业风险可以在更大范围内实现更充分的分散。在该模式下，能够充分聚集各农业保险机构，以国内现有的再保险承保能力，充分支持各农业保险经营机构，从而做到将对国际再保险的依赖重心转移回国内。但该模式实行起来较为困难，各地区情况差异较大，管理比较松散，难以形成统一的再保险标准，且各机构之间的协商成本较高。

（4）建立完全商业化的农业保险再保险，即农业保险公司可根据自身需要，自主向国内外再保险经营机构寻求再保险服务。优点如下：各保险经营机构自主性较强，保险机构之间自主竞争，能不断促使各保险公司的服务不断完善。缺点如下：各保险公司以自有资金能力购买农业再保险，购买能力受到限制，不利于农业保险的发展。

（5）由国家指定专门机构承担农业再保险，这种模式不同于国家出面成立专门再保险部门，而是在国家制定的分保相关管理办法的指导下，直接指定一家已有的、专业性的、商业性的再保险机构，与全国农业保险公司建立法定的分保关系。在该模式下，国家可以较为便捷地获取农业保险的总体赔付情况，且相对于国家直接成立专门的再保险部门，依托专业公司可以节省大量的管理成本。缺点是该机构前期赔付能力有限（龙文军，2009）。

五、农业再保险合约的主要形式

根据责任限额计算基础的不同，可以将再保险分为比例再保险和非比例再保险。比例再保险是以保险金额作为责任限额计算基础，非比例再保险是以赔款金额作为责任限额计算基础。

（一）比例再保险

比例再保险是指分保合同规定，分保接收人按照保险金额的一定比例，承担分保责任的一种保险形式。比例再保险又可以分为成数分保和溢额分保（丁少群等，2015）。

1. 成数分保

成数分保指的是分保分出人与分保接受人在签订分保合同时，在分保合同中规定一个比例，分出人按该比例将保费收入分给分保接受人，同时，分保接受人也按这个比例承担相应的保险责任和赔款。成数分保合同会规定一个最高保额限额，只要分出人承接的保单保额处于最高限额内，均需按照合同规定纳入分保合同。成数分保的特点如下。

合同双方利益一致。合同双方保费收入比例和保险责任比例相同，无论经营的结果是盈利还是亏损，双方均以规定的比例承担盈亏，利益一致。

对接受公司较为有利。所有业务无论好坏均由合同双方按百分比比例分摊，相较于其他合同可接受更多的保险业务。另外，成数分保的分出公司自留的比例较高，其自身比较注意业务质量的选择，业务风险相对较小。但由于这类保险业务的质量较好，分保接受公司要付给分出公司较为优厚的佣金。

不能均衡风险责任。在成数分保合同中，所有业务均按照约定的比例自留和分出，分保人不能根据保险业务质量的良莠自行决定自留和分出比例。这样，在遇到保额较高、质量较差的业务时，分出公司不能自行选择较小的自留额，风险责任依旧难以平衡，不能实现分散巨大风险的目的。

手续简单。因为保单责任、保费和赔款都有一个固定的分担比例，较为节省人力、物力、财力。

2. 溢额分保

溢额分保同成数分保一样，都有一个确定的最高保额限额。之后，分出人应在最高限额内以每一个危险单位所发生的赔款金额为基础确定自留额，自留额与最高限额间的差值为溢额。合同规定，凡在自留额以内的部分由原保险人自行承担，自留额以内的保费收入和赔款责任，由分保分出人自行获得和承担；溢额部分纳入溢额分保合同，溢额部分的保费收入累计后扣除分保手续费以外的保费归分保接受人所有，对应的该部分的赔偿责任由分保接受人承担。溢额分保与成数分保最大的不同是，溢额分保的自留额是一个确定的数值，而成数分保则会随着保额的大小而变动。

分出人可以自由确定自留额。对于风险较低、数额较小的业务，分出人可以全部自留，无须进行分保；对于一些质量较为稳定的业务，可以定一个较高的自留额；承保质量较差的业务，可以定一个较低的自留额。

溢额分保的自留额业务和溢额业务的保费收入及赔偿款项需分开、逐笔计算，统计工作任务量重，需耗费较多人力、物力。

（二）非比例再保险

非比例再保险又称超额损失分保，具体可分为超额赔款再保险和超额赔付率再保险（丁少群等，2015）。

1. 超额赔款再保险

超额赔款再保险指的是当赔款金额超过某一数额时，超出部分至一定限度由分保接受人承担责任的一种保险形式。超额赔款再保险又可以分为险位超赔再保险和事故超赔再保险。

险位超赔再保险又称风险单位超赔再保险，是以每次保险事故中每一风险单位发生的赔款来计算双方应承担的保险责任额。分保分出人承担的部分为自负责任额，分保接受人承担的部分为再保险责任额。如果在一个风险单位的赔付中，赔款金额不超过自负责任额，则由分保分出人承担所有赔偿责任；如果一个风险单位的赔付金额超过自负责任额，则由分保接受人承担超过自负责任额部分的赔偿责任。

事故超赔再保险以一次巨灾事故中所发生的损失总额来计算分保分出人和分保接受人的自负责任额和再保险责任额。这种保险方式不是以单个风险单位赔款额为基础的，而是以一次事故群体损失为基础，其目的是保障一次事故造成的累积责任，不管列入摊赔的保单数目和保额大小，常用于巨额和巨灾风险的再保险，因此又称为异常灾害再保险。

2. 超额赔付率再保险

超额赔付率再保险是以一定时期的累积责任赔付率为基础计算责任限额，通常为一年期的累计责任赔付率。当分保分出人的实际赔付率超过约定赔付率时，超过部分的赔偿责任将由分保接受人承担一定比例。超额赔付率再保险的关键在于赔付率限额的确定。因为只有分出公司的赔付率超过规定的赔付率时，分入公司才会承担赔付责任。

第二节　国外农业再保险运作机制

一、政府所属再保险机构提供农业再保险模式——以美国为例

该模式是以政府附属部门或政府控制的再保险机构，为全国范围内农业保险公司提供再保险服务。实行该模式的国家主要有美国、西班牙和墨西哥等。本书主要以美国为例详述这种农业再保险模式的运行机制。

1947 年，美国颁布了《标准再保险协议》，并于 1980 年后开始正式实施，此后又根据需要对其不断修订与完善。《标准再保险协议》是调整联邦农作物保险经营机构和私营保险经营机构之间关于再保险、补贴、监管间关系的重要法规。《标准再保险协议》共有四个部分：第一部分是相关概念界定；第二部分是再保险；第三部分是循环再保间补贴、开支、费用和支付的相关规定；第四部分是一般条款。

《标准再保险协议》主要从两个层面出发为农业保险公司提供再保险保障：一是业务层面，以州为单位设立商业基金、高风险基金，各保险公司可自主选择加入合适的基金；各风险基金均对最低和最高分保比例做出限定，公司可在此区间内自由组合。二是公司层面，在公司内部通过一揽子成数分保合约对自留部分进行分保，并设立意外损失准备基金。根据规定，当农业保险经营机构处于监管、复原、破产、运营缺陷及其他相同事件中，或协议因故终结时，意外损失准备基金可用来抵消 FCIC 所承担的管理公司业务的费用。在根据规定完成所有保留、指定和分配后，公司可以对剩余最终账面净损失进行商业再保险，且需以书面形式告知 FCIC（张长利，2013）。

总体而言，美国的再保险体系分为两个层面。

（1）州级层面的再保险支持。FCIC 在各州均设立自有保障基金、风险转移基金，以形成州级层面的再保险基金体系。各商业保险经营机构以州为单位，将承保的农险业务按照风险的不同在保单销售后 30 天内自主选择加入基金。低风险的保单主要分往自有保障基金，高风险的保单主要分往风险转移基金。同时，《标准再保险协议》规定原保险人不得将其在所属州超过 75%的农业保险业务放在风险转移基金中；并且需要在分保限制下确定自留份额，自有保障基金中应为 35%以上，风险转移基金中固定为 20%。

（2）全国层面的再保险支持。在州级层面再保险支持的基础上，FCIC 推出一揽子成数分保合约为公司自留业务进行分保。FCIC 首先进行单独核算，确定各原保险人的可保留承保收益和损失，再将其相加，得到各州的净承保损益总额。再通过加总，计算出保险人的总承保损益。最后，各原保险人需要将其自留业务的累计承保收益和损失比的 6.5%分拨给 FCIC，即 FCIC 最终应拥有的承保损益。当汇总的承保收益为正时，FCIC 需按照累计承保收益的 1.5%，将其返还给为高风险州保险经营机构提供服务的保险人（袁祥州和朱满德，2015）。美国农业再保险体系如图 15-1 所示。

二、政府农业再保险基金提供农业再保险模式——以加拿大为例

该模式是通过立法的形式，规定设立政府再保险基金，负债办理农业再保险业务。该模式的代表性国家主要有加拿大、韩国、葡萄牙和意大利。

加拿大关于农业再保险的现行法律为《农业收入保障法》，规定由联邦财政部统一设立为农作物服务的再保险基金，由农业部和各省协商签订再保险协议。根据协议，各省需向再保险基金存入资金，在入不敷出时，可从合并基金中拨付款项，但该款项实质为需偿还的预付款。曼尼托巴省拥有自己的地方性农业再保险相关法律，《曼尼托巴省农业服务公司法》与《农业收入保障法》规定大体相似，曼尼托巴省财政部利用保险费和其他收益设立再保险基金，从合并基金预支款项补全缺口，同样需要偿还。报财政部审批后，该基金还可以为其他具有管辖权的政府或个人提供有关生产保险、雹灾保险的再保险服务（张长利，2013）。

具体而言，加拿大的农业再保险支持是由联邦政府和各省级政府提供的。农业保险公司可以向所属省级政府寻求再保险服务，也可以向联邦政府购买，或向省级和联邦政府同时寻求支持。各省级政府拥有独立的再保险基金账户，资金来源为省内指定的农业

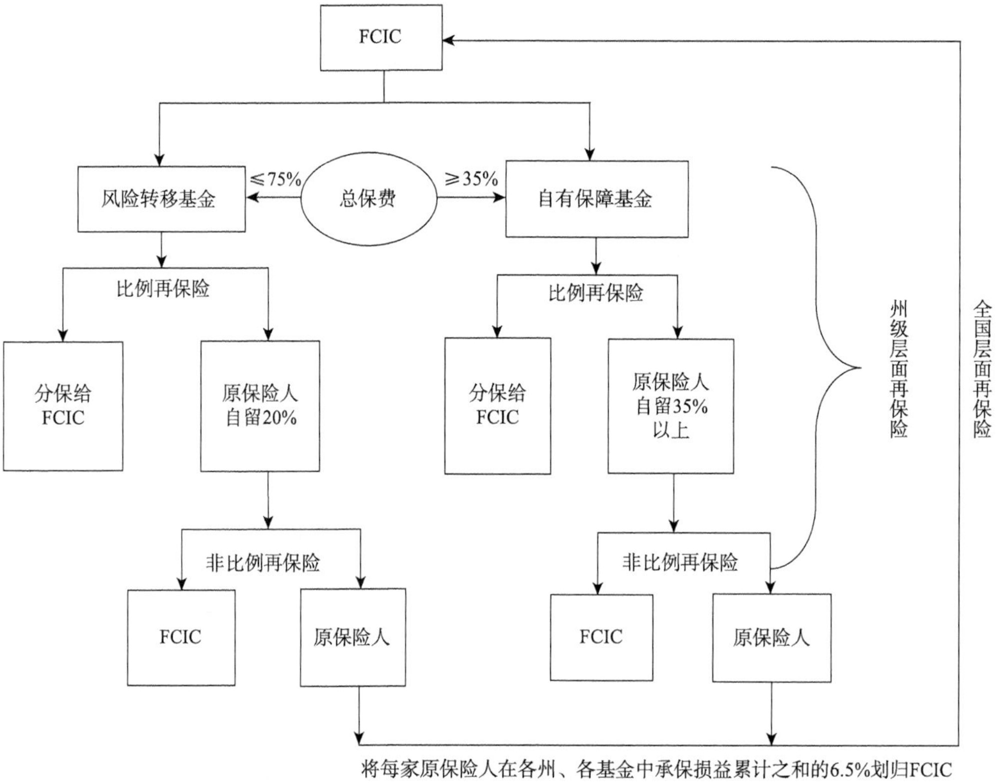

图 15-1　美国农业再保险体系

保险公司所支付的再保险保费和其他费用。当账户因发生巨灾等情况出现余额不足时，可请示该省最高负责人，从省级财政划拨资金补足，但拨款需尽快偿还（不计利息）。联邦政府也设立了再保险基金，资金来源为各省农业保险经营机构所支付的再保险费用。同样地，当账户余额无法承担再保险赔偿责任时，可以向联邦政府申请临时贷款，贷款同样需尽快还清，不计利息。为避免由于巨额的临时财政贷款引发联邦政府财政问题，政府提供的免息借款有严格的限额控制，超出限额的部分，可以向所属省的皇冠公司寻求补偿。在加拿大，皇冠公司是为了防止因为农业保险的超赔责任而额外申请临时财政支持进而引发财政问题，而由省级政府出资设立的公司。皇冠公司为了避免自身发生资金问题，也可自行购买再保险。

三、政府与私营再保险机构共同提供农业再保险模式——以日本为例

大多数欧洲国家的农业再保险支持都是由私营的再保险公司进行提供，如法国、德国、奥地利等。日本、巴西和斯里兰卡等国家也是采用这种模式。

根据《农业灾害补偿法》的规定，日本的农业再保险支持由农业共济组合联合会提供。一般情况下，农业共济组合联合会分设在都道府县，而其服务对象则为市町村的农业保险经营机构。其中，渔业保险部分有所不同，渔船保险中央会、渔业共济组合联合会（《渔船损害等补偿法》《渔业灾害补偿法》）分别为渔船共济组合、渔业共济组合提供

再保险服务。除此之外，政府还根据上述三项法律及《有关特别会计的法律》等，设立农业共济再保险特别会计，如渔船再保险、渔业共济再保险特别会计，资金来源为再保险保费和一般会计拨入资金。特别会计隶属农林水产省，实质上为政府专项再保险基金，可为农业共济联合会、渔船保险中央会、渔业共济组合联合会提供支持（张长利，2013）。

日本的农业再保险体系可分为三个层次。

第一层由都道府县级的二层组织构成。市町村的农业共济组合承担基本承保工作，都道府县级的农业共济组合联合会提供第一层再保险支持。该层次的分保采用的是成数再保险，各共济组合必须依法参与分保，自留比例为10%（马丽华，2017）。

第二层由特别会计构成。为了进一步分散风险，农业共济再保险特别会计将为都道府县级的农业共济组合联合会提供第二层再保险支持。该层次的分保采用超额赔款分保。

第三层由国库支持构成。当前两层支持出现不足以支付的紧急情况时，可以以基金紧急转移形式向国库申请资金支持。

第三节　中国农业再保险

一、中国农业再保险的发展现状

为确保农业保险的健康发展，近年来，中国政府越来越重视农业再保险体系的构建。2007年至今的中央一号文件及2016年出台的《农业保险条例》[①]都对我国农业保险的发展提出了指导意见，并对农业再保险和大灾风险分散机制进行了专门的阐述。部分地方政府也积极投入创新试点的建设中。2007年，北京市人民政府提出，以市人民政府为投保人，以中国人民财产保险股份有限公司、中华联合、安华农业为分出人，瑞士再保险股份有限公司和中国再保险（集团）股份有限公司分别以 7∶3 的比例为接受人。当直接保险公司（以下简称直保公司）赔付率达 160%~300%时，可以向再保险公司索赔；当直保公司赔付率达 300%以上时，可申请使用农业巨灾风险准备金。2014年，中国23家财险公司和中国再保险（集团）股份有限公司组织建立中国农业保险共同体，由此我国农业再保险的框架初步建立。

二、中国农业再保险运行机制

2014年之前，我国的农业再保险业务由保监会批准，由可在中国境内经营再保险业务的几家公司运行。保监会批准的可在我国境内开展再保险业务的公司包括：中国财产再保险有限责任公司、太平洋保险、中国人寿再保险有限责任公司、法国再保险公司北京分公司、瑞士再保险股份有限公司北京分公司、汉诺威再保险股份公司上海分公司、慕尼黑再保险公司北京分公司、德国通用再保险股份公司上海分公司、RGA 美国

① 2016年3月，国务院对2013年开始施行的《农业保险条例》进行修正，《农业保险条例》第八条指出：国家建立财政支持的农业保险大灾风险分散机制，国家鼓励地方人民政府建立地方财政支持的农业保险大灾风险分散机制。

再保险公司上海分公司。其中，只有中国财产再保险有限责任公司、瑞士再保险股份有限公司北京分公司等少数几家公司经营农业保险再保险业务。另外还有一部分农业保险再保险业务是由部分保险中介机构委托国际上其他再保险公司来完成的。

但随着我国农业现代化的持续推进，农业生产逐步向适度规模经营模式转变，投入规模不断加大，风险水平提高。如何健全大灾风险分散机制，促进农业保险体系的稳健运行成为农业保险下一步迫切需要解决的瓶颈性问题。因此，2014 年 11 月，中国人民财产保险股份有限公司、中国财产再保险有限责任公司联合其他 21 家农业保险经营机构，共同组建中国农业保险再保险共同体。立足基本国情，借鉴国际经验的成果，通过制度化安排和市场化模式，充分整合国内再保险资源，提升国内农业保险风险管理水平，持续稳定地支持农业保险健康发展。

但从总体上来看，我国尚未形成完整的农业再保险运行机制，农业再保险制度有待进一步完善。2019 年 2 月 12 日中国人民银行、银保监会、证监会、财政部、农业农村部五部委联合印发《关于金融服务乡村振兴的指导意见》，指出将组建中国农业再保险公司，完善农业再保险体系。该指导意见第十九条指出，持续提高农业保险的保障水平。科学确定农业保险保费补贴机制，鼓励有条件的地方政府结合财力加大财政补贴力度，拓宽财政补贴险种，合理确定农业经营主体承担的保费水平。探索开展地方特色农产品保险以奖代补政策试点。落实农业保险大灾风险准备金制度，组建中国农业再保险公司，完善农业再保险体系。逐步扩大农业大灾保险、完全成本保险和收入保险试点范围。引导保险机构到农村地区设立基层服务网点，下沉服务重心，实现西藏自治区保险机构地市级全覆盖，其他省份保险机构县级全覆盖。

本章小结

农业保险的健康、可持续发展离不开农业再保险的支持。本章在介绍了农业再保险基本概念、组织形式的基础上，考察了国外代表性国家农业再保险体系的运行机制，分别以美国、加拿大和日本为例详细分析了三种不同模式的再保险运行机制，最后分析了我国现在的再保险运行机制。

关键词

再保险　风险分散机制　运行机制　发展现状

思考题

1. 比较农业再保险不同形式的异同。
2. 农业再保险合约主要有哪些形式？
3. 简单介绍美国农业再保险运作机制。
4. 简单介绍加拿大农业再保险运作机制。

5. 简单介绍日本农业再保险运作机制。
6. 比较国外三种不同的农业再保险体系的特点。
7. 根据国外的农业再保险体系，讨论如何构建我国的农业再保险体系。

专业术语

再保险（reinsurance）：又名分保，指的是在遵循原保险合同各项规定的基础上，保险人通过与其他保险人签订分保合同，将原保险人承保的部分风险和责任转让给其他保险人的一种行为。

比例再保险（proportional reinsurance）：是指分保合同规定分保接受人将按照保险金额的一定比例承担分保责任的一种保险形式。

成数分保（fractional reinsurance）：指的是分保分出人与分保接受人在签订分保合同时，在分保合同中规定一个比例，分出人按该比例将保费收入分给分保接受人，同时，分保接受人也按这个比例承担相应的保险责任和赔款。

超额赔款再保险（excess claims reinsurance）：指的是当赔款金额超过某一数额时，超出部分至一定限度由分保接受人承担责任的一种保险形式。

参考文献

丁少群，等. 2015. 农业保险学[M]. 北京：中国金融出版社.
龙文军. 2007. 建立和完善我国的农业再保险体系[J]. 红旗文稿，（10）：10-12.
龙文军. 2009. 农业风险管理与农业保险[M]. 北京：中国农业出版社.
马丽华. 2017. 国外农业保险巨灾风险分散模式及其启示[J]. 世界农业，（4）：91-96.
袁祥州，朱满德. 2015. 美国联邦农业再保险体系的经验及对我国的借鉴[J]. 农村经济，（2）：124-129.
张长利. 2013. 农业再保险制度比较与借鉴[J]. 西南金融，（4）：34-37.
郑军，张航. 2018. 美国农业保险的利益相关者分析与成功经验[J]. 华中农业大学学报（社会科学版），（2）：88-96，159.

本章拓展阅读

第十六章

大灾保险

第一节　农业大灾风险的界定与分类

一、农业大灾风险的界定

（一）大灾风险

大灾是指对某一区域或者国家造成巨大的财产损失和人员伤亡，并对区域经济造成无法控制的影响的灾害事件。由于各国在不同时期经济发展水平和大灾发生的概率不同，国际上对大灾定义的指标和标准存在很大差异：美国保险服务局将大灾定义为一种对投保人和保险公司带来大范围影响的恶劣事件，且损失金额至少达到 2 500 万美元；瑞士再保险股份有限公司将大灾分为自然灾害和人为灾祸，并且自 1970 年起每年根据美国的通货膨胀率公布全世界的巨灾风险损失，如 2012 年按照死亡和失踪 20 人次以上、受伤 50 人次以上、无家可归 2 000 人次以上，或财产损失至少 9 110 万美元的标准来划分大灾。目前在保险业界，将赔付率达到 150%~200%的风险划分为大灾风险。

总之，区域或者国家的经济发展水平越高，大灾发生可能性越大，其大灾风险的管理体系就越发达，如美国、日本和新西兰等。

（二）农业大灾风险的界定

农业风险是指农户在农业生产和经营过程中可能遭受损失的不确定性，且人力也无法抗拒。按照灾害程度的不同，经济合作与发展组织将农业风险分成三个等级：①普通风险（normal risk），特点是出现频率高、不具破坏性，只会带来产量和价格的微弱变动，损失程度较小，可通过财政税收补贴等良好应对；②中级风险（intermediate risk），如雹灾等，特点是出现频率中等、破坏程度较强，可通过市场化方式良好应对；③大灾风险（catastrophic risk），如洪水、干旱和疾病暴发等，出现频率极低，较为罕见，但破坏性极强，损失巨大。大灾风险具有较大的不确定性，可能导致市场失灵。

农业大灾风险属于大灾风险范畴，故国内外研究是以大灾界定为依据对农业大灾进行界定。根据对大灾风险的分析可以看出大灾风险的界定是动态相对的，相对应地，农业大灾风险的界定原则应该有三个：一是动态连续性，随着经济的发展，受通货膨胀影响，物价浮动，同一损失标的物在不同年份表现出的核算价值不同，应该充分考虑时间价值；二是主体相对性，针对同一风险，不同主体（农户、保险公司、政府）的承受和管理能力不同；三是辩证统一性，农业大灾风险具有影响范围广、破坏程度大的基本特征，故农业大灾风险的界定要强调其破坏性大这一特点（范丽萍和张朋，2014）。

基于上述考虑，分别从农户角度、保险行业角度和政府角度对农业大灾风险进行界定：①基于农户视角，农业大灾风险是指破坏严重、影响范围极大，造成损失占比超过受灾地区农户家庭财产和预期收益之和的50%、农村平均家庭经济损失超过家庭年预期纯收入50%的风险事件（邓国取，2007）；②基于保险行业视角，应该以保险赔付率来界定农业大灾风险，当一次性赔付总额达到当期保费总额几倍则构成农业大灾风险，在中国，虽然银保监会尚未出台文件明确农业保险大灾的定义，但学术界早已有了一定的研究，建议设定在150%~200%（邓国取，2007）；③基于政府视角，采用国际通用的农业大灾界定方法，即一次性的直接灾害损失超过当年国家国内生产总值的0.01%的一种自然风险。

二、农业大灾风险的分类

农业大灾风险可以根据标准的不同进行多重分类，但主要有以下两种类型（范丽萍和张朋，2014）。

（1）可根据风险来源，将农业大灾风险分为自然农业大灾风险、人为农业大灾风险。自然农业大灾风险，顾名思义，是指自然界带来的灾害，如地震、霜冻、雹灾、洪涝、旱灾、风暴和重大动植物疫病等，影响农业生产正常进行，造成农产品减产，导致重大经济财产损失。我国农业常年遭受自然灾害的破坏，南涝北旱、台风、暴雪和地震等时有发生，对农户生活和经济发展产生巨大影响。人为农业大灾风险则是指由人类活动或人类行为带来的、可能对农业生产带来严重影响的一种灾难性风险，如农产品市场风向变动、农业政策的调整、农业技术的更新等。

（2）根据暴发频率，可分为常态农业大灾风险和异态农业大灾风险。常态农业大灾风险可以预测，一年至少发生一次，但其规模、造成的损失、确切发生的次数都属于不可测因素，是影响承保的保险公司财务健康的不稳定因素，如农作物承保的干旱和冰雹等灾害。异态农业大灾风险多年才暴发一次，但暴发的间隔年限不定，发生概率小，且其造成的损失必然超过预期，能够严重撼动保险公司的财务稳定，需要发动国家力量来救灾，如地震、海啸、洪水等自然灾害。

三、农业大灾风险的特点

与一般性农业风险相比，农业大灾风险具有以下特征。

（一）发生概率小且规律难以掌控

相比于其他农业风险，农业大灾风险的发生概率很小，持续时间很短，几乎没有发生规律可循；且一旦发生，人力无法及时干涉，发生和损失是同时进行的。例如，飓风灾害，形成突然、过程短暂，农户受制于反应时间，无法采取有效的救灾措施；地震灾害也是如此，由于地球板块之间相互碰撞引起的地震发生的概率非常小且难以预测。

（二）对社会经济破坏性大

农业大灾的破坏性极大，往往伴随着巨大的人员伤亡及财产损失的恶劣后果。慕尼黑再保险公司统计显示：2014 年全球大灾事件总体损失 1 100 亿美元，其中保险损失为 310 亿美元，其中当年发生的飓风“哈德哈德”总体损失达到 70 亿美元；2015 年全球大灾事件共发生 1 060 件，死亡 23 000 人，大灾造成整体损失达到 900 亿美元，其中保险损失达到 270 亿美元。对国家而言，农业大灾风险将带来直接性的农产品产量锐减及价格的飙升，农产品市场失衡，农民收入下降，甚至会严重影响一个国家的宏观经济，导致国内生产总值下降。农业大灾的发生同样会压缩保险公司红利，甚至由于大量受灾农户申请理赔，理赔总额巨大，从而严重影响保险公司的资金流动，最终导致破产。

（三）区域特征差异大

不同地区的自然条件存在较大差异，因此主要农业大灾类型呈现区域性差异。例如，我国南北方大灾差异明显，南方多为洪灾，北方多为旱灾，而沿海地区多为台风。同一灾害不同地区的相同作物受损程度也不同。例如，由于南北方的水稻品种和抵抗能力不同，同样的自然灾害对我国南北方的水稻的灾害损失不同。总之，对农业大灾的管理要因地制宜，对不同地区和不同大灾区别管理。

（四）具有广泛相关性

一般某种自然灾害的发生会引起另一种或多种自然灾害的同时发生，一系列的风险叠加进一步扩大灾害损失，也就是说农业大灾往往表现为高度的时间和空间的相关性。例如，在台风灾害发生时，往往伴随着暴风雨，暴风雨有可能进一步引发洪灾和泥石流，造成更大的经济损失和人员伤亡；在雨涝季节，高温高湿的空气容易诱发农作物病害和虫害，造成大面积减产。

第二节　农业保险的大灾风险界定与衡量

一、农业保险的大灾风险

（一）含义

农业保险的大灾风险是指在承保期限内发生严重自然灾害，投保农作物大面积遭到破坏，导致农业保险业务赔偿金额超过农业保险经营机构的可承担范围的一种风险。农业保险的大灾风险是从农业保险经营机构的角度来定义的，与其偿付能力相对应，将超出农业保险公司偿付能力的事件界定为农业保险的大灾风险，主要用“农业保险的赔付率标准”来衡量。

（二）农业保险大灾风险的衡量

农业保险经营存在多种模式，农业保险的赔付率标准并非一个稳定值，不仅各国的农业保险的赔付率衡量标准不同，同一国家的农业保险公司由于自身的规模和资本充足率不同，承受风险的能力也不同，故农业保险的大灾风险的赔付率标准也存在差异。

根据经验数据可得，我国保险经营机构的管理费用大约是保险费用的20%，财政税收额大约是保险费用的 5%，因此可以得出当本年度农业保险经营机构的赔付率超过75%时，该机构将无法实现盈利。故可取 75%的赔付率作为衡量中国农业保险的大灾风险的标准（赵晨，2012）。但实际情况与此相去甚远，不同农业保险公司的风险承受能力不同，故各公司农业保险大灾风险的标准也不尽相同。浙江省人民政府规定将保险赔付率超过 200%的农业大灾界定为农业保险的大灾风险，由政府与共保体共同承担超额赔付责任；北京市人民政府对赔付率 160%以上的部分提供支持和补偿；而上海是当单次赔付金额超过 5 000 万元，农业保险机构偿付能力不足时，将由政府启动实施补偿机制。

二、农业大灾风险与农业保险大灾风险区别

农业大灾风险与农业保险大灾风险是两个不同的概念。首先，农业大灾风险的范围比农业保险的大灾风险范围更广，其囊括所有农业大灾主体（农户、保险公司和政府等）可能遭遇到的大灾风险；而农业保险大灾风险的主体仅仅是农业保险公司。换种说法，农业大灾风险包括农业保险大灾风险。其次，两者侧重点也有所不同，农业大灾风险因其范围的广泛性，侧重的是所有自然灾害可能带来的损失，而农业保险大灾风险侧重的则是农业保险公司的一种经营风险。

图 16-1 是借自然灾害概率与农业损失程度的关系来解释农业大灾风险，纵坐标 P 代表自然灾害发生概率，横坐标 S 代表农业损失程度。当一次自然灾害给农业生产带来

的损失程度超过 S*时，界定其为农业大灾，图中阴影部分表示发生概率小于 P*的农业大灾会导致超过 S*的农业生产损失的风险。图 16-2 是借农业保险经营机构的赔付情况来解释农业保险的大灾风险，纵坐标 P 代表赔款概率，横坐标 T 代表累计赔款数额，点 A 代表农业保险经营机构的一般偿付能力。农业大灾发生后，理赔农户增多，理赔总额较高，当赔款总额超过 A 时，农业保险经营机构无法进行正常偿付，图中阴影部分表示农业保险大灾风险（赵晨，2012）。

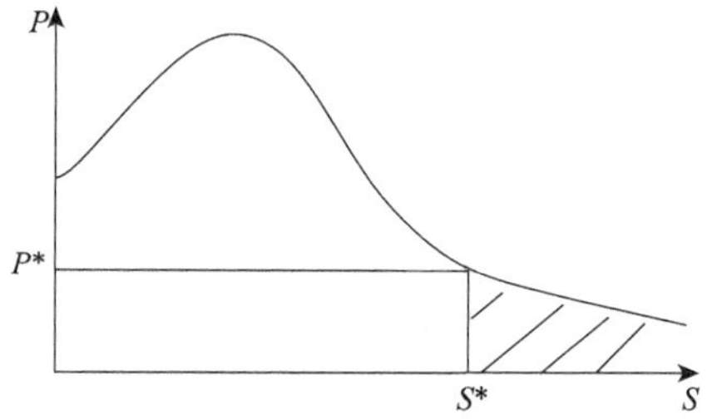

图 16-1　自然灾害概率与农业损失分布

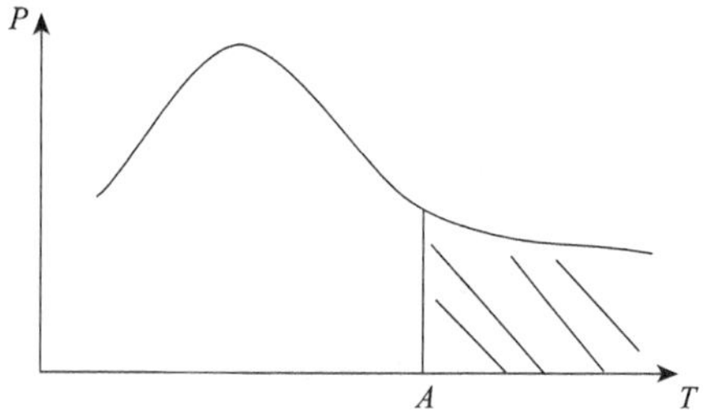

图 16-2　农业保险公司损失赔偿分布

第三节　国外农业大灾保险风险分散制度

农业大灾往往会对国家的农业生产造成重大的损失，为了能够以最小的社会成本最大化地分散和控制农业大灾风险，世界各国都在积极探索适合本国国情的农业大灾风险分散管理机制。农业大灾保险发展制度既能够直接反映一国风险控制能力，又能够侧面反映一国保险市场乃至资本市场的发展水平，更能够真实反映一国法律制度的完善情况。

农业大灾保险风险分散制度主要有政府主导、市场主导、政府与市场合作三种类型，鉴于国外农业巨灾保险制度发展较早且较成熟，本书通过具体介绍这三种模式代表国家，即日本、德国和美国的农业巨灾保险制度，总结学习其经验和做法，为我国运行农业巨灾保险提供借鉴。

一、政府主导的运行机制：以日本为例

（一）发展历史

日本农业由于常年受地震台风灾害的影响，很早便开始研究农业大灾保险，成功建立了由三个层次共同支持的全国性农业再保险体系，完善了农业保险体系，起到了稳定农户经营和有效保护日本农业的稳定发展的作用。

日本的农业保险被称为农业共济。早在 1923 年农政学家斋藤宇一郎就在《小作保险法》中强烈建议国家对农作物进行保险，来弥补日本东北地区的农民每年由于冻灾造成的损失；随后日本政府在 1929 年出台了《家畜保险法》，1938 年又出台了《农业保险法》；1947 年将上述两个法案合并，出台《农业灾害补偿法》，规定有一定经营规模的农户要强制参加保险，以合作组织为基本形式依法强制参加农业保险；1967 年颁布了针对果树种植风险的《果树保险临时措施法》；1973 年颁布《旱田作物共济以及园艺设施共济临时措施法》。随着日本法律体系的不断完善，日本共济体系也逐渐成形，包括农作物共济、家畜共济、果树共济、旱田作物共济（范丽萍和张朋，2015）。

日本的农业互助政策并不是一成不变的，日本政府经常根据不同时期的具体情况，不断增加和完善农业保险相关办法，以确保日本农业保险的持续稳定发展。1966 年，由于政府保费负担过重，修改了家畜保险制度，将承包形式由合作组织分拆成以农户为基本单位；1985 年，又修改了《农作物保险法》，设置保费率的弹性幅度，放宽水稻险准入标准，下调政府有关农作物补贴比例；2003 年，农户选择补偿比例扩大，农户选择承保方式拓宽；2007 年，将大豆、马铃薯的补偿比例提高。

（二）运行机制

财政补贴、税收优惠、双重再保险、巨灾债券等都是日本常见的用来分散农业大灾风险的主要手段，通常多种分散工具结合，共同转移农业大灾风险。

1. 财政补贴

日本的财政补贴支持主要有三个方面：一是保费补贴。日本保费率分为正常保险费率、异常保险费率和超常保险费率三种，政府对三类保险费率都有财政补贴，且保险费率越高，政府的保费补贴也越高，正常保险费率获得小部分的补贴，异常保险费率获得正常保险费率至少 50%的补贴，超常保险费率获得正常保险费率至少 100%的补贴，具体随农作物的不同而不同。例如，小麦补贴为保险费率的 68%，水稻、旱稻补贴为保险费率的 58%，园艺设施为 50%，经济作物为 55%。二是经营管理费补贴。政府全款支持县及以上联合会，同时负责共济组合的部分费用。三是巨灾保险赔偿。在农业大灾发生时，政府可启用国库资金对巨灾造成的损失进行补偿，比例高达 80%以上，甚至是全额赔偿（陈利，2014）。

2. 税收优惠

1947 年的《农业灾害补偿法》规定，农业共济团体免征所得税、法人税，地方政府应对其免征营业税，依法登记的农业共济团队免征登记税，农业灾害补偿相关印刷品免征印花税。现行《法人税法》规定农业共济团队为公益法人，公益法人仅需要对其收益业务所带来的收入缴税，对其他收入免征税。

3. 双重再保险

日本农业保险大灾风险分散机制主要由两层再保险体系构成：第一层是由府县级农业共济组合联合会为县辖区内所有农业共济组合提供再保险，农业共济组合对所有农户提供原保险；第二层是由全国农业再保险协会对府县级农业共济组合联合会提供再保险（图 16-3）。当农业大灾发生时，可通过双重再保险制度将农业保险大灾风险进行分散，由全国农业再保险协会进行超额赔偿，即农业保险大灾风险的最终承担者是全国农业再保险协会，实际上是政府作为农业巨灾保险的后盾。当灾害发生时，各级组织将严格按照法定比例共同承担理赔责任，一般情况下，共济组合需承担 10%~20%的赔偿责任，联合会需承担 20%~30%的赔偿责任，全国农业再保险协会需承担 50%~70%的赔偿责任。

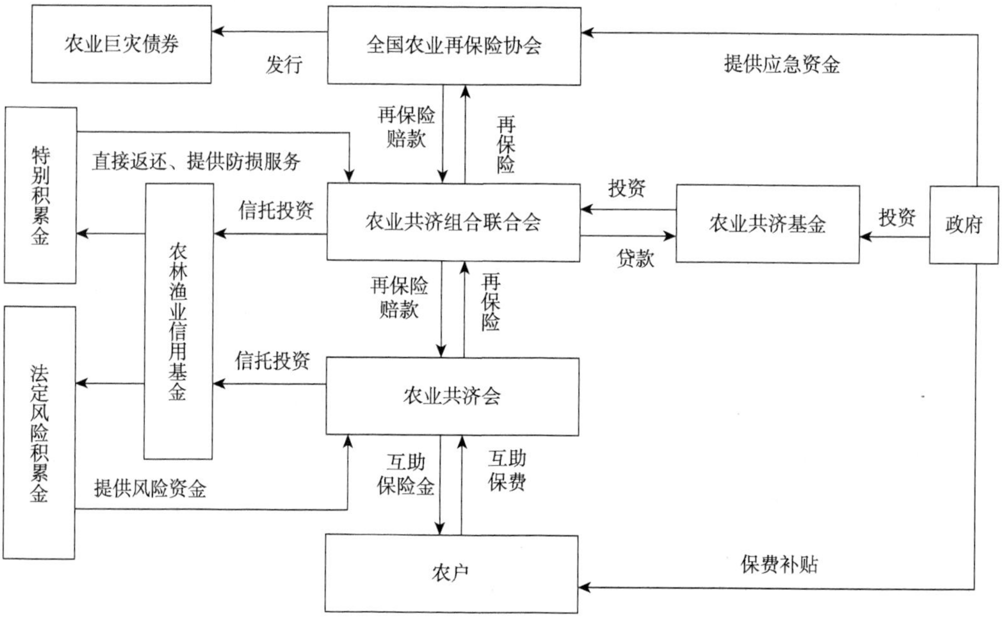

图 16-3　日本农业大灾保险运行体制

资料来源：陈利（2014）

4. 预防农业灾害基金

农业共济组合联合会和农业共济会将保费投资到农林渔业信用基金作为信托资金，

其中政府再补贴 50%，确保农业共济组合联合会有充足的支付能力。农林渔业信用基金的盈利不能用作基金组织事业费等支出，主要分两部分使用：一部分被提取作为农业共济组合联合会和农业共济会的法定风险积累金，用作日后可能的农业保险赔偿；剩下的部分将被看作特别积累金，通过直接返还或为会员提供防损服务的方式进行支出。

日本每年由于大灾遭受的损失巨大，严重影响到日本保险行业的偿付能力，以再保险为代表的传统农业保险大灾风险分散方法不足以维持保险行业的稳定，故日本政府开始寻求金融与资本市场结合的新突破，将农业保险大灾风险转移到资本市场。1984年，日本发行了“可赎回地震债券”，这是日本最早的大灾债券，当“东京地震局报告日本范围内发生里氏 7.2 级及以上地震”时达到触发条件；1998 年，亚洲金融风暴波及日本，迫使日本大幅放宽可供证券化的金融资产，日本大灾债券得到蓬勃发展；日本已经拥有多次发行大灾债券的经验，日本市场上大灾债券的设计与操作流程不断趋向标准化，大灾债券成为日本合理管控农业大灾风险的一大得力工具。

二、市场主导的运行机制：以德国为例

（一）发展历史

德国保险市场发达，历史悠久，是全球第四大保险市场。德国由于经常发生雹灾，对农作物造成严重损害，农民强烈要求针对农作物雹灾风险开展保险，政府对推行农作物保险也非常支持，以减少灾后财政负担。德国于 1971 年在布伦瑞克设立了世界上最早的农业互助保险机构——雹灾互助保险机构，会员向农村互助保险协会投保农作物雹灾保险。雹灾保险在德国深受欢迎，1978 年，雹灾保险单达 60 万份以上，承保面积达 360 万公顷，保险总额达 100 亿马克（陈运来，2010）。德国的农业保险由互助保险社和商业保险公司承办，完全是由市场主导的商业化运营，私人商业保险公司资金主要来源于保费收入，而德国政府不直接干预农业保险，也不从侧面进行补偿，只负责出台相关法律，为德国农业保险的有序运行营造良好的经营环境。1901 年出台《保险企业监督法》，1908 年出台《保险契约法》《德国保险合同法》，2007 年修订《德国新保险合同法》。德国政府同时要求保险公司运用统计数据和管理费率进行精确计算，对巨灾风险进行逐项评估等。

（二）运行机制

1. 保险公司严格限定承保条件和免赔额

由于德国不向商业保险公司提供任何补贴，因此各公司为确保盈利，对承保品种和条件做出了严格的准入要求。商业保险公司对大多数无规律的农业大灾设定了固定的保险费率，且规定了 10%的责任限额，损失在 10%以下则保险公司免于赔偿。

2. 商业保险公司积极进行产品与服务创新

德国商业保险公司之间激烈的业务竞争，推动着德国商业保险公司的不断创新。德国农业巨灾保险种类繁多，如动态财产险、火灾歉收险、运输险、技术险、法律保护险等。动态财产险针对的是具有生长周期的农业、畜牧业、果农动植物；火灾歉收险针对的是牛羊专业户等生产易受火灾影响的农业；运输险针对的是需要运输的农产品、农机等；技术险针对的是各种农机、工具等使用过程；法律保护险是针对农民生产过程中的各种法律问题，如因种子问题导致减产，保险公司会赔付农民聘请律师解决纠纷的费用。

德国的商业保险公司除了保险产品创新以外，还进行了一系列的配套服务创新。一是为减少天气对农作物的影响，私人保险可能会通过修建堤坝蓄水来降低旱涝风险，通过袭击云团化解雹灾等。二是加强宣传力度，请专业人士实地讲解、现场辅导，提高农民防灾防险意识。同时，保险公司还会通过散发宣传册、广告、电影等方式向农民宣传防灾指导方案，如如何在得到灾害预警信息时采取预设的防洪方案构筑应急防洪设施来减少灾害损失。三是保险公司提供便捷灵活的服务，当农民有调整保险的内容和种类的需求时，只需要通过电话或电子邮件预约，保险公司服务人员会上门服务，来满足农民的需求。四是保险业的灾害研究资料开放共享，德国保险行业长期细致地跟踪研究了自然灾害的各种数据。

3. 再保险机制

德国具有完善的再保险机制，农民向直保公司缴纳农业巨灾保险金后，直保公司向再保险公司进行分保。德国慕尼黑再保险公司是世界上最大的再保险公司，实力雄厚，为德国巨灾风险分散提供了有效保障。根据经验数据，德国慕尼黑再保险公司在历次巨灾中平均承担的总赔付额比例为60%，远超世界平均水平（50%以下）。

4. 巨灾债券

德国保险业也会发行巨灾债券提升巨灾承保能力，将农业保险大灾风险转移到资本市场。保险公司先行成立特殊目的机构（special purpose vehicle，SPV），签订再保险合同后发行巨灾债券，以高于普通债券大约3%~4%的利率吸引投资者购买。

三、政府与市场合作的运行机制：以美国为例

（一）发展历史

美国农业巨灾保险风险分散机制经过 80 年的探索和调整，经历了从政府主导到与市场结合的变化过程，已经形成了较为完整的农业巨灾保险运行体系，无疑是当今最具有代表性的保险制度模式。

20 世纪 30 年代末，美国联邦政府开始研究农业保险，颁布了《联邦农作物保险法》，美国农业部又于1938年成立了FCIC，FCIC直接全面负责美国境内的农业保险业

务，是农业保险大灾风险的主要承担者。直到 1980 年，私营保险公司才得以直接参与 FCIC 的保险和再保险业务，与政府共同承担农业大灾风险，此后，美国农业保险进入政府和市场共同承保农业保险业务分散风险的双轨制时期（吕晓英和李先德，2014）。1994 年，《联邦农作物保险改革法案》对保险项目进行了大规模调整。1996 年，创建了风险管理局，负责监管联邦农业保险公司和管理农作物保险项目。1997 年，FCIC 和商业保险公司签订《标准再保险协议》，用于分散全国种植业灾害风险；FCIC 不断减少直接承保的农业保险业务规模，原保险业务逐渐由商业保险公司承保，到 2000 年 FCIC 完全退出原农业保险业务，原农业保险完全市场化，而 FCIC 专门向商业保险公司提供再保险。2003 年，美国政府提供的再保险范围从种植业扩展到畜牧业。2014 年，对《种植业标准再保险协议》和《牲畜价格再保险协议》进行修改。在联邦政府和商业保险公司的协作下，美国绝大部分的耕地都参与了农作物保险。

（二）运行机制

美国农业保险大灾风险分散体系由四个层级构成，主要包括商业保险公司直接保险、农业再保险、农业保险专项基金、政府紧急预案、农业大灾风险证券化等。该分散体系可以很好地辅助农业大灾风险证券化，转移农业大灾风险，实现农业风险从低到高的逐级分散，各层级相互衔接、各司其职。

1. 商业保险公司直接保险

直接保险承担低层农业风险。美国农户可自愿购买农业保险，但如果想获得政府农业补贴和灾害救助，则必须购买农业保险。农业保险的条款和费率由 FCIC 制定，并综合考虑地区、作物、耕种方式及保障水平等因素形成标准化保单，保险公司直接使用。FCIC 为农业保险提供保费补贴和经营管理费补贴，其中保费补贴比例（35%~65%）随业务保障程度的提高而降低，补贴资金由 FCIC 统一管理结算；管理费补贴按照保费规模相应比例（18%~22%）直接划拨给保险公司，基本可覆盖代理人佣金成本。

2. 农业再保险

农业再保险承担中高层农业风险。美国政府通过 FCIC 参与农业再保险经营管理，建立了政府主导型的农业再保险体系，承担了绝大部分的农业风险。直保公司必须依法将政策性农业保险业务向 FCIC 办理分保，并根据业务风险偏好选择将农业保险业务分州、分险种放入 FCIC 管理的强制型基金（assigned risk fund）和商业基金（commercial fund）两种再保险基金，直保公司按州分入强制型基金的业务规模不得高于公司在该州业务的 75%，余下不低于 25%的业务则全部放入商业基金（图 16-4）。

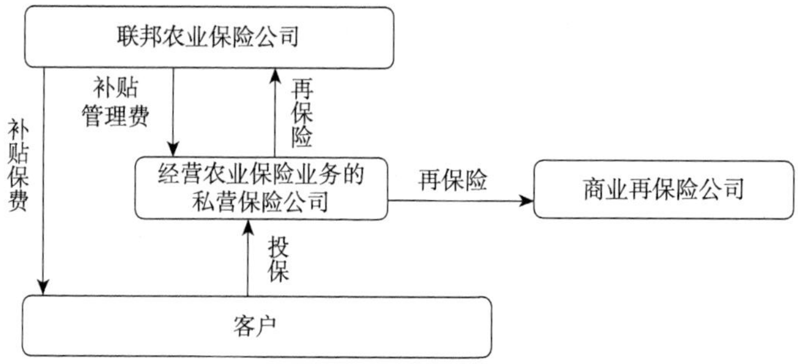

图 16-4　美国再保险运行机制

主要分保规则和内容如下。

（1）直保公司向 FCIC 办理成数分保，一般将高风险业务放入强制型基金享受较高比例的分出，将较低风险业务放入商业基金享受更多的自留比例。FCIC 规定，直保公司放入强制型基金的业务固定分出 80%，而放入商业基金的业务分出比例不超过 65%。

（2）直保公司自留业务赔付率低于 500%时采取利润共享与损失分担机制。当直保公司发生净损失（赔付率>100%），赔付率越高，政府分担的损失比例越高；当出现盈余时（赔付率<100%），利润率越高，政府共享的利润比例也越高。相对于强制型基金，直保公司在商业基金中承担风险较大。

（3）直保公司自留业务的赔付率超过 500%时，由 FCIC 全额承担。

（4）直保公司将自留业务部分向 FCIC 提出分保申请。根据 2018 年《标准再保险协议》，直保公司必须将政策性农业保险业务自留部分净利润或净损失的 6.5%分摊给 FCIC，以确保公司当年乃至行业当年的农业保险经营成果得到有效支持。当政策性作物保险实现整体盈利时，FCIC 会将利润的一定比例返还给直保公司。

（5）如果直保公司仍有再保险需求，向 FCIC 申请并获准后可以购买商业再保险。

3. 农业保险专项基金

更高层次的风险将由财政部设立的农业保险专项基金（或称专项预算）承担。FCIC 对这支基金进行管理，依据当年的联邦农业保险计划向财政申请预算，当大灾带来损失超过以上五类再保险层次偿付能力时，剩余部分将由专项基金补足；同时补贴 FCIC 经营成本。如有结余则返还财政部，如有不足则启动紧急预案。

4. 政府紧急预案

政府紧急预案为美国农业保险大灾风险兜底。《联邦农作物保险法》规定，当农业保险专项基金发生基金缺口时，应立即启动紧急预案募集资金。具体由 FCIC 向农业部下属的商品信贷公司申请贷款，或通过发行专门票据、债券等筹措应急资金。

5. 农业大灾风险证券化

美国证券市场发达，有着丰富的农业大灾风险证券产品：一是偶然盈余票据。这是一项卖出期权，在一个确定的期间，若发生农业大灾，保险公司则有权向投资者发行盈余债券进行融资，而且这种盈余债券不会增加负债，只增加保险公司资产负债表内的实收资本。二是农业大灾债券。保险公司或者再保险公司指定专门的发行机构来发行大灾债券，它规定在债券期限内，如果未发生农业大灾事件，那么证券购买者就可以到期获得相应的本金和利息。三是金融衍生品。基于农业大灾债券，保险公司又相继开发出了大灾期货、大灾期权和大灾互换，扩大了分散农业大灾风险的途径。

四、国外大灾风险分散机制对中国的启示

通过对日本、德国和美国的农业保险大灾风险分散机制的具体介绍，总结了政府主导、市场主导和政府与市场合作这三种模式的特点，对建立和完善我国的农业保险大灾风险分散制度有以下几点启示。

（一）不断调整完善相关的法律法规

随着社会经济的发展，以前的农业保险法律法规将不再适用于本国现有农业保险经营主体和运营架构，需要政府根据农民和保险机构的实际需求，不断调整和完善相关的法律法规，在法律层面上保障和平衡农民与保险公司之间的利益关系，促进农业大灾保险市场健康有序地发展。例如，美国联邦政府根据各州每年的农业保险的经营业绩和农业灾害风险的变化趋势，对农作物《标准再保险协议》进行了多次重大修改，调整非比例再保险中商业保险公司和政府承担损失或收益的比重，以及不同基金中商业保险公司农业保险业务的分出比例。

（二）明确政府在农业大灾中承担的责任

完全市场化的农业保险运作模式只适用于保险市场和资本市场发达的国家，可以借助先进的保险产品和服务的创新及资产证券化分散农业保险的大灾风险，如德国和法国。我国对保险市场和资本市场管制严格，难以实现完全市场化运营，一旦发生农业巨灾，商业保险公司往往没有足够的偿付能力，甚至会导致大批的保险公司破产。因此，建立政府层面的农业大灾分散制度，利用政府财政弥补商业保险机构的大灾赔付缺口，对农业保险行业的健康发展具有重要意义。

（三）建立完备的农业大灾风险数据库

政府在制定与农业大灾相匹配的法律法规时，需要参考各地历年的农业大灾数据，因地制宜；农户在投保决策过程中，需要了解历年大灾数据及对比各家农业保险公司的优劣；保险公司在测算各项农业大灾的赔付比率时，更需要历年各项农业大灾的各方面数据，增加盈利的可能性。建立完备的农业大灾数据库对政府、农民和保险机构具有重要意义。例如，日本采用先进的保险统计方法统计了长期细化的农业损失记录，政府根据这些数据来确定每个风险区的保额、补贴额和费率。

（四）发展和完善金融市场，推进大灾风险证券化

农业大灾保险具有高赔付率的特征，一旦发生，仅仅是商业保险机构和政府财政支持，可能并不足以完全分散农业保险的大灾风险。努力发展、完善金融市场，不断推进大灾风险证券化，不仅可以利用资本市场运作有效管理和分散农业保险大灾风险，还可以为投资者拓宽新的投资方向。

第四节　中国农业大灾保险风险分散制度

自古以来，中国就是一个农业大国，农业大灾频发，已经造成了非常严重的影响，大灾风险已经成为农业保险健康可持续发展的阻碍。1949 年以来，我国的专家学者、保险公司、保险监管部门等各方面对农业大灾的研究从未停止。将市场化、行政化手段相结合，建立和完善多层次的农业大灾风险分散体系，是中国农业大灾风险分散机制的基本思路。

一、中国农业大灾保险风险分散制度发展概况

（一）相关法律法规

2004 年，中国正式开展政策性农业保险试点工作，在地方政府的支持下建设具有地方特色的政策性农业保险；2007 年，中央一号文件第一次提出中央和地方要共建农业大灾风险分散机制。截至 2019 年，中央发布的 13 个一号文件中，九次提到农业保险大灾风险分散问题。2013 年 3 月 1 日起正式实施的《农业保险条例》指出，农业大灾风险分散制度是政策性农业保险制度必不可少的组成部分。2014 年 3 月 1 日起正式实施的《农业保险大灾风险准备金管理办法》中，对农业保险大灾风险准备金进行规范；同年 8 月，国务院印发的《关于加快发展现代保险服务业的若干意见》，提出巨灾保险基金、巨灾再保险等制度；同年 11 月，中国人民财产保险股份有限公司等 23 家具有农业保险经营资质的保险公司和中国财产再保险公司共同组建了中国农业保险再保险共同体，填补了农业保险大灾风险分散体系行业层面空白。2015 年，中共中央“十三五”规划建议在关于“大力推进农业现代化”的相关内容中，明确提出“深化农村金融改革，完善农业保险制度”，并在“构建发展新体制”中进一步明确提出“加快建立巨灾保险制度”①。

2017 年 4 月 26 日召开的国务院常务会议决定，在我国 13 个粮食主产省中选出 200 个左右的县城，根据各县的实际情况，分别为家庭农场、专业大户、农民合作社等新型农业主体制定专属的农业大灾保险产品，承保标的为水稻、小麦和玉米，来降低新型农户在农资、化肥、地租等成本方面的风险，推进我国新型农业发展进程。财政部、农业

① http://www.ccps.gov.cn/zt/xxddsbjwzqh/zyjs/201812/t20181211_118207.shtml。

农村部、银保监会和林草局于 2019 年 9 月 19 日联合印发《关于加快农业保险高质量发展的指导意见》，再次强调“结合农业产业结构调整和生产成本变动，建立农业保险保障水平动态调整机制，在覆盖农业生产直接物化成本的基础上，扩大农业大灾保险试点，逐步提高保障水平”。

（二）现行主要模式

各级地方政府对农业巨灾保险都比较重视，积极探索实践。由于各省实际农业发展情况不同，农业保险大灾风险分散的模式也存在差异，暂未形成统一的分散机制，主要有以下 4 种不同的模式（陈利，2014）。

1. 政府财政直接购买再保险模式

该模式以北京为代表。2008 年，北京市人民政府出资为北京辖区内农业保险公司购买再保险，率先开创了政府购买再保险模式，率先创立了农业巨灾保险制度体系。具体由瑞士再保险股份有限公司和中国再保险（集团）股份有限公司分保，赔付分为三个级别，当赔付率处于 160%以下时，由公司再保险自行赔付；当赔付率为 160%~300%时，该部分由政府购买的再保险赔付；当赔付率为 300%以上时，该部分则由当地财政进行补偿。除了政府直接购买再保险外，北京还建立了巨灾风险基金来防范农业保险大灾风险。

2. 多级财政共担巨灾风险超赔模式

该模式以江苏为代表。2008 年，江苏省着手建立政府巨灾风险准备金制度，特别制定了《江苏省农业保险试点政府巨灾风险准备金管理办法（试行）》，由省、市、县三级政府共同建立农业保险巨灾准备金，准备金用于支付由农业大灾引起的政府超赔风险，分担比例如下：当县级政府的保费收入不足以覆盖农业大灾理赔时，超赔部分的 20%由省辖市人民政府用巨灾准备金承担，县级政府用巨灾准备金赔付余下的 80%。同时，江苏省的保险公司和政府按照 4∶6 的比例收取保费和灾后赔付，由政府和保险机构共同分散大灾风险。

3. 财政高比例补贴保费模式

该模式以安徽和四川为代表。安徽和四川都通过较高比例的财政来诱导农户参与农业大灾保险，有效提高了农户参保的积极性，增加了两省大灾保险覆盖面，安徽大部分地区的农业保险参保率都达到了 90%以上。

4. 财政直接购买商业巨灾保险的综合巨灾保险模式

该模式以深圳为代表。2013 年底，深圳市出台《深圳市巨灾保险方案》，率先在全国建立了以政府为主导、以市场为补充的综合巨灾保险制度，主要包括三部分：一是由深圳市人民政府出资购买商业巨灾保险，用于在深人员的救助赔偿；二是深圳市人民政府设立专项大灾基金，其他企业或个人可自愿出资，用于政府购买巨灾保险外的赔付；三是企业或个人按需购买，自愿购买。商业保险公司根据企业和居民个性化的巨灾保险需求，自行开发提供巨灾保险产品和服务，弥补政府大灾保险的不足。

二、中国农业大灾保险风险分散制度存在问题与建议

（一）中国农业大灾保险风险分散制度存在问题

1. 政府财政负担过重，难以持续性发展

我国的农业保险大灾风险绝大部分由政府承担，近年来，我国财政在农业巨灾损失方面的补贴大体上呈现上升的趋势，为我国政府财政带来很大的经济负担，不具有可持续性，而且效率十分低下。一方面，严重阻碍了农业保险的市场化发展；另一方面，财政补贴和赔付农业大灾保险会占用其他用途的财政资金，存在影响我国经济发展的可能性（林家欣，2018）。

2. 保险运行激励机制欠缺，保险公司参与积极性不高

农业巨灾保险激励机制是指政府为鼓励保险公司参与农业大灾保险运营而采取的一系列补贴政策，如保险公司经营费用的补贴标准与范围、中央与地方财政的巨灾风险分担比例等。由于我国尚未在全国范围内建立农业巨灾保险激励机制，保险公司出于盈利风险考虑，对推广农业大灾保险产品积极性不高。

3. 风险转移分散机制缺乏

美德日三国农业保险大灾风险分散机制的实践表明，农业巨灾再保险、农业巨灾风险基金及农业巨灾风险证券化等手段都可以有效分散农业保险大灾风险。目前我国只有部分省份建立了农业巨灾风险基金，巨灾再保险产品在我国仍是空白，而我国的巨灾风险证券化也未正式启动。

4. 农业大灾数据收集缺失

任何定价及赔付都需要以经验数据的保险精算为参考基础。我国在 2009 年才发布《巨灾保险数据采集规范》，开展全面的大灾数据收集工作，有关农业大灾的数据跨越时间短且数据量少，无法满足农业大灾风险管理的需要。

（二）建议

针对以上四方面的问题，提出以下建议：一是构建政府引导和市场化运作的农业保险再保险制度，发展和完善金融市场，探索大灾风险证券化，这样可以丰富我国的农业大灾风险分散机制，减少了政府对农业大灾赔偿的财政支出，提高了保险公司推行农业大灾保险的积极性；二是完善我国农业大灾数据收集体系，基于这些数据，得出灾害规律，提高巨灾风险的预警和防范水平；三是积极培养保险专业人才，特别是核保、理赔、精算等技术型人才，促进大灾保险的发展（屈波，2015）。

本章小结

大灾具有难以预测、破坏性强的特点，一旦发生，将对农业生产造成无法预估的巨大损失。本章介绍了大灾、农业大灾风险、农业保险大灾风险的基本概念，考察了国外代表性国家农业保险大灾风险的分散机制，分别以日本、德国和美国为例分析了三种不同模式的农业保险大灾风险的分散机制，以代表省份为例分析了我国现行的农业保险大灾风险的分散机制。

关键词

大灾　农业大灾风险　农业保险大灾风险

思考题

1. 农业大灾风险的类型有哪些？
2. 农业大灾风险具有哪些特点？
3. 农业大灾风险与农业保险大灾风险的区别。
4. 简单介绍日本农业大灾风险分散机制。
5. 简单介绍德国农业大灾风险分散机制。
6. 简单介绍美国农业大灾风险分散机制。
7. 比较国外 3 种不同的农业大灾风险分散体系的特点。
8. 简要介绍我国农业大灾风险分散机制模式。
9. 简述我国现行的农业大灾风险分散机制存在问题。
10. 根据美、德、日的农业大灾风险机制，谈谈如何改进我国农业大灾风险机制。

专业术语

大灾（catastrophe）：是指对某一区域或者国家造成巨大的财产损失和人员伤亡，并对区域经济造成无法控制的灾害事件。

农业风险（agricultural risk）：是指农户在农业生产和经营过程中可能遭受损失的不确定性，且人力也无法抗拒。

农业保险大灾风险（catastrophe risks of agricultural insurance）：是指在承保期限内发生严重自然灾害，投保农作物大面积遭到破坏，导致农业保险业务赔偿金额超过农业保险经营机构的可承担范围的一种风险。

参考文献

陈利. 2014. 农业巨灾保险运行机制研究[D]. 西南大学博士学位论文.
陈运来. 2010. 域外农业保险立法及其启示[J]. 法商研究，（3）：130-140.
邓国取. 2007. 中国农业巨灾保险制度研究[M]. 北京：中国社会科学出版社.
范丽萍. 2015. OECD 典型国家农业巨灾风险管理制度研究[D]. 中国农业科学院博士学位论文.
范丽萍，张朋. 2014. 农业巨灾风险的概念、特征及属性分析[J]. 世界农业，（11）：104-108.
范丽萍，张朋. 2015. 美国、加拿大、日本经验对中国农业巨灾风险管理制度体系构建的启示[J]. 世界农业，（11）：24-30.
高涛，李锁平，邢鹂. 2009. 政策性农业保险巨灾风险分担机制模拟——以北京市政策性农业保险为例[J]. 中国农村经济，（3）：28-37.
林家欣. 2018. 我国农业保险巨灾风险分散机制研究[J]. 行政事业资产与财务，（6）：35-36.
林乐芬，等. 2020. 现代农业保险产品机制创新研究[M]. 北京：中国农业出版社.
林乐芬，裴雪舒. 2017. 江苏省农业保险大灾补偿能力评价及影响因素分析[J]. 金融纵横，（10）：45-58.
林乐芬，裴雪舒. 2018. 农户分化对农业保险巨灾理赔政策效应及影响因素分析——基于种植业农户的田野调查[J]. 中央财经大学学报，（1）：20-30.
吕晓英，李先德. 2014. 美国农业再保险制度及其对中国建立农业大灾风险分散体系的借鉴[J]. 世界农业，（10）：前插 1，1-4，8.
屈波. 2015. 关于农业保险大灾风险分散机制的思考[J]. 人民论坛，（14）：81-83.
汤颖梅，蔡惠芳，刘荣茂. 2020. 营销渠道会影响农户对巨灾保险的偏好和支付意愿吗？——基于选择实验法的实证分析[J]. 经济问题，（7）：61-66.
温信祥. 2013. 日本农业灾害金融补偿制度及其对中国的启示——以东日本大地震为例[J]. 南方金融，（1）：57-61.
赵晨. 2012. 以再保险为基础的农业保险巨灾风险分散机制研究[D]. 西南财经大学硕士学位论文.

本章拓展阅读

第四篇

农业保险市场与监管

第十七章

农业保险市场与监管

农业保险市场是一种特殊的保险产品市场，是能够变换农业保险产品的场所。农业保险需求方、供给方和监管方组成农业保险市场，三大主体在市场中发生所有的交换关系。

农业保险市场作为一种无形商品市场，其主体是农业保险市场的参与者，而客体则是农业生产活动中存在的风险。农业保险市场运作的基本原理就是农业生产中存在的各类风险的聚集和分散。投保人出于分散自身面临的农业生产中不同类型的风险并转嫁给保险人的需要，缴纳一定金额的保险费给保险人作为补偿，由保险人对这些风险进行综合管理，从而达到聚集和分散风险的作用。保险费率在农业保险市场中发挥着十分重要的作用，这体现在：在市场经济的背景下，通过保险费率的调节，农业保险市场上的供给和需求会不断进行博弈和变动，直至达到市场的均衡状态。

农业保险分广义与狭义。狭义的农业保险就是我们所称的保障动植物的种植业保险与养殖业保险。广义的农业保险全面覆盖农民、农村、农业，除狭义的农业保险所包括的范畴之外，还包括农民人身层面的医疗保险、养老保险，农民财产层面的建房险、农机具保险及涉农企业在各个经营环节上的保险等。一般地，学术界和实务界在研究农业保险市场时都针对狭义的农业保险，而将广义农业保险归入农村保险市场。本章所介绍的也是狭义的农业保险市场结构。

农业保险市场的供给方主要是指服务于广大农业生产者，将各种农业生产风险作为经营标的，提供农业保险产品的保险公司。供给方主要包括商业性保险公司、政策性保险公司、综合性保险公司、专业性保险公司、私营保险公司、民营保险公司、国有保险公司、外资保险公司、互助保险组织等。在我国，商业性保险公司和专业性农业保险公司是主要供给方。

第一节　农业保险市场供给

一、影响农业保险市场供给的主要因素

（一）农业保险费率

市场经济下，农业保险费率首要影响农业保险市场供给。农业保险费率是保险公司向投保人收取的承担风险的费用，一般来说，农业保险费率越高，保险公司获得的保险收入越多。保险公司利润越大，保险公司更愿意提供农业保险商品，供给就越多。反之，则越少。

（二）农业保险的经营成本

非垄断市场中，农业保险经营成本的高低影响着农业保险经营主体利润的多少。保险公司经营农业保险时，需要投入一定的人力、物力等经营成本。投入越多，可获利润越少，保险公司提供农业保险的积极性降低，供给越少。反之，则越多。

（三）农业生产过程中的风险

农业保险对于不同的保险对象和不同的保险受益人，风险也是不同的。例如，不同地区发生自然灾害的可能性不同，不同地区或文化的农民发生道德风险的概率不同，使得不同农业保险的风险也会有所不同，在其他条件不变的情况下，农业保险的风险越大，农业保险市场的供给就会越少。反之，则越多。

（四）灾害数据

灾害统计数据即农业保险的保险经验数据，对于农业保险产品的设计非常重要，如果这方面的数据缺位或者不完整，那么农业保险产品在厘定保险费率、赔偿比例方面就会缺乏有效的数据支持，从而对农业保险产品的供给产生负面影响。长期且完整的统计数据则能有效帮助农业保险经营主体增加供给。

（五）政策因素

与其他种类的保险不同，农业保险的正外部性使得农业保险市场也有很强的政策属性，即农业保险市场供给受政府的宏观经济政策、农村金融政策、政府支持力度影响。有利的政策因素能够促进农业保险商品的供给，反之不利的政策因素则会减少供给。

二、我国的农业保险市场供给

自中华人民共和国成立以来，我国农业保险已有 70 余年的发展历程。中华人民共

和国成立后，中国人民保险公司曾尝试在全国开展农业保险业务。然而，受限于当时我国薄弱的经济基础及缺失的政策保护，农业保险最终停办。

1982 年，国务院决定恢复农业保险业务。中国人民保险公司重开农业保险，农业保险发展迅猛且社会效益显著。截至 1993 年，保费收入达 8.3 亿元，近百种险种开办。中国人民保险公司在当时占据保险市场的主导地位[①]。

1994 年，中国人民保险公司遵照财政部要求向商业公司转型，国家也不再补贴政策性农业保险。农业保险在完全商业化体系下，一方面农业风险难以分散并集中在保险公司上，另一方面商业保险公司在缺乏政策支持条件下难以获利，因此失去了发展农业保险的动力，不断减少农业保险的供给。直至 2003 年，农业保险保费收入下降为 4.32 亿元，险种数目也减少到不足 30 个。期间，仅有中国人民保险公司和中华联合财险商业化经营农业保险[①]。

由于保险公司追逐收益的目标和商业化的经营模式，保险公司会选择在往年自然灾害发生较少的地区开办农业保险，而在灾害频发的地区收缩农业保险供应，我国农业保险市场的供给也因此逐渐萎缩。

随着“三农”问题的不断升温，农业保险的正外部性逐渐成为社会和政府的焦点。2004 年，保监会决定在全国 9 省（区、市）率先开展政策性农业保险试点。试点模式为四种：一是在商业保险公司与地方政府签订协议的条件下，商业保险公司在当地开展农业保险业务；二是专门的农业保险公司；三是农业相互保险公司；四是政策性农业保险公司。在政府大力支持下，中国农业保险市场呈现多元化快速发展的态势。

我国的农业保险市场供给主体目前共计有 20 多家，主要有 7 家保险公司，包括 2 家综合性保险公司（中国人民保险公司发起设立的中国人民财产保险股份有限公司和前身为新疆生产建设兵团农牧业生产保险公司的中华联合财产保险公司），4 家专业农业保险公司（安华农业保险股份有限公司、安信保险、黑龙江龙垦总局申请成立的阳光农业互相保险、安徽国元农业保险股份有限公司），以及 1 家中法合资公司——中航安盟保险公司。这 7 家公司的农业保险业务占到整个农业保险市场 90%以上的份额，除此之外还有太平洋产险、平安产险、人寿财险、大地保险等国内中大型保险公司也参与到了农业保险市场的供给中来，但其供给规模在总体中的占比还有待进一步发展。目前我国农业保险市场的地域范围也较为广泛，每个省份都至少有 2 家保险公司拥有农业保险经办资格。

农业是我国的基础产业，农业生产在整个国民生产中发挥着重要的作用，而在我国所有保险中，农业保险规模的占比甚微，农业保险市场在很多领域都存在空白，需要农业保险供给主体继续通过创新来弥补。总的来说，我国农业保险市场当前的供给规模还远远无法满足国民经济发展的需求，无法充分发挥农业保险对农业发展的推动作用。

① 资料来源：1990~2009 年《中国统计年鉴》。

第二节 农业保险市场需求

农业保险市场的需求方主要包括农业生产者、农产品加工企业、农业合作社和其他从事农业生产经营的组织或个人。一般而言，农业保险的保单持有方、投保方和受益方是一致的，即农业生产主体。但也存在极个别情况，即农户由农产品加工企业或农业合作社代投保，当触发农业保险理赔条件时，保险受益方为农户，农户可以获得保险赔偿。

影响农业保险市场需求的因素主要包括以下几点。

农业保险市场同其他商品市场一样，价格是影响需求最重要的因素。农业保险费率是农业保险产品的价格，是投保人为转移风险支付给保险公司的费用。一般来说，农业保险市场需求与保险费率反向变动。当农业保险费率上升，投保人需要缴纳的保险费用相应提高，投保人的投保意愿下降，对农业保险的需求降低。反之则反。

对于农业生产经营主体，特别是其中个体农户来说，往往除了农业生产带来的收入还可能有其他来源的收入。农业收入在农业生产经营主体的收入结构中所占比重越高，农业收入对农业生产经营主体越重要，农业生产经营主体规避农业风险保障农业收入的意愿更高，因此对农业保险的需求就越大。反之越小。如果农户的大部分收入源于农业生产，那么一旦遭遇各类农业风险，可能会给农户的收益带来较大影响，甚至当发生严重的灾害可能导致农户破产，因此这类农户对于农业保险的需求较强。对于其他收入来源占比较大的农户来说，其抗风险能力较强，即使农业生产遭遇风险，也能够通过其他收入来源支撑正常生产和生活，对农业保险的需求较弱。

农业生产规模越大，面临损失的不确定性越大。一旦遭遇灾害，将造成巨大损失。农业保险保障农业生产规模转移农业损失不确定性的功能愈发显著。因此农业生产规模与农业保险市场需求成正比。

根据风险的偏好程度，可以将农户分为风险规避型、风险中性型和风险偏好型三种类型。在小农经济下的中国农民，由于其收入较低，对风险的认识也不到位，其对农业保险的需求不高。随着农业的发展和收入的不断增加，当今农民的风险意识不断增强，其对风险的规避意愿也随之增加。

农业生产存在周期，且一般周期较长。此周期内，对农产品市场行情、价格走势的预期会显著影响农业保险市场需求。如果农民预期未来农产品前景向好，那么在他心中，农业保险保障作物产量、转移农业生产风险的功能就被加强，从而对农业保险需求增加。反之减少。

一般来说，受教育程度高的农民，具有较高的风险认知程度，对农业保险的需求也会随之增加。

由于农业保险具有公共产品属性，很多地区的政府都会对农户投保农业保险给予一定程度的政策和资金扶持，这都会增加农户投保的积极性。所以政府对于农业保险市场的资金和政策支持力度越大，农业保险市场的需求也就越大，反之，需求就会越小。

农业保险监管是指一个国家或地区专门的行政性农业保险监管机构依照法定权限和程序，对政府和农业保险市场主体及其行为进行的全方位的监督和管理的总称。农业的稳定发展对于国民经济发展至关重要，农业保险作为政府支农惠农政策的重要工具，不同于一般的商业保险，具有较强的政策性和一定的公益性。同时，农业保险涉及农业、气象、水利、金融、财政、税务等多个领域。相比于一般的商业保险，农业保险的监管情况更复杂。

第三节　农业保险监管目标

在农业保险监管中，监管机构需要依法行使监管权，宏观调控与微观管制相结合，达成农业保险增效的目标。具体而言，主要包括保护农户合法权益、规范农业保险经营机构市场行为、提升政府政策支持行为的效率及维护农业保险市场秩序。

一、保护农户合法权益

农民是农业保险最直接的受益者。农民通过购买农业保险作为风险管理工具，转移了农业生产风险，保障了农业生产和生活。但是，农民作为被保险人和投保人，对农业保险的专业知识匮乏，加上人员相对分散，在农业保险交易中通常处于弱势地位，在交易中的利益容易遭受侵害。例如，保险公司人力不足、公司制度缺陷、宣传不到位、理赔不达标等，导致农户对保险条款、自身投保情况和保险责任的了解不全面，与保险公司相比，农户处于信息劣势。目前存在一系列严重损害被保险人利益的行为，如无理拒赔、欺骗投保人，以及“封顶赔付”“协议赔付”等，但一些投保农户没有意识到自己的权益受到侵害。

如果农户的合法权益得不到保障，农业保险的真正作用就没有办法有效发挥。因此需要保监部门在农业保险活动中对保险人、投保人和政府三方参与者实行有效监管，保护投保农户的正当利益不受侵害。

二、规范农业保险经营机构市场行为

保险中介机构和保险经营机构是保险市场运营的重要主体，推动着保险业的发展，而保险监管的目的主要在于防范风险、保护投保人的合法权益及保障保险市场的稳健安全运营。因此，对于保险机构，不管是机构本身还是机构的市场行为，都需要对其进行审慎监管，防止因机构本能的逐利性导致保险市场处于混乱无序状态。

保险监管机构管理和监督的重点是农业保险交易重要主体——保险经营机构。监管机构对各类农业保险经营机构进行监管，目的是保证农户投保的安全性，保持广大农户对农业保险经营机构的信任，同时，维持农业保险市场安全、公平、高效的交易秩序。

如果缺乏对农业保险经营机构的监管措施，则随时可能出现农业保险经营组织违规操作的情况。例如，目前各级财政承担农业保险的大部分保费，这种财政联动补贴制度可能导致保险公司的寻租行为。保险公司为了骗取财政补贴，可能做出“虚报标的、代垫保费、做假赔案”等违法行为。

此外，也有未如实说明、解释保险产品，压低赔款甚至无理拒赔欺骗农民的问题。这些行为不但会极大损害农户利益，而且可能削弱农户对农业保险的信心，不利于政策性农业保险的健康常态发展。因此，农业保险监管机构必须加强对农业保险经营机构的监管，规范其市场行为。

三、提升政府政策支持行为的效率

与一般的商业保险相比，农业保险的最大特点之一是国家财政资金为农业保险提供补贴。但由于我国农业保险财政补贴的运作体制，这些财政资金可能在各个环节遭受侵蚀，进而导致资金的使用效率低下。例如，地方政府中的一些人员，越过政府人员在农业保险中理应承担的角色定位与权力界限，有可能出现联合保险公司开展“统保统赔”、违规索取工作经费、为了套取资金虚假承保理赔等违规操作。同时，迫使保险公司无灾赔付、压低保险费率、干涉公司经营等现象也较为严重。

为了确保财政资金合理发挥最大效用，有效地激励引导农业保险的发展，提升政策支持行为的效率，相关部门应注意培养监管力量和创新可操作的监管方式，并加强对政府行为的监管制度建设。

四、维护农业保险市场秩序

作为一种现代农业风险管理的工具，农业保险是增加和稳定农户收入、促进农村小康社会建设的重要政策工具。农业保险致力于保证国家的粮食安全，推进“三农”壮大发展，是我国金融政策及国家农业政策的重要组成部分。农业保险在我国农业市场的稳定和可持续发展中发挥着不可或缺的作用。

监管农业保险各个参与主体，维护农业保险市场的秩序，不光需要着眼于投保人、经营者的合法权益，更要保证政府的财政补贴正当性、公开性、透明性，确保财政支持及时到位并发挥效用。

第四节　国外农业保险监管机制

一、美国的农业保险监管机制

美国为了对农业保险的性质、开展农业保险的目的、开展办法、经营机构等事项做出明确规定，颁布了《联邦农作物保险法》，该法案为联邦政府开展农业保险业务提供了法律依据。

美国农业保险的发展经历了四个阶段，从试办，到加速发展，再到政府与私营机构合作经营，发展到现在的完全由私营机构代理和经营。随着美国经济的逐步增强，在政府的鼓励下，私营保险公司逐步推出了一些收入保险，来为农民提供种类更多、价格更低的选择，而政府将直接业务都转交给了私营公司经营或代理，完全推出农业保险的直接业务。

美国实行三级农业保险组织架构，包括风险管理局、私营保险公司、保险代理。风险管理局即美国在联邦层面成立的专门负责农业保险的联邦农业保险公司。联邦农业保险公司主要负责农业保险的顶层设计，包括农业保险的政策制定、经营管理、产品设计、业务规划。私营保险公司向联邦农业保险公司申请开展农业保险的资格，负责农业保险的各项直接业务。保险代理主要包括保险代理人和查勘核损人员，负责农业保险业务的落地服务。

美国是目前农业保险实施效果较好的国家之一，政府大力扶持是美国农业保险良好发展的重要推力。同时，美国完善的农业保险监管机制也是促使其发展的重要因素。1996 年，美国政府根据《1996 年联邦农业完善与改革法案》创建了风险管理局，美国农业保险的主要监管职责都由风险管理局承担。风险管理局下设风险服从、产品管理和保险服务三个部门，风险服从部门的监管人员必须服从生产者和出售并提供服务的保险公司所做的计划规定；产品管理部门的人员负责监管产品的开发；保险服务部门则负责当地的保险计划的管理与推送。

美国农业保险的监管体系中，也有州政府的参与。在联邦政府成为农业保险的主要管理者后，部分管理职责就委派给了各州政府，联邦政府和州的管理机构协作管理。全美保险监督官协会为了更高效地通知州管理人，研发出了作物保险手册，此外，还成立了作物保险工作组，负责发布与风险管理局和各州工作有关的通知。在联邦政府和州政府都希望为共同的利益付出努力、分析和解决出现的问题的情况下，作物保险工作组是联结联邦政府和各州政府的重要部门。一般来说，联邦立法优先于各州的管理规定，但是也有一些例外，如在公司和代理人许可的情况下，各州可以自行规定一定程度的反对回扣。州政府主要的职责是监督理算员和作物保险人的财务。风险管理局会对作物保险人做出遵守财务标准的要求，同时，各州政府监管作物保险人的财务，实际上就是实行联邦与州的双重财务管理。

在美国农业保险的监管过程中，风险管理机构往往需要与其他机构进行合作。风险管理局在处理保险欺诈、资金乱用时，农场服务机构是最为有力的合作伙伴。风险管理局可以为农场服务机构提供监督农业生产者的有用信息，同时，农场服务机构的工作人员可以进行实地考察，为风险管理局提供现场分析报告，进行意见反馈。特殊调查部门作为风险管理局执行监管任务的重要部门，主要负责调查农业保险实施过程中的欺诈、资金乱用等现象，与农场服务机构、区域执行办公室、农业部总监查办公室等机构共同合作完成任务。风险管理局和农业部总监查办公室进行合作的另一种方式是热线电话。农业部总监查办公室热线电话提供免费且保密的电话服务，任何人都可以通过这一途径举报不合规的农业行为。

二、日本农业保险监管机制

为支持本国农业保险的发展，日本颁布了《食物、农业和农村基本法》，并且制定实施了《农业灾害补偿法》。日本对主要农畜产品采取强制性保险措施，其他饲养动物和作物实行自愿投保，即采取强制性保险与自愿保险相结合的方式。

日本实行三项农业保险补贴：一是保费补贴。日本国库中专门调拨出一部分资金用于农业保险保费补贴，保费补贴比例为40%~55%。二是经营管理费补贴。为鼓励保险公司参与经营，日本政府为经营农业保险的机构提供不少于50%的经营管理费用补贴。三是再保险补贴。日本专设一项巨灾再保险补贴，用于巨灾发生时的再保险财政支持。日本的农业保险组织架构为全国农业保险协会、农业互助联合会及农业互助组合三层。农业互助组合直接承办各种农业保险业务，负责对接农民开展农业保险。农业互助联合会对农业互助组合提供再保险支持。全国农业保险协会对农业互助联合会进行再保险。日本农业保险的三重风险保障机制、互助合作制度有效保障农业保险体系的运行。

农林水产省作为日本政策性农业保险的主管部门，内设保险课，下设保险监理官和保险数理室。保险监理官负责保险业务的指导和监督，保险数理室承担农业保险的技术支持工作，如保险品种及保险业务软件开发、保险费率厘定和保险统计数据汇总等。同时，政府也为农业保险提供外部支持和管理监督。

三、西班牙农业保险监管机制

西班牙在 1978 年颁布了《农业保险法》，法规提出，农业保险的目标是农业保险的范围逐步涵盖西班牙所有的农业领域；农民自主选择是否参与保险，政府对农民的保费给予补贴并为私人保险公司提供再保险；遭遇灾难后，政府不会给未参加农业保险的农民提供任何帮助。西班牙建立了一套复合性农业保险监管机制以健全农业保险的管理机构，同时明确相互间的职责。主要包括以下四个职能部门。

（一）农业部农业保险局

为确保农业保险管理职责的履行，西班牙农业部专门成立了农业保险局，其主要的职能包括：一是负责制定和审核保险合同条款；二是研究保险险种的可行性，为每年出台的新险种提供建议；三是针对不同地区、不同作物生产技术管理，预测投保农产品的价格和产量，替保险公司决定是否应理赔；四是对农业保险进行宣传，鼓励农民参加保险；五是参与西班牙农业保险体系的建设，协调农业工会、私人公司和政府机构之间的关系。

（二）经济与财政部保险司

西班牙《农业保险法》规定，农业保险公司的监管机构是经济与财政部保险司，主要负责保障投保人的权益，促进保险市场的健康发展。经济与财政部保险司的主要职能包括：一是据年度保险计划合理安排财政补贴资金；二是监督私人保险公司的财务情况，确保各保险公司有可以用于理赔的足额资本金，如西班牙规定，农业保险公司最低要有 300 万欧元的资本金，才有资格申请成立；三是确定各保险公司占农业保险总公司的份额；四是按照保险公司的要求适时调节保险费率，对过低或过高的费率进行合理地调整，协调农业部、保险总公司及再保险公司三者的发展，使农民与保险公司的利益得到平衡；五是对保单的价格进行监督和审核。

（三）农业再保险公司

农业再保险公司的运营与私人保险公司相似，其隶属于经济与财政部。农业再保险公司的职能包括：一是进行损失评估、支付保险金等，起到与私人保险公司类似的作用；二是依照政府的委托，为私人保险公司提供再保险服务；三是雇用损失评估技术人员，对其进行管理，并且根据国家公务人员的待遇为这些人员支付报酬。农业再保险公司设立的目的不是盈利，主要是为国内的商业保险公司提供再投险，除此以外，该公司通过国际农业保险市场的发展来化解其提供再保险服务所产生的部分风险。

（四）农业保险总公司

为了促进农业保险行业的发展，成立了农业保险总公司，其具体的职能包括：一是基本实现农业保险公司的成立条件；二是设计具体的险种并由相关部门审核；三是依据农业保险法规来明确各种险种合同的具体内容，包括综合条款和特殊条款。农业保险总公司属于股份制企业，由 38 家农业保险公司参股和负责业务的具体操作，总公司下设产品部、研发部、理赔部等管理部门。西班牙《农业保险法》规定，政府支持的农业再保险公司为私人保险公司提供再保险，如其发生亏损，则由政府支付超定额的理赔补偿（丁学东，2005）。

第五节　中国农业保险监管机制

我国农业保险的监管由保险监管部门专司，同时农业、财政、监察等政府部门也可监管，从而形成了一主多头的监管格局。一般商业保险的监管主要监管保险人和被保险人。农业保险的参与者除了农户和保险机构外，还有提供补贴的各级政府，其对象具有准公共产品的属性。目前来看，农业保险领域发生的违法违规行为中，出现较多农户产生道德风险及基层政府参与保险并从中获取非法收益等现象。宏观上，农业保险的监管主要包括对农业保险政策、机构、保险合同、保费补贴等进行监管。微观上，主要是对投保农户的道德风险和逆向选择问题、农业保险机构经营的行为及政府补贴行为的效率进行监管。

相对于发达国家，我国农业保险的监管还比较滞后，虽然已经颁布了《农业保险条例》，但是具体的监管细则还没有出台，对于农业保险的监管缺乏有效的实现机制。《农业保险条例》第四条规定，“国务院保险监督管理机构对农业保险业务实施监督管理。国务院财政、农业、林业、发展改革、税务、民政等有关部门按照各自的职责，负责农业保险推进、管理的相关工作”。条例中没有对“农业保险业务”的具体内容进行明确界定，也没有具体说明“农业保险推进、管理的相关工作”的内容。仅从条例的规定来看，“农业保险业务”的监管由保监会实施，而其他各有关部门只是“按照各自的职责，负责农业保险推进、管理的相关工作”。对“农业保险相关业务”的监管，主要是指对保险人和投保人之间的保险合同业务的监管，而有关部门在推进和管理相关工作中，也需要承担部分监管的职责。

对于财政部门，《农业保险条例》明确赋予了其一定的监管责任。《农业保险条例》第三十条第一款规定，“违反本条例第二十三条规定，骗取保险费补贴的，由财政部门依照《财政违法行为处罚处分条例》的有关规定予以处理；构成犯罪的，依法追究刑事责任”。第二款规定，“违反本条例第二十四条规定，挪用、截留、侵占保险金的，由有关部门依法处理；构成犯罪的，依法追究刑事责任”。表明财政部门有权对地方政府财政违规补贴的行为进行监管，但是，对财政部门的监管方式还没有明确的规定。此外，条例中对于省、地、县级政府在农业保险中的行政责任进行了界定，但是对于各级政府的监管责任还没有明确。

总体上，农业保险监管呈现出以保险监管部门为主的多头监管格局。与农业保险有关的部门众多，但各部门监管责任不明确，界限不清晰，存在重合部分。同时，各部门之间协调机制有所缺乏，阻碍了监管合力的有序推进，不利于监管公正与效率，现阶段我国农业保险的监管机制还有待健全。

本章小结

农业保险市场是一种特殊的保险产品市场，其为农业保险产品提供交换的场所。本章分别介绍供给方、需求方和监管方三大交易主体，具体分析了影响农业保险市场供给和需求的主要因素及农业保险监管的目标。考察了国外农业保险监管机制，分别以美国、日本和西班牙为例分析了三种典型的农业保险监管机制，最后分析了我国现阶段的农业保险监管机制。

关键词

农业保险市场　农业保险监管

思考题

1. 影响农业保险供给与需求的因素有哪些？
2. 农业保险的需求方主要有哪些群体？
3. 农业保险的监管目标包括哪些？
4. 简述美国农业保险的监管机制。

专业术语

农业保险费率（agricultural insurance premium rate）：保险人为承担保险责任而向农业生产人按规定收取的费用比率。

农业保险监管（agricultural insurance regulation）：是指一个国家或地区专门的行政性农业保险监管机构依照法定权限和程序，对政府和农业保险市场主体及其行为所进行的全方位的监督和管理的总称。

参考文献

陈明文，王林萍. 2007. 美国、日本、法国农业保险比较及其借鉴[J]. 台湾农业探索，（1）：75-77，62.

陈运来. 2015. 农业保险法原论[M]. 北京：中国检察出版社.

丁学东. 2005. 西班牙农业保险政策及对我们的启示[J]. 农业经济问题，26（8）：75-78，80.

焦清平. 2017. 农业保险监管机制探析——以甘肃省为例[J]. 甘肃金融，（4）：4-8.

孙炜琳，王瑞波，薛桂霞. 2007. 日本发展政策性农业保险的做法及对我国的借鉴[J]. 农业经济问题，（11）：104-109.

袁辉，李永芳. 2011. 我国农业保险市场供求研究[J]. 财政研究，（5）：55-59.

张团囡，高超，郭洪渊. 2012. 美国农业保险的机构监管及启示[J]. 生产力研究，（9）：154-156.

张克伟. 2017-10-19. 中国太保：用心用情用力助推脱贫攻坚[N]. 解放日报（6）.

赵卫卫，陈红. 2017. 农业保险需求与供给因素的研究分析[J]. 经贸实践，（12）：9.

中国农业保险保障水平研究课题组. 2017. 中国农业保险保障水平研究报告[M]. 北京：中国金融出版社.

本章拓展阅读